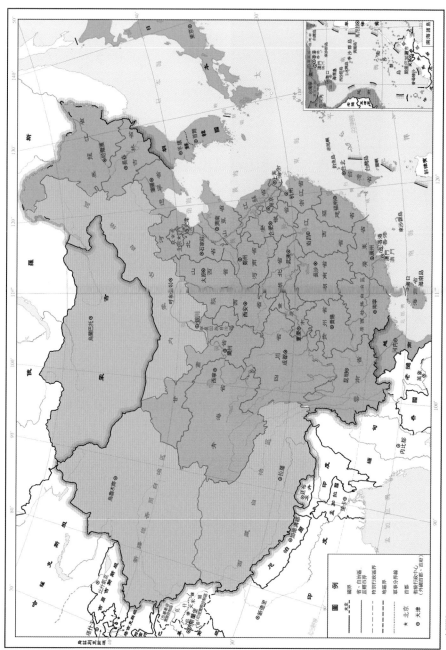

審圖號：GS(2018)2707號

筷子文化圈示意圖

■ 代表筷子與湯匙合用，但筷子為主要餐具；■ 代表筷子與刀叉合用，但刀叉為主要餐具

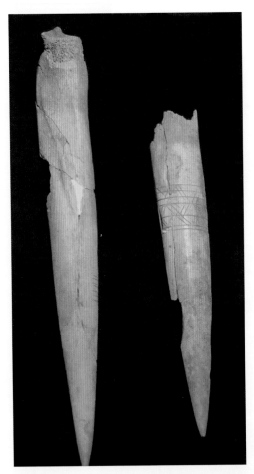

四川新石器時代文化遺址出土的骨匙
重慶中國三峽博物館艾智科提供

江蘇龍虬莊新石器時代文化遺址的骨箸
揚州博物館提供

夔足鼎
《王后‧母親‧女將：紀念殷墟婦好墓考古發掘四十週年》，科學出版社，2016年

大約 1 世紀的磚雕，清楚地展示了古人如何使用筷子
《中國畫像磚全集》，四川美術出版社，2006 年，59 頁

1—3 世紀的磚雕，表現了中國古代早期飲食習慣——人坐在地板上，食物放置在矮桌上

《中國歷代藝術：繪畫篇》第一部分，人民美術出版社，1994 年，72 頁

魏晉壁畫墓的磚畫，表現了筷子在中國古代用作炊具

《嘉峪關酒泉魏晉十六國墓壁畫》，甘肅人民美術出版社，2001 年，261 頁

馬王堆漢墓中發現的食物托盤、數個木碗和一雙竹筷

《長沙馬王堆一號漢墓》第二部分，文物出版社，1973 年，151 頁

日本江戶時代的＂火箸＂，用來捅火、碼放木炭，
這是筷子可作他用而非飲食專用工具的例證
日本江戶東京博物館提供

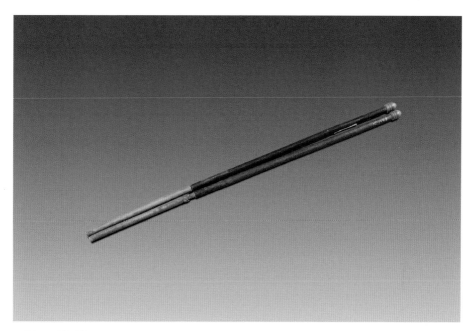

明代銀二鑲烏木箸
現藏旅順博物館

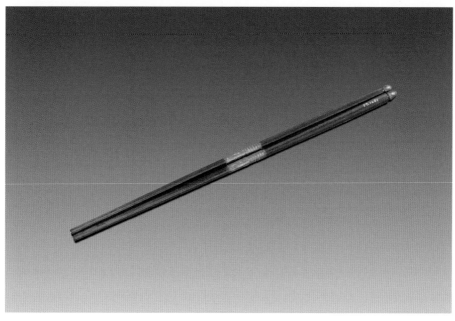

清代銀三鑲黑檀箸
現藏旅順博物館

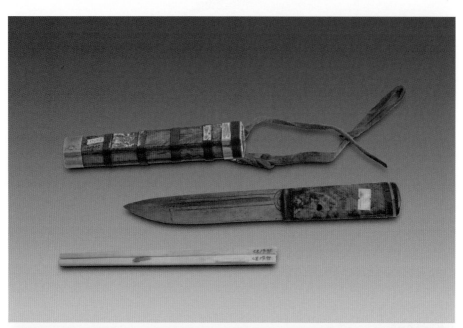

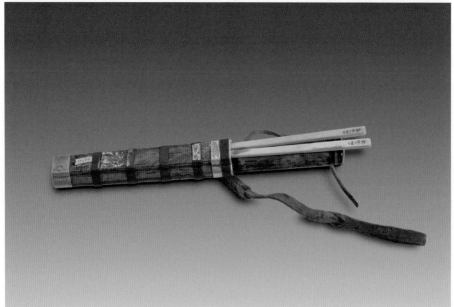

民國時期的刀箸
現藏旅順博物館

17—19世紀滿族人的用具，他們通常將筷子與刀叉結合起來使用
由上海筷子私人收藏家藍翔提供

朝鮮半島百濟王國武寧王墓葬出土銅製匕首
現藏韓國公洲博物館

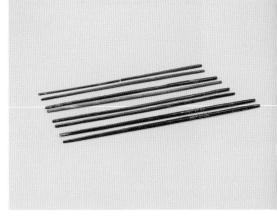

朝鮮半島百濟王國武寧王墓葬出土銅箸
現藏韓國國家博物館

敦煌壁畫禮席圖中所見筷子
和勺子，中唐莫高窟 474 西
窟北壁
《敦煌石窟全集—風俗畫卷》

敦煌壁畫中帳篷酒館裏
的用餐場景
《敦煌石窟全集》，上海
人民出版社，2001 年，
25 卷，45 頁

唐代壁畫《郊野聚飲圖》，圖中筷子被用來傳送食物，進餐者坐在長凳而非地上

《大唐壁畫》，陝西旅遊出版社，1996 年，127 頁

《韓熙載夜宴圖》（局部），顯示中國人坐在椅子上分食，而不是像後來那樣合食

絹本，設色，縱 28.7 厘米，橫 335.5 厘米，現藏北京故宮博物院

北宋《文會圖》

絹本，設色，縱 184.4 厘米，橫 123.9 厘米，現藏台北故宮博物院

白沙宋墓壁畫，描繪趙氏夫婦對坐宴飲，表明 10 世紀以後中國家庭開始合食
《中國墓室壁畫全集：宋，遼，金，元》，河北教育出版社，2011 年，86 頁

金代墓葬壁畫中一家人坐在一起吃飯的場景，表明合食制在亞洲的流行
《中國墓室壁畫全集：宋，遼，金，元》，114 頁

[日]《美人圖》，歌川國芳（Utagawa Kuniyoshi, 1798—1861）繪
從大約 7 世紀開始，日本人已經習慣了使用筷子，就像這張浮世繪表現的一樣

浮世繪上面的筷子，蹄齋北馬（1770—1844）繪

李蓮英（1848—1911）畫像，他是清朝慈禧太后（1835—1908）的權宦

《幾個縴夫》，由18世紀來到中國的歐洲人創作，描繪了中國人用筷子吃飯的場景

引自 *Views of Eighteenth Century China: Costumes, History,* Customs, by William Alexander & George Henry Mason. ©London, Studio editions, 1988, p.25

《美國社會的最新熱潮，紐約人在中國餐館用餐》（萊斯特・亨特，1910年）的插圖

引自《平面雜誌》（*The Graphic Magazine*），1911年［私人收藏 / 斯特普爾頓收藏（The Stapleton Collection）/ 布里奇曼圖片］

日本包裝在便當中的筷子

日本“夫妻筷”，往往塗
上漆。丈夫用的比妻子用
的稍長，色彩也比較單調

日本節日筷，兩端尖細，
筷身呈圓柱形，反映了節
假日人神共享食物的信仰

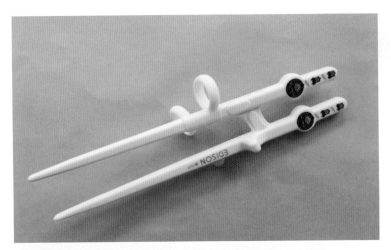

訓練筷，由日本發明，可以讓孩子將筷子套在手指上輕鬆夾取食物

用用日本筷子吃鴨肉拉麵
TOHRU MINOWA / 免版稅類圖片收藏
/ amana 圖像公司 / Alamy 圖片社

一個日本女孩用筷子吃便當

香港赤柱市場攤位上擺的筷子、
筷托、瓷勺、碗
史蒂文・維德勒（Steve Vidler）/
SuperStock 圖片公司 / Alamy 圖
片社

在日本商店出售的裝飾筷，
看起來更像禮物

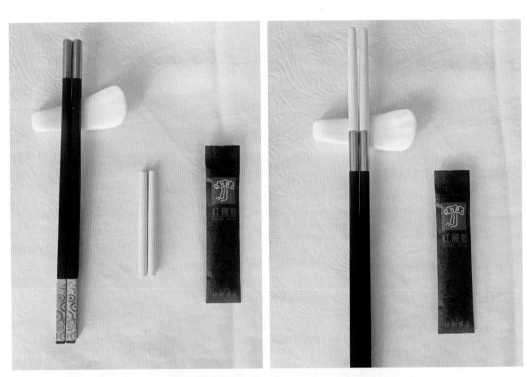

一次性筷子的流行，引起一些環保主義者的關注，認為造成了木材的浪費，
於是中國有這樣的新式一次性用筷，既講究衛生，又節省了木料

四川大學范瑛攝

外國人用一次性筷子吃中國外賣

Kablonk 版權管理類圖片 / Golden Pixels LLC / Alamy 圖片社

吃火鍋不僅是集體吃飯的縮影，也需要使用筷子。在重慶，火鍋是一種獨特的地方美食，在這種場合使用的筷子通常比正常的筷子略長，以方便食物共享

由本書作者攝於重慶

西安集體婚禮上，穿著漢服的情侶一起進餐

Corbis 圖片社

CHOPSTICKS

*A Cultural
and Culinary
History*

by
Q. Edward Wang

筷子

飲食
與文化

[美] 王晴佳 著

汪精玲 譯

謹以此書獻給我的母親和兒子——母親在中國教我用筷，兒子在美國學習用筷。用筷子進餐的傳統不但連接了過去與現在，還從中國走向了世界。

目錄

繁體版序言

　　拙著於 2015 年由劍橋大學出版社出版了英文版之後，很快被譯成了日文、韓文和簡體中文。本書是拙著的第四個版本，現由香港三聯書店出版，讓我由衷的高興。就內容而言，這一版本與北京三聯書店出版的簡體版基本相同，而與英文原版相比，則增加了大約三分之一的篇幅。我很樂意將這一增訂版呈現給熟悉繁體中文的讀者，並衷心期待你們的批評指正。

　　與本書的簡體中文版一樣，本書附有一張 "筷子文化圈" 的地圖。按顏色區分，主要分為兩大區域，一是筷子作為主要甚至唯一餐具的地區，二是筷子與刀叉等其他餐具合用的地區。當然，這一劃分並不絕對，在屬於前者的不少地方，許多餐館也常為有需要的顧客（特別是來自筷子文化圈之外的遊客）提供刀叉和勺子等餐具。細心的讀者可以看到，這一地圖呈現的兩大區域，超越了民族國家的界線，採取了文化史、文明史的視角。事實上，"筷子文化圈" 本身就是一個文化的現象或概念，與之相對的是 "手食文化圈" 和 "刀叉文化圈"。這三大文化圈，從飲食方式和習慣的角度，大致涵蓋了生活在各地的居民，有助我們從一個不同的角度認識我們所處的世界。易言之，自近代以來，雖然民族國家是各地史家書寫歷史經常採用的視角（拙著出版之前亦有一些以國家為單位描述筷子文化的論著），但我們也應該看到，不少歷史和文化現象並不都能從民族國家的視角考察。筷子的歷史和文化，便是一例。

　　我們的飲食世界，儘管可以大致分為上述三大文化圈，但它們之間並不完全隔絕，而是存在著不同程度的交流。以近年的發展而言，"手食文化圈"的人們有採用刀叉和筷子用餐的趨勢，比如由於英國和歐洲文化的影響，現代的印度人在餐館使用刀叉頗為常見。在東南亞地區，受中國文化影響波及，不少人也已習慣用筷子吃麵條。而在"刀叉文化圈"裏的人，其實在許多場合並不使用刀叉。西方人聚會飲酒的同時，常吃所謂"手指食物"（finger foods）便是一例。更值得一提的是，二戰之後中國和亞洲飲食走出了亞洲，走向了世界，"筷子文化圈"正日益擴大。不少享用中餐、日餐的顧客，不但使用筷子嫻熟無誤，而且在光顧泰國餐館的時候，也常常提出能否提供筷子的要求。上述種種，體現了文化和文明之間的互動和溝通，而強調這一區域文明之間相互交流、影響的現象，又是當今史學界盛行的全球史的特徵。本書以東亞和東南亞為主體的"筷子文化圈"為書寫對象，其主要內容與全球史的寫作尚有一些距離。但筆者希望讀者閱讀本書時，也能從中體會：筷子這一餐具雖然發明於中國，但像其他產生於古代中國的紙張、茶葉和火藥等一樣，在推進世界各文明的交流發展中，曾經扮演了一個重要的角色，而且在全球化的今天，更伴隨著亞洲食物的普及，正走向了全球的各個角落。

　　上面已經提到，拙著能出版繁體版，讓我頗為高興。其中一個原因是，自本書英文版出版以來，筆者受到了不少邀約，在電視、網路和講堂裏，與觀眾、讀者和聽眾分享筷子的歷史和文化。在新冠疫情爆發之前，我也在中國各地以此為題做了多場講演。但相較而言，中國之外的讀者和聽眾，似乎對我所講述的內容，表現出更為濃厚的興趣。在我看來，其實這一差異，恰好反映出文明之間接觸、碰撞、交流的必要。我在本書中提到，馬可波羅在他的遊記中，對當時的中國及其方方面面，做了比較詳盡的描述。但有趣的是，他居然沒有提到那時的中國人飲茶和用筷，因此讓後人對他的遊記是否為他親身經歷而有些生疑（筆者也有同感）。因為在他之後的一個世紀以後，幾乎每一個到過中國和東亞的西方人，都會不約而同地描述當地人如何用筷吃飯。換言之，細長的筷子和方塊的漢字一樣，是代表"中華文化圈"（Sinosphere/Sinic world）的兩個重要的、標誌性的象徵，是承載和傳播這一悠久文明的重要工具。對筷子和漢字這兩個文化象徵及其價值，圈外的人士往往比圈內的人更有興趣、更為關注。可喜的是，本書不僅幾年前有了簡體版，而且現在又出版了繁體版，為廣大的中文讀者提供了服務。筆者在感謝香港三聯書店和編輯劉韻揚女士的關照之餘，亦熱忱希望處於"筷子文化圈"內的人士，在閱讀本書之後，或許對日用必需、貌不驚人的筷子所包含的歷史傳承和文化意涵，能產生一種與之前不同的認識，看到細長的筷子如同文化的橋樑，正在為打通族群之間的隔閡、溝通文明之間的交流，施展其重要的作用。是所願也！

王晴佳　謹序

2022 年 4 月 9 日 於美國費城東南郊霽光閣

中文版序言

　　本書的英文版於 2015 年出版，之後很快與日本和韓國的出版社簽約，出版了日文版和韓文版。而筷子起源於中國，對於此書中文版的出版，我由此一直念茲在茲，可惜手頭事情過多，沒有找到時間著手落實。2016 年春天，劍橋大學出版社的版權部來信，通知我已經與北京三聯書店簽約，出版此書的中文譯本。之後曹明明編輯又來信告知我，中文的翻譯交給了安徽師範大學英語系的汪精玲老師。汪老師在翻譯上不但受過專門的訓練，而且已經有了譯書的經驗。我與她聯繫之後，希望她盡量用流暢的中文表達。的確，此書雖然是譯文，但我的希望是，讀者閱讀的時候不覺得是一本譯著。汪老師為此做了許多努力，讓我滿意和感激。在她譯文的基礎上，我又補充了大量原始材料、修正了一些提法、改正了一些錯誤，順便也校訂了譯文。整體而言，此書的中文版比英文原版不但在篇幅上增加了大約三分之一，而且在質量上也相應有不少提高。當然，即使我再謹慎小心，錯誤可能也在所難免，十分希望得到讀者、方家的批評指正。

　　在我寫作、出版此書的前後十年中，我就本書中筷子的緣起、演變和現狀及其所包含的文化、宗教含義等主題，在美國和中國的高校、博物館以及文化機構，做過許多次演講。聽眾最常問的問題是，你為什麼會從事這項研究？許多中國聽眾對我就筷子的歷史和文化寫出了一本專著，也略感詫異。我猜想他們提問背後的意思可能是，筷子司空見慣、極其普通，有什麼特殊的研究意義？我想藉寫作這一序言的機會，稍做說明。首先從學理上而言，本人在歷史學的領域，多年來一直從事史學史、史學理論的研究，對歷史學本身的變化及其與歷史變動的關係比較關注。與一般讀者的想象可能有所不同，雖然歷史學處理的是過往的事件和人物，但歷史的書寫，並不守舊如一，而是不斷更新的。自 20 世紀以來，在世界範圍內，歷史學產生了顯著的變化，其影響延續至今。至少在 20 世紀的初年開始直到"二戰"之後，歷史學變化的主線就是希望挑戰 19 世紀以德國蘭克史學為代表的近代史學模式，突破該史學模式以政治史、事件史和（精英）人物史為對象的傳統。1929 年法國《年鑒》雜誌的出版，在很大程度上引領了 20 世紀史學的變化主潮，因為圍繞《年鑒》雜誌，聚集了一群志同道合的史家，形成了"年鑒學派"。"二戰"之後，"年鑒學派"在費爾南·布羅代爾（Fernand Braudel，1902—1985）的領導下，聲譽更隆。布羅代爾本人的成名作是《地中海與菲利普二世時代的地中海世界》（以下簡稱《地中海》），其中提出了"長時段"的概念，力求對歷史進行長程的、結構的深度分析。在寫作《地中海》一書之後，布羅代爾又出版了《15 至 18 世紀的物質文明、經濟和資本主義》三卷本大作，目的是從全球的角度探討資本主義的興起。[1] 布羅代爾在該書的第一卷"日常生活的結構"中，將視角轉向了世界各地文明的生活結構，包括糧食的種植、食物的加工和食用的方式，即就餐禮儀。顯然，布羅代爾這位 20 世紀的史學大師認為，普通人的日常生活，像精英人物的決策一樣，對歷史的演進有著同樣重要的意義。布羅代爾承認，一般人也許不會覺得這些日常生活有什麼意義。他指出，歷史事件看起來是獨一無二的，但其實它們之間會形成聯繫和結

---

1 布羅代爾的《15 至 18 世紀的物質文明、經濟和資本主義》一書由顧良、施康強譯成了中文，由生活·讀書·新知三聯書店 1997 年出版。北京大學已故張芝聯教授寫了序言，對"年鑒學派"和布羅代爾的研究做了簡明扼要的介紹，見該書 1—18 頁。

構，制約了歷史的進程。他寫道，日常瑣事連續發生之後，"經多次反覆而取得一般性，甚至變成結構。它侵入生活的每個層次，在世代相傳的生活方式和行為方式上刻下印記"[1]。

布羅代爾在《15 至 18 世紀的物質文明、經濟和資本主義》一書中，還舉了許多例子，來說明有些生活習慣，比如就餐的習慣和禮儀，如何需要逐漸、慢慢地形成。他舉例說，法國國王路易十四（1638—1715）曾禁止他的子女用叉子進餐。[2]但有趣的是，雖然路易十四權重一時，號稱"太陽王"，但他還是無法阻止歐洲人在 14—18世紀，逐漸採用餐具進食這一習俗的擴展。與歐洲人相比，中國人和部分其他亞洲人很早就開始使用餐具，這一習俗是如何形成的？為什麼會有這樣的需要？是烹調食物還是文化影響促成了這些需要？而使用餐具進食的傳統建立之後，又如何反映了中國乃至亞洲的文化、宗教和歷史？反過來，這一相對獨特的就餐習慣，在何種程度上影響了中國人乃至亞洲人的飲食方式、傳統和文化？促成寫作本書的原因，自然還不止上述這些問題。戰後史學界對"自下而上"歷史的提倡、新文化史對物質文化的關注等，也都是促使我寫作的動因。不過限於篇幅，此處不想細說了。

要想描述一般人的日常生活，自然可以有許多方式，因為這一生活的日常，包含了諸多方面。我之所以選擇研究筷子的歷史和文化，還有一個相對個人的原因。本書從最初醞釀到真正動筆的那段時間，正好是我兒子學習進食的時候。我們家雖然在美國生活了多年，但日常飲食仍以中餐為主，因此每天使用筷子。像許多孩子一樣，我的兒子使用筷子進食，需要敦促和教導。我於是想找一本筷子使用的說明書，並由此想到關心一下筷子研究的現狀。讓我頗感意外的是，雖然

1　費爾南·布羅代爾著，顧良、施康強譯《15 至 18 世紀的物質文明、經濟和資本主義》，27 頁。

2　同上。

筷子對每個中國人來說，幾乎須臾不離，重要非凡［如同為本書寫了推薦語的普林斯頓大學東亞系教授本傑明‧艾爾曼（Benjamin Elman）所指出的那樣，筷子和漢字一樣，對於東亞文明有著重要的標誌性作用］，但在英語世界，居然不但不曾有關於筷子歷史的專著，甚至也沒有什麼研究論文。這一發現讓我不但覺得這個課題富有潛力，而且有責無旁貸之感——作為一個在海外生活、工作多年的華裔學者，我感到自己應該用英文向其他地區的人們介紹筷子文化和歷史，因為筷子的發明和使用是東亞文化圈最具特色的一種標誌和象徵。讓我特別感到高興的是，此書作為英語世界第一本研究筷子的專著，出版之後不但填補了英語學術界的一個空白，而且受到了讀者的歡迎。我不但受邀到各地演講筷子文化，而且還接受了電視台、雜誌［美國《大西洋月刊》（*Atlantic Monthly*）網絡版（Quartzy.qz.com）、播客（Podcast）］和報紙［如《費城詢問者報》（*Philadelphia Inquirer*）、《中國日報》（*China Daily*）北美版］的各種採訪和報道。直至今日，我還會收到讀者的電郵，詢問有關筷子使用及其文化的相關事項。

本書雖然是英語世界第一本有關筷子歷史的專著，但在這之前，日本和中國學者已出版過有關筷子的論著，為本書的寫作提供了不少有益的幫助。他們這些著作基本都是在 20 世紀 90 年代開始出版的，可見對人類日常生活史的重視，還是最近幾十年的事情。的確，歷史書寫的傳統，是以精英人物的言行為主，直到戰後才有所改變。而對飲食史的研究，更是從 70 年代才漸漸開始的，是上文提到的 "自下而上" 歷史學潮流的一個重要組成部分。從其發展趨勢來看，近年的飲食史研究，大有勢不可當之趨向。僅就管見所及，有關茶的歷史，最近就有了許多部著作問世，不但追溯茶的起源和傳統，而且還探討茶的種植、銷售和飲用，如何成為一個世界潮流，影響了近現代歷史的進程。而西方人用餐具進食雖然比亞洲人要晚好幾個世紀，對於西式餐具（比如叉子何時開始使用和普及）的研究，也有了不少著作。

本書在內容和取徑上，與已有的筷子歷史專著相比，大致有以下兩個特點。第一是突破了民族—國家歷史的書寫傳統，並未將筷子的歷史局限在一國之內。應該指出，日本學者在這方面已經做了一些努力。一色八郎的《筷子文化史：世界筷子與日本筷子》、向井由紀子與橋本慶子合著的《箸》，都考慮到了亞洲其他各地筷子使用的習俗和文化。中國學者如劉雲主編的《中國箸文化史》和藍翔所寫的《筷子，不僅是筷子》等書，也附帶有在中國之外筷子使用的內容。這些已有的論著，對本書的寫作多有啟發和參考之功。同時本人還做了進一步的努力，因為"二戰"之後，由中國飲食帶動，亞洲餐食大幅度地走向了世界，筷子與這一"東食西漸"的潮流，有一種相輔相成的密切關係。世界各地光顧亞洲餐館，享用中式菜餚、日式料理等的食客，往往對使用筷子進食頗有興趣。而亞洲餐館特別是快餐店，也通常隨外賣食物贈送顧客一兩雙一次性用筷，大大擴展了筷子的使用範圍及"知名度"。此書英文版出版後，引起了（西方）讀者不小的興趣，與這一飲食史的全球趨向頗有關係。而本書的寫作，亦可說是從全球史角度考察筷子歷史和現狀的一個嘗試。

　　第二，本書不僅僅描述筷子在歷史上的起源、使用和推廣，更希圖從飲食和文化雙重角度，解釋筷子成為今天亞洲地區不少人日常之必需的原因及歷史。筷子雖然可能起源於遠古，但相較勺子和刀叉，不但時間上略晚，而且長期以來被視為輔助的餐具。明代之前，筷子被稱為"箸"，而"箸"還有其他多種寫法，如"筯""櫡"等，不但表明製作筷子的材料，而且還指出了筷子在當時作為輔助餐具的性質（如"筯"字所示）。筷子在今天成為許多人（世界上五分之一強的人口）日常用餐的主要工具，經歷了一個長期的變化過程。筆者認為，筷子地位上升，取代了勺子等並最終成為主要餐具，主要有四個原因。第一是石磨的廣泛使用，使得人們食麥從粒食轉向了粉食，而食用麵條和餃子特別是前者，幾乎非筷子不可。第二是炒菜的普及——石磨不但碾穀成粉也用來榨油，於是炒菜便漸漸成了中式菜餚的基本形態，而食用炒菜，使用筷子更為靈活、精準、方便。第三是飲茶這一傳統的建立，讓人開始享用各類"點心"，即古人所說的"小食"。飲茶店（"喫茶店"）、茶館往往提供筷子，而食用"點心"或"小食"（如燒賣、小籠包、鍋貼及各式小菜等），筷子十分經濟實用。第四是合食制的普及，特別是食用火鍋（如涮羊肉、涮涮鍋）等，更突出了筷子的優越性，勺子等其他餐具只能作為輔助工具了。以上的分析，大致以中國飲食史的演變為主要考察對象，而筷子在亞洲其他地區的普及，還有文化的因素。越南、朝鮮半島、日本及遊牧民族生活地區的人使用筷子，大致與中國文化的影響有關——使用餐具進食被視為一種文明的象徵，不過也反映了飲食方面的需要，如夾用蔬菜等。而食用日本的壽司（拙意認為就是一種日式的"小食"），筷子顯然是最佳的工具，在近年也大力推動了筷子在世界各地的廣泛使用。

本書的寫作，是在普林斯頓高等研究院開始的。2010 年我獲得了該院的獎助，在那裏充任研究員，從事東亞歷史和史學的相關研究。在我決定從事筷子史的研究之後，我與該研究院主管東亞史的狄宇宙（Nicola Di Cosmo）教授商量，希望他能允許我從事這一課題的研究和寫作。狄宇宙教授對我的想法大力支持。正是在普林斯頓高等研究院期間，我在這一課題上取得了一些初步的研究成果，並在該年 4 月做了第一次相關報告，獲得了狄宇宙教授和同期在那裏的其他研究員不少幫助，如來自法國的 Marie Favereau-Doumenjou 幫我找到了中世紀土耳其人使用筷子吃麵的研究論文，現任教於耶魯大學歷史系的日本史專家丹尼爾·波茲曼（Daniel Botsman）幫助我了解近代早期日本的社會生活，現任教於德國海德堡大學的中國藝術史專家胡素馨（Sarah Fraser）向我提供了敦煌壁畫的相關知識，范德堡大學的 Jinah Kim 為我講述了她在泰國的研究及當地人喜食常溫食物的習俗，而紐約州立大學的范發迪則從自然科學史的角度，對我的研究多有鼓勵。在普林斯頓期間，我還向余英時先生多有討教。余先生參與了張光直先生所編《中國文化中的食物》（*Food in Chinese Culture*）一書中有關漢代飲食的寫作，他的研究對我仍有不少啟發。同時我還有機會與普林斯頓大學東亞系的艾爾曼、韓書瑞（Susan Naquin）教授交流。賓夕凡尼亞大學東亞系的金鵬程（Paul Goldin）教授不但參加了我在普林斯頓高等研究院的講座，還邀請我到賓夕凡尼亞大學做了同一主題的講演，題為"筷子：溝通文化的'橋樑'"。我選這個題目是因為在日文中，"筷子"和"橋"發音一樣。

在本書的寫作期間和出版之後，我應邀在許多單位做過相關報告。如應阮圓（Aida Y. Wong）教授邀請，在美國布蘭戴斯大學做過講座。阮教授是該校東亞藝術史的教授，對東亞之間的文化交流頗有造詣。她不但邀請我演講、與我切磋，還借給我相關的材料並幫我找尋有用的圖像。之後幾年我在北美，又應邀在羅格斯大學孔子學院、紐約州立大學石溪分校查爾斯·王中心（Charles B. Wang Center）、紐約州立大學弗雷多尼亞分校、加拿大西安大略大學、密歇根大學孔子學院、紐約的飲食博物館（Museum of Food and Drink）等地做過筷子文化的講座。我對涂經怡、Dietrich Tschanz、Jinyoung Jin、范鑫、Philip Shon、Miranda Brown 和 Anna Orchard 的邀請，深表感謝。

我曾在復旦大學、中國社科院近代史研究所、漢學研究中心（台灣）、南開大學、中國人民大學、華東師範大學、四川大學、山東師範大學、上海師範大學、遼寧師範大學、安徽大學、河南大學、南陽師範學院、湖北省圖書館等多地就筷子的文化和歷史做過演講。這些演講由下列人士邀請、安排、主持或評論：復旦大學文史研究院的葛兆光、歷史系的章清，社科院近代史所的趙曉陽，台灣中研院近代史所的黃克武，漢學研究中心（台灣）的耿立群和廖真，南開大學的孫衛國、余新忠，中國人民大學的王大慶、郭雙林、周施廷，華東師範大學的胡逢祥、王東、李孝遷，四川大學的霍巍、劉世龍、王東傑、何一民、徐躍、范瑛，上海師範大學的陳恆、梁民愫，山東師範大學的朱亞非、孫若彥、孫琇，安徽大學的盛險峰、許曾會，遼寧師範大學的劉貴福、李玉君，河南大學的張寶明、馬小泉，南陽師範學院的鄭先興，湖北省圖書館的姚迎東等，我在此謹向他們及在場聽眾的提問和熱情，表示深深的謝意。

自 2007 年以來，我出任北京大學歷史系長江講座教授，參與負責該系史學理論、史學史方向的教學與研究。北大圖書館豐富的藏書和數據庫，為我的研究和寫作提供了諸多方便。本書的不少章節，便是那幾年夏天我在北大期間完成的初稿。2013 年 6 月我還在北大歷史系做了相關的報告，題為“筷子和筷子文化圈：一個新文化史的研究案例”。北大的同事李隆國、劉群藝、王新生、羅新、榮新江、王元周、朱孝遠、彭小瑜、歐陽哲生等，對我的研究與寫作多有鼓勵和幫助，特表謝忱。我也感謝北大的研究生宗雨、李雷波和張一博幫助了我搜尋了相關的資料。

在美國，我的工作單位是羅文大學歷史系。像美國其他大學的歷史系一樣，我系有這樣一個傳統：一個老師寫作論文或寫書的時候，會在系上先發表討論，讓同事們批評指正。雖然各人的專攻和興趣有所不同，但這一討論的形式，往往能讓作者得到諸多有益的建議。我多年來的感受是，正因為各人研究興趣和方向的差異，同事們所提的意見往往能幫助作者找到新的想法和路徑。2011 年我把書的提綱寫好之後，便首先在系裏發表，接受同事們的檢驗和批評，讓我受益匪淺。我的初稿寫成之後，又得到同事 Corinne Blake、Jim Heinzen、Scott Morschauser 和 Joy Wiltenburg 撥冗閱讀，幫助我改進內容和文體，對此我表示由衷的謝意。我的寫作還得到社會學系的同事李玉輝和數學系的同事阮孝的幫助，前者在中國西北長大，幫助我了解北方各地的飲食風俗；後者是越南人，通過他和他的家屬，我獲得了不少有關越南飲食風俗的知識。而我對日本飲食習慣的知識，除了自身的閱讀之外，還來自福森友世的幫助。作為我的研究助理，她不但幫助我理解日文的材料，而且還增進了我對筷子在日本飲食文化中的地位、作用和意義的理解。我的寫作還得到了系主任 Bill Carrigan 和時任人文社科學院院長 Cindy Vitto 的幫助，在此一併致謝。

為了此書的研究和寫作，我曾利用暑期和外出開會的機會，參觀訪問了下列博物館和文化機構：旅順博物館及其箸文化特藏、重慶的中國三峽博物館、揚州博物館、南京博物院、上海的筷子博物館、韓國的民俗博物館、東京的國家博物館、江戶—東京博物館和京都的筷子文化中心。這些訪問得到了下列人士的幫助，我對他們深表謝意：艾智科、陳蘊茜、崔劍、韓均澍、李玉君、李禹階、劉俊勇、劉力、劉世龍、羅琳、歐陽哲生、Park Mihee、王楠、汪榮、王振芬、徐躍、喻小航、曾學文、趙毅、趙軼峰和周一平。上海的筷子博物館由筷子收藏家藍翔建立，他本人也寫作了多本有關筷子歷史的書籍。在我參觀的時候，藍先生不但容許我對他的收藏拍照，還回答了相關問題。我在日本期間，由任職於京都日本文化研究所的劉建輝教授陪同，特意去京都的筷子文化中心參觀，可惜到達的時候，那個中心已經決定關門大吉。有幸的是，通過一個熱心的老人，我們找到了中心的主人井津先生，與他做了簡單的交談。通過他的介紹，我們還去了京都最老的筷子專賣店之一——"御箸司·市原平兵衛商店"，得到了店主的熱情接待，讓我實地感受了日本筷子的種種形狀和不同用途。店主還送給我一本介紹他們商店的雜誌，其中有篇文章《筷子——架起食物和文化之間橋樑的一個工具》。顯然，這一題目也借用和指出了日文中"筷子"與"橋"同音背後的寓意。

本書所用的各種資料（包括所附的圖像和地圖）、英文的寫作以及中文譯本的修改補充，還得到了下列人士的多方協助：艾智科、鄧銳、范鑫、范瑛、韓江、韓均澍、何妍、林志泓、岡本充弘、江湄、劉世龍、潘光哲、Denis Rizzo、孫江、孫衛國、邢義田、王之鼎、王振芬、曾學文、張一博和趙文鐸。出版原書的劍橋大學出版社編輯Marigold Acland、Lucy Rhymer 和 Amanda Georges，對作者的選題和寫作充滿熱情，不但預先提供了出版合約和資助，而且在寫作和出版中多有協助。英文書出版之後，他們還通過各種渠道進行宣傳，包括聯繫製作視頻、在美國的亞洲學會年會上讓讀者開展筷子使用的競賽等，擴大了本書的影響。英文版的審讀，除了匿名人士之外，還有王笛和伍安祖兩位教授，他們的大力支持和批評建議讓我受益。同樣，我也對中文版的編輯、北京三聯書店曹明明的細心和認真表示謝意。

　　本書的寫作，讓我回憶起母親在我幼時教我執筷的情景。本書能順利完成並產生了較大的反響，讓我老母深感欣慰，與我家人的全力支持無法分開。本書既是寫給讀者，亦是獻給他們的。

王晴佳

2018 年 4 月 22 日草，5 月 1 日改定

大事年表

時間（約）	中國	朝鮮半島	日本	越南
公元前 4000 年以前	早期人類 新石器時代（仰韶文化） 穀物 骨器（包括青箸）的發現	新石器時代	舊石器時代、新石器時代（繩文時代）	新石器時代
公元前 4000 年至公元前 1000 年	新石器時代 夏、商、周 甲骨文／書寫系統 青銅時代（青銅器）	新石器時代 起源神話	新石器時代 起源神話	新石器時代 青銅時代
公元前 1000 年至公元 300 年	周、戰國時代 秦、漢 絲綢之路 儒教與道教 北方以黍、南方以稻為主食 小麥麵食的傳播 用餐具代替手指取食	青銅時代 鐵器時代 臣屬中國漢朝 前三國時代	新石器時代（繩文文化） 彌生文化 起源神話	青銅時代 鐵器時代 被中國漢朝征服
300 年至 600 年	漢代衰亡 佛教 南北朝 唐代 勺子和筷子成套使用	三國時代 銅器（勺子與筷子）的發現	古墳時代 飛鳥時代 佛教	青銅時代 鐵器時代 佛教 繼續由中國統治 開始使用餐具取食

時間（約）	中國	朝鮮半島	日本	越南
600 年至 1000 年	唐代 佛教的傳播 絲綢之路 北方以麥黍、南方以稻 為主食 唐代衰亡	統一新羅時代 高麗王朝 開始使用餐具 取食	飛鳥時代 奈良時代 平安時代 佛教的傳播 日本遣唐使 引進飲食器具 木筷的發現	繼續由中國 統治
1000 年至 1450 年	宋代 遼代 金代 西夏 引進占城稻 蒙古征服、元代 宋明理學 明代 合食制的推進 筷子成為主要取食工具	高麗王朝 朝鮮王朝 宋明理學 蒙古征服 食肉食 金屬器皿	平安時代後期 鎌倉、室町時代 用筷子取食	中國統治 結束
1450 年至 1850 年	明代 清代 瓷勺	李氏王朝 中國明朝與朝 鮮李氏王朝合 力抗擊日本 侵略 勺子和筷子成 套使用	室町時代 日本統一 德川時代 江戶時代	獨立時期 黎朝攻佔 占婆

注：表格年代為大致的時間段，僅供參照，並非後面對應事件的確切年代。

第一章

導言

今天世界上每五個人中就有一個人用筷子進餐。大約 7 世紀以來筷子在亞洲地區的廣泛使用促成了一種獨特飲食習慣的產生。因此有學者指出，依照取食方式的特點，亞洲存在著一個獨特的"筷子文化圈"，它同時與儒家文化產生和影響範圍相一致。歷史上，筷子的地位和使用，隨著北方麵食的出現和普及、南方消費大米的增加、茶點的流行以及合食制的產生逐漸發生了變化，越來越成為餐桌上的主角。與之相關的禮儀規範也逐漸形成。筷子還被賦予了美好的愛情意義，而不同材質的筷子也有獨特的內涵。隨著現代消費主義的流行，一次性筷子風靡全球，在帶來方便的同時，也引發了環保問題。

今天，世界上超過 15 億人使用筷子，也就是說每五人中就有一人用筷子進餐。而我寫這本以筷子為主角的書，目的有三：首先，全面、可靠地敘述筷子作為一種用餐工具的發明、使用，以及如何並為何能在亞洲許多地區長久地受到人們的青睞；其次，討論亞洲烹飪方法以及菜餚與筷子使用的相互影響，即該地區飲食方式的變化如何影響了人們選擇取食工具，幫助和促進筷子成為主要的用餐工具；最後，分析在不同地域背景下筷子及其使用方法的異同、背後蘊藏的文化含義。與世界上其他餐具相比，筷子有其獨特性：除了作為一種取食工具，還有其他多種用途。一言以蔽之，筷子的歷史中蘊藏著深厚的文化內涵，值得我們去深入探究。

從大約 7 世紀以來，筷子在亞洲地區的廣泛使用促成了一種獨特飲食習慣的產生，將其使用者與世界其他地區、使用其他取食方式的人相區分。由此，一些日本學者指出，依取食方式來劃分，亞洲存在著一個獨特的 "筷子文化圈"，而在世界其他各地，還有兩大與之相異的飲食文化圈：一為中東、南亞和東南亞等地，當地人以手指取食為傳統方式；二為歐洲、南北美洲、澳大利亞等地，其主要用餐方式是刀叉取食。[1] 西方學者如林恩・懷特（Lynn White）也注意到了這個

1 　一色八郎《箸の文化史：世界の箸・日本の箸》，東京：御茶水書房，1990 年，36—40 頁；
　　向井由紀子、橋本慶子《箸》，東京：法政大學出版局，2001 年，135—142 頁。

將世界文化一分為三的做法，即手指取食、刀叉取食、筷子取食所構成的三大飲食文化圈。[1] 值得一提的是，這三大文化圈，以飲食文化的不同為基礎，其實也代表了世界上的三大文明圈：筷子文化圈大致與儒家文化的產生和影響範圍較一致，手指取食圈的地區主要受到了伊斯蘭教的影響，而刀叉取食圈則基本代表了西方基督教文明。

以筷子文化圈的形成和擴展而言，古代中國的中原地區既是發祥地，此後至今亦是中心；其文化圈的構成還包括了朝鮮半島、日本列島、越南及蒙古草原和青藏高原的一些地區。近幾十年來，亞洲食物在世界各地日益普及，範圍不斷擴大。其他地區的人在享用亞洲食物的同時，也越來越多地傾向於使用筷子。事實上，世界各地的華人餐館和其他亞洲餐館裏，許多非亞洲食客都會嘗試使用筷子，他們中間的一些人在使用筷子時表現出的靈活自如，還真是令人欽佩。在泰國和尼泊爾，雖然傳統就餐方式是用自己的右手，而現在也常常能見到他們用筷子來進食。

對於很多筷子的使用者來說，選用這種亞洲取食工具，不僅為了延續一種悠久的飲食習慣；他們還相信，筷子除了可以用來取食，還有很多其他益處。巴伯貴美子（Kimiko Barber）是一位生活在倫敦的日裔英國作家，她在《筷子減肥》（*The Chopsticks Diet*，2009）一書中，表達了這樣的觀點：日本食物總的來說比西方食物更健康，而健康飲食的關鍵不僅在於你吃什麼，更在於你怎麼吃。她聲稱，使用筷子進食對健康更加有益。她寫道："用筷子吃飯，會讓人細嚼慢嚥，吃得少一點。"而吃少一點，並非僅有的好處，用筷子吃飯，進餐速度還會慢許多。據她計算，每餐會多用十幾分鐘。"這不僅有利於身

1　林恩・懷特是加利福尼亞大學洛杉磯分校的歷史教授。1983 年 7 月 17 日，美國哲學學會（American Philosophical Society，APS）在費城召開會議，懷特發表題為 "手指、筷子與叉子：對吃的技術的反思"（Fingers, Chopsticks and Forks: Reflections on the Technology of Eating）的演講，探討了這幾種不同的飲食習慣，參見《紐約時報》（*New York Times*，東海岸），1983 年 7 月 17 日，A-22。

體，還有心理效益，"巴伯指出，"這樣做會讓你去感受食物，並從中得到樂趣。"[1] 換句話說，用筷子吃飯，還有助於人珍惜食物，享受美味。

還有一些人指出了使用筷子的更多好處。一色八郎是提出"筷子文化圈"這一概念的日本學者之一。他認為，使用筷子，比使用其他取食工具更需要手腦協調。這不僅提高了人手的靈巧度，而且最終促進了人尤其是兒童的大腦發育。一色八郎並不是唯一持有這種觀點的人。[2] 近年來，科學家做過一些有關筷子使用的實驗，他們探索的問題之一就是，經常使用飲食工具能否提高人手的靈巧度。心理學家也在考察，使用筷子的兒童是否比同齡人更早地獨立進食。這兩項研究，都得出了肯定的結論。與此同時，科學研究也已證明，使用筷子，可以幫助兒童提高手指的肌肉運動技能。不過也有研究指出，終身使用筷子或許可能增加老年人手指罹患關節炎的風險。[3]

考察、研究和說明筷子使用的各種好處以及潛在危害，無疑是一項值得從事的科學研究課題。不過本書的目標只限於開篇設定的三個方面。作為一名史學工作者，我將以史學和考古學為依據，主要討論歷史上筷子使用的優缺點，並依託文學作品、民俗資料和宗教文獻，描述和解釋筷子的多重功能，並以此來揭示筷子如何成為一種社會表

1　Kimiko Barber, *The Chopsticks Diet: Japanese-Inspired Recipes for Easy Weight-Loss*, Lanham: Kyle Books, 2009, 7.

2　一色八郎《箸の文化史》，201—220 頁。向井由紀子和橋本慶子在筷子研究中，也描述了通過學習使用筷子來幫助孩子形成良好的運動技能，參見向井由紀子、橋本慶子《箸》，181—186 頁。

3　Sohee Shin, Shinichi Demura & Hiroki Aoki, "Effects of Prior Use of Chopsticks on Two Different Types of Dexterity Tests: Moving Beans Test and Purdue Pegboard,"*Perceptual & Motor Skills*, 108:2, April 2009, 392-398; Cheng-Pin Ho & Swei-Pi Wu,"Mode of Grasp, Materials, and Grooved Chopsticks Tip on Gripping Performance and Evaluation," *Perceptual & Motor Skills*, 102:1, February 2006, 93-103; Sheila Wong,Kingsley Chan, Virginia Wong & Wilfred Wong, "Use of Chopsticks in Chinese Children," *Child: Care, Health & Development*, 28:2, March 2002, 157-161; David J. Hunter, Yuqing Zhang, Michael C. Nevitt, Ling Xu, Jingbo Niu, Li-Yung Lui, Wei Yu, Piran Aliabadi & David T. Felson, "Chopsticks Arthropathy: The Beijing Osteoarthritis Study," *Arthritis & Rheumatism*, 50:5, May 2004, 1495-1500.

徵、文學符號、文化產品和祭祀用品。

人們使用筷子進食，一般需要經過一定程度的練習才能熟練掌握用法。但作為在亞洲地區已經使用了幾千年的餐具，筷子早已顯示而且證明了其持久的吸引力。在筷子文化圈，使用筷子的訓練通常在兒童時期就開始了。近些年來，由於受到西方文化的影響，刀叉在亞洲國家的接受度越來越高，其使用者不僅限於在那裏光顧餐館的西方人士。也許與此相關，生長在筷子文化圈的亞洲年青一代正確使用筷子的技能，近年也有所下降。以往人們通常在家學會怎樣使用筷子，而如今的孩子在家長那裏似乎得不到足夠的指導，於是只好按自己的方法使用筷子，因此顯得不那麼得體。儘管有上述現象出現，但與其他飲食文化圈相比（如手指取食文化圈，在近百年來，其傳統已經漸漸為西方的刀叉取食所侵蝕甚至取代），筷子文化圈的基礎依然牢不可破。筷子這種餐具，對於筷子文化圈人們的日常生活，至今仍然不可或缺、無法取代。更有趣的是，筷子文化圈的人希望來訪的遊客也能使用它。在當地的大多數餐館，桌子上往往只放置了筷子，請顧客使用。而在筷子文化圈區域範圍之外、遍佈全世界的中餐館及其他亞洲餐館，筷子套或紙墊上通常印有簡單的說明，指導顧客如何使用筷子，鼓勵他們去嘗試使用。

筷子是何時發明的？它又為何最初在中國逐漸普及，成為主要的進餐工具呢？現有考古材料表明，中國各地新石器時代的遺址中，出土了不少長短不一的棍，往往由動物骨頭製成。有的考古學家將這些骨製短棍稱為"骨箸"，它很有可能就是筷子的前身。在已經出版的關於筷子歷史的專著中，如劉雲主編的《中國箸文化史》（2006），也依據考古學家的發現，指出筷子的原型早在公元前 5000 年以前就在中國出現了，因此筷子在中國的歷史長達七千年以上。[1]

1　劉雲主編《中國箸文化史》，北京：中華書局，2006 年，51—61 頁。

如果這些骨棍確實可以被稱為筷子的話，那麼當時的人們似乎不只用它們來夾取食物。換句話說，這些原始的筷子，可能具有雙重功能：既可以用來烹飪，也可以用來吃飯。有趣的是，許多亞洲家庭至今仍然這樣使用筷子，他們不但用筷子取食，也常常藉助筷子來做飯，比如打雞蛋或攪拌肉餡兒等。也就是說，直到今天，筷子仍是一種靈活多用的廚房用具。例如，烹煮食物的時候，可以用筷子來攪拌，也可以用兩根筷子夾起鍋裏的食物，檢查成熟程度，或者品嚐味道。將食物從煮器中取出放在食器中，不但用筷子夾取，而且還用來送到嘴裏品嚐，這樣的使用方法，讓筷子完成了從烹飪工具到取食工具的轉化。飲食專家們普遍認為，筷子便是這樣起源於中國的。

　　不過值得一提的是，如果筷子的原型早在七千多年前就已出現，那麼上述轉化則花費了好幾千年，而且從筷子的多用性來考察，也不太徹底。因為筷子今天雖然主要用來進食，卻仍保留著其他用途。還需要注意的是，歷史文獻和研究表明，中國古人起初也是用手指取食的，我們至今仍然稱拇指和中指之間的手指為食指。而且這一習俗一直延續至公元前 5 世紀或前 4 世紀左右，即春秋戰國時期。換句話說，孔子及其弟子用餐，很可能主要靠手來取食。不過在河南安陽殷墟的考古發掘中，出土了六支用青銅製成的箸頭，可以接柄使用，而在商晚期和周的不少遺址中，也出土了象牙和青銅製成的箸，可見筷子作為一種食具已經在某些社會階層（也許是王室成員）或宗教祭祀的重大典禮上使用了，其用途或許是烹飪和取食兩用。[1] 我個人的看法是，從戰國開始，用餐具（包括筷子）替代手指取食，才逐漸成為多數中國人首選的餐飲習俗。[2]

1　劉雲主編《中國箸文化史》，92—96 頁；王仁湘〈中國古代進食具匕箸叉研究〉，《考古學報》1990 年第 3 期及氏著《飲食與中國文化》，北京：人民出版社，1993 年，266 頁。

2　太田昌子《箸の源流を探る：中國古代における箸使用習俗の成立》，東京：汲古書院，2001，1—23 頁；劉雲主編《中國箸文化史》，70 頁。

綜上所述，筷子作為嚴格意義上的進食工具，其發明和使用無法取得明確的定論，它的廣泛普及也經歷了一個漫長而又曲折的過程，其中既包含了文化的多重因素，也與飲食習慣在中國及筷子文化圈內其他各地的變化，產生了密切的聯繫。本書取名"筷子：飲食與文化"，便是想突出筷子的普及使用與"飲食"和"文化"這兩大因素同時相關。對中國人和其他亞洲人來說，用餐具來取食體現了一種文明的進步，這一觀點將貫穿本書。如果人們希望食物在煮熟或煮熱後食用，那麼煮器的使用或許就必不可少了。在中國的考古遺址中，已經發現了史前時代不同類型的陶鼎和陶釜。到了商代，即青銅時代，鼎、簋、釜等青銅煮器、盛器十分常見。這些青銅器雖然形狀各異，但都有三足或四足將之架起，方便在下面燒火，這種設計顯然有利於烹飪加熱，由此看來，中國古人喜歡吃熱食。據哈佛大學人類學教授張光直研究，中國古代的烹飪方法有十多種，但炊具發明之後，特別是到了周代，煮和蒸這兩種方法變得最為重要。[1] 當然，人們還是可以用手指來取熟食。但是，如果這些食物是煮熟或蒸熟的，比如浸泡在滾燙的肉湯中，那麼用手指取食就不容易了。為避免燙傷或弄髒手，就必須使用餐具，因為人的嘴巴可以吃燙食或喝熱湯，但手指卻無法承受同樣的熱度。有意思的是，似乎從古至今，中國人都偏好吃熱食。現在人們待客，還經常說"趁熱吃"這句客氣話，不僅出於客氣，還因為趁熱吃的確是中國餐飲的習俗。不過要明確解釋為什麼中國人從古代開始就喜歡吃熱食，並將這種飲食習慣保留到現在，還不太容易。飲食史專家也沒有特別好的說法。中國北方的氣候，可能是促成這一習俗的影響因素。因為在華北和西北地區，除了夏季，大都相對乾燥寒冷，人們更願意將食物煮熱吃。據中國古代歷史文獻記

1　K. C. Chang ed., *Food in Chinese Culture: Anthropological and Historical Perspectives,* New Haven: Yale University Press, 1977, 31. 考古學家王仁湘也有相似的看法，見其〈從考古發現看中國古代的飲食文化傳統〉，《湖北經濟學院學報》2004 年第 2 期。

載,"羹",即現在常見的用肉或者菜調和的帶汁濃湯,是那時最流行的菜餚。根據考古學家的研究,古代中國人的食物中,肉食相對其後佔有更大的比例,而煮熟的肉食一旦冷卻,就不那麼可口了。這或許是大多數中國人喜吃熱食的一個原因。[1]

不過,一旦使用餐具成為一種飲食傳統,並成為一種文化的形態,它就會吸引周邊區域的人,並影響和改變他們的飲食習慣。例如,日本人不一定像中國北方人那樣喜歡吃熱食,現在世界上流行的日本菜,如壽司和刺身,均以室溫享用為佳。[2]但從 7 世紀以來,日本人一直鍾情於筷子,並以使用餐具吃飯而自豪。同理,越南的氣候要比中國北方溫暖濕潤得多,菜式也比較清淡,涼拌菜頗多,雖也有煮、蒸的熱菜,但很少使用煎、炒的方法。[3]因而可以這麼說,日本人和越南人選用餐具進食主要是受中國文化的影響。越南曾受中國歷朝政權統治長達一千年之久,越南人選擇用筷子進食,顯然文化的因素遠大於飲食的需要,因為與之相鄰的其他東南亞國家,傳統上都是用手指取食。而越南人使用筷子,應比日本人更早,在筷子文化圈中或許僅遲於中國人。

人們用餐具進食,就必須選用一雙筷子嗎?答案是不一定。事實上,儘管從大約 7 世紀直到現在,筷子文化圈在亞洲已經存在了千年之久,但用來取食的餐具,並不僅限於在這個圈內被發明並使用的筷子。在這裏,匕、匙、勺和刀叉也很早就出現了,與其他飲食文化圈形成的歷史頗為相似。它們既被用作烹調工具,也被用作取食餐具。

1　參見趙榮光〈箸與中華民族飲食文化〉,《農業考古》1997 年第 2 期;王仁湘《飲食與中國文化》,264—270 頁。

2　日本飲食史專家木村春子曾發表比較中日飲食習慣差異的論文,指出日本人沒有中國人那麼喜歡吃熱食,參見〈中國と日本その料理の特色、民族的な嗜好傾向〉,《第六屆中國飲食文化學術研討會論文集》,台北:中國飲食文化基金會,1999 年,509—526 頁。

3　參見李太生〈論越南獨特的飲食文化〉,《南寧職業技術學院學報》2007 年第 4 期;劉志強〈從越南的飲食看國家與地區之間的文化交流〉,《東南亞縱橫》2006 年第 9 期。

此外，根據考古發現和歷史文獻，筷子雖然發明較早，卻並不是最早的餐具。甚至在其發明地古代中國，筷子在很長一段時間內也不是主要的飲食工具。匕出現得最早。更確切地說，在古代中國用作取食的主要工具，是狀如匕首、介乎刀和匙之間的餐具。[1]《新華字典》解釋，"匕"為"古代的一種取食器具，長柄淺斗，形狀像湯勺"，而"匙"則解釋為"一種通常為金屬、塑料或木質橢圓形或圓形的帶柄小淺勺，供舀液體或細碎物體用"。換句話說，"匕"和"匙"在現代都稱為"勺"，不過至少在古代，勺比匕和匙要大且深，手執的柄也要長一些。但為了方便今天的讀者，本書姑且用"勺子"來統一稱呼這些用來舀取食物的餐具。

要理解在中國古代，為何勺子（匕、匙）作為飲食工具比筷子出現更早也更為重要，我們需要仔細考察歷史上中國人和其他亞洲人通常攝入的食物種類。飲食史專家傾向於把食物分為兩類：穀物類和非穀物類。以就餐而言，前者顯然更重要，因為在許多地方，吃一頓飯通常就等於吃了一種穀物，無論是大米、小麥、小米還是玉米。亞洲人也不例外。在漢語中，"飯"泛指所有煮熟的穀物。在現代語境中，"飯"通常指的是"米飯"，也有可能是其他穀物煮熟之飯。這個字在其他亞洲國家的語言中表達的意思與漢語相同，韓語讀作"밥"，日語讀作"（ご）はん"，越南語讀作"cơm"。因此，中國人就餐便是"吃飯"，字面意思是"吃煮熟的穀物（米）"。但在日常生活中，"吃飯"的意思顯然超出了字面含義，很有可能也包括攝取非穀物類的食物，即吃"菜"。日語中的"ごはんをたべる"也有著同樣的雙重意義，並非僅指食用煮熟的米飯。這些類似的表達，說明了穀物食品的重要性。事實上，漢語口語中非穀物類食物"菜"，有時被稱作"下飯菜"，在有的方言中直接叫"下飯"。這一詞語表明，"菜"的主要

1　參見王仁湘《飲食與中國文化》，259—266頁。

功能是輔助人們攝入穀物食品。

在古代中國，勺子是主要的飲食工具，因為中國人最初用勺來取用穀物食品，而非後來的湯（本書第六章將會提到，湯匙其實是在較晚時期才出現的）。相比之下，筷子最初是用來夾取非穀物類食品的。這兩種配套使用的餐具，在歷史文獻中被稱為"匕箸"或"匙箸"，若用現代漢語來表達，大致翻譯為"勺子和筷子"。在"匕箸"和"匙箸"的表述中，"匕"和"匙"在前，而"箸"則在後，顯示出勺子在進餐工具中的重要地位。先勺子，後筷子，反映了中國古人攝入食物時"飯"與"菜"的主次關係。今天在朝鮮半島，我們仍然能看到這種飲食傳統的延續。那裏的人就餐時會將勺子和筷子配套使用。就像中國古代的飲食習俗，朝鮮或韓國人通常用勺子取食穀物食品即米飯，而用筷子夾取非穀物類的食品。

然而，今天朝鮮半島居民的飲食禮儀所反映的主要是一種文化規範，而非烹飪之需，因為隨著稻米作為主食在亞洲各地普及，要將一團飯送入口中，筷子是一種頗為有效的工具。在如今的筷子文化圈中，大多數使用筷子的人通常都會這麼做。其實，朝鮮和韓國人雖然在就餐時將勺子和筷子配套使用，但在不太正式的場合，如在家中用餐，他們也會簡化禮節，只用筷子來完成夾送米飯和菜餚的功能。

古代中國人和今天朝鮮半島居民用勺子和筷子來進食，反映了飲食和文化的雙重影響。更確切地說，如果後者體現了一種約定俗成的禮儀，那麼前者則與飲食上的需求相關。從上古到唐代，中國北方（以及朝鮮半島）的主要糧食是小米，這是一種適合該地區氣候的作物，既耐寒又抗澇。不過小米燒熟之後，不像稻米那麼黏、易於團成塊。因此小米煮成粥最佳，古今皆然。據中國禮儀文獻推薦，食粥用勺子更好。相比之下，筷子當時則主要用於從有湯的菜（羹或其他燉菜）中夾起食物。於是，在古代中國，筷子被看作一種次於勺子的進餐工具，其主要功能是夾取非穀物類食品或燉菜中的食物。

筷子的這個角色，不久就產生了變化。事實上，這一變化大約在漢代就開始了，此時用小麥粉製成的食品，如麵條、餃子、煎餅和燒餅開始日益受到喜愛。考古發現證明，古代中國人早已學會了用臼和杵來研磨穀物做麵條。世界上最早的麵條，是在中國的西北地區發現的。這種由小米製成的麵條，有超過四千年的歷史。[1] 到了漢代，人或動物帶動的石磨漸漸普及使用。除了小米，中國人也開始研磨小麥。這可能是受到了來自中亞的文化影響。而在研磨成為一種廣為接受的小麥加工方法之前，中國人煮食完整的小麥，即"麥飯"。至少在中國，小麥的食用經歷了一個從粒食到粉食的過程。但這一轉化不是即刻完成的，因為在麵粉出現之後，許多地區仍然保留了食用麥飯的傳統。不過毫無疑問，是麵粉把小麥變成了更受歡迎的穀物食品。到了唐代末年，即 10 世紀初，小麥種植已經變得非常重要，足以動搖小米在中國北方農作物中的霸主地位了。

不僅在亞洲，還包括其他地區，除了燒餅、煎餅和饅頭，麵條和餃子是兩種廣受歡迎的麵食。吃這些食物時，筷子比勺子更合適。也就是說，由於麵食的魅力，大約從 1 世紀起，筷子在中國開始挑戰勺子，最終榮登餐具首位。有趣的是，西方的食品專家注意到，麵條的普及也導致了歐洲人開始使用叉子（當然時間上要比中國和亞洲其他國家晚得多），以致從 14 世紀起漸漸與其他餐具配合使用。如上所述，刀、叉在西方的古典時代便已經出現，但至少在羅馬時代，叉子只是在廚房裏使用，不上桌面。而據意大利傳說，11 世紀早期，一位嫁給威尼斯貴族的土耳其公主首次把叉子帶到了歐洲。但叉子作為餐具的廣泛使用，還要等到歐洲人習慣吃意大利麵之後。事實上，某些研究顯示，中世紀晚期的土耳其人不僅用叉子，也曾在一段時間裏

1　英國《自然》（Nature）雜誌 2005 年報道，中國學者在青海喇家新石器文化遺址中發現了小米做的麵條，是世界上迄今發現最早的麵食。參見邱龐同《中國麵點史》，青島：青島出版社，2009 年，18—19 頁。

用筷子吃麵條。[1] 不管怎樣，叉子是歐洲等地人食用麵條的工具，而筷子則是亞洲人（包括筷子文化圈之外的一些亞洲人）用來取食麵條的選擇。如在泰國這樣的東南亞國家，人們吃麵條時會傾向於用筷子，而吃其他食物時，則會習慣用手指或其他餐具。[2]

麵條是一種穀物食品。人們通常不會單獨吃麵條，而喜歡將麵條和其他東西混在一起，或是湯，或是調味汁，或是肉類和蔬菜。如此做法，麵條便成了一頓飯。在這種混合物中，"飯" 和 "菜"、穀物食品和非穀物食品的區分，就不再重要了，因為它們混合在一起。亞洲的拉麵（日語稱 "ラーメン"）就是一個很好的例子。拉麵是一種帶湯的麵條，起源於中國。近幾個世紀以來，拉麵在亞洲得到了廣泛的普及，也正在走向全世界。正像 "拉" 這個字所暗示的，其製作是通過抻拉完成的，即用手或機器將麵團一次次抻拉成條。人們對拉麵的喜好在於其湯底，其中加入了肉、蔬菜及蔥、醬油等調味品。日本拉麵還特別配有海藻、魚糕，有時加一個雞蛋。這一切表明，一旦調好味，麵條便成了一道混合了穀物和非穀物的美食。中國的餃子，薄薄的擀麵皮包裹著肉餡兒和蔬菜，也同樣超越了傳統的穀物與非穀物食品之分。最重要的是，吃這樣的麵食，用筷子比用勺子更加有效。

以麵粉形式為主的小麥食品的流行，可能僅限於中國北方。而在南方地區，稻米從遠古時代起就已經是主糧。長期以來，這裏的居民可能已經使用筷子來取食米飯和其他配食。[3] 在宋代，由於選用了來自越南的早熟新品種，水稻產量在中國南方和北方都得到很大提高。到

1　Giovanni Rebora, *Culture of the Fork*, trans. Albert Sonnenfeld, New York: Columbia University Press, 2001, 14-17; James C. Giblin, *From Hand to Mouth, Or How We Invented Knives, Forks, Spoons, and Chopsticks and the Table Manners to Go with Them*, New York: Thomas Y. Crowell, 1987, 45–46; and Peter B. Golden, "Chopsticks and Pasta in Medieval Turkic Cuisine," *Rocznik orientalisticzny*, 49 (1994-1995), 71-80.

2　Penny Van Esterik, *Food Culture in Southeast Asia,* Westport: Greenwood Press, 2008, xxiv; 54-55.

3　中國學者沈濤曾提出，雲南是筷子的起源地，在殷商時期逐步向中原地區蔓延，參見其文〈箸探〉，《中國烹飪》1987 年第 5 期。太田昌子在《箸の源流を探る》中討論了沈濤的觀點，參見該書 248—260 頁。

了明代，水稻種植持續增長。同樣，朝鮮半島的稻米種植也在此時有了明顯的增長。這些時期，由於人們對稻米的消費增加，筷子文化圈得到進一步鞏固和強化。文學和歷史文獻表明，從 14 世紀起，對許多人而言，筷子已經成為可用的唯一取食工具。這種變化在中國尤其明顯，因為之前中國人的飲食習俗是勺子和筷子一起使用。後來只選用筷子，原因可能多種多樣，其中一個原因是大約從明代開始，甚至更早，人們漸漸採用了合食制，即大家一同坐在方桌旁進食。筷子可以用來夾取所有的食物，無論是穀物還是非穀物，這就促成了筷子成為主要的進餐工具。這一變化的另一個結果是，勺子漸漸喪失了原來取用穀物類食品的功用，而主要用來舀湯，從以前用來吃飯的飯匙變成了湯匙。在今天的中國、越南和日本等地，勺子的功能仍然如此。

在亞洲（或者中國）獨特的文化傳統中，促進筷子使用的，除了吃米飯，還有喝茶。很多老茶客不僅喜歡品嚐茶飲，也習慣在喝茶時享用一點小吃和開胃菜，它們也叫 "小食"（小食品）或 "點心"（在英語中常拼寫為 "dim sum"，意思就是開胃菜）。"小食" 和 "點心" 這兩個詞最早出現於唐代，顯然得益於當時人們對飲茶表示出來的越來越濃的興趣。接下來的幾個世紀裏，一邊飲茶一邊品嚐各種小碟食品的習俗，得到強化和普及，並持續至今。這些小碟裝的吃食（在當今世界各地的粵菜餐館中通常是燒賣、肉圓、蝦餃、魚丸等），大部分適宜用筷子來取食。在亞洲各地的小酒館、茶館中，筷子的確是最簡便、常見的餐具。

比起別的飲食器具，竹筷、木筷價格低廉，這使得筷子在亞洲得以廣泛使用。從某種意義上說，無論人們社會地位有何不同，他們都可以有飲茶和使用筷子的習慣。毋庸置疑，正如英國著名人類學家傑克·古迪（Jack Goody，1919—2015）在其名著《做飯、烹調和階級》（*Cooking, Cuisine and Class*）中指出的那樣，飲食文化反映了社會的地位等級。[1] 杜甫的名句"朱門酒肉臭，路有凍死骨"，也早已形象地形容了飲食文化中表現出來的巨大貧富差異。的確，富人能買得起上品的好茶，享受盛饌，使用精緻的筷子，窮人則負擔不起。可無論貧富，誰都可以喝茶放鬆，用筷吃飯。本書希圖指出，與其他歷史、社會現象一樣，飲食文化並非一成不變，而是經歷了種種演化。筷子成為主要的飲食工具，以及合食制的發展，都有可能始於中國及周邊地區的下層社會。這些就餐習慣，隨意又不過分拘泥於禮節，為普通百姓日常生活中喜聞樂見，經過自下而上的互動，逐漸擴散到上流階層，為整個社會所普遍接受。如上所述，今天一些在朝鮮半島生活的居民，在家庭或其他輕鬆場合用餐時，也會使用筷子吃飯，而不會使用比較講究禮節的勺子。如此情形，足以說明這一點。

　　與勺子和筷子幾乎同時，甚至更早出現的刀叉，在中國古代社會的接受程度又如何呢？考古發掘的漢代墓葬裏，一些畫像石、畫像磚上描繪了烹飪和飲食的場景。從這些石刻的圖像中可以看到，刀叉在當時是用作廚房用具而非進餐用具的。而在接下來的幾百年裏，刀叉的這種功能一直沒有變化。甚至直到近代初期，作為歐洲餐具的刀叉傳入中國和亞洲之前，情況都是如此。換句話說，在中國及其鄰近地區，刀叉並沒有像筷子那樣從烹飪工具發展為進餐工具。對這一現象的解釋，我們還需要考慮飲食和文化的雙重因素，考察它們所發揮的作用。

　　從烹飪的角度看，羹或燉菜在早期中國的流行特別值得我們關注。燉菜一般是將固體食物原料置於湯中燉煮，吃的時候再加上肉汁或醬汁。歷史文獻和考古發現表明，至少在漢代，燉菜中的固體成分，在烹煮前已經切成了一口大小。這樣，用來切肉的刀就可以留在廚房，沒有必要上餐桌了。由於燉菜中的食塊較小，從湯中取出來

1　Jack Goody, *Cooking, Cuisine and Class: A Study in Comparative Sociology,* Cambridge: Cambridge University Press, 1982.

時，用筷子要比用叉子更有效。

　　當然，肉切成一口大小的原因，也可以歸因於人們喜歡使用筷子。20 世紀 60 年代，法國語言學家、文學評論家羅蘭・巴特（Roland Barthes，1915—1980）曾造訪日本，對當地做過一些有趣的、富有哲理的觀察。他強調食物與餐具的相輔相成：

　　　　小塊的食物和可食的食物，具有一種一致性：食物呈小塊狀以便入口，而小塊食物也就體現了這一食物可吃的特質。東方食物與筷子之間的合作關係不僅僅是功能性或工具性的：將食物切小是為了能用筷子夾住，而使用筷子也是因為食物已經被切成了小塊，二者相輔相成。這樣的關係便克服了食物與餐具之間的隔閡，使二者融洽無間。[1]

　　羅蘭・巴特仔細觀察了筷子如何夾取食物，對筷子與刀叉（他自己更習慣使用的餐具）做了比較，也對筷子的文化意義進行了一番思考：

　　　　筷子通過分、撥、戳來分解食物，而無須像我們的餐具那樣對食物進行切、扎。筷子從不有違食物的本性：要麼慢慢地將之撥開（比如蔬菜），要麼將之戳開（比如魚），由此重新發現這種食物的天然縫隙（在這一點上，筷子比刀更接近於手指的作用）；最後，再用筷子運送食物（這也許是筷子最可愛的功能），或像雙手那樣，無須夾住而是直接托起飯團將它送入口中，或像勺子那樣，將雪白的米飯從碗裏撥到唇邊（真正東方人的傳統吃飯姿勢）。筷子的這些功能和表現，不同於我們生猛的刀及其

1　Roland Barthes, *Empire of Signs*, trans. Richard Howard, New York: Hill and Wang, 1982, 15-16.

替代品叉，不必切、扎、剁、絞（這都是很有限的動作，只能歸為烹飪前對食物的準備：活剝鰻魚皮的賣魚人，通過初步的獻祭，為我們一勞永逸地驅除屠宰之罪）。使用筷子，食物不再是受蹂躪的獵物（需與之搏鬥的肉食），而是被平和傳送的物質。筷子將事先分割好的食物一點一點送進口中，將米飯接連不斷地送進嘴裏。筷子像慈母一般不知疲倦地一口一口運送著食物，讓配備刀叉的我們去行掠食之事吧。[1]

　　這段思考可以很好地啟發進一步討論：文化因素是如何以及為什麼使筷子變成了早期中國的餐具。對羅蘭·巴特來說，筷子不是"掠奪性的"，使用者不會像用刀叉那樣"暴力地"對待食物。羅蘭·巴特不是唯一提出這個觀點的人。16世紀，一些到亞洲旅遊的西方人，看到當地的人用筷子進食，都有類似的看法，認為亞洲人使用筷子是一種（更）文明的用餐習俗。

　　而對中國人而言，用餐具進食早就成為一種自豪的文化信仰。長期執教於牛津大學的漢學家雷蒙·道森（Raymond Dawson），曾對中國文化對於周邊地區的影響，包括飲食生活等方面，做過精闢的論述：

　　　中國文化之於朝鮮半島、越南和日本，除了語言、文學和思想之外，還在其他諸多方面有著不可磨滅的影響，比如在建築和藝術等方面，影響便十分深遠。這些地區的繪畫，就部分地與中國的書寫文字相關，因為書法和繪畫都用毛筆在一個平面上進行技術操作。而在日常習俗的方面，"漢化"最重要的標誌就是用筷子進食。遠東地區（東亞）的平民百姓普遍認為，用筷子吃

1　Roland Barthes, *Empire of Signs*, 17-18.

飯還是用手指或之後的刀叉吃飯，是區分文明與野蠻最明確無誤的標誌。[1]

不用說，這一見解不僅中國人樂於接受，筷子文化圈中的其他亞洲人也完全認同，因為他們都選擇把刀留在廚房，而不是帶到餐桌上。要想追蹤這一行為的文化起源，一個簡單的辦法就是讀一讀《孟子》。孟子是孔子之後儒家文化的主要代表人物之一，他這樣來論述"君子"的素養：

> 無傷也，是乃仁術也，見牛未見羊也。君子之於禽獸也，見其生，不忍見其死；聞其聲，不忍食其肉。是以君子遠庖廚也。（《孟子‧梁惠王上》）

我們無法知曉，是否是因為孟子的這一評論，才使得肉類的食用在傳統的亞洲烹飪中，與其他文化圈相比顯得微不足道。但至少有一點是明確的，那就是孟子關於"君子遠庖廚"的教導，不但家喻戶曉，而且流傳至今。再廣一點看，不僅在中國，在亞洲或者至少在儒家思想影響的地區，同樣的觀念照樣流傳甚廣，成為筷子文化圈的理論支柱。遵照孟子的訓誡，刀只能由廚房裏的廚師用來將上桌前的肉切成小片。這也正是孟子尊奉的孔子在享用肉食時，向廚子們提出的要求："食不厭精，膾不厭細"（《論語‧鄉黨》）。在儒家文化之後，大約於公元前 1 世紀之後漸漸傳入中國的佛教，對亞洲筷子文化圈的飲食文化，也產生了深遠的影響。由於佛教戒殺生，亞洲食品中的肉食成分，便顯得愈益減少。按照普林斯頓大學中國歷史教授牟復禮（Frederick W. Mote，1922—2005）的說法，在中國傳統的烹飪中，

1　Raymond S. Dawson, ed., *The Legacy of China*, Oxford: Oxford University Press, 1971, 342.

如果一道菜要用到肉，它的主要功能常常是"給蔬菜調味，給調味汁打底，而非一道菜的主料"[1]。這一形容雖略有誇張，但也反映了亞洲烹飪傳統的特色，其結果是在千百年來有效地將刀限制在廚房之內。既然不用刀，叉子也就沒有必要了，因為其功能之一是在切肉時固定住；另一個功能是將切小的肉塊和其他食物送入口中，而這一動作完全可以由筷子輕鬆取代。

使用筷子的傳統讓中國人和其他亞洲人向來認為自己的飲食方式要比其他人更文明。但我們今天必須指出的是，無論是用餐具還是用手指取食，都只反映了一種文化的偏好，而不能表明文明程度的高下。事實上，優雅得體的飲食方式，更依賴於如何將食物送進嘴裏，而不在於是否使用餐具，或使用什麼樣的餐具。這也就是說，每種飲食傳統裏，都有自己優雅的、有別於粗俗的進食方式。是優雅還是粗俗，不同的地方有不同的標準。例如，許多用手吃飯的地區，通常只能用右手進食，因為人們認為左手不潔淨。而在手指取食文化圈的某些地方，用手優雅地進食的方式是只使用三個手指（拇指、食指和中指），而非整隻手。而在使用西式餐具的地方，得體的飲食方式表現在用合適的餐具來取用和運送不同的食物——沙拉、湯、主菜和甜食。

幾千年來，隨著筷子的使用的普及，相關的禮儀規則也逐漸形成。這套規則要求使用者正確、得體地握住筷子，並有效地使用它。在整個筷子文化圈中，筷子的長短、粗細並不一致，但使用筷子的禮儀規矩卻驚人地相似。首先，筷子使用者普遍認為，拿筷子最有效、最優雅的方式，是將下面那一根筷子置於拇指根部，墊在無名指與中指之間，以便將其固定。然後，像握鉛筆那樣握住上面那一根，用食指和中指將其移動，又藉助拇指將其穩定。夾取和運送食物的時候，兩根筷子需要一起運作，夾起食物，送進嘴裏。除了學會如何拿筷

1　Frederick W. Mote, "Yuan and Ming," *Food in Chinese Culture*, ed. K. C. Chang, 201.

子，還有一些規則要求使用者正確和有效地取用食物。例如，儘管筷子用起來很靈便，似乎可以任意選擇、夾取碗盤中中意的食品，但禮儀則規定使用者不能用它在碗盤裏隨意掏挖。有些食品如肉丸子，用筷子夾取並不方便，容易在運送的過程中滑落，但禮儀也規定不能將筷子戳入肉丸來取用。而在用筷子運送食物的過程中滴淌汁水，也被視作失禮的行為。總之，筷子已經成了一種廣泛使用的餐具，正確而熟練地使用它，已成為亞洲人良好餐桌禮儀的重要組成部分。

餐桌禮儀的形成，是為了避免令人生厭的就餐動作影響他人的食欲。上述筷子禮儀的發展，基本上是出於同樣的顧慮。其實，也可以這樣說，筷子的發明和使用，在某種程度上就是為了防止就餐時有可能出現的混亂、難看和難堪的狀況。在現代西方世界，人們在使用餐具用餐的過程中，需要不時用餐巾來擦嘴、擦手。這種習慣的養成自然是為了培養優雅的就餐習慣，在近現代世界更被視為文明用餐的標誌。不過有趣的是，歐洲人 16 世紀來到亞洲時，曾對當地人用筷子進食的方式發出過欽佩的感歎，因為亞洲人可以用筷子將一口大小的食物從碗裏送到嘴裏，根本不會弄髒自己的手，這樣就不需要使用餐巾，甚至無須在用餐前洗手。[1]

所謂乾淨利落、舉止優雅的餐飲方式，自然會隨地區、文化的不同而產生一定的差異。例如，在筷子文化圈，從筷子上滴下食物汁水通常會令人反感，所以人們摸索出多種應對方法。一種常用的方法就是縮短運送食物的距離。中國人、日本人和越南人吃飯時，通常會將飯碗抬高到靠近嘴巴的位置，方便用筷子將裏面的米飯送進嘴裏（但日本人雖然抬起飯碗，卻在禮儀上主張用筷子夾起一團飯送進嘴裏，

1　16 世紀晚期，意大利商人弗朗切斯科·卡萊蒂（Francesco Carletti）到日本，曾有這樣的描述："日本人可以極敏捷地用這兩根小棍將食物送進口中，不管食物有多小，都能夾起來，完全不會弄髒手。" 引自 Giblin, *From Hand to Mouth*, 44。同樣，那時到達中國的歐洲人，也有類似的觀察，參見 C. R. Boxer ed., *South China in the Sixteenth Century*, London: Hakluyt Society, 1953, 14, 141。

而不是嘴巴湊著碗，用筷子將米飯撥進嘴裏）。[1] 而對於朝鮮半島的居民和一些首次使用筷子的歐洲人來說，抬起飯碗吃飯的用餐方式不太優雅。因此，為了保存傳統，生活在朝鮮半島的人從很早開始，便提倡勺子和筷子配套使用，用勺子來進食米飯，而用筷子夾食小菜。即便是勺筷並用，他們不會也不能左右開弓，雙手將二者同時使用。朝鮮半島上的就餐禮節，其實也是中國的古禮。宋代朱熹的《童蒙須知》便規定："凡飲食，舉匙必置箸，舉箸必置匙。食已，則置匙箸於案。"本書將對中國古代的就餐禮儀，在數個章節詳加討論。

不管使用熟不熟練，兩根筷子都得一起用才能夾起食物。這種不可分離的獨特性，連同其形狀、顏色和材料，使得筷子這種餐具，長期以來都是一種備受歡迎的禮物、一種文化的象徵，甚至成為流行於亞洲許多地方的文學隱喻。也就是說，筷子不只是一種進食工具。例如，筷子需成雙成對，在亞洲，人們都願意用它作為結婚禮物，以表達對夫妻的良好祝願。筷子是許多亞洲人婚禮儀式上基本的甚至是必不可少的物件。以筷子為主題的愛情故事，也出現在亞洲民間傳說和神話中。正像這些故事中所敘述的以及今天婚禮上仍然流行的那樣，筷子常常會在定情儀式和結婚典禮上出現，成為表情達意的有效工具。因此，文學家依據筷子的獨特使用方式，創造出一些短語，讓詩歌和故事更為生動形象。最後，筷子所用的材料也具有重要的社會意義，甚至政治意義。例如，有錢人往往喜歡用價格昂貴的金、銀、象牙、玉石、烏木和其他珍貴木材製成的筷子，來表明或抬高自己的身價。而不少文人雅士則偏好質樸的竹筷，視其為鄉野樂趣的象徵。由於歷史上的原因，象牙筷（象箸）在習慣上象徵著墮落和腐敗。玉筷由於易碎，也不會被當作日常用具；但"玉筷"這一詞語則頻頻出現在文學文本中，人們藉用它的顏色和形狀來比喻女人的眼淚。

1　有關日本人吃米飯的禮儀，參見 Ishige Naomichi, *The History and Culture of Japanese Food*, Londen: Routledge, 2011, 68。

作為一項具有悠久歷史的發明，筷子已隨時間演變成一種適應性很強的工具。無論在飲食還是非飲食的場合，筷子不僅方便，還可以被創造性地使用。筷子的適應性，也是它的獨特性。其他用餐工具，不可與之匹敵。諾貝爾物理學獎獲得者李政道曾將筷子和手指做過有趣的對比：

> 中國人早在戰國時期就發明了筷子。如此簡單的兩根小細棍，卻高妙絕倫地應用了物理學上的槓桿原理。筷子是人類手指的延伸。手指能做的事，筷子也能做，且不怕高溫，不怕寒凍，真是高明極了。[1]

最近幾個世紀，筷子的使用及其文化經歷了相當矚目的變化。比如，隨著現代科技的發展，經濟耐用的塑料筷子脫穎而出，變得十分常見。但木筷和竹筷依舊很受歡迎，金屬筷也同樣如此。事實上，耐久性並非現今人們選擇筷子的唯一品質標準。現代消費主義鼓勵消費，而非節約和保存，再加上日益提高的衛生意識，導致一次性筷子（大多用廉價的木材，有時也會用竹子製成）的使用，在世界各地形成新的、蓬勃上漲的趨勢。毫無疑問，塑料筷子和一次性筷子的普及，有助於筷子的使用風靡全球，也增強了亞洲食品特別是中國食品的跨文化吸引力。因此，筷子文化圈非但沒有縮小，而且還在不斷擴展，跟隨亞洲餐館逐漸擴大到亞洲以外的地方，走向了全世界各個角落。當然，塑料和木質材料的過度使用，會產生一系列的環境問題。儘管如此，作為世界上最古老的餐具之一，筷子在未來的歲月裏，無疑還會保持持久和獨特的魅力。

1　在接受日本記者採訪時，李政道針對筷子的使用說了這一番話，參見 http://www.chinadaily.com.cn/food/2012-08/02/content_15640036.htm。

第二章

為什麼是筷子？
筷子的起源及最初的功能

高郵龍虯莊發現了有可能是中國最早的筷子原型，此後更多的考古發現表明筷子在古代首先是一種烹飪工具，且用途甚廣。勺子才是最早用於進食的主要工具，即文獻中的"匕"或"匙"。大約從周代開始，刀和叉僅用來在廚房裏準備食物，而不作為進餐工具。吃熟食是人類文明的進步特徵，而中國人"尚熱食"的傳統則直接導致筷子的產生。在戰國晚期，筷子完成了從烹飪工具到進食工具的轉換。

羹之有菜者用梜，其無菜者不用梜。

飯黍毋以箸。

——《禮記·曲禮上》

1993 年 4 月 5 日，南京博物院考古研究所會同揚州市博物館、鹽城市博物館及高郵市文管會組織了一支考古隊，在高郵龍虯莊新石器時代遺址進行了一系列發掘工作。1995 年 12 月，這支考古隊完成了第四次也是最後一次發掘，總面積 1335 平方米，出土的 2000 多件時代在公元前 6600 — 前 5500 年的器物，大都是用動物骨頭製作的工具和器皿。該遺址被評為 1993 年度"全國十大考古新發現"之一。與其他新石器時代文化遺址不同的是，這裏出土了 42 根骨棍。參加發掘的考古人員在報告中指出，它們就是骨箸，即中國最早的筷子原型。

這些骨棍真的是筷子嗎？它們是什麼形狀的？根據考古發掘報告，這些骨棍長 9.2 — 18.5 厘米，直徑 0.3 — 0.9 厘米，中間粗一點，頂部略呈鈍圓形，底部逐漸變細。雖然看似粗糙，但外形的確有點像今天的筷子。類似的骨棍在其他新石器時代遺址中也有發現，但學者們普遍將它們認作骨笄，即紮住頭髮的髮笄。事實上，龍虯莊考古隊最初對這些骨棍進行分類時，也把它們當作骨笄。但考古隊長張敏（後來擔任南京博物院考古研究所所長）則指出，這些骨棍的放置位置有所不同，不在頭部而在腰部即手的位置，並與其他陶製食器、盛器放在一起。他判斷這些骨棍應該是食具，而不是用來整理頭髮的。這一論斷，讓龍虬莊出土的骨棍成為中國最早的筷子的說法，寫入了考古報告並正式出版，而且張敏在 2015 年的一次演講中，再度重申了他的這一發現。不過其他研究人員也持不同的看法。[1]

《中國箸文化史》主編劉雲及其編寫者，支持了龍虬莊考古隊的判斷。他們在書中指出，有四點證據能夠說明它們確實是骨箸：

（一）骨箸表面製作粗糙，不平光，而骨笄加工細緻，表面光平。

（二）骨箸截面是扁形或不規則橢圓形，而骨笄截面呈標準的圓形。

（三）骨箸多數一端平齊，一端圓，而骨笄一端鈍尖，一端銳尖。

（四）骨箸多隨陶豆、陶盆、陶碗、陶鼎等置於人骨的腰部，而骨笄置於頭部。[2]

《中國箸文化史》還告訴讀者，曾經參與陝西臨潼姜寨新石器時代遺址發掘的王志俊，受到龍虬莊考古報告的啟發，對在 1972—1979 年姜寨遺址發現的 50 件骨棍做了重新的界定，認為這些很有可

1　龍虬莊遺址考古隊《龍虬莊──江淮東部新石器時代遺址發掘報告》，北京：科學出版社，1999 年，346—347 頁。2015 年在揚州建城 2500 週年的紀念活動中，張敏應邀做了“江淮地區文明之光”的系列講座，他強調龍虬莊的骨箸為中國最早的筷子，參見《揚州晚報》2015 年 1 月 18 日。筆者在 2016—2017 年修訂、補充本書時，多次與南京博物院院長龔良接觸，希望他幫助提供該院收藏的龍虬莊骨箸的照片。但龔良與筆者在 2017 年 7 月 2 日的通話中，說到龍虬莊的骨棍不能認定為骨箸。可惜的是，他之後沒有也不願提供反駁龍虬莊考古發掘報告觀點的論著。

2　劉雲主編《中國箸文化史》，52 頁。

能是骨箸，因為它們也與陶缽、陶罐一起放置在葬者腰部，而在頭部還發現與之形狀類似的骨棍。王志俊認為，前者是骨箸而後者是骨笄，因為它們雖然都是骨製短棍，但形狀上有著與龍虯莊骨棍同樣的差別。《中國箸文化史》的編寫者們還據此檢查了其他中國新石器時代文化遺址中發現的骨棍和木棍，指出類似的情形也出現在其他遺址中，被前人看作的骨箭、骨針、骨錐和骨笄，他們認為對"過去考古發掘者定名的骨鏢、骨針、骨錐、骨兩端器、骨箭頭等用具有必要加以重新檢視"，因為它們有可能是骨箸。[1]

　　張敏、王志俊和劉雲等人的上述看法，有一定的理由。不過，為了謹慎起見，從科學立場出發，我們仍需思考，如何避免以今律古，從我們現在的生活來理解、解釋過去。更確切地說，要確定龍虯莊遺址發現的骨棍的確是古人用的筷子，還需要對筷子本身的定義做出明確的界定，那就是把它視為一種取食的工具。但正如導言指出的那樣，筷子的使用至今仍有其多樣性，它既能用來吃飯，又能用來協助烹飪。從考古學家提出的上述理由來看，遠在新石器時代，古人就開始使用骨製或木製的短棍作為工具。它們有可能被用來取食，也有可能被用來攪拌烹煮中的食物，或撥弄陶罐下的火炭，後者被稱作"火箸"，在筷子文化圈中頗為常見。關鍵的一點是，如果這些短棍的確是用來進食的工具，古人是否將它們成對使用？甚或也像我們這樣用手握著它們，將食物夾住並送入口中？今人無法回到過去，要想對這些問題做出明確的解答，顯然是不太可能的。

　　考古發現的新石器時代之後的遺存，提供了比較明確的物證，顯示今天筷子的原型在中國古代首先是一種烹飪工具。在商代，古人已經製作了青銅短棍，作為食具用來備餐。考慮到筷子的多用性，我們可以將之稱為"箸"。20 世紀 30 年代，考古學家在河南安陽殷墟

1　劉雲主編《中國箸文化史》，53—60 頁。

發現了六根青銅箸頭，與若干匕、勺放置在一起。這些青銅箸頭的直徑近 1.3 厘米，比後來的筷子粗，但數量及擺放位置表明，此物如鉗子一般，曾被成對使用過。至於它們是不是只用來進食，考古學家還不太確定。青銅器專家陳夢家則提出，這些青銅箸頭也有可能是用來冶金的，因為它們比較粗，作為取食的器具似乎不太方便。[1] 而更多的人認為，這些青銅製品是用來幫助烹飪的，或用來攪拌鍋中的食物，或用來整理煮器下面的炭、柴，助長或控制火勢等。美國人類學家尤金・安德森（Eugene N. Anderson）在他的《中國食物》（*The Food of China*）一書中寫道，一般人僅需很少幾樣工具，就可以做中餐了；除了菜刀、砧板、炒鍋、燉罐，再來一把炒菜的鏟子和一雙筷子就足夠了。用他的話來形容，筷子在中國人的廚房中，用途甚廣，不但可以用來打雞蛋，而且還能用來夾住、攪拌食物，濾出食物中多餘的水分和撥動、擺放食物等。[2] 根據筷子多用性的傳統，我們把這些商代出土的文物視為古代筷子的原型，頗有道理。在東亞和東南亞地區，筷子仍然是一件重要的烹飪工具，常被當作打蛋器（打雞蛋）和攪拌器（做餃子餡兒時將肉末和蔬菜混合在一起）。

在中國南方和西南地區的青銅時代遺址，考古學家們發現了若干短棍，並認定其為煮食和取食的箸。例如，20 世紀 80 年代，湖北長陽（位於長江中游）出土了兩件商代骨箸。在同一地區的周代遺址中，還發現了一雙象牙箸。這是迄今為止中國歷史上最早的象牙筷子。此外，在今天的安徽和雲南，也發現了青銅箸，其直徑為 0.4—0.6 厘米，比河南安陽發現的更細，頂端呈方形，底端更細呈圓形，形狀和現在用的筷子十分相像。參與長陽遺址發掘的考古學家王善才這樣描述：

1　陳夢家〈殷代銅器〉，《考古學報》1954 年第 7 期；劉雲主編《中國箸文化史》，92—93 頁。

2　E.N. Anderson, *The Food of China*, New Haven: Yale University Press, 1988, 150.

長陽香爐石遺址出土的生活用具中的古箸、勺，其形制和我們今天所使用的筷子、勺幾乎沒有大的區別，做工也十分精緻，箸面還有紋飾。考古發現的先秦時期最早的箸是商代中期的骨箸。可見，我國古代巴人遠在 3300 多年前就已在用箸。製箸技藝已達到相當高的水平。[1]

　　值得注意的是，王善才指出勺子是中國古代的另一種進食工具。相關的考古發現和文獻資料都證明，勺子的確是中國人最早用來進食的主要工具。勺子像筷子一樣，既可以用來攪拌鍋裏煮着的食物，也可以將食物送進嘴裏。因此，《詩經·小雅·大東》就有"有饛簋飱，有捄棘匕"一句，形容當時的人如何用酸棗木做的勺子煮食、取食。當筷子第一次出現在新石器時代，勺子或者更準確地說是匕首形勺（歷史文獻中的"匕"或"匙"），在中國已經廣為人知。這種類型的勺子，還有燧石和骨刀，在全國各地的新石器時代遺址中都有發現。從年代上來看，最早的匕可能出現在中原地區，河北武安磁山遺址和河南裴李崗文化的遺址中均有出土。二者年代都在距今 8000 年前左右。河南舞陽賈湖遺址出土骨匕 50 件，磁山遺址中則發現骨匕 23 件。這些匕都用動物的肢骨磨製而成，據信是用來切割肉的，也可以用來把鍋裏或碗裏煮熟的食物舀起。除了這些骨製的匕勺，在河南裴李崗遺址中還發現兩把陶勺。匕底部尖，看起來像一個人的舌頭。比較而言，陶勺（古代稱作勺或柶）的形狀更圓一些，呈橢圓形，更像長柄勺。匕和勺的頂端都有一個細手柄。今天考古發掘出土了更多匕首形的勺，橢圓形的勺要少一些。雖然匕大都由動物骨頭製成，但也有用其他材料製成的，包括玉石和象牙，比如 20 世紀 50 年代中期發掘的西安半坡遺址中就有發現。

1　劉雲主編《中國箸文化史》，92—96 頁；引文參見第 94 頁。

新石器時代骨製、金屬製的刀、叉也有發現，但數量少得多。隨著時間的推移，古代遺址中發現的刀、叉越來越少。這表明，中國人逐漸不再用刀、叉（特別是刀）進食。大約從周代晚期開始，刀僅限於用來準備食材。而叉（大多有兩齒，而非三齒或三齒以上）則一直使用到漢代及之後的一段時間。當時，叉子是一種廚房用具，主要用來上菜盛飯，而非進食。[1] 考古學家解釋了為什麼傳統上不把刀、叉用作進食工具。中國社會科學院考古研究所的王仁湘認為：

> 餐叉的使用與肉食有不可分割的聯繫，它是以叉的力量獲取食物的，與匕與箸都不相同。先秦時代將"肉食者"作為貴族階層的代稱，餐叉在那個時代可能是上層社會的專用品，不可能十分普及。下層社會的"藿食者"，因為食物中沒有肉，所以用不著置備專門食肉的餐叉。[2]

叉子既可以用來吃蔬菜（如生菜沙拉），又可以用來吃肉。而他對中國（亞洲）古代烹飪習慣的說法也得到了考古發現和歷史研究的支持。這並不令人意外，食物類型決定了飲食工具的使用。有充分的理由相信，飲食工具的發明與做飯、吃飯的欲望和需求有關。過去和現在的中國人，用筷子作為烹飪和進食工具，就是一個很好的例子。

在人類文明進程中，如果控制火的能力是一個劃時代的成就，那麼，用火來做飯同樣具有跨時代的意義。全球史家費利佩·斐迪南—阿梅斯托（Felipe Fernández-Armesto）從食物的角度，對人類歷史的演化進行了研究。他指出，烹飪的發明是人類歷史上的第一次

1　這一點並不突兀。在古羅馬，叉也被用作廚房用具。餐叉到 14 世紀才開始在歐洲使用，而且只有兩根齒，像羅馬廚房裏用的那種，而非今天看到的三齒叉或四齒叉。參見周達生《中國的食文化》，東京：創元社，1989 年，125—131 頁；Giblin, *From Hand to Mouth*, 45-56。
2　王仁湘〈勺子、叉子、筷子——中國古代進食方式的考古研究〉，《尋根》1997 年第 10 期，12—19 頁。

"科學革命"，因為其他動物，如大猩猩，似乎也能在人的訓練下做點煙之類的簡單動作，但它們絕對無法用火來煮熟食物，加以食用。因此烹飪是人類區別於其他動物的一個相對明確的標誌。斐迪南—阿梅斯托進一步解釋了這一"革命"的意義：

> 烹飪革命是第一次科學革命：通過實驗和觀察，人們發現烹飪產生了一種生物化學的變化，不但增加了食物的口感，而且還有助消化。所以把烹飪稱作"廚房化學"不是沒有道理的。雖然現代的營養師對動物脂肪毫無好感，但肉類食品對人體發育而言是最佳養料，而且它還富於纖維和讓人強健。烹飪使得肉類纖維中的蛋白質融化，讓人容易吸收其膠原蛋白。作為最早的烹飪手段，燒烤讓肉類的表皮變焦，凝聚起肉汁，因為蛋白質一旦加熱會凝固，形成"美拉德反應"（Mailard reaction，又稱梅納反應），其結果是促成蛋白質、氨基酸的一系列反應，產生色香味。我們已知資料證明，澱粉類食品對大多數人來說都是能量的來源，但其有效性也需要通過烹飪來獲得。澱粉類食品經過加熱會分化，從而釋放出內在的糖分。而且，加熱使得澱粉中的糊精變得焦黃，讓人聯想到煮熟的食物應該有的樣子。[1]

為探究食物對人類進化的影響，瑞士生物學家哈羅德·布呂索（Harold Brüssow）寫作了一本 700 頁的巨著，名為《覓食：吃的自然史》（*The Quest for Food: A Natural History of Eating*）。他從科學的角度證明，人的進化與烹飪及所帶來的吃熟食的習慣，大有關係。

> 直立人是烹飪的發明者。這一發明不但有力地提高了食物

1　Felipe Fernandez-Armesto, *Near a Thousand Tables: A History of Food*, New York: Free Press, 2002, 3-10；引文參見 10 頁。

的安全性，而且還降低了繼續保留大牙齒的必要性。比起吃生食，吃熟食不再怎麼需要牙齒進行切、撕和磨。從直立人過渡到智人的一個顯著標誌就是，牙齒進一步變小了。（還有一個原因是食物不再單一。）南非卡拉哈里沙漠的布須曼人和澳大利亞的原住民都不只吃捕獵來的大動物的肉，他們也吃蛇、鳥和鳥蛋、蝗蟲、蠍子、蜈蚣、烏龜、老鼠、刺蝟、魚、硬殼的螃蟹和其他軟殼類的海鮮等。除了這些動物類食物，還有植物類東西，如綠葉的蔬菜、水果、堅果、根莖狀食物和樸樹果之類的種子。早期人類也許也吃這些多種多樣的食物。若要考察食物對人類健康的影響，那麼我們必須看到人類之所以能進化，取決於食物越來越多樣化。早期和貧窮的農業社會的人，其飲食往往比較單一，而我們的食物與我們的先人相比，則更加豐富多樣。[1]

吃熟食對人類的進化顯然十分重要。但吃熟食並不意味著一定要吃熱的食物。不過如果打算吃熱食，那就必然要用到餐具。這一點，導言中已經提到過。[2] 具體地說，中國古人發明和使用勺子、筷子等餐具，是因為希望吃熱食時手不被燙到，而藉助餐具就可以讓人吃熱食。中國飲食史專家趙榮光如此描述：

> 中華民族的祖先很早便開始了熟食的過程。與此同時，很早便形成了尚熱食的傳統。"趁熱吃"，"趁熱喝"，是迄今為止人們仍沿襲的飲食生活習慣。飯（米飯或麵食）要趁熱吃，包括羹湯在內的各種菜餚要趁熱吃，斷炊即食，似乎只有這樣才得味適意。漢代以前，禁火寒食制度令人生畏，可以從一個側面反映

1　Harold Brüssow, *The Quest for Food: A Natural History of Eating*, New York: Springer, 2007, 608.

2　歷史學家林恩‧懷特曾探討過世界上幾種不同的飲食方法，他也認為，使用餐具主要是想取食熱食，參見他的 "手指、筷子與叉子" 演講。

人們的這一習慣和心理。至少在可供冷食的麵點大量出現（出現在漢代）以前和冷葷饌品成為宴享傳統（也主要形成於漢代）以前，即在整個社會上層和下層各類食者群都基本以各類羹湯為佐餐主要饌品的時代（自仰韶文化、河姆渡文化以下可以延伸到6世紀），這一習慣無疑是很突出的，各類羹湯（下層社會民眾的羹湯無論從質還是量上都無法同上層社會同日而語）顯然也是適意於趁熱進食的。[1]

的確，從古到今，吃熱食似乎已經成為中國人根深蒂固的飲食習慣。今天，許多中國人招待客人時，會準備好數道菜來招待客人，顯示自己的熱情好客。有趣的是，主人通常不會在客人到來之前就把菜燒好，因為主人希望客人吃熱食，用常用的話來說，就是要做到 "趁熱吃"。讓我們看一個比較有名的例子，那就是在 1972 年，美國國家安全助理亨利·基辛格陪同美國總統尼克遜訪華，在國宴上，周恩來總理建議基辛格趁熱先吃烤鴨。[2] 趙榮光提出中國人 "尚熱食" 的傳統，古今皆然，但沒有解釋背後的原因，下文將嘗試分析一下。

與中國人的飲食偏好相對照，傳統上用手進食的國家或地區，人們常常不習慣、不喜歡吃熱食。例如，南亞和東南亞地區的人，像中東人一樣，通常喜歡吃常溫的食物。在南亞，雖然有些人會在某些場合用到餐具，但用手進食的傳統一直持續到現在。因此，氣候和生態環境也對飲食文化的發展有著制約的作用。日本學者小瀨木繪莉子對中國和日本食物在東南亞的傳播做了一番研究。她指出東亞的食物到了菲律賓，不但由於食材和調味品的缺乏而有所變化，而且當地人的飲食習慣也影響了他們如何食用中華料理：

1　趙榮光《箸與中華民族飲食文化》，225—235 頁。

2　趙榮光《箸與中華民族飲食文化》；J.A.G. Roberts, *China to Chinatown: Chinese Food in the West*, London: Reaktion Books, 2002, 117.

菲律賓的中華料理特徵缺乏的要素，就是上熱菜時保持熱態的習慣。由於當地的飲食習慣不喜歡熱食熱菜，即使是一般都要趁熱吃的中華料理，上菜時卻常常處於微溫的狀態，但當地人並不認為這樣就不好吃。這與其說是吃的時候要降溫，放入口中不燙傷，莫如說是要捕捉美味。在菲律賓，即使是炒麵也要這樣慢慢享用。從正式宴會到日常的大眾食堂，飲食習慣一般是從自助餐的配菜中選取自己喜歡吃的東西，與其說是麵條剛煮好就端上來吃有嚼頭，不如說是更為重視麵條冷卻後如何照樣保持其不錯的味道。[1]

從新石器時代起，華北和西北地區經常作為中國政治文化的中心，其氣候介於乾旱和半乾旱之間。冬季寒冷，除了夏季，其他季節均乾燥缺水。這種氣候可能導致中國人上述的飲食偏好，愛吃煮過或燉過的熱的、多汁的食物。為了理解古代中國人的飲食習慣，我們有必要對上古時代的烹飪方法及其食器的發明略加描述。新石器時代出現的陶器和商代大量的青銅器皿，其形狀、大小均有助於揭示早期中國人怎樣準備飯菜和進食。《禮記·禮運》曾這樣描述先人的飲食習慣："夫禮之初，始諸飲食，其燔黍捭豚，污尊而抔飲，蕢桴而土鼓，猶若可以致其敬於鬼神。"意思是說，飲食習慣其實是禮儀規範的開始。先人在地上掘一個坑，在裏面燒烤穀物和豬肉，然後用雙手捧水喝。他們又用土堆成鼓狀，加以敲擊，以此來表達對鬼神的尊敬。漢代經學家鄭玄對"燔黍捭豚"作這樣的解釋："中古未有釜甑，釋米捋肉，加於燒石之上而食之耳，今北狄猶然。""燔"的含義就

1　小瀨木絵莉子〈糟糕的味道：大眾料理中對中國味道的接受——以菲律賓、日本為例〉，《第六屆中國飲食文化學術研討會論文集》，台北：中國飲食文化基金會，1999 年，229—230 頁。比·威爾遜（Bee Wilson）注意到，阿拉伯人及中東地區其他民族差不多也是這樣，傾向於食用室溫的食物，參見其著 *Consider the Fork: A History of How We Cook and Eat*, New York: Basic Books, 2012, 203。

是燒烤，而在古代煮器（釜、甑、鼎）發明之前，就是將食物放在火上烤，這個方法一直沿用到現在。還有一個辦法稱為"炮"，即用黏泥包住食物再放在火上烤。相比於直接放在火上燒烤，"炮"比較容易掌握火候。但如果是穀物，烤、炮都不太適用。因此中國古人就像鄭玄形容的那樣，將食物"加於燒石之上而食之"，即採取了"石烹法"，意思是將食物放在燒熱的石板上烤熟。之後人們又將燒熱的石頭與食物一同放入水中，重複幾次，靠石頭的熱度來煮熟食物。如此一來，漸漸就有了製作煮器的需要，因為烹製穀物比其他食物更需要炊具，所以考古學家王仁湘寫道："陶器在很大程度上是為穀物烹飪發明的。"其原因看來還是為了更好地掌握火候。最早的器皿是陶製的，如新石器文化遺址上常出現的陶罐。陶釜由陶罐演化出來，二者不同在底部，陶罐扁平，而陶釜為圓底或尖圓底。平底的陶罐可以存放食物，而陶釜底部尖圓是為了集中火力，有利於烹煮。復旦大學文博學院的胡志祥於是指出："釜的出現，標誌著專門炊具的誕生，為了便於烹飪和安放。"用陶釜來煮食，還需要用石塊、土塊做一個支架，便於生火。長江流域的河姆渡文化遺址中，就發現有陶釜，並配有支架。而一旦在釜身安上了支架，那就成了鼎。[1]

陶鼎在新石器時代文化遺址中已經出現，到了商代，三足或四足的青銅鼎成了最常見的器皿，可見吃熟食已經是此時風尚了。除了鼎之外，商代青銅製作的食物容器中還有鬲（擁有三個中空的袋狀足）、甑（蒸食器）、鬹（釜）、甗（蒸食器）。這些容器都是為了烹食所用的，具體用途將在後文詳述。雖然用途不同，但這些炊具有一個共同特點，那就是都可以在下面生火加熱。使用這些炊具烹飪還產生了一種需要，那就是使用長柄勺、勺子、筷子之類的食具。人們可以用這些工具來幫助混合、翻動、攪拌這些容器裏煮著的食物，而且商

1　參見胡志祥〈先秦主食烹食方法探析〉，《農業考古》1994 年第 2 期，214 頁；另參見王仁湘《飲食與中國文化》，8—10 頁。

代製作的有些青銅器皿，體積已經相當大，一旦飯菜做好，就需要用餐具協助將飯菜取出。

古代的匕，也就是勺子，就是重要的食具，不但用來煮食，還用來取食。《儀禮·特牲饋食禮》中，就有這樣的記載："宗人執畢先入，當作階，南面。鼎西面錯，右人抽扃，委於鼎北。贊者錯俎，加匕，乃枛。佐食升胏俎，冪之，設於阼階西。卒載，加匕於鼎。主人升，入復位。"這裏描述的是，在鼎或其他煮器中將食物煮好之後，將之抬到用餐的場所，放到規定的位置，然後配上匕（"加匕於鼎"）也就是勺子供人享用。與勺子相比，筷子可能不是取食最方便的餐具，但在烹調過程中，筷子可以用來檢查、攪拌、品嚐食物。當然，真正開吃是要等到一切準備就緒之後了。上面已經提到，筷子在廚房裏的另一個用途，就像火鉗一樣，撥弄煮器下的柴火。中國和日本均有"火箸"，這是筷子用於非飲食場合的一個早期例證。

據說，商代最後一位君主紂王擁有一雙象牙筷子，用來享用為其精心準備的盛宴。這個最早也是最著名的關於筷子的文獻，表明了此種餐具在中國古代就已存在。上古時期，大象和其他大型動物曾經在溫暖潮濕的中國北方地區頻繁出沒。但正如上文提到的，考古出土的象牙筷子年代在周代及其之後，而非殷商時期。這篇描述商紂王使用象牙筷子的文獻，出自戰國時代，作者是集法家思想大成的思想家韓非：

昔者紂為象箸而箕子怖，以為象箸必不加於土鉶，必將犀玉之杯；象箸玉杯必不羹菽藿，則必旄、象、豹胎；旄、象、豹胎必不衣短褐而食於茅屋之下，則錦衣九重，廣室高臺。吾畏其卒，故怖其始。居五年，紂為肉圃，設炮烙，登糟邱，臨酒池，紂遂以亡。故箕子見象箸以知天下之禍。故曰："見小曰明。"（《韓非子·喻老》）

《韓非子》中還有一處又講到了這個事情，還做了更為明確的說明，為什麼使用象箸就會亡國："……稱此以求，則天下不足矣。聖人見微以知萌，見端以知末。故見象箸而怖，知天下之不足也。"（《韓非子·說林上》）他的意思是說，商紂王對飲食有如此高的要求（"稱此以求"），便容易導致"天下不足"，也就是驕奢無度，由此便會激起民怨，商朝的統治也就岌岌可危了。箕子以小見大，從紂王的奢侈行為看到了潛在的災禍，便有點不寒而慄了。

　　韓非生活的年代為戰國晚期，相距商朝滅亡有好幾百年。他用象箸作為一種比喻，來說明統治者需要體貼臣民，不能驕奢淫逸。看來在他的年代，紂王用象箸的傳說，已經成為一個典故，為人所熟知。又過了一百多年，漢代偉大史家司馬遷再度提到這個典故：

　　　　箕子者，紂親戚也。紂始為象箸，箕子嘆曰："彼為象箸，必為玉杯；為杯，則必思遠方珍怪之物而御之矣。輿馬宮室之漸自此始，不可振也。"紂為淫逸，箕子諫，不聽。人或曰："可以去矣。"箕子曰："為人臣諫不聽而去，是彰君之惡而自說於民，吾不忍為也。"乃被髮佯狂而為奴。遂隱而鼓琴以自悲，故傳之約箕子操。（《史記·宋微子世家》）

　　司馬遷真不愧為偉大史家。在他的筆下，紂王用象箸的典故，如此生動。我們不但知道箕子與紂王的關係，也了解了箕子勸諫紂王不成之後，又如何作為，以至於如何被視為遵守君臣之道的典範。中國古代的象牙筷子，由此而被視為極其珍貴的物品，常被看作奢侈生活方式的象徵。就像韓非認為的那樣，紂王奢侈淫逸的作風最終導致商朝的覆滅。據說箕子在商朝滅亡之後，流亡到了朝鮮半島。的確，韓非對紂王炫耀象箸的寓言，也保存在朝鮮人的歷史記憶中。生活在深受中國中原文化影響的朝鮮王朝（1392—1910）的學者認為，紂王使用象牙筷子是一種恥辱，象徵著肆意揮霍、頹廢墮落的生活方式，代表了暴虐腐敗的政權。[1]

不過有點弔詭的是，象牙筷子雖然象徵腐敗，但也是奢華生活的標誌，於是對於富人來說，象牙筷子顯然要比其他材質的筷子更具吸引力。在筷子文化圈中，除了韓國人喜歡的金屬筷子以外，竹、木筷子更為常見，或多或少一直沿用至今。然而，到目前為止，考古發掘出土的中國古代竹筷、木筷並不多。1978 年，湖北曾侯乙墓出土了一雙竹筷，長 37—38 厘米，寬 1.8—2 厘米，是公元前 5 世紀中期的物品。筷子的一端是連起來的，看起來更像鉗子。在湖北當陽發現了一雙分開的、長約 18.5 厘米的筷子，可以追溯到公元前 4 世紀。[2] 考古發現的竹、木筷子更多出現於漢代，這將在下一章討論。總體而言，古代的竹、木筷子出土數量不多，可能與骨頭、象牙、犀牛角、金屬（青銅、銅、金、銀、鐵）製成的筷子相比，竹、木筷子更容易腐爛，因此出土相對很少。

然而，周至漢代的歷史文獻提供了明確的證據，表明在中國早期，竹、木是製作筷子的主要材料。在這些文獻中，所有表示筷子的漢字，要麼寫成 "箸" 或 "筯"，要麼寫成 "梜" 或 "筴"，都有 "竹" 或 "木" 的偏旁，這表明竹、木是筷子最常見的材質。這些象形文字，也向我們透露了大量有關筷子使用及其意義的信息。"箸" 含有 "竹製之物" 的意思，而 "筯" 意指用竹子做的輔助工具。"梜" 和 "筴" 都表示，筷子像鉗子一樣，是用來夾取食物的。所以，儘管考古發現的竹筷、木筷不多，但這些以竹、木為偏旁的文字已經清楚地表明，早期的筷子和今天的一樣，是用更易得、更便宜的竹木材料製

1　通過檢索韓國古典綜合數據庫（DB，http://db.itkc.or.kr/itkcdb/mainIndexIframe.jsp）發現，在朝鮮王朝的官方歷史記錄及其他文獻中，"象箸" 出現了 14 次。

2　向井由紀子、橋本慶子《箸》，3—4 頁。值得注意的是，日本也發現了古代夾取食物的筷子，雖然出現的時間要晚一些。另參見周新華《調鼎集：中國古代飲食器具文化》，杭州：杭州出版社，2005 年，75 頁。

成，而不是象牙、黃金或青銅。

以上古代筷子的寫法中，"梜" 或 "筴" 的出現似乎特別重要，因為它們有助於我們推測作為餐具的筷子大約在什麼年代正式出現。如上所述，骨箸出現的年代十分久遠，但在最初的階段，骨箸或銅箸應該更有可能是烹飪工具。如果要用骨箸取食並將食物送入口中，那麼就需要兩根並用。"梜" 字的出現及其含義，讓人自然而然地聯想到用法，那就是用手將兩根筷子夾住並提取食物，這與今天人們使用筷子大致相似。迄今為止最早提到 "梜" 的文獻，是《禮記·曲禮上》，其中有這麼一句："羹之有菜者用梜，其無菜者不用梜。"意思比較明確，一般人都能理解，那就是在享用羹湯的時候，如果其中有菜，那就先用 "梜" 將之夾出取用。鄭玄對這句話的注解，讓我們更加了解其意思："梜猶箸也，今人或謂箸為梜提。"換句話說，"梜" 就是箸，即筷子，而在鄭玄生活的東漢時期，還有人稱筷子為 "梜提"，更明確地說明其用法，即在羹湯裏夾住食物然後將之提取出來。順便說一下，如果用筷子喝羹湯是一種古俗，那麼這一習慣在今天的日本仍被保留下來。日本人吃飯常配有醬湯，他們喝湯不用勺子，而是用筷子將其中的紫菜、蘑菇和其他蔬菜夾出來取用，並直接將湯碗端到嘴邊喝湯。[1]

《禮》，為 "六經" 之一，主要記載了周代及其前代的典章和禮儀。孔子整理 "六經" 之後，其弟子繼續其工作，對《禮》等古代流傳下來的典籍加以注釋，被後人稱為 "記"。秦始皇焚書坑儒之後，"六經" 成了 "五經"，但有些 "記" 仍然得以保存下來。西漢的戴德、戴聖父子對此作了整理，由此而產生了《大戴禮記》和《小戴禮

1　趙榮光在《箸與中華民族飲食文化》中注意到，箸的使用經過了從一根到兩根並用的過程，頗有啟發。但他認為漢代開始，人們就用筷子吃飯即穀物類的食品，顯然有點早。有關日本人用筷子喝湯符合中國古禮的說法，參見青木正兒著，范建明譯〈用匙吃飯考〉，《中華名物考（外一種）》，北京：中華書局，2005 年，281—282 頁。

記》。東漢鄭玄對戴聖的《小戴禮記》作了詳細的注釋，流傳至今。
因此《禮記》的成形，經歷了好幾百年，其中記載的語句，很難確定
具體年代。儘管如此，《禮記》對於我們了解中國古代的風俗習慣，
仍然有著重要的價值。《禮記‧曲禮上》稱筷子為"梜"，鄭玄的注又
說明"梜"是漢代之前的人對"箸"的稱呼，那就可以大致說明，雙
手執筷夾取食物的飲食習慣，在漢代之前便已形成。

"箸"字在戰國文獻中頻繁出現，顯示了中國人那時已普遍使用
這種餐具。理由是，由於筷子在那時已經司空見慣，思想家才能用它
來做比喻，說明其他的道理。上述韓非子有關象牙筷子導致商朝覆亡
的言論，僅是一例而已。與韓非子同時代的荀子在其著作中，用筷子
進一步幫助說明"解蔽"的重要性：

　　　　凡觀物有疑，中心不定，則外物不清；吾慮不清，未可
　　定然否也：冥冥而行者，見寢石以為伏虎也，見植林以為後人
　　也；冥冥蔽其明也。醉者越百步之溝，以為蹞步之澮也；俯而
　　出城門，以為小之閨也：酒亂其神也。厭目而視者，視一以為
　　兩；掩耳而聽者，聽漠漠而以為恟恟；執亂其官也。故從山上望
　　牛者若羊，而求羊者不下牽也；遠蔽其大也。從山下望木者，十
　　仞之木若箸，而求箸者不上折也；高蔽其長也。水動而景搖，人
　　不以定美惡；水執玄也。瞽者仰視而不見星，人不以定有無；
　　用精惑也。有人焉，以此時定物，則世之愚者也。彼愚者之定
　　物，以疑決疑，決必不當。夫苟不當，安能無過乎。（《荀子‧
　　解蔽》）

思想家荀子在這裏用許多事例來說明，有些東西不是看一眼便能明了
的，需要有所思考。比如一個人站在山頂往下看，很高的樹都似乎矮
得像筷子，而折樹枝做筷子的人，一般都只在低處，不會到高處去

折。這段話表明，人們從樹上折斷小樹枝做成筷子，在那時頗為常見。傳說夏朝的創建者禹正是用這種方法做成了世上第一雙筷子。據說他急於抗擊洪水（他正是因此被選為統治者），匆忙中抓了兩根樹枝，對付著吃了一頓飯。雖然這僅僅是個傳說，但說明了筷子的確可以輕鬆地臨時選擇材料製作。

類似的描述在近現代也有。1900 年，清朝政府為西方列強所敗，八國聯軍進入北京。王朝的實際統治者慈禧太后帶著光緒皇帝及下人匆忙出逃，一路往西。他們在逃亡路上經過一個村莊，遇到地方官員吳永，向之大歎苦經，說是 "連日奔走，又不得飲食，既冷且餓"。聽說吳永準備了一鍋小米粥，慈禧聞之大喜："有小米粥？甚好，甚好，可速進。" 但當吳永將小米粥送上的時候，服侍她的太監發現，居然沒有筷子，"幸隨身佩帶小刀牙筷，遂取箸拂拭呈進。顧餘人不能遍及，太后命折秫秸梗為之"。太監隨身攜帶的刀筷（滿洲風俗，將在第四章詳述），為西太后解了圍，讓她順利進食，而她身邊的人，只能使用高粱稈製作的臨時筷子了。[1] 此事雖然是吳永的一家之言，但有一點毫無疑問，那就是在清朝末年，用筷子吃飯（穀物類食品）已經是中國人約定俗成的飲食習慣了。

不過，要弄清中國人具體在什麼年代將筷子當作進食工具，還是不容易的。我們需要採用考古發掘和文獻考證兩重辦法，參互印證，才能得到比較可靠的結論。考古發掘已經證明，作為食具的筷子原型，歷史上很早就出現了。但古人如何使用它們，還需要文獻證明。而反過來，歷史文獻中如果提到筷子，也無法證明現代意義上的筷子已經在古代出現。比如上文提到 "紂為象箸而箕子怖" 的傳說，便很難作為商代人使用筷子的證據，因為正如飲食史專家趙榮光指出的那樣："自紂而下直至春秋以前，我們既見不到更有力的文字證據，尤

1　參見吳永《庚子西狩叢談》，北京：中華書局，2009 年，56—57 頁。

無可信的實物佐證，近乎是箸的 5 個世紀之久的空白。"[1]安陽殷墟發現的六件青銅箸頭，其用途尚有爭議，最早的象牙筷子則發現在東周後期，不見於商代。

　　所以，韓非用象箸來比喻奢侈腐敗，更多反映的是他那個時代的飲食風尚。戰國時期的各種文字資料反覆提到筷子，讓我們有理由推測，那幾百年間，這種餐具已經十分常用了。換句話說，正是在東周晚期，筷子逐漸完成了從烹飪工具到進食工具的過渡，儘管前者的功能長期以來仍然得以保留。日本學者太田昌子著有《筷子源流考》(箸の源流を探る)一書，對中國古代筷子的起源進行了詳細的研究。通過對相關文本的解讀，她認為，東周中晚期，即公元前 6—前 3 世紀，中國人逐漸習慣使用勺子和筷子進餐了。太田昌子還指出，戰國時期都市的興起和貿易的頻繁，都是那時人們轉向使用餐具吃飯的背景條件。[2]如果我們同意她的推測，那麼古代中國人從用手指轉向用餐具吃飯，經歷了從春秋到戰國幾個世紀的過渡期。考古發掘也提供了相應的證據。在先秦時代，中國的貴族階層就餐的時候，遵循一套"盥洗之禮"，也就是在餐前用盆或匜洗手。這些青銅器具在商周時期墓葬陪葬品中均有發現，並與其他食具放在一起。"盥"的意思是澆水洗手，也可指洗手的器具。所以《儀禮》的〈特牲饋食禮〉及其他相關篇章中，對古人用餐前的盥洗之禮多有描述，如"主婦盥於房中，薦兩豆，葵菹蝸醢，醢在北。宗人遣佐食及執事盥出，主人降，及賓盥出。"(《儀禮·特牲饋食禮》)這裏的"盥"都是洗手的意思，主人、主婦和客人均在備餐和用餐時洗手。重要的是，考古發現證明，匜、盥和盆等洗手的器具，在戰國時代及之後的墓葬中，已經逐漸不是必葬之品了，可見自那時開始，古人進餐的方式有了明顯的

1　趙榮光《箸與中華民族飲食文化》，228 頁。
2　太田昌子《箸の源流を探る》，1—19 頁。

改變，他們開始主要使用餐具進食了。[1]

　　不過需要指出的是，人們選擇使用餐具，並不意味著馬上摒棄了手指取食的傳統，這裏經歷了一個長期的轉變過程。對於上層社會而言，就餐的盥洗之禮也不會即刻消失。漢代的墓葬中，仍然出土了匜、盆等洗手器具，說明古人使用餐具雖然似乎可以免去洗手的程序，但這並不等於說用了餐具就一定不洗手吃飯了。新習俗的建立和舊習俗的消失，往往經歷很長的時期。儘管成書年代尚有爭議，《禮記》仍是記錄和提供這一過渡期的重要文獻。具體而言，雖然《禮記・曲禮上》“羹之有菜者用梜”讓我們比較清楚地了解古人用筷子的方法，但《禮記》的其他篇章也有古人仍用手吃飯相對明確的材料。換句話說，筷子雖然在先秦時期已經成為一種餐具，可當時還有不少人習慣用手進食。而且這些用手指進的人，大都是社會上層階級，因為《禮記》本身是為上層社會編寫的有關儀式和禮節的書，它在就餐方面的要求，主要是針對貴族階層的。

　　《禮記》中有關古人用手吃飯的材料，主要見於下面兩段：

> 共食不飽，共飯不澤手。
>
> 　毋摶飯，毋放飯，毋流歠，毋吒食，毋齧骨，毋反魚肉，毋投與狗骨，毋固獲，毋揚飯，飯黍毋以箸，毋嚃羹，毋絮羹，毋刺齒，毋歠醢。客絮羹，主人辭不能亨。客歠醢，主人辭以窶。濡肉齒決，乾肉不齒決。毋嘬炙。（《禮記・曲禮上》）

第一段引文指出，要用手而非餐具來拿取飯或煮熟的穀物，而第二

1　胡志祥《先秦主食烹食方法探析》，217—218 頁。上海的筷子收藏家藍翔先生著有多部關於筷子及其歷史的著作，他認為：“盥洗盤匜陪葬的消失，也可旁證筷子在戰國晚期或秦始皇統一中國後，已成為華夏民族的主要獨特餐具。”參見其著《筷子古今談》，北京：中國商業出版社，1993 年，6—7 頁。

段第一句也指出"不要把飯捏成團"。顯然,能將飯捏成團的只能是手,不會是餐具,由此證明中國古人的確曾用手吃飯,只是有具體的規定,以求符合禮節。

這兩段材料如此重要,值得進一步細緻解讀。"共食不飽"這句話比較簡單,即與別人或客人一起吃飯的時候,不能吃得太飽,否則會顯得過於急切,萬一打了飽嗝兒,就更為難堪了。可"共飯不澤手"就相對理解困難一些。關鍵是對"澤"字的理解,因為它有三點水作偏旁,就一定與水有關了,不過這句話的意思並非讓人吃飯時不洗手。漢代經學家鄭玄解釋,"為汗手不潔也"。他還對"澤"字做了這樣的解讀:"澤為挼莎也",也就是手的揉擦。幾百年後,唐代著名儒學家孔穎達支持鄭玄的解釋,不過他對"澤"的理解有所不同:"澤為光澤也。古之禮飯不用箸,但用手。既與人共飯,手宜潔淨,不得臨食始挼莎手乃食,恐為人穢也。"孔穎達的說法是,古人用手取飯,如果與人一同吃飯,則雙手必須事先清洗乾淨,不能臨到吃飯的時候,才趕緊揉擦一下手去取飯,這樣會讓人感覺髒。換句話說,手上的汗珠、水滴和污垢需要提前清除,才能與人一同在盛飯的器皿中取食。[1]

第二段的引文更長,內容頗為豐富、重要。我們先將其翻譯成現代文:

> 不要把飯揉成飯團吃。不要把手上沾著的飯又放回到公共食器裏去。不要像喝水似的喝流質食物。吃東西時,嘴裏不要發出響聲。不要咬骨頭。不要把自己咬過的魚肉又放回到公共食器中去。吃飯時不要把骨頭扔給狗吃。不要專門搶菜吃。不要急於扇拂飯上的熱氣。吃黍飯要用飯勺,不要使筷子。不要吞飲羹

1 最近幾年,有學者質疑這種說法。參見王仁湘《往古的滋味:中國飲食的歷史與文化》,濟南:山東畫報出版社,2006年,47—51頁。

食。不要給羹再加作料。不要剔牙。不要喝肉醬。如果客人自己給羹加作料，主人就應說："菜做得不好！"如果客人喝肉醬，主人就應說："（味道太淡）照顧不周！"帶汁的濕肉，可以用牙咬；乾肉要用手撕，不要用牙咬。烤肉要一口一口吃，不要囫圇吞。[1]

第一句除了表明古人用手吃飯之外，還與"共食不飽"相呼應，因為如果將飯捏成團來吃，就會吃得比別人多，於是顯得不客氣、不禮貌了。其他內容基本都是為了講究禮貌而規定的。有趣的是，這些就餐禮儀，雖然出自遙遠的古代，但又具有普遍性。現代世界的餐桌禮儀，受近代西方影響很大。的確，西方社會走向近代的時候，社交禮儀也慢慢發展出來了。德國社會學家諾貝特·埃利亞斯（Norbert Elias，1897—1990）著有《文明的進程》（*Über den Prozess der Zivilisation*）一書，是相關著作中的經典。埃利亞斯在書中描述了歐洲中世紀中後期開始漸漸出現的就餐禮儀，其中也強調，與人一起吃飯時，不能像饞鬼餓狼一樣急不可耐；不能將咬過的食物放回公用的餐盤裏；不要在餐盤裏亂翻亂攪，只挑選自己喜歡的食物；在公共的餐盤中取食的時候，手要乾淨，不能搔癢、摳鼻、掏耳、擤涕等。[2] 這些規定與《禮記》中所說的，有不少相近之處，只是就年代上來講，西方出現這些飲食禮儀，比中國晚了差不多一千年。

更有趣的是，雖然中西文化都發展出了十分相似的就餐禮儀規範，但並不過於強調使用餐具吃飯的重要性。為什麼《禮記》要求"飯黍毋以箸"，即不用筷子吃飯？換句話說，為什麼中國古人既用

1　參見《先秦烹飪史料選注》，北京：中國商業出版社，1986年，110—111頁，略有改動。

2　諾貝特·埃利亞斯著，王佩莉譯《文明的進程：文明的社會起源與心理起源的研究》（第一卷"西方國家世俗上層行為的變化"），北京：生活·讀書·新知三聯書店，1998年，126—137頁。

手指又用餐具來進食？這個問題雖然值得探究，但又並不特殊，因為在其他文明中，既用餐具又用手指吃飯的情形不少，而且今天仍然存在。如傳統上用手指進食的中東和南亞地區，今天不少人已經改用了餐具，不過手食的現象仍然常見。而使用刀叉進食的西方文明更有意思，因為歐洲人雖然自14世紀開始逐步走向使用餐具，但基本只限於取用菜餚，而不包括通常作為主食的麵包。即使在相當正式的場合，西方人仍然可以用手掰開麵包食用。而且，西方人今天還保持用手指吃食的習慣。英語中"手指食品"（finger food）一詞，就是明顯的例子。"手指食品"種類繁多，有小餡兒餅、香腸捲、香腸串、芝士橄欖串、雞腿、雞翼、迷你乳蛋餅、三角餅、三明治、蘆筍等，這表明，在西方用手進食不僅被允許，而且還在聚會時頗受歡迎，因為這些"手指食品"常常作為前餐，用來招待參加雞尾酒會的客人。從現今的情況來看，相對於其他兩個飲食文化圈，生活在筷子文化圈的人，不分尊卑，都比較習慣用餐具進食。也許唯一的例外是吃堅果和零食，比如吃花生時會用手指送入口中，雖然很多人也能熟練地用筷子完成這樣的任務。上面提到在清朝宮中服侍西太后的太監們，在沒有餐具的情況下，也選擇使用高粱稈做成筷子幫助進食。

但他們吃的是小米粥。那麼，吃（喝）小米粥是否可以不用筷子，以口就碗，直接將碗端到嘴邊而吸啜吞下？似乎也可以。但顯然沒有用筷子在碗邊撥動一下更便捷。所以，用手指還是用餐具往往取決於要吃的是何種食物。《禮記》中"飯黍毋以箸"一句表明，在中國古代，人們不用筷子取食小米（黍）。這是為什麼呢？從引文語境中可以看出，"飯"在裏面雖然是動詞，但還是有現代人講的"吃飯"的"飯"的含義。當時人們僅將小米當作"飯"嗎？實際情況並不是這樣，因為周代留存的歷史文獻中有"百穀""九穀""六穀"以及最常見的"五穀"之稱。這些稱謂清楚地表明，飯，可以由多種穀物做成。那麼，古人吃的都是些什麼穀物呢？《禮記·內則》所說"飯，黍、稷、稻、粱、白黍、黃粱、稰、穛"，也就是說到了周代，古人吃的飯有上面八種。其中的"黍、稷、粱、白黍和黃粱"，其實都是現在人說的小米。

　　著有《中國食物史研究》的日本學者篠田統（1899—1978）認為，"五穀"在古代文獻中較多出現，是受道教"五行"說的影響，因而"五穀"較"六穀""九穀"更易為人所接受。換句話說，"五穀"是一種比喻性的說法，並不具有實際的分類意義。[1] 不過，人們最熟悉的"五穀"的提法，仍出自儒家經典。《論語》是孔子的弟子記錄其言行的文字，其中有一處提及"五穀"，在中國稱得上耳熟能詳：

　　　　子路從而後，遇丈人，以杖荷蓧。子路問曰："子見夫子乎？"丈人曰："四體不勤，五穀不分，孰為夫子？"植其杖而芸。（《論語·微子》）

然而，《論語》也沒有說明"五穀"指哪些穀物。"五穀"也多次出現在《禮記》和《周禮》中，但仍"五穀不分"，沒有具體分類。大約一百年後的《孟子》也只含糊地提到了"五穀"："后稷教民稼穡，樹藝五穀，五穀熟而民人育。"（《孟子·滕文公上》）

　　最早企圖給"五穀"下一個具體定義，出現在漢代。公元前221年，秦結束了戰國征戰割據的局面，實現了統一。秦衰亡後，漢建立。然而，漢代起初對"五穀"的定義並不統一。漢代重要的孟子研究者趙岐（108—201）將《孟子》中的"五穀"注解為"稻、黍、稷、麥、菽"。而與之同時代的鄭玄在注釋《周禮》和《禮記》時認為，"五穀"應該指"麻、黍、稷、麥、豆"。鄭玄在這裏用麻取代了稻。雖然麻是一種纖維作物，但種子是可以食用的，當時像鄭玄一樣生活

1　篠田統著，高桂林、薛來運、孫音譯《中國食物史研究》，北京：中國商業出版社，1987年，6—7頁。

在華北和西北部的中國人確實以此為食，而且這一飲食習慣多多少少延續到了今天。[1] 在解釋《周禮》中"六穀"這個詞時，鄭玄又沒有將麻列入其中，而是說"六穀"包括了"稌（稻）、黍、稷、粱、麥、苽"，也就是說，鄭玄本人對中國古代穀物分類的時候，就存在著不一致的地方。[2] 中國農業史專家黃興宗，曾為李約瑟主編的多卷本《中國科學技術史》撰寫《發酵與食物科學》一卷，具體描述了中國古代食物種植和加工技術的發展。他用一些例子說明，鄭玄等古人在界定"五穀"等術語的時候，也許考慮到了地域的不同。他說"五穀"最早出現在《范子計然》一書中，相傳此書為范蠡所著，其中"東方多黍，南方多稷，西方多麻，北方多菽，中央多禾，五土之所宜也，各有高下"，便是一例。[3] 黃興宗的推測有些道理。還有一些現代學者指出，即使稻不屬於"五穀"，麻也不會是大麻，而可能指的是芝麻。芝麻作為中亞的作物，在鄭玄生活的時代就已通過西北地區進入了中國。[4]

　　儘管有關穀物分類的排列、順序乃至所包括的穀物品種，在古代文獻中不盡一致，但有一點是很清楚的，除了小麥、豆類（部分地區或許也包括水稻），中國北方的主要糧食作物是小米，因為上述文獻記載雖有變化，但都提到黍、稷和粟等古代對小米的稱謂。由此推論，小米顯然比其他穀物佔據了更為重要的地位。小米（尤其是黍）、大豆和水稻被認為首先在中國栽培。而水稻長期以來被認

1　參閱賀菊蓮《天山家宴──西域飲食文化縱橫談》，蘭州：蘭州大學出版社，2011 年，58 頁。作者討論了大麻種子如何在古代吐魯番，或現代新疆成了食物。

2　參見《先秦烹飪史料選注》，58 頁。

3　H. T. Huang, *Science and Civilisation in China,* Vol. 6, Biology and Biological Technology, Part V. Fermentation and Food Science, Cambridge: Cambridge University Press, 2000, 22-23.

4　徐海榮主編《中國飲食史》第二卷，北京：華夏出版社，1999 年，15 頁。不過黃興宗認為，古代文獻中的麻主要不是指芝麻，雖然芝麻有可能很早就在中國培植。他說大麻雖然遠不及小米等穀物重要，但在新石器時代就已經出現，既可用來織衣，其種子又含有豐富的植物油，因此具有一定的重要性。參見 H.T. Huang, *Science and Civilisation in China*, Vol. 6, Biology and Biological Technology, Part V, Fermentation and Food Science, 28。

為是南亞、東南亞土生土長的作物。但江西仙人洞、吊桶環遺址最近的考古發掘，發現了最早馴化水稻的遺跡，其年代可以追溯到距今 10000—9000 年。其他周代的穀物可能屬於外來作物，如小麥原產於中亞，在青銅時代或許更早時期進入中國，商代的甲骨上出現的"麥""來""牟"等字，專家認為就是麥子，"來""麥"可能指小麥，"牟"指大麥，不過看法也有分歧。[1] 至於水稻的培植，除了江西吊桶環遺址之外，浙江河姆渡遺址也發現了水稻遺存，年代大約距今 8000 年。在號稱最早的骨箸發現地江蘇龍虯莊，也出土了水稻化石，年代為距今 6500—5500 年。[2] 這些考古發現證明，中國南方，即降水量充沛的長江流域，可能是亞洲水稻栽培的起源地。但水稻主要是（至今仍然是）中國南方的作物，因此作為北方人的鄭玄或許因此將其排除在"五穀"之外。

小米作為穀物在古代中國十分普及，這是有據可查的。《詩經》可以說是中國古代流傳下來的最古老的文學作品，其中描述粟、黍等多種小米品種，共 37 次，這使得小米成為在《詩經》中出現頻率最高的糧食作物，比如：

曾孫之稼，如茨如梁。

曾孫之庾，如坻如京。

乃求千斯倉，乃求萬斯箱。

黍稷稻粱，農夫之慶。（《詩經·小雅·甫田》）

而中國的農神被稱為后稷，突顯了稷的重要。《詩經·魯頌》記載后稷為天帝之子，還收錄了一首讚頌他的詩：

---

1   Francesca Bray, *Science and Civilisation in China*, Vol. 6, Biology and Biological Technology, Part II. Agriculture, Cambridge: Cambridge University Press, 434-449, 459-489.

2   龍虯莊遺址考古隊《龍虯莊——江淮東部新石器時代遺址發掘報告》，440—463 頁。

黍稷重穋，稙稚菽麥。

　　奄有下國，俾民稼穡。

　　有稷有黍，有稻有秬。

　　奄有下土，纘禹之緒。（《詩經·魯頌·閟宮》）

而在同樣古老的《尚書》中，常出現“社稷”一詞，將土地神與穀物神並列起來，接受世人的崇拜，並漸漸成為國家的代稱。

　　對小米的尊崇也體現在日常生活中。《韓非子》中記載了這樣一個故事：

　　　　孔子侍坐於魯哀公，哀公賜之桃與黍。哀公曰：“請用。”
　　仲尼先飯黍而後啖桃，左右皆掩口而笑。哀公曰：“黍者，非飯
　　之也，以雪桃也。”仲尼對曰：“丘知之矣。夫黍者，五穀之長
　　也，祭先王為上盛。果蓏有六，而桃為下，祭先王不得入廟。丘
　　之聞也，君子賤雪貴，不聞以貴雪賤。今以五穀之長雪果蓏之
　　下，是以上雪下也。丘以為妨義，故不敢以先於宗廟之盛也。”
　　（《韓非子·外儲說左下》）

於是，在孔子眼裏，小米是“五穀之長”。他不顧主人的勸慰和別人的恥笑，堅持先吃原本用來擦洗桃子的小米，因為小米的地位遠比作為果蔬的桃子尊貴。他特別提到，小米是祭祀的最上品，無怪后稷一直受人膜拜了。

　　小米在中國古代如此重要和流行是有原因的，與其他作物相比，小米既抗澇又耐旱，特別適合黃河流域的乾旱氣候。雖然小米有可能最初曾在亞熱帶地區的中國南方和東南亞生長，但基本上可以肯定，這種作物在中國北方開始被人工栽培。何炳棣是卓有成就的中國現代史學家。他從字源、考古和氣候等方面做了比較詳盡的分析，再

結合歷史文獻如《詩經》，指出粟、黍和稷，應該原產於黃河和渭河周邊的高原、谷地，即"黃土地帶"，而野生的粟或黍至今仍然可以在該區域見到。何炳棣進一步指出，這一"黃土地帶"是中國農業文明的源頭。[1]哈佛大學考古學、人類學教授張光直編撰了首部英文寫作的中國飲食文化研究著作，他也認為小米是古代中國最主要的穀物：

> 在古代中國，粟和黍是主要的澱粉類食品；有些文獻或許寫作"禾"或"穀"，其實那時大都指的是小米。植物學家還未能確定粟和黍的原生地，不過許多人認為是中國北方，當然也可能出自"舊世界"（歐亞大陸，區別於地理大發現的新世界——美洲）的其他地區。雖然從植物史的角度而言，我們還需要對粟和黍加以研究，但鑒於它們在華北的重要性，粟和黍應該是典型的中國穀物。至少野生的粟生長在華北，並且從新石器時代到周代，中國人一直將其栽培。

張光直在書中還舉例道，20 世紀初以來的考古發現，如在西安半坡仰韶新石器時代文化遺址中，均出土了不少小米的遺存。[2]

小米品種至少有數百種，而在中國古代，人們栽種的小米也多種多樣。北魏時期賈思勰撰寫的《齊民要術》是一部關於中國農業的重要著述，其中指出，到了 5 世紀，中國人已經有近一百種對小米的不同稱呼。賈思勰還在書中提到，針對小米品種的不同，採用不同的方法栽培：

> 凡穀成熟有早晚，苗稈有高下，收實有多少，質性有強

1　Ping-ti Ho, "The Loess and the Origin of Chinese Agriculture," *American Historical Review*, 75:1 (October 1969), 1-36.

2　K.C. Chang, "Ancient China," *Food in Chinese Culture*, 26.

弱，米味有美惡，粒實有息耗。（早熟者苗短而收多，晚熟者苗長而收少。強苗者短，黃穀之屬是也；弱苗者長，青、白、黑是也。收少者美而耗，收多者惡而息也。）地勢有良薄，（良田宜種晚，薄田宜種早。良地非獨宜晚，早亦無害；薄地宜早，晚必不成實也。）山、澤有異宜。（山田種強苗，以避風霜；澤田種弱苗，以求華實也。）順天時，量地利，則用力少而成功多。任情返道，勞而無獲。（入泉伐木，登山求魚，手必虛；迎風散水，逆阪走丸，其勢難。）[1]

因此，小米作為中國古代的"五穀之長"，其名稱之繁多也是一個有力的證據。在商代甲骨文及其之後周代的歷史文獻中，均出現了許多術語指代小米，其中最常見的是黍、粟、稷、粱（雖然"粱"字後來也可以用來指高粱）。但這些詞到底指什麼品種的小米，它們之間有什麼關係（比如，粟、稷是不是指同一種小米），現在其實不能確定。根據另一位參與編纂李約瑟《中國科學技術史》的農業史專家白馥蘭（Francesca Bray）的研究，古代中國培植小米的拉丁名有 *"Setaria italica"*（Foxtail Millet）和 *"Panicum miliaceum"*（Broomcorn Millet）兩種，前者大致對應於"粟"，而後者對應於"黍"，不過也不完全一致。"稷"這個十分常見的術語，大部分人認為是一種"粟"，有時又指一種不黏的"黍"。[2] 這些術語定義含混，不免讓人困惑。中國古代有如此多種多樣卻又定義不明的術語，恰恰證明了小米這種作物在那時的普及程度。事實上，所有的證據都表明，小米成為中國北方的主要作物至少有千年歷史，即從上古時代一直到 8 世紀左右。

　　以上對中國古代農業發展的簡單回顧，讓我們有比較足夠的理由

1　賈思勰《齊民要術》卷一，台北：台灣商務印書館，1968 年，6 頁。

2　Francesca Bray, *Science and Civilisation in China*, Vol. 6, Biology and Biological Technology, Part II. Agriculture，434-441. "粱"顆粒較大，可能類似一種歐洲的小米。

相信，《禮記》中提到的“飯”最有可能就是小米，它或是用小米單獨做的，或在小米中混合了豆類、小麥和其他穀物。[1] 不過，問題是，為什麼《禮記》規定吃小米不能用筷子？答案似乎與小米的烹飪方式有很大關係。由於顆粒小（小於稻米），從古至今，大多數中國人通常用煮或蒸的方法來處理小米。小米一旦受熱，就會緊密地粘在一起，很難讓空氣從中通過。因此，小米不太能像稻米那樣，可以利用高溫，用適量的水煮開，然後用小火慢慢煨，直至變得柔軟蓬鬆。如果小米這麼煮，如果水不夠，鍋底的顆粒就會燒焦，而中間的部分仍未煮熟。總之，煮小米的關鍵是需要更好地掌握火候，但對古人來說，炊具不夠先進，因此煮成粥或許最為簡便。漢代思想家王充在其名著《論衡·幸偶》中，有這樣的觀察：“蒸穀為飯，釀飯為酒。酒之成也，甘苦異味；飯之熟也，剛柔殊和。非庖廚酒人有意異也，手指之調有偶適也。”[2] 他的意思是，蒸飯的時候，時硬時軟，常常不是廚子有意為之，而是操作起來有些偶然性。換句話說，古人在沒有電飯煲的時候，想每次都做出軟硬適中的飯，並不容易。那時對於許多人來說，吃飯主要是為了填飽肚子，煮成粥這種流質食物更容易達到這個目的。

雖然小米粥最為常見，但小米顯然也可以做成飯，主要方法是蒸。上述引文提供了另一個信息：釀酒需要用蒸飯。所以對古人而言，蒸飯有其必要性，甚至可以說體現了一種自古以來的社會需求，因為酒在中國文明的演進中，須臾不可缺少。譬如後人提到商紂王的奢侈生活，不但用“象箸”的比喻，還用“酒池肉林”來形容。事實也是，從商周兩代開始，酒就在中國人的生活中，扮演了重要的角

---

1 在中國基本古籍庫中對周代到唐代文獻進行關鍵詞搜索，發現“黍飯”出現了 92 次，“粟飯”出現了 73 次，“麥飯”出現了 107 次，這表明粟和黍做成的小米飯（也有可能是小米粥）是主食，而粒食的麥飯也頗為流行。

2 黃暉撰《論衡校釋（附劉盼遂集解）》第一冊，北京：中華書局，1990 年，42 頁。

色。先秦文獻《周禮》有〈酒正〉一篇，具體規定祭祀時所用的酒，而與王充同時代的史學家班固更有這樣的描述："酒者天之美祿，帝王所以頤養天下，享祀祈福，扶衰養疾，百禮之會，非酒不可。"（《漢書·食貨志下》）酒既然如此重要，"蒸穀為飯"也就自然是一個悠久的傳統了。

那麼古人如何蒸飯呢？日本漢學家青木正兒（1887—1964）回憶他民國時期在北京，觀察北京人做米飯的情景：

> 現在（民國時期）北京人燒飯，先把米放在鍋裏煮燒，把黏稠的米湯去掉，然後把米放在蒸籠裏蒸成飯。本來就黏性不強的米還要用這種方法炊燒，所以與我們日本人的嗜好是完全不一樣的。但是這是北人的嗜好。這種嗜好其歷史是相當悠久的，出於這樣的嗜好，他們把有黏性的飯反而看作下等品而加以鄙視。[1]

如果採用上面的方法，將穀物做成飯的時候，不太容易焦糊。那時北方人用這種方法煮飯，或許沿襲了他們以小米為主食的傳統，因為現今還有一些北方人這麼做飯。先秦文獻告訴我們，類似蒸飯的方法，也許在古代中國就早已發明採用了。《詩經·大雅·泂酌》中"泂酌彼行潦，挹彼注茲，可以餴饎"，意思是"遠舀路邊積水潭，把這水缸都裝滿，可以用來蒸食物"。根據鄭玄的理解，"餴"就是蒸米。比鄭玄更早的許慎，在其所編《說文解字》中將其解釋為"滫飯"。清代學者段玉裁對《說文解字》做了詳盡的注釋，說"滫"應為"脩"，脩之言溲也。《新華字典》對"餴"這一古字的解釋，簡單明了："蒸飯，煮米半熟用箕漉出再蒸熟。"不過那時蒸熟的飯，並不粘在一起。東漢《釋名》，由比鄭玄生活時代略晚的劉熙編著，其中將其解

---

1 青木正兒著，范建明譯《中華名物考（外一種）》，283頁。

釋為"分也，眾粒各自分也"[1]。上引《禮記·曲禮》中有"毋搏飯"一句，不讓人將飯捏成團吃，也許反映了這一偏好。的確，與大米相比，小米的黏度相對要低一些，除了一些特殊的品種（如黃粱）之外。

在古代漢語中，蒸黍似乎更多的是指飯，煮黍指粥。周代文獻中已經有了這種區分，漢代之後的文獻也重申了這一點。一份周代晚期的文獻寫道："黃帝始蒸穀為飯也，又曰黃帝始烹穀為粥。"[2] 黃帝是否真的發明了蒸飯，我們無法確證，不過上面已經引了王充的著作，"蒸穀為飯"到了漢代應該已經是很平常的事。而王充在《論衡·量知》中又一次提到了做飯："穀之始熟曰粟，舂之於臼，簸其秕糠，蒸之於甑。爨之以火，成熟為飯，乃甘可食。"[3] 他在這裏告訴我們，那時蒸飯的器具是甑。飲食文化傳統的建立，往往有一個漸變的過程，將穀物煮熟或蒸熟，應該不止在漢代，在上古時代就很普遍了。譬如，"粥"字在商代、周代的甲骨文、金文中已經出現，而"飯"字出現在周代及以後的歷史文獻中，略晚於"粥"字。"粥"先於"飯"，表明煮應該是更為流行、更受歡迎的烹飪方法。商代青銅器的研究也發現煮食器、釜、三足鼎的發明早於蒸食器。現代學者認為，蒸食器的設計，如甑、甗，是對簠或釜的一種改進，而簠或釜是商周時代青銅器和陶器中十分常見的煮食器。甑和甗都由兩部分組成，頂部裝食物，底部加熱並產生蒸汽。那就是說，這些蒸食器是通過在釜上簡單地加了一個蒸架製成的。王充等人所留下的歷史文獻顯示，形體不大的甑主要是用來蒸穀物的。[4]

《禮記》教人用手吃飯，這飯很可能是蒸熟的小米飯而非煮熟的

1　參見胡志祥《先秦主食烹食方法探析》，214—215頁。

2　據說出自《周書》或《逸周書》，此書寫作年代或可早至周代晚至戰國。宋代學者高承在其編撰的《事物紀原》第九卷中引述了這句話。

3　黃暉撰《論衡校釋（附劉盼遂集解）》第二冊，550—551頁。

4　徐海榮主編《中國飲食史》第二卷，51—55頁。"甑"傳統上用來蒸穀物，如小米、麥子。《宋史·胡交修傳》記載"昔人謂甑有麥飯"。

小米粥，因為相對而言，蒸熟的小米更硬實一些，可以用手來拿取。於是《禮記‧喪大記》規定"食粥於盛不盥，食於篹者盥"，即使用"盛"這樣的容器喝粥的時候，不用洗手，而從"篹"這樣的竹筐裏抓蒸飯的時候，需要洗手。蒸黍則需要更多的時間，故而不太經濟；做成飯之後，量也較小。但《禮記》是以上層社會為對象的，所以它對如何食用蒸熟的黍飯，提出了具體的要求，與其服務的對象頗為一致。相比之下，普通人大概只能拿煮黍（粥）、稀飯（豆科種子、蔬菜）來果腹。但在節慶場合，即使是平民百姓也喜歡蒸製穀物，做糕餅、饅頭等（中國有些地區婚慶的時候，必須蒸製饅頭）。這種飲食習俗不但在中國存在，也見於亞洲其他地區的飲食文化傳統。饒有趣味的是，人們在吃蒸製的食物如饅頭時，用手握住還頗為常見。

用手取食看起來容易，實際上需要更多的禮儀。例如，中東、南亞和東南亞人傳統上大多用手指進食，其文化中的飲食禁忌大多在於防止進餐時混亂、不淨，以致影響他人的胃口。上引埃利亞斯《文明的進程》一書，也指出在刀叉作為餐具之前，西方上層社會也發展出了相似的規定，比如高貴之士如何只用三個手指進餐，一般人不能將兩隻手同時伸進餐盤取食等。[1] 中國古人在使用餐具進食之前，也要求餐前必須將手清理乾淨（"共飯不澤手"），以免他人覺得不潔。因此，中國古代的《禮記》詳細地說明了應該如何用手來拿取煮（蒸）熟的小米。春秋時代的孔子和他的弟子們不但熟知古禮，而且還竭力倡導。他們應該大多用手進飯，並知道進餐時該如何做到得體有禮。在孔子的時代，貴族們似乎也習慣用手將食物送進嘴裏。

中國古代另一部史書《左傳》，記載了一個有趣的故事，讓我們從側面了解到古人用手進食的習俗和成語"染指於鼎"的由來。故事發生在春秋時代，不過比孔子生活的年代略早：

1　諾貝特‧埃利亞斯著，王佩莉譯《文明的進程》第一卷，127、137 頁。

楚人獻黿於鄭靈公。公子宋與子家將見，子公之食指動，以示子家，曰：“他日我如此，必嘗異味。”及入，宰夫將解黿，相視而笑。公問之，子家以告。及食大夫黿，召子公而勿與也。子公怒，染指於鼎，嘗之而出。公怒，欲殺子公。子公與子家謀先，子家曰：“畜老，猶憚殺之，而況君乎？”反譖子家，子家懼而從之。夏，弑靈公。（《左傳·宣公四年》）

故事講的是，楚國人獻給鄭靈公一隻大甲魚。鄭國的大夫公子宋和子家將要進見，來到殿前，公子宋的食指忽然自己動了起來，就把它給子家看，說：“以往我遇到這種情況，一定可以嚐到美味。”進去以後，廚師正準備切甲魚，兩人於是相視一笑。鄭靈公問他們為什麼笑，子家就把剛才的情況告訴鄭靈公。等到鄭靈公把甲魚賜給大夫們吃的時候，也把公子宋召來卻偏不給他吃。公子宋惱怒起來了，用手指頭在鼎裏蘸了蘸，嚐到味道後才退出去。鄭靈公發怒，要殺死公子宋。公子宋和子家於是策劃先下手。子家說：“牲口老了，尚且怕殺，何況國君？”公子宋就反過來誣陷子家。子家害怕，只好跟著他幹，到了夏季，便殺了鄭靈公。

此事真假，無法考辨，不過“染指於鼎”卻成了成語，一直流傳下來，意指沾取不該得的利益。更重要的是，直至今天，我們仍然稱拇指與中指之間的手指為“食指”，因為如果用手指取食，這個手指最方便與拇指一起配合使用。中文裏“食指”的稱呼，反映了古代餐飲習俗殘留的影響。

公子宋雖然惱怒，他也只是將手指在鼎裏稍微蘸了一下，因為如果食物在鼎裏剛剛煮好，手指是不可能忍受其熱度的。所以如果吃燉煮的穀物，使用餐具顯然更為方便。春秋時期的政治家管仲留有《管子》一書，也許不全是管子本人所作，但其中不少內容反映了戰國時代的生活。如《管子·弟子職》中寫道：

至於食時，先生將食，弟子饌饋。攝衽盥漱，跪坐而饋。置醬錯食，陳膳毋悖。凡置彼食，鳥獸魚鱉，必先菜羹。羹胾中別，胾在醬前，其設要方。飯是為卒。左酒右醬，告具而退。捧手而立。

三飯二斗，左執虛豆，右執挾匕。周還而貳，唯嗛之視。同嗛以齒，周則有始。柄尺不跪，是謂貳紀。

先生已食，弟子乃徹。趨走進漱，拚前斂祭。先生有命，弟子乃食。以齒相要，坐必盡席。飯必捧攬，羹不以手。亦有據膝，無有隱肘。既食乃飽，循咡覆手。振衽掃席，已食者作。摳衣而降，旋而鄉席。各徹其饋，如於賓客。既徹並器，乃還而立。

這裏的內容與《禮記》有不少可比之處，都相當細緻。比如上菜的順序是，先上素食的羹湯，再上肉類——鳥獸魚鱉，而且羹湯與肉類需要分開擺放；在肉類食物之前，還要放上醬料，以便蘸用，等等。《禮記・曲禮上》也說：＂凡進食之禮，左殽右胾。食居人之左，羹居人之右。膾炙處外，醯醬處內。蔥渫處末，酒漿處右。以脯脩置者，左朐右末。＂對食物的擺放，做了更為具體的規定，譬如左邊是連骨的肉（殽），而右邊是切肉（胾）；飯在最左邊，羹則在最右邊，等等。《管子・弟子職》中的＂左執虛豆，右執挾匕＂和＂飯必捧攬，羹不以手＂兩句，更為重要，這是在講述餐具的用法。第一句講的是左手拿碗，右手執＂挾匕＂，也就是筷子和勺子。雖然古今學者，對於匕的用途（用來吃菜餚還是穀物）尚有一些分歧，但他們都認為＂挾＂就是筷子。這句話表明，當時人已經用勺子和筷子作為進食工具了。第二句中的＂攬＂（＂擥＂的俗體字）字，清代學者洪亮吉等人認為是＂擥＂字，而＂擥＂和＂擥＂字一樣，都是用手握住或撮住的意思。換句話說，當時人進食的時候，飯用手取，而羹則不能用手，也就是要用筷子，因為有"羹之有菜者用梜"的教導。[1] 概而言之，《管子·弟子職》提供的信息是，雖然古人已經用餐具進食，但同時還保留了用手取飯的習慣。

學者們對"匕"的用法觀點不一，因為《禮記》《管子》等著作只說吃飯用手，卻未規定該怎樣吃粥（煮黍）。顯而易見，如果穀物煮成粥，那麼用手進食就很不方便了。唐代經學家孔穎達在解釋《禮記·曲禮》中的"飯黍毋以箸"時，指出"當用匕"，也就是說《禮記》其實推薦用匕來吃黍。孔穎達又引用他人的注釋說："匕所以匕黍稷是也。"根據他的理解，古人是用匕來吃小米這樣的穀物食品的。但上面不是說"飯必捧擥"，即吃飯應該用手嗎？怎麼會出現這樣的矛盾之處呢？其實沒有什麼矛盾，因為自古以來，烹飪小米就有兩種方法：蒸和煮；蒸黍用手吃，煮黍用勺吃。[2] 當然，用筷子也可以吃稀薄的食物，比如粥。但要做到這一點，需要把碗舉到嘴邊，將食物一口一口吞下，必要時用筷子推撥。不用說，這種進餐行為不很雅觀，導致《禮記》反對這麼做。毫無疑問，之前有人或許曾這麼做過（因此《禮記》才會有具體的規定），就像今天依然有人這樣喝粥一樣。據說北京的麵茶，還非得端到嘴邊喝下才行。[3] 不過，用勺子吃小米粥更方便、更優雅，可以直接從碗裏將食物舀起，而不用將碗舉到嘴邊，再使勁用嘴吸啜而嚥下。

但如果用嘴巴湊著碗直接喝粥，一不小心粥便會溢出而滴落在衣服上，讓人難堪。中國史書中有一個頗為有名的故事，主人公是

1　參見黎翔鳳撰《管子校注》下冊，北京：中華書局，2004 年，1147—1150 頁。

2　王仁湘認為，孔穎達提出過，古代中國人用手吃飯，但在這裏又說用勺子吃，顯得矛盾。筆者覺得這並非不一致，而是因為蒸熟的小米可以用手拿，而呈液態的小米粥得用勺子才比較方便、文雅。參見王仁湘《往古的滋味》，50 頁。

3　麵茶是一種與芝麻、麻油、鹽混合的小米糊，在北京很受大眾喜愛，推薦的習慣性吃法是，直接透過碗面上形成的一層凝膠，一口一口地抿。這層凝膠能夠保持粥的溫度和味道，使用餐具會將它弄破。參見崔岱遠《京味兒》，北京：生活·讀書·新知三聯書店，2009 年，71 頁。

司馬懿：

> 爽、晏謂帝（司馬懿）疾篤，遂有無君之心，與當密謀，圖
> 危社稷，期有日矣。帝亦潛為之備，爽之徒屬亦頗疑帝。會河南
> 尹李勝將蒞荆州，來候帝。帝詐疾篤，使兩婢侍，持衣衣落，
> 指口言渴，婢進粥，帝不持杯飲，粥皆流出沾胸。勝曰："眾情
> 謂明公舊風發動，何意尊體乃爾！" 帝使聲氣才屬，說 "年老
> 枕疾，死在旦夕。君當屈并州，并州近胡，善為之備。恐不復相
> 見，以子師、昭兄弟為托"。勝曰："當還忝本州，非并州。" 帝
> 乃錯亂其辭曰："君方到并州。" 勝復曰："當忝荆州。" 帝曰："年
> 老意荒，不解君言。今還為本州，盛德壯烈，好建功勳！" 勝退
> 告爽曰："司馬公尸居餘氣，形神已離，不足慮矣。" 他日，又
> 言曰："太傅不可復濟，令人愴然。" 故爽等不復設備。（《晉書·
> 帝紀第一·宣帝》）

這裏講的是年近七十的司馬懿，得知曹爽和曹晏有除掉自己之心。當
河南尹李勝來看望他的時候，司馬懿故意做出虛弱之態，示意婢女給
他粥喝，但又不用勺子，所以粥流出嘴巴，滴在了衣襟上。李勝覺得
司馬懿不中用了，回去向曹爽等人報告。曹爽他們於是便對司馬懿不
加設防。這個故事雖然說司馬懿是故意為之，但喝粥不用餐具，的確
容易溢出嘴巴，也是古今皆知的道理。

　　人們使用餐具一般出於幾個原因：必要、方便、流行。在中國古
代，煮食毫無疑問比蒸食更為流行，因為這種烹飪方式更加經濟、方
便。考古出土的商代至兩漢青銅器、陶器，其中的煮食器要比蒸食器
多。考古學家還發現，除了簋（釜）和鼎（三足）以外，鬲（小一點、
供個人使用）是常見的器物。與主要用來煮肉的青銅鼎相比，大多數
鬲都是陶器。由於其體積小，考古學家認為，鬲是供個人用來烹煮食

物的。自 20 世紀早期起，大量陶鬲的碎片不斷在河南殷墟出土。這些發現表明，鬲是平民大眾的烹飪器具，並進一步證明，中國古代越來越多的人將小米煮成粥。從文字學上來考察，粥在古代的異體字是"鬻"，可見粥是常用鬲來煮的。古代以"鬲"為底部偏旁的字不少，表明鬲是一種常用的煮食器。不過這些字現在都不太用了，而"鬻"則比較常見（雖然意思已經不同於古代），或許證明用鬲煮粥更為普遍。[1]

據史料記載，煮黍有多種形式，這取決於水的稠薄，以及用沒用其他食材，稠的稱"饘"，薄的稱"粥"或"酏"。《禮記·檀弓上》記載，曾子曰："申也聞諸申之父曰：'哭泣之哀，齊、斬之情，饘粥之食，自天子達。'"《孟子》也證實了粥的普及："諸侯之禮，吾未之學也，雖然，吾嘗聞之矣。三年之喪，齊疏之服，饘粥之食，自天子達於庶人，三代共之。"（《孟子·滕文公上》）蒸黍通常供貴族食用，也屬於節日食品。除了蒸黍，如何烹飪和食用小米可能顯示出等級差異：享用稠粥的可能更多是富人，而食用薄粥的大都是不太富裕的人。但這種差異不是絕對的，因為無論過去和現在，粥都是適宜在中國北方乾冷天氣食用的食物。

燉煮食物最常見，用勺子取食最方便，所以勺子成了中國古代主要的餐具。相比之下，筷子顯得居於次等位置，因為當時不用筷子取食煮熟的穀物。中國古代，有一個指筷子的字是"箸"，透露出筷子在古代，是一種輔助性的進食工具。由此我們可以理解《禮記》的教導："羹之有菜者用梜，其無菜者不用梜。"（《禮記·曲禮上》）也就是說，夾起羹湯裏的蔬菜送入口中，是古人用筷的主要（唯一？）場合。羹的製作，和現在一樣，是將食材放入水中燉煮而成。在中國，像煮小米粥一樣，煮羹的方法也有多種。羹可以是濃汁燉肉，也

1　胡志祥《先秦主食烹食方法探析》，214—218 頁。

可以是只有蔬菜的清湯。"羹"字（"羔"字頭）表明，以其最初的字形，羹裏一定要有羊肉。最古老的漢語詞典《爾雅》解釋道："肉謂之羹。"除了羊肉，用來做羹的原料還有牛肉、豬肉、雞肉、鴨肉和狗肉。在"羹"字前加上主料名，就有了羊羹、犬羹、豕羹等。還有鉶羹，據信為無肉的素菜羹或素菜湯。而肉羹會搭配蔬菜和其他調料來改善口味，這使得筷子成了食羹的有用工具。[1]

我們已經提到，在炊食器發明和使用之後，煮是古代中國人最常用的烹飪手段。羹有這麼多不同的種類，說明羹或燉菜在中國古代是最受歡迎的菜餚。《禮記·內則》提供了文獻依據："羹食，自諸侯以下至於庶人，無等。"而《尚書·說命下》中就有"若作和羹，爾惟鹽梅"一句，教人如何煮羹。換句話說，無論貴賤，都會吃羹食。這也明確了在中國古代，人們不僅將穀物煮成粥，也習慣燉煮非穀物類食物（難怪古代有許多以"鬲"做偏旁的字），羹就成了最常見的菜。於是筷子作為餐具，雖然次要，卻又必要，因為如果一頓飯食由"飯"和"菜"，即主食和副食兩部分組成，那麼副食的取用，常常就需要筷子。總之，羹在古代中國的流行使筷子成了重要的食具，因為中國人喜歡吃熱的食物。考古出土的商周兩代青銅器和陶器中，除了有大量的釜和鼎，還發現了形態不一的溫鼎，上面往往還加了蓋子。[2]這些食物加熱器更證實了中國人飲食的偏好。可以想象，筷子可以用來攪拌、混合、夾取、試吃器皿中的食物。研究中國飲食史的學者於是推測，正是由於需要做羹、吃羹，才發明了筷子，先是用來攪拌煮食器中的食物，後來其他功能也被開發了出來。[3]

那麼，在小米不是主食的地方，比如華南地區，人們是否和怎樣

1　孔穎達解釋，若羹裏無菜，可直接喝，即"直啜而已"。引自王仁湘《往古的滋味》，50頁。

2　王仁湘《飲食與中國文化》，16—17頁。

3　王仁湘《飲食與中國文化》，270頁；也可參見趙榮光《箸與中華民族飲食文化》和胡志祥《先秦主食烹食方法探析》。

使用餐具呢？那裏的人是不是也像《禮記》所教導的那樣，筷子只是用來吃菜？實際上，在古代亞洲，似乎早就形成了不同的烹飪傳統和飲食文化。《楚辭》據傳是楚國大夫屈原的作品，而楚國在戰國時代位居南方。《楚辭》中描述了許多吃喝的場合，如：

魂乎歸來！樂不可言只。

五穀六仞，設菰粱只。

鼎臑盈望，和致芳只。

內鶬鴿鵠，味豺羹只。

魂乎歸來！恣所嘗只。

鮮蠵甘雞，和楚酪只。

醢豚苦狗，膾苴蒪只。

吳酸蒿蔞，不沾薄只。

魂兮歸來！恣所擇只。

炙鴰烝鳧，煔鶉陳只。

煎鰿膗雀，遽爽存只。

魂乎歸來！麗以先只。

四酎並孰，不澀嗌只。

清馨凍飲，不歠役只。

吳醴白蘗，和楚瀝只。（《楚辭·大招》）

這首詩描繪了各種食物及流行的烹飪技法，並指明烹飪在吳楚之地有著不一樣的傳統和風格。吳楚之地指長江中下游地區——中游的楚和下游的吳。可是，中國南方飲食文化到底是什麼樣的呢？遺憾的是，除了強調其異域風味，《楚辭》和大部分東周晚期的歷史文獻一樣，未能對其作詳細的描述。事實上，我們迄今所見到的大部分古代歷史文獻，都是由北方人書寫或編注的，《楚辭》或許是一個例外。

這導致我們對古代中國的認識，不免存在一定的偏差。

現代考古學和人類學研究表明，在中國古代，農業和農藝就已經出現了南北分化。黃河流域周邊的北方地區和長江流域周邊的南方地區，地理和生態差異導致了這一情形的產生。對這兩大區域的農業和飲食的形成，兩大河流的影響巨大並貫穿了中國歷史的整個進程。參與李約瑟《中國科學技術史》編寫的白馥蘭，注意到了中國南北地區農業經濟的顯著不同。她將觀察到的現象作了簡潔的描述：

> 中國有兩種主要的農業傳統，北方的旱地穀物栽培和南方的水稻耕種，兩者都有其特徵鮮明的農作物、作業工具和農田模式。我們已經指出，這兩種農業傳統的不同，與南北方的氣候和土質的影響相關，而它們的發展演化，又與人口的增長和新農具、新穀物的發明和引進有關。[1]

現存歷史文獻並沒有提及中國水稻種植有南北之分。《詩經》有十幾次提到了稻米，而小米出現的次數要多得多。但水稻似乎從古代起就是中國南方的主要糧食。江西吊桶環遺址、浙江河姆渡遺址、四川三星堆遺址的考古發現都取得了令人信服的證據，表明水稻一直是長江沿岸地區的主要作物。此外，這些發現還表明，在新石器時代，南方文化發展達到了北方同等水平。1976 年發現的河姆渡遺址，便是重要的證據。白馥蘭觀察道：

> 新石器時代一批稻農在河姆渡遺址上生活了數千年。在該遺址最早的、公元前 5000 年的文化層，發現有最多量的稻米殘骸，其年代與黃河流域的農業文明同樣古老。河姆渡村落坐

1　Francesca Bray, *Science and Civilisation in China*, Vol. 6, Biology and Biological Technology, Part II. Agriculture, 557.

落在一片濕地的邊緣，屋子則建在干欄上。其最早的文化層展示出，河姆渡的居民已經掌握了相當成熟的生產技術。製作精良、裝飾精美的陶器，複雜的木工活，以及大量的稻米殘骸，表明當地的居民已經不是採集者，而是主要依靠自己種植水稻來維生。[1]

水稻對推進中國南方文明如此重要，有必要簡要概述其作為一種糧食作物的作用。縱觀歷史，水稻是種植得最多、品種最為豐富的穀物。瑪格麗特·維瑟（Margaret Visser）是一位獲獎作家，她聲稱："這種穀物（水稻）是地球一半人口的主要食糧。如果現在有什麼災禍毀滅了世界上所有的水稻作物，那麼至少十億五千萬人將會遭受饑荒，數以百萬人將會死於飢餓。"[2] 水稻在今天是必不可少的，而近代之前尤為重要。全球史家費利佩·斐迪南—阿梅斯托寫道：

在人類歷史的大部分時間裏，即小麥經科學改良產生今天的驚人高效品種之前，水稻是世界上獨一無二的最高效食品：平均每公頃水稻（傳統品種）養活 5.63 人，而每公頃小麥養活 3.67 人、玉米養活 5.06 人。在人類歷史的大部分時間，以米飯為主食的東亞和南亞文明，人口更多，更高效、更具創意、更發達，技術更豐富，在戰爭中比別的地方更強大。食用小麥的西方人只是在最近五百年中才慢慢改變了相對落後的處境。若用客觀的標準來衡量，西方在 18 世紀勝過了印度，19 世紀才趕上了中國。[3]

1　Francesca Bray, *Science and Civilisation in China*, Vol. 6, Biology and Biological Technology, Part II. Agriculture, 485.

2　Margaret Visser, *Much Depends on Dinner: The Extraordinary History and Mythology, Allure and Obsessions, Perils and Taboos, of an Ordinary Meal*, New York: GrovePress, 1986, 155-156.

3　Felipe Fernandez-Armesto, *Near a Thousand Tables: A History of Food,* 92.

稻米與中國文明的發展息息相關。如果說小米哺育了中國北方的早期文明，水稻對南方文化的發展則起到了同樣重要的作用。隨著時間的推移，水稻逐漸在中國農業和糧食系統中佔據了更重要的位置。歷史文獻提到了水稻在南方的重要性。例如，《周禮》稱同屬長江流域的荊州、揚州，"其穀宜稻"。不但讀了萬卷書，還行了萬里路、遊歷了全國各地的漢代偉大史學家司馬遷，也在《史記》中觀察道："楚越之地，地廣人稀，飯稻羹魚。"（《史記·貨殖列傳》）該描述將南北方的飲食方式，做了標誌性的區分。南方人的飯是稻米，而他們的菜——羹則是魚羹。相比而言，稻米在北方則相對較少，由此而顯得珍貴。所以孔子有這樣的感歎："食夫稻，衣夫錦，於女安乎？"（《論語·陽貨》）錦衣（稻）米飯，在他生長的北方，代表了一種奢侈的生活。

是不是食用稻米導致南方人更多地使用筷子呢？考古發現表明，可能會有一些相關性，因為在中國南方考古遺存中發現的筷子更多。筷子原型的發現地江蘇龍虯莊遺址，地理上大致屬於南方。考古學家指出，相對於黃河文化，龍虯莊文化與長江和淮河文化更為密切相關。因此，稻米的遺跡也出現在龍虯莊遺址，很可能不是一種巧合。如上所述，考古學家發現的大多數青銅時代至漢代的筷子（青銅箸和竹箸）都出現在南部和西南部的遺址中，即水稻種植更廣泛的地方。從這些發現可以推測，在中國南方，筷子更有可能是比較實用的進食工具，這有別於北方的筷子傳統。也就是說，南方人很可能不僅用筷子從燉菜中挑取食物，還用它來吃米飯。[1]

相對於其他穀物，米飯用筷子成塊取送更容易。由此推測，吃米

1　龍虯莊遺址考古隊《龍虯莊——江淮東部新石器時代遺址發掘報告》。有關龍虯莊文化與其他新石器時代文化遺址的關係，參見張江凱、魏峻《新石器時代考古》，北京：文物出版社，2004 年，173—176 頁。由於南方發掘出更多的筷子，沈濤甚至推測這種飲食工具起源於中國雲南，這一觀點得到了某些學者的支持。參見太田昌子《箸の源流を探る》，248—249頁；向井由紀子、橋本慶子《箸》，4—6 頁。

飯和用筷子息息相關。當然，水稻是一種多樣化的農作物。東亞和東南亞最常見的水稻品種是沒有黏性的粳稻和秈稻，是當地人常用的食物。而有黏性的稻米（中文叫作"糯米"，越南語為"nếp"，泰語為"ข้าวเหนียว"），則更習慣用來在節日期間做年糕等種類的糕餅。糯米的顆粒呈圓形且不透明，而顆粒相對半透明的粳米和秈米，雖然在中國各地新石器時代遺址都有發現，但明顯在長江流域更常見。[1] 粳米和秈米各有特色，成熟期不同，顆粒的大小和形狀各異，烹飪特點也不一樣。例如，粳米比長粒秈米更軟更黏。稻米像小米一樣可以整粒食用也可以磨成米粉，這兩種方法古代中國人都會用。

由於稻米顆粒大，空氣易於通過沸水，因此它比小米（包括糯小米）更容易煮熟。因此，不論是蒸是煮，稻米比小米用時要短。雖然粳米和秈米皆非糯米，但煮熟後都比小米更有黏性，用筷子夾起小塊米飯就容易多了。鑒於米飯的黏性，用手拿米飯不會像拿蒸黍那麼方便，因為飯粒會粘在皮膚上。世界上有些地方的人在使用餐具之前，用手指吃米飯，飯前都備有盛水的盆供人洗手。處理這個問題還有一種方式，就是做米飯時加入油脂，使其比較滑潤，但麻煩的是飯後還要除去手指上的油。用筷子吃米飯可以解決這樣的不便。當然，使用筷子將米飯送進嘴裏，米飯也會粘在上面，但清理筷子要容易得多。隨著時間的推移，筷子變得尖細光滑，更加有效地解決了這樣的就餐問題。

然而，正如導言中指出的那樣，文化因素和飲食因素都決定著是否使用餐具、用何種餐具進食。吃米飯並不一定意味著要使用餐具，而所用的餐具也不一定就是筷子。在東南亞，水稻一直是主食，但只有越南人用筷子吃飯；其他人要麼用手指，要麼用勺子和叉子。比

1　Chang Te-tzu, "Rice," *Cambridge World History of Food*, Vol. 1, eds. Kenneth F. Kiple & Kriemhild C. Ornelas, Cambridge: Cambridge University Press, 2000, 149-152. *sinica/japonica* 和 *indica* 大致與中國文獻中"粳米"和"秈米"的記載相對應。

如，在泰國，過去人們用手吃飯，通行的方法是先從碗裏舀上一勺，然後另一隻手用叉子的背面推進嘴裏。至於糯米飯，很難用叉子和勺子來吃，通常用右手拿上一塊，團成小球狀（上面留有拇指大小的壓痕，以便添上醬汁、調味料和配菜），再將其送進嘴裏。[1] 這說明吃米飯的方法多種多樣，使用筷子只是其中之一。相對於實際需要，人們使用筷子更多是因為文化的影響。

總之，通過考古證據和文獻資料，可以基本了解與筷子淵源相關的中國古代飲食文化。首先，雖然在新石器時代初期餐具便已經發明了出來，早期中國人仍然繼續用手進食（當然最好只用右手），《禮記·內則》有這樣的建議："子能食食，教以右手。"意思是孩子一旦可以自己進食，應該教他們用右手取食。不過用右手直接取食還是藉助餐具，有個過渡時期。事實上，或用餐具，或用手指，這兩種進食方式並存的情形，還持續了相當一段時間。其次，有了炊具之後，煮是最常見的烹飪方法，然後是蒸，另外也出現了其他方式。[2] 中國人不僅煮穀物——飯，也煮非穀物類食物——菜；前者為粥，後者為羹。這種烹飪方式不僅決定了人們就餐是否使用餐具，而且決定了需要使用何種餐具。再次，在中國早期，發明勺子首先是為了吃富含湯水的煮食。勺子或匕，形狀像鋒利的匕首，也可以用來切燉菜裏的肉。因此，勺子是主要的進食工具，而筷子起輔助作用。筷子的主要功能是在燉菜或肉湯中夾取蔬菜，但不被推薦用於燉煮的穀物，如小米粥。至於蒸熟的小米飯，人們通常用手來拿取。因此，筷子原來僅用來吃菜（非穀物類食品），而非吃飯（穀物）；而穀物（澱粉食品）一直是中國和其他地方就餐的主

1　Leedom Lefferts, "Sticky Rice, Fermented Fish, and the Course of a Kingdom: The Politics of Food in Northeast Thailand," *Asian Studies Review*, 29 (September 2005), 247–258；Penny Van Esterik, *Food Culture in Southeast Asia*, 21.

2　有關中國古代的烹飪方法，參見 K.C. Chang, "Ancient China," *Food in Chinese Culture*, 31。

要對象，所以筷子作為餐具，其重要性低於勺子。然而，在中國南方地區，筷子成為餐具之後，人們可能不僅用它來吃非穀物類食品或燉菜，也用來取食該地區的主食——米飯。由於大多數歷史文獻來自中國北方，所以我們很難確定，這種飲食習慣何時在南方形成，即筷子何時得以廣泛使用，甚至成為一種至今仍在越南、日本和中國大部分地區常見且獨特的飲食工具。但最終，在北方生活的人們也會發現，筷子夾取穀物食品亦非常有效，所以可以改變"飯黍毋以箸"的傳統。從漢代起，隨著烹飪傳統在中國北部和西北地區經歷的顯著變化，筷子將會展示更多功能，這一話題將在下一章討論。

第三章

菜餚、米飯還是麵食？

筷子用途的變遷

從漢代到唐代，勺子雖然仍然作為主要的餐具，但由於小麥由粒食改為粉食，筷子便成為食用麵條、餃子等尤其是飯菜一體的麵食的首選工具。隋唐時期由波斯傳入的先進冶煉技術，使得很多金、銀、銅等金屬筷子被製作出來。炒這種烹飪方式的發明，更加拓展了筷子的使用範圍。由於唐代文化在亞洲地區的廣泛擴張，筷子影響到蒙古草原、朝鮮半島和日本、東南亞等地區，"筷子文化圈"已經粗具規模。

爾生始懸弧，我作座上賓。引箸舉湯餅，祝詞天麒麟。

——劉禹錫，〈送張盥赴舉詩〉

發現一種美食，比發現一顆新星，更造福於人類。

—— 昂泰爾姆・布里亞—薩瓦蘭（Anthelme Brillat-Savarin），

《味覺生理學》（*Physiologie du Gout*）

　　司馬遷在《史記》中，記述了很多發生在漢代引人入勝的故事。其中有些便提到了筷子。劉邦少小生活在江蘇北部，離龍虬莊新石器時代文化遺址還不太遠。後來，他建立了漢朝。司馬遷為他專門撰寫了《高祖本紀》，其中提到他的幾個功勳卓著的謀士。張良就是其中之一，還有一位酈食其。兩人提供的謀略，並不一致。在秦朝被推翻之後，劉邦與項羽爭霸中原，酈食其建議劉邦，既然秦朝已滅，不如馬上分封諸侯，但張良覺得時機並未成熟。司馬遷這樣描述：

　　食其未行，張良從外來謁。漢王方食，曰："子房前！客有為我計橈楚權者。"具以酈生語告，曰："於子房何如？"良曰："誰為陛下畫此計者？陛下事去矣。"漢王曰："何哉？"張良對曰："臣請藉前箸為大王籌之。"曰："昔者湯伐桀而封其後於杞者，度能制桀之死命也。今陛下能制項籍之死命乎？」曰：「未能也。」「其不可一也。武王伐紂封其後於宋者，度能得紂之頭也。今陛下能得項籍之頭乎？」曰：「未能也。」「其不可二也。武王入殷，表商容之閭，釋箕子之拘，封比干之墓。今陛下能封聖人之墓，表賢者之閭，式智者之門乎？」曰：「未能也。」「其不可三也。發鉅橋之粟，散鹿台之錢，以賜貧窮。今陛下能散府庫以賜貧窮乎？」曰：「未能也。」「其不可四矣。殷事已畢，偃革為軒，倒置干戈，覆以虎皮，以示天下不復用兵。今陛下能偃武行文，不復用兵乎？」曰：「未能也。」「其不可五矣。休馬華山之陽，示以無所為。今陛下能休馬無所用乎？」曰：「未能也。」「其不可六矣。放牛桃林之陰，以示不復輸積。今陛下能放牛不復輸積乎？」曰：「未能也。」「其不可七矣。且天下游士離其親戚，棄墳墓，去故舊，從陛下游者，徒欲日夜望咫尺之地。今復六國，立韓、魏、燕、趙、齊、楚之後，天下游士各歸事其主，從其親戚，反其故舊墳墓，陛下與誰取天下乎？其不可八矣。且夫楚唯無強，六國立者復橈而從之，陛下焉得而臣之？誠用客之謀，陛下事去矣。」漢王輟食吐哺，罵曰：「豎儒，幾敗而公事！」令趣銷印。（《史記·留侯世家》）

張良列舉理由說服劉邦，藉了劉邦用餐的筷子，條分縷析，一一說明，做了有力的抗辯。最後，他成功說服劉邦放棄了酈食其的建議。司馬遷沒有具體描述張良怎樣用筷子來闡述他的觀點，這個故事卻從此流傳下來。從中可以看出，劉邦和他的部下與其他人一樣，用筷子吃飯。

《史記》的另一篇傳記也提到了筷子。傳主周亞夫，是漢文帝和漢景帝時期一位驍勇善戰的將軍。由於戰功卓越，周亞夫得到兩位皇帝的信任。但也許是因為居功自傲，最終他不但失去了景帝的信任，還失去了性命。司馬遷記錄了這樣一件事，描述了周亞夫與景帝之間因為筷子而產生的矛盾：

頃之，景帝居禁中，召條侯，賜食。獨置大胾，無切肉，又不置箸。條侯心不平，顧謂尚席取箸。景帝視而笑曰："此不足君所乎？"條侯免冠謝。上起，條侯因趨出。景帝以目送之，曰："此怏怏者非少主臣也！"（《史記·絳侯周勃世家》）

周亞夫受召進宮與皇帝共餐，發現自己的盤內有一大塊肉，既沒有切開，也未配筷子。他轉身向內侍官要筷子，卻被皇帝調侃："這還不能滿足你的要求嗎？"周亞夫感覺受到了羞辱，沒有碰盤裏的食物，謝過皇上即告退了。見此情景，景帝嘆息道："這麼不高興，怎麼可以為我做事啊！"幾年後，景帝到底找了個藉口將周亞夫處死了。

這兩個故事表明，兩漢時期，使用筷子就餐已經成了習慣。然而，有兩個問題值得進一步思考。一是在這兩則故事中，司馬遷都未提及進餐時是否用到或備有勺子。上一章已經提到，勺子其實是古代中國人主要的進食工具。另一個問題是，周亞夫看見面前一塊未切的肉，便轉身找筷子，但根據《禮記》的要求，筷子應該只用於夾取羹湯裏的菜，周亞夫為什麼想用筷子取肉呢？回答第一個問題比較容易：雖然我們認為，戰國時期中國人用餐具吃飯已經成了一種習俗，但他們吃穀物食物時，並不都用勺子，還會用手指將食物送進嘴裏。下面我們會提到馬王堆漢墓的發掘及其意義，在那裏出土的陪葬品中，還有盆、匜等洗手用的器具，說明至少那時在上層社會，用餐時的盥洗之禮仍然施行。至於第二個問題，涉及"胾"的意思，古代指的是切肉，已經去骨，但體積可能比較大，因為切細的肉叫"膾"。司馬遷還特別強調，給周亞夫的胾是大塊的，沒切開，所以沒有餐具，取用起來就會很麻煩。當然對付大胾最好的辦法是用刀，但刀在先秦時代就留在廚房，歸廚子——"庖人"專用。司馬遷沒有說是否給了周亞夫勺子，但即使有勺子，也主要是用來吃主食（飯）的，而且用勺子拿取大肉，顯然也不方便，所以周亞夫在連筷子也沒有的情況下，基本是無法享用那塊大戴了。漢景帝想為難周亞夫，這是顯而易見的。除了告訴我們周亞夫的尷尬境遇，司馬遷描述的這個故事還透露，在漢代的時候，中國人或許已經開始用筷子來夾菜，即所有非穀物類的食物了。本章將詳細圍繞下面兩個問題討論：第一是從漢代到唐代，中國人如何慢慢養成只用飲食工具進食的習慣；第二是他們是否已經開始用筷子取食碗碟中的所有食物。

過去幾十年裏，中國考古學家發掘了一批漢代墓葬，為了解當時人們如何安排每天的餐飲，提供了十分有價值的信息。湖南長沙馬王堆漢墓是一個重要的案例。此墓於 1972—1974 年發掘，由三座墓組成，埋葬的是長沙國相利蒼（公元前 193 年至公元前 186 年長沙第一代軑侯）一家三口。1972 年發現的第一座墓是最壯觀的，墓主人被鑒定為利蒼的妻子辛追。她死時大約 50 歲，遺體仍保存得相當完好。考古學家發現辛追有可能死於心臟病，很可能是由吃甜瓜引發的，因為在她的食道、腸胃中發現了甜瓜的種子。墓中還出土了 48 個竹盒、51 種盛有多種食品的各類陶器。這表明，墓主人生前極愛美食。在竹盒和陶器中發現的穀物有水稻、小麥、黍、粟、扁豆。除了食品容器，她的四周堆滿了漆器餐具和飲水器具，在一隻漆碗上正放著一雙竹筷！[1]

除了筷子，墓葬中還發現了漆木勺和長柄勺。這些勺子看起來更精緻，相對而言，僅僅上過朱漆的筷子似乎相當簡單。向井由紀子和橋本慶子是兩位研究日本筷子的學者，她們推測這是辛追生前使用過的筷子，而其他保存更為完好、精美的勺、碗等餐具可能是陪葬品。

1　湖南省博物館《長沙馬王堆一號漢墓》，北京：文物出版社，1973 年。

她們還認為辛追可能還保留了用手進食的習慣。[1] 當然，馬王堆漢墓並不是唯一出土勺子、筷子等餐具的遺址。其他漢墓也有類似發現，出土的勺子和筷子通常被擺放在一起。這些考古發現使得一些學者相信，在漢代，人們就餐的時候，已經越來越習慣將兩者（匕和箸）當作一套飲食工具來使用。[2] 即使是這樣，二者的關係似乎仍不像西方人用刀和叉那麼緊密——叉用來按住食物，刀用來切割。中國人即使只使用筷子或勺子，應該就可以吃飯了。

有些漢墓的墓道、墓室內有壁畫，也有畫像石、畫像磚，上面刻畫了做飯和吃飯的場景。例如，在四川新都發現的畫像石描述了一個宴飲場面：三人跽坐地板上，中間一人手執一雙筷子，指向左邊一人呈上的食物，而此人托著的碗上，也放著一雙筷子；地板中心的大墊上還放著兩雙筷子。山東嘉祥武梁祠的牆上，描繪著另一個飲宴場面——"邢渠哺父"。畫中，邢渠左手拿著夾著食物的筷子，右手握著勺子，正在餵父親吃飯。他身後的僕人端著一碗食物。毫無疑問，這幅畫宣揚了自漢武帝以來，漢朝官方認可和提倡的儒家孝道。

這些宴會和飲食場景證實了上面提到的《史記》中的故事，筷子到了漢代已經是人們主要的進食工具。這還表明，雖然墓葬中筷子和勺子通常埋在一起，但在實際生活中也許不一定同時使用。邢渠手中的長柄勺，可以舀上一大勺飯，讓父親自己用手拿著送入口中，而這把勺子比普通吃飯的勺子要大一些。馬王堆漢墓中發現的漆勺，似乎也支持這一看法，有些勺子並不是供個人使用的。大多數勺子，總長度超過 18 厘米，勺頭寬 6 厘米，可能更適合用來盛飯。此外，馬王堆漢墓中還有一些橢圓、淺腹、雙耳的小碗，稱作耳杯。考古學家推測，這些耳杯是用來裝酒、湯或有湯水的食物的，雙耳的設計顯然為了便於手持握，將裏面盛的東西送進嘴裏。換句話說，用這些帶耳的

1　向井由紀子、橋本慶子《箸》，9—10頁。
2　劉雲主編《中國箸文化史》，125—135頁。

小碗進食（如小米粥），或許就不需要勺子了。

如果漢初中國人或多或少保持前代的飲食習慣，即交替使用手指和餐具來進食，那麼，到了漢末（確切地說是從約 2 世紀開始），情況發生了顯著的變化。[1] 這種變化使得人們越來越多地用到餐具，並最終摒棄了用手指進食。漢語文獻中，進食工具被稱作"匕箸"。最早提到"匕箸"的，是陳壽撰寫的《三國志》，這是一部敘述 3 世紀漢朝衰亡、魏蜀吳三國興起的歷史著作。開篇描述漢朝的衰敗，將之歸因於太監、軍閥對年幼的皇帝——習稱"兒皇帝"的挾持和操弄。稱霸一方的將軍董卓就是一個例子。根據陳壽的記載，董卓為了恐嚇對手，並將朝廷完全捏在自己手中，故意在宴請其他大臣時處置一批戰俘，"卓豫施帳幔飲，誘降北地反者數百人，於坐中先斷其舌，或斬手足，或鑿眼，或鑊煮之，未死，偃轉杯案間，會者皆戰慄亡匕箸，而卓飲食自若"（《三國志》"董卓，李傕，郭汜"條）。目睹這樣的恐怖情景，許多赴宴的大臣嚇得直發抖，甚至拿不住勺子和筷子，而兇殘的董卓卻若無其事，仍然飲宴自如。陳壽的生動描述表明，在漢代末期，勺子和筷子作為取食工具，已經更多地被人成套使用了。

陳壽在《三國志》中將勺子和筷子相提並論，並非僅此一例。曹操和劉備分別是三國時期魏、蜀的開創者，關於二人，有一個更為著名的飲宴故事。董卓死後，漢朝的實際掌權者轉為曹操，劉備雖是漢室宗親，但他年輕，資歷和實力都不可與曹操同日而語。有次曹操宴請劉備。兩人見面之前，劉備收到漢獻帝密詔，要他除掉曹操。宴會上，在劉備準備動筷進餐時，曹操從容地舉杯對他說："今天下英

1　黃興宗（H.T. Huang）提到，在漢代，"人們用手指拿米飯，用筷子夾菜餚，用勺子舀湯"。參見 H.T. Huang, "Han Gastronomy-Chinese Cuisine in *statu nascendi*," *Interdisciplinary Science Reviews*, 15:2 (1990),149。總體而言，這種說法沒錯，但事實上，在漢代甚至之前，勺子也會用來食用小米這樣的穀物。

雄，唯使君與操耳。本初（袁紹）之徒，不足數也。"劉備擔心曹操發現了他的圖謀，十分震驚和恐懼，"先主方食，失匕箸"（《三國志》，"劉備"條）。劉備像當年董卓宴會上的官員一樣，心慌之下，也掉了勺子和筷子。其實除了生怕曹操洞察其密謀之外，劉備也擔心自己的對抗之心已經被對方察覺，因為曹操提到的袁紹，在當時是另一位有實力的人物。但在曹操眼裏，袁紹"不足數"，而劉備顯然更具潛在實力。如此的話，劉備有可能招來殺身之禍。

上述故事中的人物，吃飯時是否只用勺子和筷子，還是偶爾也會用到手，陳壽並沒有詳細交代。可見自那時（3 世紀）開始到 20 世紀初，"匕箸"或"匙箸"（"匙"的形狀更像是現代的勺子，勺頭淺，勺柄彎而長，通常比匕長）在漢語文獻中成了一種約定俗成的說法，在各種文體的文本中用來描述或記錄飲宴場面。[1] 這些表明，經過了戰國，到了秦漢時期，吃飯不用手而用餐具，或已成為中國人首選的習慣或社交規範。

筷子是手指的有效擴展，其靈活性促使當時的中國人放棄用手吃飯。如上所述，司馬遷描寫的周亞夫的遭遇表明，漢代筷子的功能可能已經超出《禮記》的教導，不單用來夾取羹湯中的菜，還可能在無法使用勺子的場合，用來拿取其他非穀物食品了。不過，要想用筷子有效地運送碗碟中各種食物做成的菜，其實常常需要一個條件，那就是需要把食物切成小塊，以便用筷子夾取，再送進嘴裏齧咬、咀嚼。將食物切小加以烹飪，應該是在周代漸漸形成的傳統。因為商代的青銅器皿，有的體積相當龐大。由此推測，在中國的青銅時代，古人基本上將大塊的肉燉煮加工。肉煮熟之後，用匕之類的工具取出食用。王仁湘引述容庚、陳夢家等前輩考古學家指出，古人用的匕根據取用食物的不同有所區別，但大致可以分為兩種，一種用來食粥，也就是

1　在中華基本古籍庫中檢索，"匕箸"出現了 1232 次，"匙箸"出現了 492 次。

那時流行的飯食，而另一種用來吃菜——大致以羹的形式出現。前者有時稱作柶，或直接叫飯匕，而後者有牲匕、梳匕、挑匕等稱呼，體積都比飯匕要大。古人用牲匕將煮好的肉從煮器鼎或鑊中取出後，一般放在俎（一種祭祀用的大盤子）中，供人食用。[1]

那麼，又怎麼將置於盤中的肉送入口中呢？因為中國古人不用餐叉，所以估計是用手將肉放入口中的，就像今天的遊牧民族吃烤肉那樣。所以，孔穎達在解釋《禮記‧曲禮》中的"羹之有菜者用梜，其無菜者不用梜"的時候，做了這樣的補充："有菜者為鉶羹是也，以其有菜交橫，非梜不可。無菜者謂大羹，湆也，直啜之而已。其有肉調者，犬羹、兔羹之屬，或當用匕也。""鉶羹"是有蔬菜的羹湯，所以要用筷子將裏面的菜夾出取用，而"大羹"是"湆"，也就是肉湯，所以可以直接以口就碗喝下。但如果裏面有肉（狗肉、兔肉等）怎麼辦，距離先秦時代已經有八百多年的孔穎達也不是特別清楚，因此他說"或當用匕"來食用。的確，古時的匕有尖刺形的，如果羹裏的肉塊太大，可以用來切肉，但最後送入口中，估計還是靠手指。《禮記》在同一篇中建議，與客人一塊進餐時，"濡肉齒決，乾肉不齒決"（《禮記‧曲禮上》）。換句話說，用牙齒齧咬煮爛的肉符合社交禮儀（因為比較容易咬下），但如果肉還比較乾硬，那麼就不該硬啃，以免難堪。不管軟還是硬，這些肉想來都是靠手放到嘴裏的，如同當今美國人用手指食用烤雞翅、烤雞腿和烤豬排那樣。

所以，將肉事先在廚房切小然後加以烹煮的方法，不但表達了"君子遠庖廚"的文化訴求，而且反映了一種飲食上的需要。由於已經有了吃熱食的傳統，古人發現在餐席上用手指取用熱食不方便，因為手指無法忍受高熱溫度，最好使用餐具，而當時已經發明的勺子和筷子，都需要在食物切小之後方可使用。這一烹飪方法，估計在周代

1　王仁湘《中國古代進食具匕箸叉研究》，278 頁。

開始流行，因此《周禮·天官塚宰·外饔》中用“割烹”來形容烹飪：

> 凡宗廟之祭祀，掌割亨之事。凡燕飲食亦如之。凡掌共
> 羞、脩、刑、膴、胖、骨、鱐，以待共膳。凡王之好賜肉脩，則
> 饔人共之。
>
> 外饔掌外祭祀之割亨，共其脯、脩、刑、膴。陳其鼎俎，
> 實之牲體、魚、臘。凡賓客之飧饔、饗食之事亦如之。邦饗耆
> 老、孤子，則掌其割亨之事。饗士庶子亦如之。師役，則掌共其
> 獻、賜脯肉之事。凡小喪紀，陳其鼎俎而實之。

這裏描述的主要是為祭祀準備的烹飪，包含了多種方法，但總體上都
經過了“割烹”的程序，也就是將食物切小然後再加工的意思。至今
日本人還用這個漢字來為餐館命名。這一新的烹飪方法，首先吸引了
文人階層：將肉切割成理想的大小，再將肉塊擺放整齊，配上醬等佐
料，從而獲得更好的視覺和味覺感受。孔子對飲食，就十分講究，不
但希望食物乾淨，而且要求食物切成一定的大小，然後才會食用。他
的要求經過弟子的轉述而聞名於世：

> 食不厭精，膾不厭細。食饐而餲，魚餒而肉敗，不食。色
> 惡，不食。惡臭，不食。失飪，不食。不時，不食。割不正，
> 不食。不得其醬，不食。肉雖多，不使勝食氣。唯酒無量，不及
> 亂。沽酒市脯不食，不撤薑食，不多食。祭於公，不宿肉。祭
> 肉，不出三日，出三日，不食之矣。（《論語·鄉黨》）

周代流行的“割烹”這種烹飪方法，會不會是因為那時肉食較為
稀少呢？這一點比較難說，因為至少宮廷的飲食中，肉食種類還是很
多的。《周禮·天官塚宰·膳夫》中說：“凡王之饋，食用六穀，膳用

六牲，飲用六清，羞用百有二十品，珍用八物，醬用百有二十甕。”如此場面十分壯觀。鄭玄將“六牲”解釋為“馬、牛、羊、豕、犬、雞也”。不過還有歷史文獻表明，周代統治者並不鼓勵老百姓進食肉類，特別是牛肉，因為牛對於農業生產十分重要。而周代王室的祭祀活動，也根據重要性分了幾個等級，如“太牢”是最尊貴的等級，需要用到牛、羊和豬三牲，而次一級的是“少牢”，只用羊和豬了，可見牛之珍貴。“犧牲”原意是祭祀時的供品，都用牛字偏旁，可見牛肉主要在國君祭祀時才用到。《國語·楚語上》說：“祭典有之曰：‘國君有牛享，大夫有羊饋，士有豚犬之奠，庶人有魚炙之薦，籩豆脯醢則上下共之。’不羞珍異，不陳庶侈。”[1]換句話說，其他陸地動物的肉，如羊肉、豬肉甚至狗肉的食用，都有其特殊的場合，唯有豆類和蔬菜可以隨便食用。因此，《禮記》中就包含以下禁令：

> 諸侯無故不殺牛，大夫無故不殺羊，士無故不殺犬豕，庶人無故不食珍。
> 庶羞不逾牲，燕衣不逾祭服，寢不逾廟。（《禮記·王制》）

而到了周代晚期，一般老百姓用肉食就更少了。《孟子》中這樣規勸君王：

> 五畝之宅，樹之以桑，五十者可以衣帛矣。雞豚狗彘之畜，無失其時，七十者可以食肉矣。百畝之田，勿奪其時，數口之家，可以無飢矣。謹庠序之教，申之以孝悌之義，頒白者不負戴於道路矣。七十者衣帛食肉，黎民不飢不寒，然而不王者，未之有也。（《孟子·梁惠王上》）

1　參見徐海榮主編《中國飲食史》第二卷，29—36 頁。

孟子指出，如果普通人到了七十歲，可以吃上肉，那麼這樣的國君就會受人愛戴。由此可見古代老百姓生活之艱辛。如果大動物的肉基本只用於祭祀，那麼平時便會食用小動物的肉，如雞、雉、鴨，這些肉幾乎不需要怎麼切割。因此，把肉切成小塊的做法，是一種文化偏好，也可能是自然的選擇。但前者無疑還是重要的。隨著儒學取得支配地位，成為漢代官方的意識形態，一般民眾也許仍以孔子的飲食偏好為標準，來展示自己的文化修養。食物在割烹之後，方便人們使用餐具，這種進食的方法，漸漸成為一種文明標誌，也為中國之外的地區所接受。

馬王堆漢墓中的發現，有助於揭示漢代的飲食習俗。墓葬中出土了一套竹簡，共 312 根。這些竹簡其實是食譜，記載了各種菜餚，以及烹飪方法，如"羹、炙、煎、熬、蒸、濯、脯、臘、炮、菹"等。上面還記載，羹大體分為兩類：肉羹、燴羹。前者包括九種不同的原料配方，分別為牛、羊、豕、豚、犬、鹿、麇、雉、雞；後者是穀物或者蔬菜與肉類的混合，如牛肉和米飯（牛白羹）。燴羹品種更為豐富，如"鹿肉鮑魚筍白羹、鹿肉芋白羹、小菽鹿脅白羹、雞瓠白羹、鯽白羹、鮮鱖禺鮑白羹、犬巾羹、鯽巾羹、牛羹（牛肉蘿蔔）、羊羹（羊肉蘿蔔）、豕羹（豬肉蘿蔔）、牛苦羹、犬苦羹等"[1]。雖然這些菜譜已經很具體了，但並沒有詳細說明，在燉煮大動物時，是否要切成小塊以便與其他小動物（如雞、鴨、野雞等）相配。不過，當時人們應該會這麼做。這些燉菜幾乎都混合了多種食材，如果切成相似的大小，燉煮起來就更容易了。

20 世紀中國著名作家林語堂總結道："中國烹飪藝術的真諦就在於其調和的手法。"[2] 也許正因如此，中文裏還有"烹調"這一術語。如果將切成相似大小的食物放在鍋裏一起烹飪，筷子就成了最佳取食

---

1 Ying-shih Yu, "Han, " *Food in Chinese Culture*, 57-58.

2 引自 K.C. Chang, "Ancient China," *Food in Chinese Culture*, 31。

工具，不論這些食物是肉、蔬菜還是其他東西。這種烹飪藝術似乎在漢代已經形成。也許正是因為這樣，周亞夫在看到一整塊肉時，才會想著轉身找一雙筷子，而非刀或匕，儘管筷子顯然不是幫助他吃這塊肉最合適的工具。周亞夫可能已經習慣用筷子吃菜，其中或許也包括了肉做的菜。

中國人很早避開了刀叉的使用，那麼，要去對付一大塊肉就可能讓人氣餒，使人尷尬。《史記》裏還有一則關於劉邦的故事值得一提——鴻門宴。項莊舞劍，欲刺殺劉邦。劉邦的貼身護衛樊噲，意識到危險，衝了進來。項羽給了他一個半熟的豬腿，想讓他難堪。樊噲不為所懼，拿出護劍切割起來，把豬腿全吃了。見此情景，項羽吃驚不小，猶豫之際，劉邦趁機找了個藉口，逃了出來，救了自己一命。在司馬遷的筆下，樊噲在鴻門宴上的英勇表現是這樣的：

於是張良至軍門，見樊噲。樊噲曰："今日之事何如？"良曰："甚急。今者項莊拔劍舞，其意常在沛公也。"噲曰："此迫矣，臣請入，與之同命。"噲即帶劍擁盾入軍門。交戟之衛士欲止不內，樊噲側其盾以撞，衛士仆地，噲遂入，披帷西向立，瞋目視項王，頭髮上指，目眥盡裂。項王按劍而跽曰："客何為者？"張良曰："沛公之參乘樊噲者也。"項王曰："壯士，賜之卮酒。"則與斗卮酒。噲拜謝，起，立而飲之。項王曰："賜之彘肩。"則與一生彘肩。樊噲覆其盾於地，加彘肩上，拔劍切而啗之。項王曰："壯士！能復飲乎？"樊噲曰："臣死且不避，卮酒安足辭！夫秦王有虎狼之心，殺人如不能舉，刑人如恐不勝，天下皆叛之。懷王與諸將約曰'先破秦入咸陽者王之'。今沛公先破秦入咸陽，毫毛不敢有所近，封閉宮室，還軍霸上，以待大王來。故遣將守關者，備他盜出入與非常也。勞苦而功高如此，未有封侯之賞，而聽細說，欲誅有功之人。此亡秦之續

耳，竊為大王不取也。"項王未有以應，曰："坐。" 樊噲從良
坐。（《史記·項羽本紀》）

就這樣，鴻門宴成了中國歷史上最有名的一場宴請，項羽錯失
除掉劉邦的機會，導致局勢朝著不利於自己的方向發展，結果落得個
最終失敗、自刎烏江的下場。最有趣的是，鴻門宴上，樊噲的英雄氣
概，竟然是通過對付一大塊肉來表現的！

換一個角度看，在秦漢之際，能夠對付大塊肉成了英勇行為，可
能因為那時人們已經逐漸習慣將肉切成一口大小再來烹煮加工。南朝
史學家范曄記錄的一個故事，可以幫助說明這一點。一個叫陸續的蘇
州名士，捲入了謀反案，被捕入獄：

續母遠至京師，覘候消息，獄事特急，無緣與續相聞，母
但作饋食，付門卒以進之。續雖見考苦毒，而辭色慷慨，未嘗易
容，唯對食悲泣，不能自勝。使者怪而問其故。續曰："母來不
得相見，故泣耳。"使者大怒，以為門卒通傳意氣，召將案之。
續曰："因食餉羹，識母所自調和，故知來耳，非人告也。"使
者問："何以知母所作乎？"續曰："母嘗截肉未嘗不方，斷蔥以
寸為度，是以知之。"使者問諸謁舍，續母果來，於是陰嘉之，
上書說續行狀。帝即赦興等事，還鄉里，禁錮終身。續以老病
卒。（《後漢書·陸續》）

陸續的母親做了一些飯菜，託人送給陸續。看守並沒有告訴他，飯菜
是誰做的。陸續入獄之後，表現堅強，但面對飯菜，卻悲泣不止。使
者覺得奇怪，便問他究竟。他回答道，因為知道母親來看他，而未能
相見。使者更加奇怪了，說你怎麼知道這頓飯一定是你母親做的。陸
續的回答是：我母親做羹，都將肉切成齊整的方塊，蔥也切得長短一

樣，因此便知飯食出自母親之手。這些動人的故事都有助我們做出推斷：在陸續所處的東漢時期，由於煮熟的食物都被切成一口大小，筷子的作用就得到了延展，被用來取用所有非穀物類食物，而不再只是用來夾取燉肉裏的菜。

但是筷子的作用還在擴大，因為東漢還發生了一場影響深遠的、關乎主食的"烹飪革命"。這一"革命"的動力和特徵，是將小麥磨成粉做成麵食。[1] 如前所述，迄今為止發現最早的麵條是在中國青海省喇家遺址齊家文化層出土的距今 4000 年的小米麵條。在新石器時代遺址如裴李崗、磁山等遺址中，考古學家發現了馬鞍狀的石磨盤和石磨棒，說明當地人可能會用它進行碾磨穀物或者脫殼等活動。然而在相當長的一段時間內，人們仍然比較習慣吃粒食，即將整顆穀物進行蒸煮，而非將它們磨成粉。[2]

在漢語中，煮熟或蒸熟的小麥叫麥飯。就是說，小麥像大米和小米一樣整粒蒸煮。但麥飯粗糙，味道又差。[3] 每天吃麥飯，竟然成了一種簡單樸素生活的象徵。這些事例在歷史文獻中，多有記載。《後漢書》提到一位東漢時期的博學之士——井丹，便是秉性清高之人：

> 建武末，沛王輔等五王居北宮，皆好賓客，更遣請丹，不能致。信陽侯陰就，光烈皇后弟也，以外戚貴盛，乃詭說五王，求錢千萬，約能致丹，而別使人要劫之。丹不得已，既至，就故為設麥飯蔥葉之食。丹推去之，曰："以君侯能供甘旨，故來相過，何其薄乎？"更置盛饌，乃食。及就起，左右進輦。丹笑曰："吾聞桀駕人車，豈此邪？"坐中皆失色。就不得

1　Ying-shih Yu, "Han," *Food in Chinese Culture*, 81; 張光直〈中國飲食史上的幾次突破〉，《第四屆中國飲食文化學術研討會論文集》，台北：中國飲食文化基金會，1996 年，3 頁。

2　石毛直道〈麵條的起源與傳播〉，《第三屆中國飲食文化學術研討會論文集》，台北：中國飲食文化基金會，1994 年，113—129 頁。

3　徐海榮主編《中國飲食史》第二卷，475—476 頁。

已而令去輦。自是隱閉不關人事，以壽終。（《後漢書‧井丹》）

皇親貴族慕井丹之名，邀請他赴宴，井丹勉強應約前往，但看到吃的是“麥飯蔥葉”，便馬上起身要走，直到換了盛饌，他才坐下用餐。

如果麥飯是某官員的日常食品，這有助於把他塑造成一位秉性正直、道德高尚的人。[1]如《太平御覽》收錄謝承的《後漢書》，記載了一位名叫宋度（字叔平）的東漢官員，“豫章宋叔平為定陵令，素杯食麥飲酒”，其生活十分簡樸。（《太平御覽》卷七五九，器物部四）《太平御覽》還有孟宗只吃麥飯的記載。“《孟宗別傳》曰：宗為光祿勳，大會，醉吐麥飯。察者以聞，詔問食麥飯意，宗答：臣家足有米，麥飯直愚臣所安，是以食之。”（《太平御覽》卷八五〇，飲食部八）該書對此事還有另外一個版本：“《孟宗別傳》曰：宗為光祿勳，大會，宗先少酒，偶有強者，飲一杯便吐。傳詔司察宗吐麥飯，察者以聞，上乃嘆息曰：‘至德清純如此’。”（《太平御覽》卷二二九，職官部二十七）前一個故事中的宋度，以常吃麥飯而被人視為廉潔；而後一個故事中的孟宗，還受到了皇帝的讚譽，認為他品德至上，因為孟宗雖然家境殷實，還擔任掌管宮廷廚房的光祿卿一職，但他寧願吃粗糙的麥飯，醉酒之後吐出來的也只是麥飯，讓人為之唏噓。

當然，也有方法能夠提升麥飯的味道。一是在烹飪的過程中將它與其他食物混合，如紅豆、大豆和蔬菜；二是添加特定的植物種子和花朵，改善其味道。比如，在烹飪小麥時，盛開的槐花經常被添加進來。這使麥飯增加了花香，聞起來更誘人，因此更容易下嚥。槐花麥飯在西北、華北等地區，為一些人所喜愛。陝西的一種名小吃也叫“麥飯”，做法是將乾麵粉和菜蔬一起蒸熟，但其中已經沒有麥粒了，所以與古代的麥飯有明顯的區別。因為麥子的麩皮不好吃，所以

1　參見徐蘋芳〈中國飲食文化的地域性及其融合〉，《第四屆中國飲食文化學術研討會論文集》，台北：中國飲食文化基金會，1996年，96—97頁。

古代人做麥飯，會略加舂搗，去掉一些麩皮。但總體來說，麥飯的口感還是不如大米或小米（特別是黃粱）鬆軟。所以唐代儒學家顏師古對西漢《急就篇》提到的"麥飯、甘豆羹"，有這樣的解釋和評論："麥飯，磨麥合皮而炊之也；甘豆羹，以洮米泔和小豆而煮之也；一曰以小豆為羹，不以醯酢，其味純甘，故曰甘豆羹也。麥飯豆羹皆野人農夫之食耳。"顏師古的解釋表明，到了唐代，雖然人們仍然食用麥飯，但已不完全是粒食，而是事先有所舂搗，只是沒有完全去掉麩皮，仍然"合皮而炊之"。

小麥一旦磨成了麵粉，做成了麵食，味道就大不一樣了。這也是當今大多數人食用它的方式。中國人從漢代起就這麼做了。考古發現和歷史記載皆表明，公元前 1 世紀，中國人不僅繼續使用馬鞍狀磨盤，而且開始用磨子把麥子碾成麵粉，細到可以做餃皮和麵條。例如，1958 年，在河南洛陽燒溝漢墓中，考古學家發現了三個磨盤。十年後，1968 年，在河北滿城漢墓（墓主為西漢中山靖王劉勝和王后竇綰）中，又出土了一個圓形石磨。[1] 此外，東漢學者桓譚的《新論》提供了當時人們改造傳統的磨臼，製成石製碾磨的文字證據：

> 宓犧之制杵臼，萬民以濟，及後世加巧，因延力借身重以踐碓，而利十倍杵舂。又復設機關，用驢騾牛馬及役水而舂，其利乃且百倍。[2]

上述這些考古和文獻資料表明，在那個時代，碾磨已成為處理小麥和其他穀物的常見方法。

由於碾磨技術的廣泛使用，麵食在漢代十分流行。"餅"字既

1　參見《洛陽燒溝漢墓》，北京：科學出版社，1959 年；鄭紹宗《滿城漢墓》，北京：文物出版社，2003 年。

2　桓譚《新論》，上海：上海人民出版社，1976 年，46 頁。

指麵團，也指用麵團做成的各種食物。該字曾出現在墨子的著作中。[1] "餅"字是"食"字旁和動詞"並"組合而成，意為在麵粉裏加水製成麵團；"並"字有"混合、合併"之意，"餅"可以指一種用穀物粉和水混合成的食物。"餅"字在漢代文獻中出現得極為頻繁，專家已經指出，那時主要加工的是小麥了。[2] 顯然，石磨的普及，對餅食的流行起了關鍵的作用。劉熙的《釋名》成書於東漢末年，其中對"餅"的解釋是："餅，並也，溲麵使合併也。"也就是將水加入麵粉然後揉合而成。然後他又特別提到："胡餅，作之大漫沍也，亦言以胡麻著上也。蒸餅、湯餅、蠍餅、髓餅、金餅、索餅之屬，皆隨形而名之也。"[3] 這也就是說，除了常見的胡餅，當時人還有其他六種麵食，其命名與其形狀、做法有關。而胡餅上面有芝麻，看來與今天的燒餅類似。

餅在漢代的普及在史書上也多有記載。據史家班固的描述，西漢宣帝被選定為王位繼承人之前，經常在街上的食品攤買餅。而且，"每買餅，所從買家輒大讎，亦以自是怪"（《漢書·宣帝紀》）。賣給他餅的店鋪，馬上生意火爆。"讎"這裏是售的意思。而到了東漢，類似的記載更多。比較有名的是東漢王朝的建立者劉秀在發跡之前，曾度過了一段窘困的時期。《後漢書》中這樣記載："初，光武微時，嘗以事拘於新野，曄為市吏，饋餌一笥，帝德之不忘，仍賜曄御食，及乘輿服物。因戲之曰：'一笥餌得都尉，何如？'曄頓首辭謝。"（《後漢書·樊曄》）劉秀在潦倒之際，得到地方官員樊曄贈的一笥"餌"果腹。這裏的"餌"，《說文解字》將之解釋為"粉餅"，也就是

1　《墨子·耕柱》中有："子墨子謂魯陽文君曰：'今有一人於此，羊牛犓豢，維人但割而和之，食之不可勝食也。見人之作餅，則還然竊之，曰：'舍餘食。'不知日月安不足乎？其有竊疾乎？魯陽文君曰：'有竊疾也。'"

2　彭衛〈漢代食飲雜考〉，《史學月刊》2008年第1期，19—33頁，特別參考26—27頁；另參見趙榮光《中國飲食文化史》，上海：上海人民出版社，2005年，229頁。

3　劉熙《釋名》卷四，北京：中華書局，1985年，62頁。

一種餅。而且"笥"的意思是一種竹器,用來放置餅,可見劉秀吃的或許如同今天的燒餅。東漢的史書《東觀漢記》中,也有當時人用笥來裝餅的故事,涉及當時的名臣第五倫。"光武問第五倫曰:'聞卿為市掾,人有遺卿母一笥餅,卿從外來見之,奪母飼,探口中餅出,有之乎'?倫對曰:'實無此。眾人以臣愚蔽,故為出此言耳。'"(《東觀漢記‧第五倫》)第五倫在與劉秀的對話中否認曾與母親搶餅吃,不過這段記載本身已經表明,餅在那時十分流行。

不過另一位喜歡餅食的東漢皇帝,卻因此愛好而災禍臨頭。年幼的漢質帝(145—146 年在位)喜愛餅,但外戚梁冀專權,"冀忌帝聰慧,恐為後患,遂令左右進鴆。帝苦煩甚,使促召固。固入,前問:'陛下得患所由'?帝尚能言,曰:'食煮餅,今腹中悶,得水尚可活。'時冀亦在側,曰:'恐吐,不可飲水。'語未絕而崩"(《後漢書‧李固》)梁冀知道漢質帝喜歡煮餅(煮麵),就在裏面放了毒藥,質帝吃了之後,腹中劇痛,但梁冀又不讓他喝水,於是他就一命嗚呼,成了東漢王朝在位最短的皇帝。

漢代統治者不僅喜愛麵粉做的食物,也制定了一系列政策鼓勵小麥種植,尤其是在京城(今西安)的周邊地區。氾勝之是漢成帝(公元前 32—前 7 年在位)時期負責這項工作的小官,因成功推廣小麥種植而得到了擢拔。他還根據自己的農耕經歷和經驗,寫成了《氾勝之書》,這是現存中國最早的農業著作。其中有專門針對大、小麥種植的詳細介紹:

> 凡田有六道,麥為首種。種麥得時,無不善。夏至後七十日,可種宿麥。早種則蟲而有節;晚種則穗小而少實。當種麥,若天旱無雨澤,則薄漬麥種以酢漿並蠶矢。夜半漬,向晨速投之,令與白露俱下。酢漿,令麥耐旱,蠶矢,令麥妨寒。麥生黃色,傷於太稠。稠者,鋤而稀之。秋鋤以棘柴,樓以壅麥

根。故諺曰：子欲富，黃金覆。覆者，謂秋鋤麥，曳柴壅麥根也。至春凍解，棘柴曳之，突絕其乾葉，須麥生復鋤之。至榆莢時，注雨止，候土白背復鋤，如此則收必倍。冬雨雪止，以物輒藺麥上，掩其雪，勿令從風飛去。後雪復如此，則麥耐旱多實。春凍解，耕如土種旋麥。麥生根茂盛，莽鋤如宿麥。

區麥種：區大小如中農夫區，禾收，區種。凡種一畝用子二升，覆土厚二寸，以足踐之，令種土相親。麥生，根成，鋤區間秋草，緣以棘柴律土，壅麥根。秋旱，則以桑落曉澆之。秋雨澤適，勿澆之。麥凍解，棘柴律之，突絕其枯葉。區間草生，鋤之。大男大女治十畝，至五月收，區一畝得百石以上，十畝得千石以上。小麥忌戌，大麥忌子，除日不中種。

氾勝之已經說明，小麥根據種植季節的不同，分冬小麥和春小麥兩種，種植方法也有所區別。種下之後，還需細心培植："凡麥田常以五月耕，六月再耕，七勿耕，謹摩平以待時種。五月耕，一當三；六月耕，一當再；若七月耕，五不當一。"[1]另一部漢代農書是崔寔撰寫的《四民月令》，其中進一步說明，農曆一月"可種春麥、𥿭豆，盡二月止"。農曆八月則開始種冬小麥，具體建議是"凡種大、小麥：得白露節，可種薄田；秋分，種中田；後十日，種美田。"也就是需要根據田地的肥沃程度選擇最好的播種時機，以求來年有個好收成。[2]接下來的幾百年間，人們繼續多種小麥，播種技術不斷提高。到了唐代，北方地區的小麥種植已經超過小米，成為當地主要的糧食作物。

由於石磨的廣泛使用，可以想見那時小麥在中國北方的普及與人們習慣將其碾成麵粉有關。而中國人對麵食的著迷，反映了來自中亞

1　石聲漢著《氾勝之書今釋》，北京：科學出版社，1956年，8—20頁。

2　崔寔撰，石聲漢校注《四民月令校注》，北京：中華書局，1965年，13、60—64頁。

和南亞的影響。更確切地說，雖然生活在大漢帝國北部邊界的遊牧或半遊牧民族常年對漢王朝的邊境形成壓力，但漢人與胡人之間的飲食文化交流，似乎從未間斷。張光直做過這樣地道的觀察："中國人不會因為民族主義情緒而抵制外來食物。事實上，自古以來，中國人一直樂於接受外來食品。"[1] 當然在用詞方面，偏見依然存在。譬如"胡人"是當時漢人造的貶義詞，指的是西域所有的遊牧民族，而"西域"是一個籠統的概念，在漢語文獻中，這一廣大地區從中國西北部一直延伸到中亞和南亞。華盛頓大學亞洲語言文學系教授康達維（David Knechtges）寫過一篇有關漢代和南北朝飲食文化的文章。他指出："西部地區的食品通常可以從食品名稱的前綴'胡'來確定，在中世紀早期，'胡'指的是中亞人、印度人，特別是波斯人。"[2] 以漢代統治者的角度來看，西域是一個令漢王朝頭痛的地區，來自這裏的一些少數民族經常騷擾帝國邊境。但西域也是帝國尋求與其遊牧鄰邦進行貿易往來的重要通道。絲綢之路就是一個典型的例子。漢朝使臣張騫受命於漢武帝，率領使團出使西域，耗時十年，是開拓絲綢之路的傑出人物。根據漢代歷史記錄，除了馬匹，張騫帶回了很多水果、蔬菜和糧食作物。（《史記·大宛列傳》《漢書·西域傳上》）最有名的是紫苜蓿、豌豆、洋蔥、蠶豆、黃瓜、胡蘿蔔、核桃、葡萄、石榴、芝麻，後來都融入了中國的食品系統。

餅成為漢代喜好的食品，很有可能是受到了中亞的影響。如上所述，劉熙在《釋名》中，列舉了當時最常見的多種小麥食品，而"胡餅"名列榜首。在"餅"前冠以"胡"，顯然表示它受到西域的影響，而劉熙將其描述為"作之，大漫沍也，亦言以胡麻著上也"[3]。這讓我

1　K. C. Chang ed, *Food in Chinese Culture*, 7.

2　David Knechtges, "Gradually Entering the Realm of Delight: Food and Drink in Early Medieval China," *Journal of the American Oriental Society*, 117:2 (April–June 1997) 231.

3　劉熙《釋名》卷四，62 頁。

們有理由認為，胡餅類似於饢，即中亞、南亞人過去和現在每天食用的穀物食品。新疆（那時也是西域的一部分）的維吾爾族人也以饢為最普通的澱粉食品，食用至今。[1] 所以中國其他地區廣受歡迎的芝麻燒餅，可能是由饢變化來的。而且，西域對漢朝的影響，還遠遠不止飲食。《後漢書》稱，漢靈帝 "好胡服、胡帳、胡床、胡坐、胡飯、胡空侯、胡笛、胡舞，京都貴戚皆競為之。此服妖也。其後董卓多擁胡兵，填塞街衢，虜掠宮掖，發掘園陵。"（《後漢書·五行一》）結果，由於皇帝喜好胡人的風俗與習慣，"胡熱" 席捲了整個帝國，甚至軍隊也招募胡人。董卓是漢末實力雄厚的軍閥，他擁有一支兼雜胡人的騎兵，因此得以胡作非為，挾天子以令諸侯，稱霸於世。

群雄並起，戰亂不斷。漢王朝在 220 年終結，隨後中國進入了長達將近四百年的分裂時期。在此期間，漢人與西域地區的文化交流愈益頻繁。美國漢學家尤金·安德森在其《中國食物》一書中，用 "食從西來：中古中國" 這樣的標題來概況三國至宋代這段時期中國食物的變化特徵。[2] 魏晉南北朝時期的中國食物，是否都來自西域，自然可以討論。但至少以穀物食品——餅而言，西域，也就是中亞、南亞的影響巨大。舉例來說，西晉的束皙著有〈餅賦〉，大力稱讚那時流行的各種餅食。有關餅的起源，束皙有值得重視的評論："《禮》仲春之月，天子食麥，而朝事之籩，煮麥為麵。〈內則〉諸饌不說餅。然則雖云食麥，而未有餅。餅之作也，其來近矣。……或名生於里巷，或法出乎殊俗。" 束皙認為餅的製作，時間並不很久，也就是說古代墨子、韓非子所說的餅，與漢代開始食用的餅是不同的東西。而且束皙還指出，他所描述的餅食，有可能來源於外域（"殊俗"），也

1 參見朱國炤〈中國的飲食文化與絲綢之路〉，收入中山時子主編，徐建新譯《中國飲食文化》，北京：中國社會科學出版社，1990 年，228—231 頁。"饢" 在古代中國被稱為 "胡餅"，更為深入的討論可參考賀菊蓮《天山家宴》，75—84 頁。

2 E. N. Anderson, *The Food of China*, 47-56.

就是西域。

〈餅賦〉是一篇文學作品，用喻豐富，筆調華美，讓我們看到那時製作、食用餅食的風氣：

> 三春之初，陰陽交際，寒氣既消，溫不至熱。于時享宴，則饅頭宜設。炎律方回，純陽布暢，服絺飲水，隨陰而涼，此時為餅，莫若薄壯。商風既屬，大火西移，鳥獸氄毛，樹木疏枝，肴饌尚溫，則起溲可施。玄冬猛寒，清晨之會，涕凍鼻中，霜成口外，充虛解戰，湯餅為最。然皆用之有時，所適者也苟錯其次，則不能斯善。其可以適冬達夏，終歲常施。四時從用，無所不宜，唯牢九乎？爾乃重羅之麰，塵飛雪白。黏靭筋胼，漉液柔澤。肉則羊膀豕脅，脂膚相半。屑若繩首，珠連礫散。薑株蔥本，峯縷切判。辛桂剉末，椒蘭是伴。和鹽漉豉，攪合樛亂。於是火盛湯涌，猛氣蒸作，攘衣服振掌，握搦附搏，麵彌離於指端，手縈迴而交錯。紛紛駁駁，星分雹落。籠無遺肉，餅無流麵。姝媮洌敕，薄而不綻。萬萬和和，臃色外見。柔如春綿，白若秋練。氣敄鬱以揚布，香飛散而遠遍。行人失涎於下風，童僕空嚼而斜盼，擎器者舐唇，立侍者乾咽。爾乃濯以玄醢，鈔以象箸。槃案纔投而輒盡，庖人滲潭而促遽。三籠之後，轉更有次。[1]

束皙不愧是文學家，〈餅賦〉生動地描述了當時各種餅的製作方法：如何和麵、揉麵，是否加餡，餡怎麼做，做好之後是蒸還是煮等，食用時如何添加不同的調味料獲取獨特的味道，等等。

《齊民要術》中收錄了十幾種做餅的方法。這些食譜表明，有些

1　束皙〈餅賦〉，嚴可均輯，何宛屏等校《全晉文》中冊，北京：商務印書館，1999 年，930頁；又據邱龐同《中國麵點史》，59—60 頁，略有改動。

餅的製作與今天人們食用的燒餅、餡兒餅、薄餅、拉麵、餛飩十分相似。比如書中有"做燒餅法：麵一斗。羊肉二斤，蔥白一合，豉汁及鹽，熬令熟，炙之。麵當令起"。還有"髓餅法：以髓脂、蜜，合和麵。厚四五分，廣六七寸。便著胡餅爐中，令熟。勿令反覆。餅肥美，可經久"。前者看來類似今天的羊肉餡兒餅，後者則如同新疆維吾爾族人做的饢，麵團摻入了動物脂肪，烤熟之後亦可存放多日。

更重要的是，《齊民要術》還提到幾種做"煮餅"的方法，類似今天的麵條：

> 水引餺飥法：細絹篩麵，以成調肉臛汁，待冷溲之。
>
> 水引，接如箸大，一尺一斷，盤中盛水浸，宜以手臨鐺上，接令薄如韭葉，逐沸煮。
>
> 餺飥：接如大指許，二寸一斷，著水盆中浸，宜以手向盆旁，接使極薄。皆急火逐沸熟煮。非直光白可愛，亦自滑美殊常。[1]

《釋名》《齊民要術》等古書提到的餅食名稱，到了幾百年後的宋代，其意思就不甚明白了，因此大學者歐陽修有這樣的感歎："晉束皙〈餅賦〉有饅頭、薄持、起溲、牢九（即'牢丸'）之號，惟饅頭至今名存，而起溲、牢九皆莫曉為何物。薄持，荀氏又謂之薄夜，亦莫知何物也。"[2]比歐陽修再晚幾代的宋人黃朝英，著有《靖康湘素雜記》一書，其中有"湯餅"一節，對自古以來的餅食做了部分解讀：

1　賈思勰《齊民要術》卷十二，50—53頁。

2　歐陽修《歸田錄》卷二，北京：中華書局，1981年，16頁。"牢九"取代"牢丸"始自宋代，邱龐同解釋，出於兩個原因，一是為了避諱宋欽宗的名字趙桓，二是蘇軾有〈遊博羅香積寺〉一詩，其中有"豈唯牢九薦古味，要使真一流天漿"兩句，"牢九"為了對仗"真一"而改。參見其著《中國麵點史》，42頁。但這兩個原因都無法成立，因為歐陽修比蘇軾年長，更早於宋欽宗約一個世紀，他已經稱"牢丸"為"牢九"，可見"牢九"的名稱，應該出現得更早，或許只是傳抄時出現的筆誤。

余謂凡以麵為食具者，皆謂之餅。故火燒而食者，呼為燒餅；水瀹而食者，呼為湯餅；籠蒸而食者，呼為蒸餅，而饅頭謂之籠餅，宜矣。[1]

明代周祈著有《名義考》一書，將《釋名》《齊民要術》等提到的餅食，做了名稱上的進一步對照：

凡以麵為食具者，皆謂之餅。以火炕曰爐餅。有巨勝曰胡餅。漢靈帝所嗜者，即今燒餅。以水瀹曰湯餅，亦曰煮餅。束皙云：玄冬為最者，即今切麵。蒸而食者曰蒸餅，又曰籠餅。侯思正令縮蔥加肉者，即今饅頭。繩而食者曰環餅，又曰寒具。桓玄恐污書畫，乃不復設，即今饊子。他如不托、起溲、牢九、冷淘等，皆餅類。[2]

通過黃朝英、周祈等人的研究，我們知道古人的煮餅、湯餅就是麵條的原型，而蒸餅就是包子或饅頭。周祈沒有解釋的"不托"，也就是"餺飥"，日本漢學家青木正兒指出就是今天的切麵，而"牢丸"大致與今天的燒賣接近，裏面有肉。前面已經提到，古人祭祀用肉之典禮，稱為太牢和少牢。也有人認為牢丸是湯團，看來要確定它是燒賣還是湯團（甚至餃子），還需要知道古人是將其蒸熟還是煮熟的。其他如"冷淘"等，估計是一種冷麵；"起溲"應該是發酵的麵食，"溲"是用水和麵，"起"則形容它發酵後隆起的形狀。[3]最後，周祈說胡餅有"巨勝"，也就是黑芝麻，與劉熙《釋名》對胡餅的解釋一致。

吃胡餅（主要是燒餅和煎餅）通常不需要使用餐具。這也許進

1　黃朝英《靖康湘素雜記》卷二，上海：上海古籍出版社，1986 年，16—17 頁。

2　周祈《名義考》，台北：學生書局，1971 年，402—403 頁。

3　參見青木正兒著，范建明譯〈愛餅餘話〉，《中華名物考（外一種）》，242—252 頁。

一步證明了，在漢代大部分時間裏，吃飯不一定非得同時使用勺子和筷子，尤其在主食是餅的時候。到了漢末，興盛一時的西域食品的影響漸漸減弱。舉例而言，胡餅雖然很受歡迎，但烘焙卻從未成為漢人主要的烹飪方法。劉熙《釋名》和賈思勰的《齊民要術》描述的其他常見小麥食品中，有麵條和餛飩的原型，是通過煮、蒸這兩種更傳統的方法來烹製的。西晉束晳盛讚小麥食品時，其中大多數已經用到中國傳統的烹飪方式來製作、烹煮了。例如，漢人不用烘烤，而是把麵團或是蒸熟做成饅頭，或是煎成 "麵餅"（煎餅）。還有麵條，束晳稱之為湯餅。對於如何隨著季節的變化吃這些麵食，他還給出了具體的建議：饅頭最適合溫暖的春天；而湯餅夏天吃最好，因為要在水中煮，天熱身體出汗正需要補水；冬季建議吃熱麵餅，正好抵禦寒冷的天氣。這麼多麵食中，束晳似乎偏愛饅頭（他稱之為 "曼頭"）和牢丸。饅頭可以被稱為 "中國麵包"，隨著時間的推移，逐漸成了全中國人的日常食品。牢丸在束晳的時代，泛指麵團中裹入餡料（如肉、蔬菜、豆沙等）的食品，如同今天的餃子、包子、燒賣或餡兒餅。包子和餃子的製作方法其實很接近，都是將餡兒包在薄薄的麵皮裏，做好之後或煮或蒸或煎。雖然煮餃子較為常見，但也可以像蒸包子一樣來蒸餃子。二者的區別在於不同的吃法：吃餃子用筷子，而吃包子用手。筷子用來吃麵條也極為方便，這一點束晳已經注意到，所以他有 "鈔以象箸" 的說法。[1]

西晉之後，這兩種麵食變得比其他品種似乎更受歡迎。南北朝著名文學家顏之推說過一句話，稱餃子（他稱之為餛飩）已經變得極受歡迎，"今之餛飩，形如偃月，天下通食也"。如果這話確實，那麼餃子在接下來數百年裏依然會是 "天下通食"。（段公路《北戶錄》）[2] 日

1　束晳〈餅賦〉，《全晉文》中冊，930 頁。

2　很多食譜，尤其是唐代寫成的，都將餛飩列入其中。在一個食譜中，餛飩餡多達 24 種。參見中山時子《中國飲食文化》，165 頁。

本僧人圓仁所著的《入唐求法巡禮行記》記載了他在 838—847 年遊歷大唐的經過。在這十年中，圓仁首先抵達了揚州，然後往北走，到五台山朝拜。幾個月之後抵達唐朝的首都長安，在那裏住了四年之後又往南行，再次經過揚州而回國。他的整個行程經過了今天的江蘇、山東、河北、山西、陝西、河南和安徽七省。圓仁到中國的時候，唐朝已經走向衰落。作為僧人，他主要靠施捨度日，吃的基本是粥或粥飯，也看到各地時有饑饉，百姓窮到只能吃橡或榆等樹皮度日。有時遇到好心人，他吃到了餺飥（麵片湯）："廿一日。早發。正北行卅裏，到鎮州節度府。入城西南金沙禪院。……主人歸心，自作餺飥與客僧。"而過中秋節的時候，他所待的寺廟供應了"餺飥餅食"。冬至，圓仁記"廿六日。冬至節。……吃粥時。行餛飩菓子"，即除了餛飩，還有甜食（菓子）。冬至吃餛飩（或餃子）的習俗，至今仍在一些地方保留著。像今天一樣，唐朝人在過新年的時候，食品準備得最為充分。圓仁剛到中國的時候，就注意到了中國人過年的熱鬧場景："廿九日。暮際。道俗共燒紙錢。俗家後夜燒竹與爆。聲道萬歲。街店之內。百種飯食異常彌滿。"之後他在長安過新年，又有這樣的記述："廿五日。更則入新年。眾僧上堂。吃粥。餛飩。雜菓子。"然後到了正月"立春節。賜胡餅。寺粥。時行胡餅。俗家皆然"。[1]

從圓仁的記述來看，唐朝人的主食，仍然以粟和米做的粥飯為主。圓仁在書中時常比較粟米和粳米的價格，前者比後者便宜。同時他也披露小麥食品即廣義上的餅食，已經為人所愛。作為僧人，食粥是日常飲食，而普通老百姓食用麵食則相當普遍。當時長安城裏有不少餅肆，營業時間也很長，可見餅食受歡迎的程度。《太平廣記》

1　圓仁《入唐求法巡禮行記》，桂林：廣西師範大學出版社，2007 年，24、56、86、117—118頁。該書原將"餺飥"寫成"餺飩"，據日本學者小野勝年校正，應該是餺飥，也是一種餅食，參見《入唐求法巡禮行記校注》，石家莊：花山文藝出版社，2007 年。

記載了一個故事，主人公清早出門，"既行，及裏門，門扃未發。門旁有胡人鬻餅之捨，方張燈熾爐"（《太平廣記·任氏》）。在許多人尚未起身的時候，胡人開的餅店已經準備營業了。在同書另一個故事中，也有相似的記載："唐郎中白行簡，太和初，因大醉，夢二人引出春明門。至一新塚間，天將曉而回。至城門，店有鬻餅、餺飥者。"（《太平廣記·巫·白行簡》）這家餅店不但賣餅，還賣麵條，主人同樣也在天剛破曉就開門營業了。唐代長安到底有多少餅肆，無從知曉，但宋元之際史學家胡三省在為《資治通鑑》提到的"餅肆、酒壚"做注時指出，唐順宗年間，"長安城中分為左右街，畫為百有餘坊。餅肆、賣餅之家，酒壚、賣酒之處"（《資治通鑑·唐紀五十二》），足見當時飲食業之發達。

麵條和餃子的普及，將會對筷子的使用產生重大的影響。筷子（或許是首次）被用來夾取穀物食品，特別是飯（穀物）和菜（非穀物）混合而成的食物。就像導言中指出的那樣，各種麵食的出現使傳統意義上飯、菜的區別變得無關緊要了，因為包餃子時，穀物和非穀物類食物融合在一起，而在吃麵條時，也會加入一些醬、肉湯或菜蔬。若吃餃子和麵條，用筷子就足夠了。當然若想喝麵湯的話，可能需要用上勺子。但勺子並不是必不可少的，因為食客也可以將碗端到嘴邊直接喝。實際上，日本人甚至推薦食麵者將喝麵湯視作吃麵的最後一個步驟。在日本，用筷子夾完食物之後，也應該將剩下的味噌湯喝掉。

餃子和麵條對筷子的普及有很大的影響，也許對其歷史做簡要的回顧十分必要。傳說餃子是漢代著名醫學家張仲景發明的。但最早的餃子發現於山東薛城春秋時期的一座墓穴中，要比傳說早得多。在長江流域三國時期的墓葬中，發現一個陶俑，其食案上放著一個捏成花邊的餃子。[1] 不過，漢語中"餃子"一詞直到宋代之後才開始流行起來，而"餛飩"出現得更早一些。關於餛飩的起源，有各種民間傳說，此處不贅。三國時期張揖編纂的百科詞典《廣雅》中有這麼一句定義："餛飩，餅也。"那時的餛飩是否就是餃子？我們有必要回到束皙在《餅賦》中所用的"牢丸"，即宋代人說的"牢九"。束皙稱讚"牢丸"為："其可以通冬達夏，終歲常施。四時從用，無所不宜惟牢丸乎？"[2] 唐代段成式有"籠上牢丸，湯中牢丸"[3] 的說法，或許證明揉麵成皮、內包肉餡的牢丸，在段成式的年代已經有兩種將其煮熟的方法，前者與今天的蒸餃類似，而後者則如湯餃。那麼，段成式所提的"牢丸"，是否有可能是餛飩或湯團呢？至少《康熙字典》認為是餃子："餃：《集韻》居效切，音教。飴也。《正字通》今俗餃餌，屑米麵和飴為之，乾濕小大不一。水餃餌，即段成式食品，'湯中牢丸'。或謂之粉角，北人讀角如矯，因呼餃餌，訛為餃兒。餃非飴屬，教非餃音。"（《康熙字典·食部·六》）飲食史專家趙榮光對餛飩與餃子的歷史做了詳細的考證，指出牢丸即它們的原型，古代人做的更像今天的燒賣，而後來做了改進，用麵皮將肉餡整個包住，於是就成了餃子，而餛飩則保留了燒賣的特點，肉餡包得不太嚴實，個頭也略小。[4] 1959 年，新疆吐魯番地區出土了唐代初期的餛飩與餃子，前者略小於後者，與今天二者在形狀上的區別頗為類似。[5]

除了用筷子吃餃子之外，麵條的食用也需要用到筷子，因為勺子無法夾取麵條。最早的麵條是在中國西北地區發現的，所以中國人可能就是世界上麵條的發明者。像現今的意大利麵一樣，中國自古以來

1　王仁湘《從考古發現看中國古代的飲食文化傳統》，111 頁。王仁湘也提到，考古發現表明，7 世紀新疆就有形狀類似於現代餃子的食物。參見賀菊蓮《天山家宴》，85—86 頁。

2　束皙〈餅賦〉，《全晉文》中冊，930 頁。

3　段成式撰，方南生點校《酉陽雜俎》卷七"酒食"，北京：中華書局，1981 年，70 頁。

4　趙榮光《中國飲食文化史》，247—256 頁。

5　新疆維吾爾自治區博物館〈新疆吐魯番阿斯塔納墓葬發掘簡報〉，《文物》1960 年第 6 期，20—21 頁。

的麵條品種多樣。而在中國之外的地區，則以拉麵最為著名。作為一種餅食，麵條在古漢語中也有多種稱呼。比如劉熙所說的"湯餅"和賈思勰形容的"水引餅"，從字面上看，都是古代的一種如同麵片湯的麵食。劉熙還提到"索餅"這個名字，引起古往今來不少學者的猜測。古人為食物命名，有的時候根據形狀，有的時候又根據做法。如《釋名》中形容胡餅"作之大漫冱也"，清代學者畢沅解釋說，劉熙指出胡餅的形狀像龜鱉。青木正兒以此推論說，蠍餅指的是餅做成蠍子那樣的形狀。青木正兒與趙榮光都認為，劉熙所說的"索餅"，應該更為細長，細得像繩索。趙榮光進一步指出，"索餅"的"索"字，古人取其動詞之意，"正應當是'合繩'之前的搓撚動作或其過程；正是這一操作過程，使麵條逐漸變得細長，直到加工者認為可以投放到沸湯中去煮的標準為止"。[1]由此推論，如果"水引餅"是麵片湯，形容其在沸水中翻滾的樣子，那麼"索餅"有可能是今天拉麵的原型，以其加工手法命名。

日本東亞飲食史家石毛直道，著述宏富。他於 1994 年參加了在台北舉行的"第三屆中國飲食文化研討會"，發表了有關麵條歷史的論文。他認為今天亞洲的麵條由五大系列組成，即"拉麵、線麵、切麵、米粉／河漏麵和河粉"。石毛指出，"索餅"後來轉寫成"索麵"，宋末元初的文獻《居家必用事類全集》中記載其製作方法，與今天閩南一帶流行的"麵線"類似（福州人仍然稱之為"索麵"），並在之後傳到了朝鮮半島和日本。日文寫作"素麵"或"索麵"，韓文則稱"소면"。[2]"麵線"或"線麵"的製作，也需要拉和拽，使其變細變長，

1　青木正兒著，范建明譯〈愛餅餘話〉，《中華名物考（外一種）》，242—252 頁；趙榮光《中國飲食文化史》，243—247 頁。

2　石毛直道《麵條的起源與傳播》，119—120 頁。《居家必用事類全集》上有"水滑麵"和"索麵"等食譜，前者與今天做麵類似，而"索麵"描述如下："與'水滑麵'同。只加油。陪用油搓，如粗筋細，要一樣長短粗細。用油紙蓋，勿令皺。停兩時許。上筋桿穗展細。曬乾為度。或不用油搓。加米粉籽搓，展細再入粉，紐展三五次，至於圓長停細。揀不勻者。撮在一處，再搓展，候乾，下鍋煮。"無名氏編，邱龐同注釋：《居家必用事類全集》飲食類，北京：中國商業出版社，1986 年，114 頁。

所以也是廣義上的拉麵。

　　石毛直道的論文，還討論了產自中國的麵條或許與意大利人做麵條有著一定的關係。但他只是做了一些比較，沒有提供直接的證據。不過他指出，麵條的流行由東亞向西延伸，沿著絲綢之路向中亞和其他地區擴展。也就是說，漢族一方面從中亞進口一些植物和水果，另一方面還經西域（包括今天的新疆）將麵條出口到鄰國。石毛直道提到，維吾爾語詞彙 "拉格麵"（lagman），意為麵條，從新疆到中亞，人們經常食用；該詞是從漢語 "拉麵" 衍生出來的。而中亞地區的許多人對麵條的稱呼，發音近似於 "拉格麵"，顯然受其影響。[1]麵條的流傳，還從中亞到達了小亞細亞和中東地區。宋代趙汝適的《諸蕃志》便已經記載，大食國人 "好食細麵蒸羊"[2]。彼得·戈爾登（Peter B. Golden）在對中古土耳其考釋中也論述了 "麵食情結"（pasta complex），這種情結通過遊牧民族（1—14 世紀的匈奴人和蒙古人）的遷徙從東亞傳到地中海。他舉出許多例子，說明在中亞和東歐的語言中，有近似 "拉格麵" 的術語，用來稱呼各種麵食。戈爾登還注意到麵條和筷子之間的內在關係。他發現，在 14 世紀的土耳其，筷子被解釋為 "用來吃通心粉的兩根小棍"，由此可以證明當地人也許用筷子來吃麵條。他的解釋是，很久以前維吾爾族人就將筷子作為一種餐具，常常別在腰帶上備用。土耳其人若用筷子吃麵，或許與蒙古人對歐亞大陸的征服相關。[3]

　　隨著筷子越來越受歡迎，用來製作筷子的材料也變得昂貴、耐用。可以肯定的是，木筷、竹筷是最常見的，其使用者更有可能是普通百姓。中國的考古材料顯示，自 1 世紀起，金屬筷顯著增加，特別是 6—10 世紀，出現了大量的銀筷。《中國箸文化史》對出土筷子進

1　石毛直道《麵條的起源與傳播》，122 頁。

2　馮承鈞撰《諸蕃志校注》，北京：中華書局，1956 年，45 頁。

3　Peter B. Golden, "Chopsticks and Pasta in Medieval Turkic Cuisine," 71-80.

行了一番考察之後指出，從新石器時代起，筷子一直都是由不同材料製成的，包括骨、黃銅、青銅，以及竹、木。漢代早期墓葬（如馬王堆漢墓）中，竹箸比較常見；到了漢末，出現更多的是銅箸。該書稱"此狀況至隋、唐而大變"，許多筷子漸漸由貴重金屬、玉石以及珍稀動物骨頭製成，"因為社會的需求特別是上層統治者的奢靡享受之需而被開發成為餐具用品，湧現了一批前代所未有或使用不多的新型質料箸"。[1]

　　1949 年到現在，在中國境內出土的筷子，發現頻率最高的是銀筷，共 87 雙，大都是隋唐時期的物件。其中最早的銀筷是在西安出土的隋代物品，[2] 其餘出現在全國各地。實際上，更多的銀筷出現在南方長江流域，36 雙出現在江蘇丹徒，30 雙出現在浙江長興。[3] 在地理上分佈得如此不均勻，並不是巧合。根據美國漢學家薛愛華（Edward Schafer）的研究，隋唐時期從波斯傳入了先進的冶煉技術，能將金、銀、銅等金屬打薄，製成炊具或食器，而揚州、皖南及華南許多地區是當時的冶煉中心。他還指出，正是由於這一技術的進步，金屬製的炊具和餐具才開始在中國流行起來，而在此之前，金屬製日用品相對較少，大多都是陶製品和木製品。[4] 的確，現今出土的隋唐時期金屬筷，其中某些在頂部有精緻的雕刻，甚至還鍍上了純金；而在隋唐之前，考古發掘未見這些製作精良、雕刻精緻的筷子。張景明和王雁卿在其《中國飲食器具發展史》中更加明確地指出，唐代甚至更早，中國與中亞、西亞地區的廣泛交流，唐代工匠學會錘擊成形法的金屬鑄造工藝，造成金銀器皿在那時大量流行，而這一技術就源自西亞地區。書中說："唐代金銀器無論在形制及裝飾方面，均不同程度地接

1　劉雲主編《中國箸文化史》，215 頁。

2　中國社會科學院考古研究所《唐長安城郊隋唐墓》，北京：文物出版社，1980 年。

3　劉雲主編《中國箸文化史》，215—219 頁。

4　Edward Schafer, "T'ang," *Food in Chinese Culture*, 124—125.

受了波斯薩珊、印度、粟特等方面的影響。"[1] 也正是通過東西文化的交流，筷子製作技術明顯提高。中國唐代出現了工藝筷（漢語稱 "工藝箸"，日語稱 "工芸箸"）。[2] 這些工藝筷一方面展示了先進的冶金技術，另一方面也證明了唐朝人生活水平的提高以及筷子地位的上升。自那時開始，筷子不但是餐具，而且成為饋贈的禮物。

除了科技水平提高之外，隋唐時期金屬餐具特別是銀筷的流行，應還有飲食文化原因。其一，正如上文所述，由於麵食的流行，筷子的用途擴大，不僅用來取食非穀物類食物，也用來取食穀物，所以人們會對筷子的耐用性有所要求。與其他材料的筷子相比，金屬筷顯然更經久耐用（金屬筷在朝鮮半島一直十分流行，耐用性是原因之一）。其二，為了增強筷子的耐用性，那麼任何金屬筷都能具有這種效果，但為什麼隋唐期間發現這麼多銀筷呢？這與文化信仰有關。在筷子文化圈生活的許多人都相信，銀可以檢測食品中是否有砷這種毒物，這使得有錢有勢的人特別渴求銀筷。其三，銀筷即金屬筷的流行，可能與隋唐期間肉食增加有關，而羊肉又特別受人鍾愛。其實這也與第一點相關，由於食用肉類食品增多，所以人們對筷子的強度和牢度，也有了相應的要求。

唐代是中國帝制時期的黃金時代，在亞洲乃至世界歷史上的重要性，可與漢代媲美。大唐帝國疆土遼闊，其治下的大部分時期，西部邊界一直延伸到亞洲腹地。所以，大唐保持著開放的通道，容許中亞和南亞的影響向中原滲透。創立了唐朝的李氏家族，其祖先原本就來自草原。建立政權之後，唐朝統治者制定了一系列政策，鼓勵漢人與北部和西北部的遊牧民族進行商貿往來；允許民眾有不同的宗教信仰，促進帝國內的文化交流。因此，唐朝統治時期通常被稱為東亞歷史上的世界主義時代。正是在這種國際化的時代，筷子文化圈深深

1　張景明、王雁卿《中國飲食器具發展史》，上海：上海古籍出版社，2011 年，213 頁。

2　劉雲主編《中國箸文化史》，222—225 頁。

地扎根，並在亞洲逐漸擴展（如延伸至日本）。唐代統治者的開明政策，促進了其治下的各民族保留多樣化的烹飪方式。在某種程度上，這也是唐王朝不得已的選擇，因為漢朝衰亡後，中國北方曾遭受過幾個遊牧部落的蹂躪，造成了人們大規模的遷移。從事農耕的漢人向南遷移，大部分移居到長江流域。中國經歷了三百餘年分裂的魏晉南北朝時期。隨著遊牧民族在北方和西北地區建立了自己的政權，從北方撤退的漢族流亡者在南方和西南地區重建王權。這些王國，無論南方還是北方的，存在的時間都不長，誰也不能征服他國而一統疆土，直到 6 世紀後期隋朝建立。這些都意味著極具差異的南北烹飪方式也得持續數百年。北方人受遊牧民族的影響，食用更多的肉類和奶製品；而南方人則以大米、魚和蔬菜作為日常食物。文學作品中有很多有關食物種類和口味差異的描寫。楊衒之的《洛陽伽藍記》是一部寫於 6 世紀中期、頗具文采的歷史著作，書中寫道，南方人王肅為北魏王朝效力時，保留了吃米飯、燉魚和飲茶的習慣，而並未像周圍大多數人那樣吃羊肉、喝牛奶。

> 肅初入國，不食羊肉及酪漿等物，常飯鯽魚羹，渴飲茗汁。京師士子道肅一飲一斗，號為漏卮。經數年已後，肅與高祖殿會，食羊肉酪粥甚多。高祖怪之，謂肅曰："卿中國之味也，羊肉何如魚羹？茗飲何如酪漿？"肅對曰："羊者是陸產之最，魚者乃水族之長。所好不同，並各稱珍。以味言之，甚是優劣。羊比齊魯大邦，魚比邾莒小國。唯茗不中與酪作奴。"高祖大笑。[1]

王肅保持南方飲食的習慣，在北方為人所怪，所以他只能對北魏高

---

1. 楊衒之撰，周祖謨校譯《洛陽伽藍記校釋》，北京：中華書局，1963 年，125—126 頁；參見王利華《中古華北飲食文化的變遷》，北京：中國社會科學出版社，2001 年，278 頁。

祖拓跋宏做了一番解釋。為了不得罪皇帝，他對北方的飲食，稱讚頗多。

從漢代衰亡到唐代興起，正是佛教影響在東亞開始形成的時期。有趣的是，在中國，佛教對飲食的影響也呈現出不同的效果。雖然大乘佛教（東亞盛行的教派）一般認為是通過北方線路進入中國的，並且佛教不贊成殺生，但北方人消耗的肉食還是比南方人多。飲食史專家姚偉鈞在討論東亞的佛教烹飪影響時認為，因為對蒙古族人、藏族人等而言，肉類和奶製品極其重要，所以從古至今，他們的佛教徒從沒有吃肉的禁令。這一傳統也影響了中國的早期佛教："東漢佛教傳入時，其戒律中並沒有不許吃肉這一條。僧徒托缽化緣，沿門求食，遇肉吃肉，遇素吃素，只需吃的是'三淨肉'，即不自己殺生、不叫他人殺生和未親眼看見殺生的肉都可以吃。"[1]這一觀察很精到。然而佛教傳到南方，皈依佛門漸漸就得放棄肉食，也許是因為動物的肉不像在北方傳統菜式中那麼重要。521 年，南朝梁武帝蕭衍發佈了第一則禁止肉食的法令。他對佛教的虔誠也為他贏得了歷史上"皇帝菩薩"的綽號。梁武帝生活十分簡樸，在飲食上更是克己禁欲，不食肉類，他"日止一食，膳無鮮腴，惟豆羹糲食而已"，而且"不飲酒，不聽音聲，非宗廟祭祀、大會饗宴及諸法事，未嘗作樂"。（《梁書·武帝下》）

唐朝建立之後，佛教在中國的勢力更有擴張。唐朝有好幾位皇帝信佛，可總體來說，帝國之內（包括南方）並不禁止食肉，這可能是由於大唐皇帝李家的祖先屬於西北地區的遊牧民族。在一篇有關中亞對中國西北飲食影響的文章中，尤金·安德森發現"西北菜式喜歡用到肉，尤其是羊肉，而在中國其他地區，羊肉很少入菜"[2]。其實這

1　姚偉鈞〈漢唐佛道飲食習俗初探〉，《浙江學刊》1998 年第 3 期，100—101 頁。
2　尤金·N.安德森〈中國西北飲食與中亞關係〉，《第六屆中國飲食文化學術研討會論文集》，173 頁。

不足為奇，因為相對南方的飲食偏好，北方的烹飪傳統中，肉食用量向來比較多，其原因是由於與西域的交流，特別是在魏晉南北朝時期。北魏賈思勰一生大部分時間生活在北方，其《齊民要術》便詳細描述了怎樣飼養以供屠宰的動物，特別是山羊和綿羊。中原與西域的交流，在魏晉和唐代，以敦煌地區為主要通道。高啟安在其《唐五代敦煌飲食文化研究》中指出，"肉食也是敦煌人食物結構中的重要組成部分。飼養的牛、羊當是敦煌人食用肉的主要來源"[1]。南開大學史學家王利華則指出，從 5 世紀起，羊肉逐漸成為中國人首選的肉食，這種狀況一直維持了好幾個世紀，之後羊才被豬取代。從許多史料的研讀中，王利華得出這樣的結論："中古華北畜牧生產的另一顯著變化是畜產結構發生了重大調整，具體來說是羊在當時的肉畜中佔據了絕對支配地位，而自古長期作為中國農耕區域主要肉畜的豬，則遠不及羊的地位重要。"[2]另一位研究唐代飲食的學者王賽時也寫道："唐朝人把羊肉當作首選肉食。"[3]王利華還對這一畜產結構變化，提出了解釋，其原因是唐朝統治者的提倡：唐朝皇帝常用羔羊肉賞賜優秀官員，卻很少用其他動物肉。羊肉於是成為唐代歷史文獻中提到的最多的肉食，可見唐朝人對之青睞程度。其結果是不但豬肉的食用比兩漢時期有所減少，狗肉的食用也驟減。這些現象表明，唐代中國的飲食，深受北方遊牧民族的影響。

　　唐代肉類消費明顯增長的現象，也許有助於解釋為什麼那時的人傾向使用金屬筷和銀筷。這是一個值得深究的問題。人們對事物的品味，受實際生活需要以及傳統、習俗和信仰多重影響。一個顯而易見的原因是，金屬比竹、木更耐磨，而煮熟的肉比魚、蔬菜更堅韌，因為後二者加熱、煮熟後往往更為酥軟，使用竹筷、木筷便可以輕易

1　高啟安《唐五代敦煌飲食文化研究》，北京：民族出版社，2004 年，44 頁。

2　王利華《中古華北飲食文化的變遷》，112—116 頁。

3　王賽時《唐代飲食》，濟南：齊魯出版社，2003 年，58 頁。

取用，而夾取肉類或許要求筷子有一定的力度，特別是如果人們還講究耐用性的話。在筷子文化圈內，竹筷和木筷在"飯稻羹魚"的地區使用比較普遍，比如今天的日本、越南和中國南方。而朝鮮半島的居民偏愛金屬筷，或許有文化上的原因（比如唐朝文化的經久影響）。但至少有一點比較肯定，那就是在東亞的烹飪傳統中，肉類食品的分量在今天韓國的飲食文化中比例相對較重（比如韓國烤肉，在世界許多地方都比較有名）。韓國的筷子，傳統上是用黃銅和青銅做的，現在不鏽鋼的更多。韓國人也同中國人、越南人一樣相信銀可以檢測毒物，所以朝鮮半島以前的貴族和今天的有錢人，都十分鍾愛銀筷（在今天的韓國，筷子和勺子都成套出售，但銀筷則可以單獨購買，因為它是工藝品或收藏品）。相比之下，肉類食品長期以來在日本的烹飪傳統中，所佔比例極小。直到 19 世紀中葉開埠之後，肉類食物才開始在日本的食譜中逐漸增加。日本雖然與朝鮮半島很近，但日本人尤其喜愛木筷，對金屬筷似乎毫無興趣（原因將在下一章中討論）。

從世界範圍來看，食用以肉類食物為主料的菜餚，通常需要用到刀叉。但在中國隋唐時期，雖然肉類食品增加，但人們使用的餐具，還是像漢代和魏晉時期一樣，仍是匕箸，即勺子和筷子。承繼兩漢及之前的烹飪傳統，唐朝人在烹調前將肉切成一口大小。其結果就是，筷子依然是取食的理想工具。此外，除了燉煮，一種新的烹飪方法——炒，在魏晉南北朝時期開始流傳。炒的普及，鞏固了筷子作為理想取食工具的地位。炒需要首先將鍋裏的油加熱，再放入已經切成小塊的食材。炒製的優點之一是節能——快速地在火上烹製食物，而非如烘烤時需要長時間地加熱。[1] 炒作為一種烹飪方法的發明，延展了將肉類和其他食材切成小塊的烹飪傳統，不僅縮短了烹飪時間，也帶出了菜裏所有配料的混合味道。歷史文獻表明，由於碾磨

---

1   J.A.G. Roberts, *China to Chinatown*, 21-22.

技術在漢代得以廣泛採用，人們不但使用石磨來加工穀物食品，也碾磨其他植物如芝麻、油菜籽，將其製成烹調油。比如，賈思勰在《齊民要術》中討論了種植芝麻的方法，還提供了用芝麻油烹飪菜餚的食譜。書中有一道炒雞蛋，他稱之為“炒雞子法”，具體做法為：“打破，著銅鐺中，攪令黃白相雜。細擘蔥白，下鹽米、渾豉，麻油炒之，甚香美。”[1] 除了推薦用香油而不是其他植物油，一千五百年前賈思勰的方法和今天人們炒雞蛋的方法幾乎完全一樣。從唐代起，由於優質木炭的使用，炒成了更為普遍成熟的烹調方法。學者們認為，這種烹飪方法的發明和普及是中國烹飪傳統上的重大突破之一。張光直這樣說：“在既有的烹調方式中，如煮、燉、蒸、羹、烹之外，再增加速度更快、能源更省、做法更有彈性的烹飪方法。炒是現代烹飪最重要的一種方法，因此炒菜的發明和普及使用，我想也可以歸納為突破的一項。”[2] 由於炒菜中的食物基本都是一口大小，筷子便成了夾起這些食物的有效工具。有些人甚至還用筷子來炒菜——翻、挑、揀、拌，以達到較好的烹飪效果。

　　儘管有充分的證據顯示，到了唐代，已經有越來越多的人選用筷子作餐具，但勺子依然保留其原有的功能——舀“飯”，即富含澱粉的穀物類食品，它也是一餐中最重要的組成部分。當然，在唐代，地區不同，飯的內容也不同。如上一章所述，中國飲食文化一直有南北之分，千百年來，生活在長江流域的人們一直以大米為日常主食。略有些不幸和不公的是，這段時間的文學作品大多數來自北方，即唐朝中央政府所在地。小米一直是北部和西北部的主要糧食作物。除了耐旱抗澇，小米還有另外一個優勢：耐蟲害。於是，小米成了救濟饑荒

1　賈思勰《齊民要術》卷六“養雞”，92—93 頁。

2　劉雲主編《中國箸文化史》，205 頁。趙榮光提到，炒法始於南北朝，唐代有了很大的發展，五代十國時期逐漸成熟，成了廣為接受的烹飪方法，參見其著《中國飲食文化概論》，173—174 頁。張光直認為，炒法是中國烹飪史上重要的變革之一，參見〈中國飲食史上的幾次突破〉，《第四屆中國飲食文化學術研討會論文集》，1—4 頁。

最好的儲備糧。《隋書》中就有大臣長孫平奏稟皇上，要求建立"義倉"（也即"常平倉"）的記載：

> 開皇三年，徵拜度支尚書。平（長孫平）見天下州縣多罹水旱，百姓不給，奏令民間每秋家出粟麥一石已下，貧富差等，儲之閭巷，以備凶年，名曰義倉。因上書曰："臣聞國以民為本，民以食為命，勸農重穀，先王令軌。古者三年耕而餘一年之積，九年作而有三年之儲，雖水旱為災，而民無菜色，皆由勸導有方，蓄積先備者也。去年亢陽，關右饑餒，陛下運山東之粟，置常平之官，開發倉廩，普加賑賜，大德鴻恩，可謂至矣。然經國之道，義資遠算，請勒諸州刺史、縣令，以勸農積穀為務。"上深嘉納。自是州里豐衍，民多賴焉。（《隋書·長孫平》）

從這段文獻還可以看出，雖然常平倉要求小米（"山東之粟"），但小麥當時也是儲備糧食之一。

換句話說，由於小麥麵粉做的食物自兩漢以來逐漸受人喜愛，北方人每日食用的糧食就更多樣化了，其結果就是，小米作為主糧的傳統地位自那時開始削弱和被取代，儘管過程十分緩慢。[1] 薛愛華寫道，唐代文獻中"餅"的出現十分頻繁，可見它是唐朝人晚餐時的最愛。而"餅"的意涵多種多樣，恰似現代意大利語中的"pasta"，泛指所有用麵粉和水製成的麵食。[2] 王賽時同樣直截了當地表示："在唐代文獻中，凡涉及飲食，我們總能見到'餅'的蹤影。"王還指出，與漢代相比，唐代"餅"的花樣增加了許多，《北戶錄》等文獻記載，有"蒸餅、煎餅、胡餅、曼頭餅、薄夜餅、喘餅、穄丸餅、渾沌餅、夾

1　王利華《中古華北飲食文化的變遷》，69頁。

2　Edward Schafer, "T'ang," *Food in Chinese Culture*, 117.

餅、水溲餅、截餅、燒餅、湯餅、煮餅、索餅、嗚牙餅、糖脆餅、二儀餅、石熬餅等，多達幾十種"。胡餅，即漢代民眾迷戀的饢，到了唐代依然很受歡迎。但其受歡迎的程度，或許受到了蒸餅、煎餅（用熱油煎）等的挑戰。還有，唐代的湯餅（麵條）品種更多。例如，唐朝人吃的麵，分熱麵和冷麵，後者稱作"冷淘"，有點類似今天日本的"蕎麥"（蕎麥麵）。[1]唐代詩人杜甫作詩〈槐葉冷淘〉，不但形容了唐代的冷麵，而且還提到了箸——筷子：

> 青青高槐葉，採掇付中廚。
>
> 新麵來近市，汁滓宛相俱。
>
> 入鼎資過熟，加餐愁欲無。
>
> 碧鮮俱照箸，香飯兼芭蘆。
>
> 經齒冷於雪，勸人投此珠。
>
> 願隨金騕裹，走置錦屠蘇。
>
> 路遠思恐泥，興深終不渝。
>
> 獻芹則小小，薦藻明區區。
>
> 萬里露寒殿，開冰清玉壺。
>
> 君王納涼晚，此味亦時須。（《全唐詩》卷二二一）

　　如前所述，唐代有各種各樣的餅肆，適應了食客的不同需求。唐朝人也在家裏製作餅食，特別是有客人到訪時候。圓仁在《入唐求法巡禮行記》中記載，他從長安回日本，途經山東農村，發現那裏的人們生活貧困："山村縣人。餐物粗硬。愛吃鹽米粟飯。澀吞不入。吃即腰痛。山村風俗。不曾煮羹吃。長年唯吃冷菜。上客殷重極者。便與空餅冷菜。以為上饌。"[2]唐朝老百姓平時吃粟飯，而餅食則用來招

1　王賽時《唐代飲食》，1—17頁。
2　圓仁《入唐求法巡禮行記》，152頁。

待客人。這裏的空餅，或許是空心的燒餅，裏面可以夾菜。

所以，對於唐代的北方人而言，除了麵食，飯仍然主要指的是煮熟或蒸熟的穀物，通常為小米（包括各種黍、粟）和小麥，整顆煮成粥。[1] 唐代的許多文獻也證實，那時的飯通常指煮熟的糊狀穀物食品。於是唐代作家在詩文中多次形容他們如何用勺子舀飯。薛令之是一位被唐玄宗罷免的高官，他作一首〈自悼〉，暗示了不滿，抱怨自己如何未被皇帝賞識，就像就餐時沒有合適的餐具：

> 朝日上團團，照見先生盤。
>
> 盤中何所有，苜蓿長闌干。
>
> 飯澀匙難綰，羹稀箸易寬。
>
> 只可謀朝夕，何由保歲寒。（《全唐詩》卷二一五）

對於我們來說，薛令之的詩提供了這樣的信息，那就是唐朝人用勺子吃飯，用筷子吃菜。因為薛令之說，飯不應該做得太黏，否則很難用勺子舀。

不過每個人的口味不同。比薛令之晚了近一百年的唐代學者韓愈，因為牙齒不好，只能吃煮得很爛的飯。他有詩〈贈劉師服〉：

> 羨君齒牙牢且潔，大肉硬餅如刀截。
>
> 我今呀豁落者多，所存十餘皆兀臲。
>
> 匙抄爛飯穩送之，合口軟嚼如牛呞。
>
> 妻兒恐我生悵望，盤中不飣栗與梨。
>
> 只今年才四十五，後日懸知漸莽鹵。
>
> 朱顏皓頸訝莫親，此外諸餘誰更數。

---

1 王賽時《唐代飲食》，18—24 頁。在中國基本古籍庫檢索，"麥飯"一共出現 50 次，"黍飯"出現 80 次，"粟飯"出現 55 次。

憶昔太公仕進初，口含兩齒無贏餘。

虞翻十三比豈少，遂自悵恨形於書。

丈夫命存百無害，誰能點檢形骸外。

巨緡東釣倘可期，與子共飽鯨魚膾。（《全唐詩》卷三四〇）

韓愈用勺子將煮爛的飯送入口中，他那時雖然只是中年人，但牙齒已經掉了許多，只能像牛反芻似的將爛飯在嘴裏慢慢地、反覆地咀嚼。

可以想象，由於十分軟爛，韓愈喜歡的飯，口感上可能更像是粥。然而，粥與飯之間的區別，似乎從來都不怎麼明確，常常是含混不清的。有些粥可能煮得很厚、很稠；而有些飯可能含有許多水，因此很爛。從漢代之後直至 19 世紀末，除了 "粥" 和 "飯" 外，中國人還創造、使用另外兩個詞語——"水飯" 和 "湯飯"，用來表示、區分飯中水分的多少，不過到底哪個水分更多，仍不很清楚。圓仁在《入唐求法巡禮行記》中，使用 "粥飯" 一詞："有菩薩寺。夏有粥飯。只供巡台僧侶。"[1] 明代又出現了一個新詞——"稀飯"，並從此流行了起來。在現代漢語中，"稀飯" 仍然在使用，並在一些地區可以與 "粥" 互換。這些詞都指用某種穀物煮成的半流質食品，雖然烹煮的方式可能略有不同。[2]

不管是粥還是稀飯，最好都用勺子來吃。唐代文人常稱勺子為舀飯的 "流匙"。該詞結合 "流" 和 "匙"，含義或許是這種勺子可以迅速地插進飯裏，並毫不費力地將飯舀起來。也就是說，"流匙" 不會讓多餘的飯粘在上面。為了強調效果，唐代詩人還常常用動詞 "滑" 來描述如何用 "流匙" 吃飯。杜甫的〈佐還山後寄三首〉就是一個

1　圓仁《入唐求法巡禮行記》，96 頁。

2　在中國基本古籍庫檢索，"水飯" 首次出現於葛洪的《肘後備急方》，"稀飯" 最先出現在《今古奇觀》第三二卷。"稀飯" 直到明代才開始使用，而 "粥" 自古就有。有些地區，"粥" 是用穀物熬製而成，而 "稀飯" 則是將水加入已經煮熟的穀物或飯裏，使其稀薄一些。

例子：

山晚浮雲合，歸時恐路迷。

澗寒人欲到，村黑鳥應棲。

野客茅茨小，田家樹木低。

舊諳疏懶叔，須汝故相攜。

白露黃粱熟，分張素有期。

已應春得細，頗覺寄來遲。

味豈同金菊，香宜配綠葵。

老人他日愛，正想滑流匙。

幾道泉澆圃，交橫落慢坡。

葳蕤秋葉少，隱映野雲多。

隔沼連香芰，通林帶女蘿。

甚聞霜薤白，重惠意如何。（《全唐詩》卷二二五）

與韓愈同時代的詩人白居易，在題為〈殘酌晚餐〉的一首小詩中，對“流匙”舀飯的描述，同樣生動：

閒傾殘酒後，暖擁小爐時。

舞看新翻曲，歌聽自作詞。

魚香肥潑火，飯細滑流匙。

除卻慵饞外，其餘盡不知。（《白居易詩集校注》卷三三）

讓勺子滑進飯裏，自如地用它將飯舀起——要達到這樣的效果，似乎必須滿足兩個條件：一是勺子表面必須光滑；二是煮熟的穀物食品必須含有一定量的水，好使它不那麼黏稠。第一個條件似乎已經達到，因為唐代大多數餐具都由金屬（銀或黃銅）製成，表面往往比木製的光滑。第二個條件難以找到物證，但唐代文學中"流匙"與動詞"滑"頻繁結合使用似乎表明，人們所食用的"飯"，可能介於現代的"飯"與"粥"之間，多呈流質狀態，其中包含著足夠的液體能讓人們將其迅速舀起來，不會有多餘的飯粒粘在勺子上。此後，"流匙滑"（或"滑流匙"）似乎成了一個習慣用詞，在宋代及以後的詩文中亦頻繁出現。[1] 學者們指出，粥在唐代十分流行，因為許多人相信它有藥用效果，特別適合病人食用。[2] 考古發掘也提供了相應的證據，唐代墓葬中出現了兩種勺，一種底部較淺（幾乎是平的）、柄較短，另一種底部更深更大、柄更長。前者被認為用來吃飯，而後者則用來喝湯。[3] 反觀匕首般具有鋒利邊緣的匕，在新石器時代十分常見，可到了唐代基本都消失了。但"匕"仍在使用，在這幾百年裏用來指勺子。[4]

此外，唐代文獻顯示，小米作為最重要的穀物，其地位逐步下降，既緣於小麥越來越受到人們的青睞，也緣於水稻在全國範圍特別是華東地區的推廣。小麥和小麥做的食物常常出現在唐詩裏，但也有一些唐詩描繪了華北地區的水稻種植，雖然如今這些地區很少大面積種植水稻。圓仁提到，他在大唐遊歷時發現，當時佛教寺廟主要食粥，既有小米粥，也有大米粥。而唐朝的老百姓也食粟米或粳米。[5] 因此，在唐代，雖然小麥消費量大幅增加，政府還是鼓勵在華北尤其是關中地區（唐代長安所在地）種植水稻。[6] 唐代的一些詩作，讓我們了

<hr>

1 值得注意的是，古代文人騷客常在作品中描述他們毫不費力地用"流匙"吃"飯"，即用"滑"字來修飾"流匙"，甚至在勺子不再用來進食米飯之後，這種表達也很多。搜索中國基本古籍庫中唐代至清代的文稿，可發現該表達出現了 143 次（"滑流匙" 95 次，"流匙滑" 48 次）。

2 劉樸兵《唐宋飲食文化比較研究》，北京：中國社會科學出版社，2010 年，119—121 頁。

3 劉雲主編《中國箸文化史》，219—221 頁。

4 在研究漢代飲食文化時，黃興宗注意到匕形勺到木漆勺的轉變，發現木漆勺最先出現在周代末年，"到了漢代已經相當普遍了"。參見 H. T. Huang, "Han Gastronomy-Chinese Cuisine in statu nascendi," 148。

5 圓仁《入唐求法巡禮行記》，39，63，69，77，79，81，83，85，86，87，96，117，118 頁。

6 王利華《中古華北飲食文化的變遷》，74—80 頁；劉樸兵《唐宋飲食文化比較研究》，57—58 頁。

解到當時關中地區水稻的種植。韋莊有〈鄠杜舊居二首〉，寫道：

> 卻到山陽事事非，谷雲谿鳥尚相依。
> 阮咸貧去田園盡，向秀歸來父老稀。
> 秋雨幾家紅稻熟，野塘何處錦鱗肥。
> 年年為獻東堂策，長是蘆花別釣磯。
> 一徑尋村渡碧溪，稻花香澤水千畦。
> 雲中寺遠磬難識，竹裏巢深鳥易迷。
> 紫菊亂開連井合，紅榴初綻拂簷低。
> 歸來滿把如澠酒，何用傷時嘆鳳兮。（《全唐詩》卷六九八）

唐代關中遍地稻田的景象，也在另一位詩人鄭穀的〈訪題表兄王藻渭
上別業〉中有所體現：

> 桑林搖落渭川西，蓼水彌彌接稻泥。
> 幽檻靜來漁唱遠，暝天寒極雁行低。
> 濁醪最稱看山醉，冷句偏宜選竹題。
> 中表人稀離亂後，花時莫惜重相攜。（《全唐詩》卷六七六）

當時水稻在關中種植，似乎不僅因為該地區相對濕潤，適合種
植水稻，也因為官府供職者對稻米的需求量很大。如前所述，自孔子
時代起，對北方人而言，吃米飯不啻是過上了富裕甚至奢華的生活。
圓仁日記記載，在唐代，粳米比粟米在價格上高出許多，有時接近
一倍。[1] 可以想象，許多在唐朝都城效力的官員都通過科舉考試獲得官

1　圓仁《入唐求法巡禮行記》，43，72，77，79，84 頁。

職，他們可能有興趣用吃米飯來表現自己已經成功踏入社會上層。[1] 杜甫也許不是最好的例子，因為他的仕途短暫而又坎坷，但他寫了一首〈與鄠縣源大少府宴渼陂〉，描繪他在京城長安晚宴上吃的米飯：

> 應為西陂好，金錢罄一餐。
>
> 飯抄雲子白，瓜嚼水精寒。
>
> 無計回船下，空愁避酒難。
>
> 主人情爛熳，持答翠琅玕。（《杜詩詳注》卷三三）

身為北方人，他把米粒比作圍棋中的雲子，大米飯的質地之好，給他留下了非常深刻的印象。杜甫晚年，在長江上游的稻米種植區四川成都生活了幾年。從詩句來看，杜甫還是堅持傳統方法，用勺子舀米飯——"飯抄雲子白"。

王利華對唐代水稻的廣泛種植，闡述了自己的看法。他認為，由於唐代的政治中心在華北，"水稻在當時糧食生產中所佔比重應比現今要大得多"。他解釋說，在唐代，農田灌溉的水平已經達到了前所未有的高度，可那個時代的案件卷宗仍然包括一些灌溉方面的法律糾紛，因為有些人會用水資源來驅動水車，為磨麵坊提供動力。但王利華認為，那些人對水資源的爭奪，也反映了人們對水稻種植日益增長的興趣，而不單單是為了用水力磨麵而已。不過他也承認，雖然唐朝的華北甚至西北地區的水稻種植應該比今天更多，但"中古華北的水稻種植終究不能與粟、麥生產相提並論。稻米總的來說還是比較珍貴難得的"，所以當時的人主要用稻米"熬粥滋補"，很少"炊煮乾

1　通過科舉考試來遴選政府官員，始於 6 世紀。到了唐代，這一舉措得以全面制度化。史料表明，自初唐到晚唐，從南方運往北方的稻米數量有極大增長，從 20 萬石增長到超過 300 萬石。參見黎虎編《漢唐飲食文化史》，北京：北京師範大學出版社，1998 年，13 頁。

飯"。[1] 這與圓仁《入唐求法巡禮行記》中吃粥的記載，頗為一致。薛愛華也發現，唐朝華北的稻米產量比以前高，但他認為："在唐代，雖然北方有水稻生長，其重要性卻不太可能超過小麥和小米。"[2] 所以，在華北，唐代的"飯"仍然主要是小米和小麥，而不是大米。由於傳統的影響，即使人們吃大米飯，也會繼續使用勺子。薛令之的詩作很能說明問題。福建的主要糧食應該是稻米而不是小米。他在那裏長大，應該知道如果是大米飯的話，筷子完全可以將之成團夾起，送入口中。不過從他的形容"飯澀匙難綰，羹稀箸易寬"來看，他還是遵守傳統禮儀，用勺子取用飯食。

總之，從漢代到唐代，農業和飲食文化發生了幾個顯著的變化，影響了飲食工具的使用。自這段時間的初期開始，不是用手指而是用勺子和筷子來吃飯，漸漸在中國社會成了非常穩固的飲食習慣。整個漢唐期間，勺子是主要的餐具，因為小米作為一種穀物或多或少地保留了它的重要性，而像以前一樣，小米還是多以流質的形式（如粥、水飯、湯飯、粥飯等）出現，所以用勺子取食比較方便、比較流行（古代儒家禮儀也推薦這麼做）。但由於各種麵食受到大眾的喜愛，尤其是麵條和餃子，大多數中國人都已經意識到筷子的有用和有效，於是傾向於更多地使用筷子來取用食物，尤其是飯、菜合為一體的麵食。結果，筷子便會逐漸取代勺子登上餐具的首要地位。難怪漢唐時期的石刻、壁畫上，筷子經常被刻畫為飲宴場景中主要的、有時甚至是唯一的進食工具。由於唐文化在亞洲的廣泛影響，日益普及的筷子也超越了唐朝領土邊界，延伸至北方的蒙古草原、東部和東北部的朝鮮半島、日本列島和南部的東南亞半島。儘管時間和地點上仍然有著明顯的差異，但筷子文化圈的形成已經粗具規模。

1　王利華《中古華北飲食文化的變遷》，75—80 頁。

2　Edward H. Schafer, "T'ang," *Food in Chinese Culture,* 89.

第四章

筷子文化圈的形成：
越南、日本、朝鮮半島及其他

越南是亞洲水稻的起源地之一，由於歷史上與中國關係最密切，故而受到中國尤其是南方飲食文化影響最多。越南人用筷子的習慣和對筷子形制的喜好都與中國相似。7 世紀，日本的遣隋使將用筷子吃飯的習俗帶回本國。朝鮮半島由於擁有豐富的金屬礦藏資源，尤其從 13 世紀開始，受到蒙古人遊牧飲食和文化的影響，更加傾向於使用金屬筷子。各種歷史文獻的記載顯示，唐宋時期，受到中國影響的越南、朝鮮半島和日本，基本上形成了用餐具進食的習慣；而在東南亞其他地方以及西域遊牧民族生活的區域，人們仍然以手進食。西域和北方的遊牧民族在與中原的文化交流和戰爭中相互影響，逐漸養成使用餐具進食的習慣，並將筷子與刀叉組合使用。到了 14 世紀，筷子文化圈擴展到蒙古草原和中國東北地區。

東方食物與筷子之間的合作關係不僅僅是功能性或工具性的：將食物切小是為了能用筷子將其夾住，而使用筷子也是因為食物已經被切成了小塊，兩者相輔相成。這樣的關係便克服了食物與餐具之間的隔閡，使兩者融洽無間。

—— 羅蘭・巴特（Roland Barthes），

《符號帝國》（*Empire of Signs*）

　　1996 年，哈佛大學政治學教授山繆・杭亭頓（Samuel Huntington）出版了《文明的衝突與世界秩序的重建》（*The Clash of Civilizations and the Remaking of World Order*），成為當年《紐約時報》暢銷書。杭亭頓認為世界歷史上形成了三大文明：西方基督教文明、東亞儒家文明和中東伊斯蘭文明。[1] 有趣的是，如果這三分法確實能將世界勾勒出來，那麼這些文明的獨特性不僅在於其獨有的宗教傳統、文化理想、政治體制（杭亭頓認為這些是最重要的因素），而且在於特有的烹飪方法和飲食習慣，不過杭亭頓的書中幾乎沒有提及。導言中已經提到，20 世紀 80 年代以來，日本的飲食史家如一色八郎，以及美國的歷史

1　Samuel Huntington, *The Clash of Civilizations and the Remaking of World Order,* New York: Simon & Schuster, 1996. 此書討論了不止這三個文明，但圍繞作者的主旨"文明之間的衝突"而言，他比較注重西方文明、中東文明和東亞文明這三大塊。

學家林恩・懷特均已經注意到，世界上存在著三大飲食習慣或飲食文化圈：用手指吃飯，用刀子、叉子、勺子吃飯，用筷子吃飯。一色八郎是這樣描述的：第一個飲食文化圈是由世界上 40% 的人口構成的，包括南亞、東南亞、中東、近東、非洲；第二個飲食文化圈約有 30% 的人口，包括歐洲、南北美洲；第三個飲食文化圈或稱筷子文化圈有 30% 的人口，包括中國、日本、朝鮮半島和越南。他分析，這些差異顯著的飲食習慣，反映了諸多不同——食物的攝入（比如是否吃肉，澱粉主食來自穀物類還是塊莖類如土豆、番薯等）、食物烹飪、飲食禮儀和餐桌禮儀，等等。[1] 從地理和人口來說，一色八郎、林恩・懷特和山繆・杭亭頓對世界文明的劃分，有著有趣和重要的一致性。

然而，這些總體概括往往忽略了飲食圈子內部的細微差別。雖然用筷子取食是一種獨特的飲食習慣，但其使用者有時也會用其他餐具來輔助進食。一個剛到筷子文化圈裏生活的人，如果稍做觀察，便可能會發現筷子使用者之間，存在著明顯的差異：他們用什麼樣的筷子？怎樣用？是否也用勺子？如果用勺子的話，又在何時用和怎樣用？例如，雖然筷子可以由各種各樣的材料製成，但木製筷子似乎最流行，尤其受到日本人的青睞。在日本高檔飯店就餐，客人還是會發現一雙白木筷子（很可能是用柳木製成的）放在桌上；而在中國類似的場合，擺在桌上的更可能是一隻五彩瓷調羹和一雙筷子，筷子頂部要麼鍍金，要麼飾以精美的雕刻。在朝鮮半島，勺子和筷子成套使用隨處可見，而且這些餐具通常都是由金屬（如不鏽鋼）製成的。從古代起，中國人除了用木料也用竹子製作筷子，直到現在，木筷、竹筷依然很流行。越南人大都用竹筷，因為竹子在那兒也十分常見。不過越南又向亞洲其他地區出口高品質紅木筷子。雖然越南人用竹筷，日

1　一色八郎《箸の文化史》，36—39 頁。

本人用木筷，但他們有一點是相同的：與其他使用筷子的民族相比，他們都傾向於將筷子作為就餐的唯一用具，一般無須使用勺子。上述這些差異是如何發生的？它們是否會隨著時間的變化而產生變異？本章將嘗試著回答這些問題，同時討論筷子文化圈的歷史和特點。

要描述筷子文化圈的形成，從越南開始似乎順理成章。因為在所有鄰國中，越南最早從中國接受使用餐具的飲食習慣，特別是使用筷子。越南歷史學家阮文喧在研究該國的歷史和文化時，這樣描述他們的飲食習慣：

> 吃飯時，菜都放在一個置於床中間的木製或銅製托盤上。就餐者則盤腿圍坐著進餐。每個人都有自己的碗筷。所有燒好的菜，都切成了小塊，供大家食用，每個人均用自己的筷子取食。[1]

這一描述用來形容中國的烹飪和用餐特徵，無疑也很恰當。並不難理解，自古以來，越南的飲食方式，或者說總體而言，東南亞的飲食方式與中國南方十分相似。同時，越南在歷史上與其東南亞鄰國有很大的不同。大約從公元前 3 世紀直到 10 世紀，越南受中國各朝代政權的直接管轄，特別是其北方。這使得越南更容易接受中國的影響。

與中國長江和珠江流域一樣，水稻也是越南的主要糧食作物。人們相信，越南的水稻種植大約與中國南方一樣早，始於新石器時代。越南確實是亞洲稻的起源地之一。白馥蘭寫道："紅河三角洲的水稻栽培始於公元前 3000 年，甚至可能更早。"[2] 紅河三角洲，特別是湄公河三角洲，有縱橫交錯的河流和湖泊，主要糧食作物就是水稻，魚

1　Nguyen Van Huyen, *The Ancient Civilization of Vietnam,* Hanoi: The Gioi Publishers, 1995, 212.

2　Francesca Bray, *The Rice Economies: Technology and Development in Asian Societies,* Berkeley: University of California Press, 1994, 9-10.

也是主要產品。司馬遷在描述中國南方飲食文化時所用的"飯稻羹魚"，完全適用於勾畫越南飲食文化的特徵，正如阮文喧對越南飲食習慣的描述也適用於中國。

更有意思的是，如同中國語言對許多事物和現象往往用飲食來借喻（如大量含有"吃"的雙關語如"吃力""吃苦""吃虧""吃醋""吃不消""吃豆腐"等），揭示了中國人"民以食為天"的理念，越南語中也有"食好才保得道"的說法，與"衣食足而知禮儀"類似。有趣的是，越南話中以"吃"開頭的詞語也相當多，除了像"吃喝""吃住""吃穿""吃用"等明顯受到漢文化影響的詞組之外，還有"吃說""吃玩""吃學""吃睡"等漢語中不常見的習語。更有甚者，越南人計算時間，也往往以飲食或耕種來比喻，比如要別人等一下的時候，就會說"熟了飯"；而表示很快，就常說"嚼雜了檳榔渣"；若要幾年之後，則會說"幾次莊稼收穫"。[1]

越南人稱過年為"ăn Têìt"，意思是"吃節日"，可見過年在越南的飲食文化中，有著舉足輕重的地位。和生活在長江流域的中國人一樣，越南人以大米為主食，以魚為主要菜餚。越南語中有大量諺語描述米飯和魚的重要性，如："飯配魚，母伴子；什麼都不換。"還有一則："有米就有一切，沒米一無所有。"越南人會用米飯和魚來款待客人。他們告訴來訪者："出去時，可以吃魚；進來時，可以吃糯米飯。"越南種植的水稻品種多樣，有些種植在乾燥的高地，有些種植在低處的田裏。一則越南諺語稱："有旱稻睡得香，有水稻睡得飽。"更有趣的是流行在產糧區孟登的一句老話，表明魚羹也是很受

1　參見李太生〈論越南獨特的飲食文化〉，6—7頁。

歡迎的菜餚："想吃飯，去孟登；想吃羹，去孟河。"[1]也就是說，和中國南方一樣，魚羹很可能是當地最常見的菜。

越南人和中國南方人，也有許多極為相似的吃米飯的習俗。例如，他們都種植糯稻，把糯米做的食物當作節日和祭祀的食品。在越南，糯米被稱作"Gạo nếp"，而普通大米則被稱為"Gạo tẻ"。中國和越南的新年都是農曆一月初一，慶祝新年必定要蒸糯米糕。中國的年糕各式各樣；而越南有一種年糕叫作"Bánh tét"，是專門用來慶祝新年的。匹茲堡大學人類學家尼爾·阿瓦里（Nir Avieli）將越南民族認同的必不可少的"節日經典菜餚"稱作"Bánh tét"。越南人製作"Bánh tét"，通常先將糯米泡上一夜，然後與肉丁、青豆拌勻，再用竹葉包裹、捆紮起來，在水中煮上幾個小時才上桌。[2]所以越南人做的年糕，類似中國南方人做的粽子。越南人過春節也像中國人一樣，要掛春聯，其中一副"肥肉、醃蔥、紅對聯，幡竿、鞭炮、綠粽子"，形象地勾勒了越南春節的主要習俗和飲食。粽子是端午節中國南方及台灣地區的傳統食品，相傳是用來紀念戰國時期楚國詩人屈原的。但古代在與浙江南部毗鄰的南越國（越南語為"Nam Viet"，全盛時期包括現在越南的中北部），新年期間吃粽子的習俗也由來已久。

年糕也可以用米粉製成。北方人將小麥磨成粉，做成麵食，而南方和越南人將其主食稻米磨成粉。米粉，尤其是糯米粉，常用來做成鹹味或甜味的糕餅，是節日和宗教慶典上供應的主要食品。這些食物不用葉子包裹，而往往用某種葉子的提取物染色。因為大多是蒸製

1　參見潘文閣〈從飲食看漢文化對越南文化的影響〉，《第六屆中國飲食文化學術研討會論文集》，451—460頁；Nir Avieli, "Eating Lunch and Recreating the Universe: Food and Cosmology in Hoi An, Vietnam," *Everyday Life in Southeast Asia*, eds. Kathleen M. Adams & Kathleen A. Gillogly, Bloomington: Indiana University Press, 2011, 222; Nguyen Xuan Hien, "Rice in the Life of the Vietnamese Thay and Their Folk Literature," trans. Tran Thi Giang Lien & Hoang Luong, *Anthropos*, Bd. 99 H. 1 (2004), 111-141.

2　潘文閣〈從飲食看漢文化對越南文化的影響〉，《第六屆中國飲食文化學術研討會論文集》，459頁；Nir Avieli, "Vietnamese New Year Rice Cakes: Iconic Festive Dishes and Contested National Identity," *Ethnology*, 44:2 (Spring 2005), 167-188.

的，將它們從蒸籠裏趁熱取出，筷子應為理想的工具。但作為供慶典活動使用的食品，這些糕餅往往在儀式結束後方能食用；換句話說，不會趁熱吃，所以可以用手拿。年糕不僅是中國南部和越南常見的食品，也是東南亞的日常食物，這裏有水稻種植，人們更習慣用手拿年糕吃。

稻米磨粉還可以做成麵條狀食品，不同地方有不同的稱謂：米粉、河粉、米線。在中國、越南以及東南亞其他地方，吃米粉要用筷子。最近幾十年來，河粉——"Phở"（一種湯粉，通常配有切成薄片的牛肉、九層塔、薄荷葉、檸檬和豆芽）可以說已成為世界上最常見、有名的越南菜式了。實際上，配以不同食材的湯粉是中國南部、西南部以及東南亞許多地方的一種主食。米粉可以配以肉湯，就像河粉那樣；還可以高溫爆炒，如炒粿條，這是一道中國台灣地區以及新加坡、馬來西亞、印度尼西亞常見的米粉食品。炒粿條通常用豆芽、蝦、韭菜、醬油、辣椒醬來做。無論河粉還是炒粿條都受到了中國烹飪的影響。"河粉"這個詞源於粵語中"米粉"的發音，而"炒粿條"則來自閩南語。有可能是華裔移民最初將這些食物帶到了東南亞。[1]

無論是自願還是被迫，移民是跨文化交流的重要手段。[2]中國封建社會早期，秦漢王朝征戰得勝之後，通常會讓軍隊就地設防常駐。這些軍隊後來成了移民區，在新的邊疆地區防守、定居。《史記》記載，從中國東南沿海，即現在的浙江、福建，延伸到越南北部的紅河流域，有一個總的稱謂——"越"。戰國時期，越國以浙江為中心，曾經是一個強大的王國。[3]"越"在越南語中寫作"Việt"，而"Việt Nam"

---

1 參見維基百科（Wikipedia）中詞條"*pho*"和"*char kway teow*"。對於"*pho*"的來源，該詞條解釋道，這個術語有可能源自法語語詞"*pot-au-feu*"（燜牛肉）。

2 傑克·古迪（Jack Goody）注意到移民導致現在世界各地食物的傳播，並以中國移民在世界各地開中餐館為例，在我看來古代也同樣如此。參見 *Food and Love: A Cultural History of East and West*, London: Verso, 1998, 161-171。

3 Keith Weller Taylor, *The Birth of Vietnam*, Berkeley: University of California Press, 1983, 42.

在漢語被稱為"越南"，字面意思是"越之南"。秦始皇統一中原之後，立即派出五支軍隊征服越國。趙佗（越南語為"Triệu Đà"）指揮其中一支，成功地在越南北部建立了軍事統治。後來秦王朝極速瓦解，趙佗擁軍自立，完全掌控了留在越南的秦國士兵。他切斷了與中國的聯繫，即與新建立的漢朝決裂，並率領部隊向越南南部推進，隨後成立了一個獨立的王國——南越（越南語為"Nam Việt"），這一稱謂也意味著"越之南"。

趙佗為了保衛國家、鞏固權力，據說"封了通往北方的山口，並且除掉了不忠於他的所有官員"。但他在晚年，恢復了與中國的關係，承認為漢朝附屬國。公元前 111 年，趙佗去世幾十年後，南越國（越南歷史上稱趙朝）終結。平定南越後，漢朝將南越國原來的屬地分為七個州，其中兩個位於今天越南境內。通向北方的關口由北部諸省管轄，得到了重新開放，中國對越南的影響更加自如。[1] 這種狀況在接下來的千百年間大體沒有什麼變化。這一時期也出現了一些自治獨立的政權，但都很短暫，直到 938 年吳權建立了獨立的王朝。因此，在筷子文化圈所有地區，越南受到中國的影響最多。

佩妮・范・艾斯特利克（Penny Van Esterik）研究東南亞本土飲食文化時觀察到：

> 中國在東南亞的影響，以越南表現最為明顯。在公元前 214 年，中國軍隊在那裏建立了據點，在公元前 111 年擴張至越南北部，將南越納入漢帝國的版圖。漢人對越南人施行"華化"（文明化），輸出了儒家的官僚機制。越南的書寫文字以漢字為基礎，越南也建立了類似中國的禮儀制度和行政機構，包括實行科舉考試。作為東南亞華化程度最高的越南，因為借鑒了中國的

1　Keith Weller Taylor, *The Birth of Vietnam* 27-30.

飲食習慣，所以成為今天在東南亞唯一主要依靠筷子進餐的國家。939年，越南脫離了中國的統治，獲得了獨立，但中國仍然對其有持續的影響。

范·艾斯特利克還指出，在越南之外，中國與菲律賓也有長久的貿易關係，所以菲律賓的飲食也受到了來自福建的多種影響。在東南亞其他地區和國家，人們有時也使用筷子，但僅僅是為了吃中餐和麵條。[1]

向井由紀子和橋本慶子在對筷子文化圈的研究中也認為，越南人接受筷子作為吃飯的必要飲食工具，中國文化的影響是一個關鍵因素。從上面討論的內容來看，在越南首次受到中國人正式統治之前，這種飲食習慣可能已經在那裏扎下根了。在這兩個國家，竹筷不僅是最常見的品種，而且其設計等特點也極為相似。更具體地說，中國和越南的筷子，底端通常是圓形的，頂端是方形的。這種設計，反映和延伸了向井和橋本認為的中國古代"天圓地方"的宇宙信仰。越南和中國筷子平均長度均為25厘米（或更長），比日本人和韓國人喜歡的更長。和中國一樣，富有的越南人也希望擁有象牙筷子。相比之下，這種偏好從未在日本扎根。[2]當然，地理因素在這裏起了作用——東南亞、南亞地區以及中國，過去和現在都有大象存在，而在日本似乎從未發現過大象的蹤跡。

儘管有上述差異，日本列島的飲食方式仍與中國南方和越南頗為相似。得益於豐富的水資源以及主要島嶼大體溫和的氣候（北海道是個例外），魚和米飯成了日本人的主要食物。如上所述，越南人和日本人可以說是專用筷子的民族，因為在日常飲食中（通常有米飯和魚），筷子作為取食工具使用得既充分又有效。一色八郎認為，由於日本人喜好米飯和魚，一開始他們就把筷子當作飲食工具，而對刀叉

1　Penny Van Esterik, *Food Culture in Southeast Asia*, 5.
2　向井由紀子、橋本慶子《箸》，136—139頁。

置之不理。他解釋說，筷子不僅可以從碗中夾取米飯、送進嘴裏，也可以方便有效地將魚骨和魚肉分離開來，而魚在日本飲食中是最常見的食材。[1] 一色八郎的解釋顯然需要有所修正，因為米飯和魚也是東南亞人的主要食物，而這一地區只有越南人用筷子。此外，眾所周知日本人喜歡米飯，但正如學術研究顯示，例如美國威斯康星大學人類學教授大貫惠美子（Emiko Ohnuki-Tierney）和中國學者徐靜波的論著已經指出，19 世紀中葉以前，普通的日本人不會每天吃米飯，或者說，每天吃，吃不起。徐靜波在《日本飲食文化》中直截了當地寫道：“歷來以稻米民族自稱的日本人，特別是鄉村的民眾，其實在近代以前，日常真正能夠食用米飯的並不多。”而很常見的是，日本老百姓將紅豆和其他食材摻在米飯裏，即使是新年等節日慶祝的時候也不例外。換句話說，認為日本人一直吃米飯，只是個傳說。一些人甚至認為，日本人喜愛米飯反映了他們對奢侈生活的一種追求和嚮往。[2]

如果說越南人和日本人是今天只用筷子的民族，那麼後者實際上直到大約 7 世紀才開始使用這種工具。關於日本早期歷史的信息，可以在中國歷史文獻中找到，西晉陳壽的《三國志》就是其中之一，此書描述了這個時期日本生活的許多方面，堪稱詳盡：

> 男子無大小皆黥面文身。自古以來，其使詣中國，皆自稱大夫。夏后少康之子封於會稽，斷髮文身以避蛟龍之害。今倭水人好沉沒捕魚蛤，文身亦以厭大魚水禽，後稍以為飾。諸國文身各異，或左或右，或大或小，尊卑有差。計其道里，當在會稽、東冶之東。其風俗不淫，男子皆露紒，以木綿招頭。其衣

1　一色八郎《箸の文化史》，40 頁。

2　Emiko Ohnuki-Tierney, *Rice as Self: Japanese Identities through Time*, Princeton: Princeton University Press, 1993; 徐靜波《日本飲食文化：歷史與現實》，上海：上海人民出版社，2009 年，147 頁；Penelope Francks, "Consuming Rice: Food, 'Traditional' Products and the History of Consumption in Japan," *Japan Forum*, 19:2 (2007), 151-155.

橫幅，但結束相連，略無縫。婦人被髮屈紒，作衣如單被，穿其中央，貫頭衣之。種禾稻、苧麻，蠶桑、緝績，出細苧、縑綿。其地無牛、馬、虎、豹、羊、鵲。兵用矛、楯、木弓。木弓短下長上，竹箭或鐵鏃或骨鏃，所有無與儋耳、朱崖同。倭地溫暖，冬夏食生菜，皆徒跣。有屋室，父母兄弟臥息異處，以朱丹塗其身體，如中國用粉也。食飲用籩豆，手食。（《三國志·魏書·倭》）

這段描述的最後一句最為重要，告訴我們在魏晉南北朝時期，日本人大致都靠手指進食——"手食"。此種情形在之後的好幾個世紀都未曾改變。《隋書》對日本的飲食習俗描述如下：

男女多黥臂點面文身，沒水捕魚。無文字，唯刻木結繩。敬佛法，於百濟求得佛經，始有文字。知卜筮，尤信巫覡。每至正月一日，必射戲飲酒，其餘節略與華同。好棋博、握槊、樗蒲之戲。氣候溫暖，草木冬青，土地膏腴，水多陸少。以小環掛鸕鷀項，令入水捕魚，日得百餘頭。俗無盤俎，藉以檞葉，食用手餔之。性質直，有雅風。（《隋書·東夷·倭國》）

在這兩段敘述中，日本人被描繪為經驗豐富的漁民，比起動物肉更喜歡魚蚌。尤其是《三國志》清楚地記載著，古代日本甚至沒有牛、馬、虎、豹、羊等大型陸地動物。

向井由紀子和橋本慶子雖然沒有懷疑《隋書》的記載，但她們推測，從 7 世紀起，日本上層階級可能已經開始用筷子和勺子進餐了。因為唐代編纂的其他史書記載，607 年、608 年的時候，日本推古朝大臣小野妹子兩次作為天皇特使（遣隋使）拜見隋煬帝。小野妹子的出使，標誌著日本政府一系列學習中國文化計劃的開始，小野妹子本人在隋朝還起了一個漢名——蘇因高。而在中國，（由中國人傳授）小野妹子及其隨行人員還第一次學到了如何使用筷子和勺子這套飲食工具進餐。小野妹子首次回程之時，隋煬帝派了特使裴世清（日語讀作はいせいせい）及 12 個侍從陪同他回國。裴世清和小野妹子一同將用餐具進餐的習慣介紹到日本宮廷，當時極受推崇。[1]

史書對裴世清到達日本，備受歡迎的狀況這樣描述：

> 倭王遣小德阿輩台，從數百人，設儀仗，鳴鼓角來迎。後十日，又遣大禮哥多毗，從二百餘騎郊勞。既至彼都，其王與清相見，大悅，曰："我聞海西有大隋，禮義之國，故遣朝貢。我夷人，僻在海隅，不聞禮義，是以稽留境內，不即相見。今故清道飾館，以待大使，冀聞大國惟新之化。"清答曰："皇帝德並二儀，澤流四海，以王慕化，故遣行人來此宣諭。"既而引清就館。其後清遣人謂其王曰："朝命既達，請即戒途。"於是設宴享以遣清，復令使者隨清來貢方物。此後遂絕。（《隋書 · 東夷 · 倭國》）

618 年，隋為唐所取代，《隋書》寫道："此後遂絕。" 不過日本積極引進中國文化的熱情有增無減。中國的影響（日語稱 "大陸風" 或 "唐風"）席捲日本列島，並持續到 9 世紀後期。譬如日本聖德太子對唐朝的政治制度和法律規範有著濃厚的興趣，他努力激勵人們效仿，並將中國文化的其他方面引進日本。日本宮廷派往中國的使團，當時已經改名為 "遣唐使"，反映了中國隋唐兩朝的更替。日本總共派出 13 個使團出使大唐，最後一批遣唐使於 893 年到了中國。之前經朝鮮到達日本的大乘佛教，通過這些使節以及設法跨海抵達日本的

1　向井由紀子、橋本慶子《箸》，44—45 頁；一色八郎《箸の文化史》，54 頁。

中國僧人，有了長足的發展。此外，日本佛教徒如圓仁等人，曾前往中國訪問求法。雖然日本王室和貴族對中國文化特別是飲食文化很著迷，但普通日本人在此時仍然用手來取食。編成於 8 世紀中葉的日本詩集《萬葉集》，收錄有間王子的一首歌，其中這樣描述，日本人在家將食物放在用竹篾編織的籃子裏，出門在外則用樹葉托住食物：

家中多竹器，盛飯敬神明。
行旅唯椎樹，勉將椎葉盛。[1]

這一描述印證了《隋書》中"俗無盤俎，藉以櫟葉，食用手餔之"的記載。不過向井由紀子和橋本慶子猜測，有間王子用樹葉托住食物，也有可能折了樹枝做了筷子來食用。[2]

她們的猜測有些道理，因為考古發現顯示，7 世紀筷子開始出現在日本，在這之前只有勺子。例如，在靜岡登呂遺址和奈良唐古遺址的彌生文化遺存（約公元前 3 世紀）中，僅發現可能用來上菜盛飯的木製勺或長柄勺。（在登呂發現了幾根木棍，長為 35 厘米，直徑為 0.2—0.6 厘米，據信並非用來吃飯的工具。）646 年，即小野妹子出使隋朝的幾十年後，出現了一些筷子，被學者們認定為日本最早的筷子。這表明筷子在日本的使用，受到了中國文化的影響。這些筷子是在奈良飛鳥（592—693 年日本的首都）板蓋宮遺跡中發現的。它們由日本常見的常青樹檜木製成，中間粗，一端尖或兩端逐漸變細；長 30—33 厘米，頂部尖端直徑 0.3—1 厘米。另一組筷子出現在藤原（694—710 年日本的首都）藤原宮遺址中。這些筷子與建造宮殿

1　原詩寫作："家にあれば，笥に盛る飯を。草枕 旅にしあれば，椎の葉に盛る。"用"笥"來形容盛飯的器具，與中國漢代的用法相似。譯文見楊烈譯《萬葉集》上冊，長沙：湖南人民出版社，1984 年，38 頁。
2　向井由紀子、橋本慶子《箸》，45 頁。

的材料相同，也用檜木製成，兩端尖，與板蓋宮的筷子相似，但比較短（長 15—23 厘米），筷子頭直徑 0.4—0.7 厘米。根據這些差異，向井由紀子和橋本慶子推測這兩組筷子用途不同：在板蓋宮發現的長筷子，用於宗教儀式；而在藤原宮發現的，更有可能是修建宮殿的人用來進餐的，之後將其丟棄。[1]

710 年，日本朝廷再次遷都，從藤原搬到平城（位於今天的奈良縣，710—784 年日本的首都）。在平城宮御膳房周圍的溝渠和水井中，共發現 54 根檜木筷子。它們形狀相似，中間較粗，一端或兩端尖細。長 13—21 厘米，直徑約 0.5 厘米。1988 年，平城又有了更重要的發現，在奈良時代最大、最古老的佛教寺廟東大寺附近，發現了 200 多根檜木筷子，形狀和早先出土相似。這些筷子大約 25 厘米長，尖細的下端直徑 0.5 厘米，較粗較圓的頂端直徑 1.5 厘米。向井由紀子和橋本慶子還是認為，平城宮和東大寺兩處發現的筷子很可能是工人用後丟棄的餐具。考古學家還在靜岡伊場遺址（8 世紀晚期文化遺跡）發現了木筷。這些筷子也用檜木製成，長 22—26 厘米，直徑 0.6 厘米。筷子進行了精心打磨，中間粗，呈多面體，兩端稍尖。這一發現表明，到了 8 世紀，筷子的使用也許不再僅限於皇室和佛教徒，不再是一種具有異國風情、奢華的行為。[2]

日本早期發現的所有筷子，特徵都類似於中國隋唐時期的筷子：中間粗，下端尖，或者兩端逐漸變細。唐代筷子的長度也各不相同，為 18—33 厘米，平均長度為 24 厘米，比中國早期的筷子長。[3]因此，在日本發現木筷對研究東亞筷子史很重要。第一，中國很少有隋唐時期的木筷出土，它們大多出現在唐代文學作品中，此外還有用

1 向井由紀子、橋本慶子《箸》，21—22 頁。

2 同上書，22—24 頁。

3 劉雲主編《中國箸文化史》，222—223 頁。

金、玉、犀牛角和香木製成的筷子。[1] 第二，無論是木材還是金屬，同期在日本和中國發現的許多筷子，有著相同的設計：筷身粗，兩端尖。雖然這種設計在日本被仿效、保留下來，但在中國似乎只流行於隋唐時期，之後的筷子基本都只有一端尖。在中國，筷子最常見的形狀是底端尖細，頂端呈四方形，可以防止從桌子上滾落。如前所述，這種筷子在越南也很受歡迎。第三，如果某些日本木筷確實是現場勞動的建築工人丟棄的，那麼它們很可能是世界上最早的一次性筷子。

8 世紀開始，日本文獻中也出現了筷子，即漢字"箸"。《古事記》和《日本書紀》成書於 8 世紀初，是日本歷史上最早的兩部史籍，其中就有關於筷子的神話故事。譬如日本有名的男神速須佐之男命，又名須佐之男、降馬頭主、素盞嗚尊、素盞雄大神、素戔嗚尊、須佐乃袁尊、牛頭天王等，以斬殺八岐大蛇聞名，其中提到了筷子。《古事記》中這樣記述：

> 速須佐之男命既被逐，乃到出雲國肥河之上叫作鳥髮的地方。其時有筷子從河裏流了來，因想到上流有人住著，遂去尋訪，乃見老翁老婆二人，圍著一個少女正在哭泣。於是速須佐之男命問道："你們是誰呀？"老翁說道："我乃是本地的神，大山津見神的兒子，叫作足名椎。我的妻名叫手名椎，女兒的名字是櫛名田比賣。"速須佐之男命又問道："那麼，你哭的理由是為什麼呢？"老翁答道："我的女兒本來有八個。這裏有高志地方的八岐的大蛇，每年都來，把她們都吃了。現在又是來的時候了，所以哭泣。"[2]

速須佐之男命聽了之後對老翁說，如果我把八岐大蛇殺了，你

1　劉雲主編《中國箸文化史》，221—222 頁。

2　安萬侶著，周作人譯《古事記》，北京：中國對外翻譯出版社，2000 年，16—18 頁。

是否願意將櫛名田比賣嫁給我。老翁答應了。之後速須佐之男命設計將八岐大蛇灌醉，成功將之斬殺。事成之後他便與櫛名田比賣結成夫妻。而他們兩人最初的相見，則是因為筷子從肥河的上游漂流下來的緣故。

有關筷子的神話在《日本書紀》也中出現，卻以悲劇結束。崇神天皇（公元前 97 — 前 30）十年，《日本書紀》記載了這樣一件事情：

是後。倭跡跡日百襲姬命。為大物主神之妻。然其神常畫不見。而夜來矣。倭跡跡姬命語夫曰："君常畫不見者。分明不得視其尊顏。願暫留之。明旦仰欲觀美麗之威儀。"大神對曰："言理灼然。吾明旦入汝櫛笥而居。願無驚吾形。"爰倭跡跡姬命。心裏密異之。待明以見櫛笥。遂有美麗小蛇。其長大如衣細。則驚之叫啼。時大神有恥。忽化人形。謂其妻曰："汝不忍令羞吾。吾還令羞汝。"仍踐大虛。登於御諸山。爰倭跡跡姬命仰見。而悔之急居。則箸撞陰而薨。乃葬於大市。故時人號其墓。謂箸墓也。是墓者日也人作。夜也神作。故運大阪山石而造。則自山至於墓。人民相踵。以手遞傳而運焉。[1]

故事這麼說，日本那時有位公主名叫倭跡跡日百襲姬，生得十分端莊美麗，嫁給三輪山之神大物主為妻。婚後她發現，丈夫每天總是到了晚上才回來，次日天還沒亮就會走。有一天，她便懇求丈夫不要走，因為倭跡跡日百襲姬想看一看夫君究竟長得怎麼樣。大物主答應了，便告訴她，第二天早上打開梳妝盒的時候，就會看到他。大物主還告誡她說，不管看到什麼，都不能害怕，倭跡跡日百襲姬應允了。第二

1　《日本書紀》，《國史大系》第一卷，東京：經濟雜誌社，1897 年，112—113 頁。

天早晨，倭跡跡日百襲姬滿懷期待地打開了梳妝盒，她看到盒中有個東西在蠕動，拿起一看，原來是條美麗的小蛇。這時，她才知道她的丈夫的真身是一條蛇，便失聲驚叫，早把曾經承諾過的忘記了，扔下梳妝盒就跑了。大物主看到倭跡跡日百襲姬如此表現，感覺受到了羞辱，於是就變回了人形對她說："我不想羞辱你，但你卻羞辱了我。"然後就到山上去了，再也沒有回來。倭跡跡日百襲姬悔恨交加，便用箸（筷子）插入自己的陰部自殺了。倭跡跡日百襲姬公主死後，為她所建的墳墓被稱為"箸墓"（はしはか）。

此墓今天位於日本的奈良縣櫻井市，吸引遊人前來參觀。也許是因為《日本書紀》說該墓的建造，白天為人而晚上由神作之，所以規模相當大，全長 276 米。關於墓主身份，學界尚有爭議。雖然《日本書紀》說是倭跡跡日百襲姬公主的墓，也有人說她就是日本古代邪馬台國的女王卑彌呼（約 159—247），但是該墓的建造則標誌了日本古墳時代的開始，並且是那時所有古墳中最大的一座。

這些當然都是神話，也許反映的只是日本人對筷子的崇敬心理。但與《古事記》和《日本書紀》相近以及略晚的歷史文獻，也開始提到筷子在日本的收藏和使用。例如，奈良東大寺的僧人在其日志中記錄，收到過捐贈的玳瑁筷子。此外，日志還提到，寺廟藏有一雙特殊的木筷，由黑柿木製成。具有諷刺意味的是，這兩雙特別的筷子並沒有保存下來，而極為普通的檜木筷子（也許是工人或僧侶使用後丟棄的）則在東大寺周圍出土。[1] 這座佛教寺廟的記錄也顯示，這一時期，日本人繼續從海外帶回筷子或"舶來の箸"。這些進口筷子由各種材料製成，包括銀和各種銅合金。《延喜式》是 9 世紀由天皇下令編纂的一套有關官制和禮儀的律令條文。這一文獻表明，日本上層階級同中國、朝鮮的王公貴族一樣，也喜歡金屬筷，比如銀筷和銅筷。

---

1 向井由紀子、橋本慶子《箸》，24 頁。

由於金屬筷可能是進口的，《延喜式》規定金屬筷僅供日本皇室和頂級貴族階級使用，而低於六品官職的人都只能使用竹筷。然而，竹筷也有可能是進口的，因為到目前為止，日本早期考古遺址中並未出土竹筷。[1]日本確實有竹子生長，但竹筷不像中國和越南那樣普遍。

小野妹子最先將筷子從中國帶到日本時，演示了筷子和勺子成套使用的方法，這是他在中國學到的禮俗。[2]在接下來的兩三個世紀，即從奈良時代（710—794）到平安時代（794—1185），日本皇室和貴族一直遵循著這個悠久的中國習俗。《宇津保物語》成書於 970 年，是一部描述日本貴族生活的文學作品。書中記錄了這樣一個故事：一位貴族的妻子生下孩子後，家裏收到了各種禮物，如熟食、碗盤、餐具，餐具中就有銀筷和銀勺。另一部成書於 10—11 世紀的文學作品《枕草子》，作者清少納言是一位宮廷女官。她描述的一件"優雅有致"或"令人嚮往"的事情就是在一個房間靜坐的時候，聽到隔壁房間有人談話、吃飯，"有箸、匙等碰撞的聲音，甚至連提壺的把手放下的聲音也能聽見"。向井由紀子和橋本慶子認為，這說明當時日本的貴族與唐朝的中國人一樣，用的是金屬的餐具。[3]隨著時間的推移，中國的影響漸漸減弱，金屬餐具變得不太常見，同時用勺子和筷子進餐的習慣也慢慢式微了。《廚事類記》（1295 年以降）"調備部"，有關於箸、匙如何使用的描述："銀製的箸、匙和木製的箸、匙，各置於箸台上，或置於馬頭盤中。銀箸（食前供飯）只取用三次。木箸用於飯食和珍饈。銀匙用於盛湯，但木匙用於飲用湯汁。木製的箸、匙尺寸比銀製的箸、匙小。"換句話說，銀筷只用來吃前餐，而木筷

1　向井由紀子、橋本慶子《箸》，31，49 頁。

2　一色八郎《箸の文化史》，54—55 頁。

3　清少納言著，林文月譯《枕草子》，台北：洪範書店，2000 年，216—217 頁。此處譯文又根據周作人的譯本有所改動，參見周作人譯《枕草子》，北京：中國對外翻譯公司，2001 年，299 頁。另見向井由紀子、橋本慶子《箸》，47 頁，其中說此段出於《枕草子》第 201 段"耳朵頂靈的人"（林文月譯為"再沒有人比大藏卿更銳耳的了"），有誤。

用來吃主食——米飯。這兩種筷子長度也有所不同：銀筷長，木筷短。向井由紀子和橋本慶子根據中古日本的文學史料和畫冊指出，日本那時的貴族受到中國和朝鮮半島文化的影響，傾向於使用金屬器皿，但平民則多用木筷和竹筷。[1]

相對而言，日本的竹筷不多，大多是木筷，與中國和越南有些不同。也許在平安時代之後，中國影響的衰退導致了日本人對製作竹筷興趣索然。但日本人曾用竹子製作家居用品。《隋書》和《萬葉集》都記錄了日本人製作竹籃（籩或筥）盛裝食物，這種傳統今天仍然可以在一些地方看到。在日本文學作品和民間傳說中，竹子的形象是積極正面的。《竹取物語》是現存最早的"物語"作品，講述了伐竹翁（日文稱"竹取翁"）的故事。有一天，伐竹翁在竹林中一根竹子裏發現了一個漂亮的女孩，便把她帶回家，交給妻子當女兒撫養。從此，每當他去砍竹子時，總會在竹莖裏發現金子。女孩成年之後，美貌吸引了許多追求者，甚至包括皇帝。但她拒絕了所有人，並解釋說，自己是從月亮上下來的女神，不得不離開塵世回到月亮上。故事隨著她的離開而結束了。

伐竹翁的故事也出現在《萬葉集》中，這個故事可能就起源於日本，不過內容頗為不同：

> 昔有老翁，號曰竹取翁也。此翁季春之月，登丘遠望，忽值煮羹之九女子也。百嬌無儔，花容無止。於時，娘子等呼老翁嗤曰：叔父來乎，吹此燭火也。於是翁曰：唯唯。漸移徐行，著接座上。良久，娘子等皆共含笑，相退讓之曰：阿誰呼此翁哉。爾乃竹取翁謝之曰：非慮之外，偶遇神仙，迷惑之心，無敢所禁，近狎之罪，希贖以歌。[2]

1　向井由紀子、橋本慶子《箸》，49—52頁。
2　楊烈譯《萬葉集》下冊，660頁。

第四章　筷子文化圈的形成：越南、日本、朝鮮半島及其他

155

日本研究者最近指出，故事中竹林女孩是一位最終要離開人間的月亮女神，這個情節的發展可能受到了中國民間故事的影響。嫦娥的傳說自古以來在中國家喻戶曉，故事描述了一位年輕的凡間女子渴望去月亮上生活，最終她成了月宮神仙。在這個傳說中，有一位名叫吳剛的伐木人也住在月亮上。四川竹子特別常見，那裏也有"斑竹姑娘"的傳說，講述生活在竹莖中女孩的故事，其情節與《竹取物語》有類似之處。[1]

　　《古事記》有這樣的記載：神功皇后的時代，皇后為神所依附，說是奉神的指令，決定入侵"西方一國"，即朝鮮。大臣進一步向神功皇后請示，如何準備這次戰爭，皇后答道："今如誠欲尋求其國，可對於天神地祇，以及山神，河海諸神，悉奉幣帛，將我的御魂供在船上，把真木的灰裝入瓢內，並多做筷子和葉盤，悉皆散浮大海之上，那樣的渡過去好了。"《日本書紀》對神功皇后征服朝鮮也有記載，但沒有提到筷子。一色八郎認為《古事記》提到的筷子，是竹製的。這些竹筷，漂浮在海面上，伴隨著她的艦隊到了朝鮮半島，海水都分開為之讓路。朝鮮的新羅國王無奈投降，神功皇后入侵成功，在 3 世紀初征服了朝鮮。[2] 除了這個傳說，還有證據表明，日本的筷子有些是用竹子製成的。眾所周知的例子是"真魚箸"，這是一種用來製備魚類菜餚的烹調筷子。現在的"真魚箸"，更有可能是木製或金屬製的，通常比日本人用來吃飯的木筷長。我在訪問京都筷子專賣店時，也看到了不少竹筷，長短、形狀不一，所以日本的竹筷雖然沒有木筷普遍，但並不少見。

　　不過，如果神功皇后使用的是竹筷，那也許是歷史文獻記載中

1　參見伊藤清司《竹取公主的誕生——古代說話的起源》（《かぐや姫の誕生——古代説話の起源》），東京：講談社，1973 年。

2　安萬侶著，周作人譯《古事記》，98 頁；《日本書紀》第九卷，162—163 頁；一色八郎《箸の文化史》，8—9 頁。

少見的一次。《古事記》和《日本書紀》提到的其他筷子，似乎都是用木頭製成的。例如，上面講述的男神速須佐之男斬殺八岐大蛇的故事，一開始就是因為他看到河裏漂著木筷，才往上游走，遇到了一對老夫妻和他們的女兒。這個故事表明，在兩部歷史文獻編定的時代（8世紀），日本人已經認定，人類用筷子吃飯理所當然。那麼，這些漂浮在河中的筷子是成對使用的嗎？《萬葉集》提供了答案，其中一首詩歌描述了詩人的喪弟之痛。"父母撫養我倆，像彼此面對的筷子一雙，"男子痛惜地問道，"為何弟弟的生命像朝露那麼短暫？"[1]

日本是一個土地綠化率較高的國家，木材在整個日本列島很容易獲得。因此，木筷在日本最常見，與自然條件有關。製作木筷用得最多的是柏樹木和松樹木。在各類柏樹中，日本人又偏愛檜木和杉柏。他們認為，這些常青樹象徵著日本文化的生命活力。日本人有一種崇拜老樹的傳統，這些樹往往會吸引成群的朝聖者，被稱為"神木"。也許正因如此，與其他材料包括竹子相比，柏木製成的筷子地位很高。一色八郎在他的書中論述了"箸杉信仰"，即對杉柏木筷子的崇拜。好幾個世紀以來，很多日本人都保留了這一信仰。[2]除了杉柏，其他品種的木材如檜木和柳樹，也常用來製作用於慶典的筷子。

樹木崇拜是神道教的信仰，因此日本人對木製品特別是木筷的喜愛，還延伸了神道教的影響。神道教信徒稱日本為"神的國度"，根據日本神道教，樹木（還有岩石、河流、山脈等）是"神的國度"中傳承自然精神的"自然力量"。樹木有自己的靈魂或"木靈"。為了親近"木靈"，並向"木靈"致敬，日本人只使用未處理的木材來建造神社。神社內的家具和器物也大多用裸木製成，不上油漆或清漆，儘管日本首先因其漆料和漆器而聞名於西方世界。人們偶爾可以在神社找到竹製品，比如遊客進入神社前洗手用的水瓢，但木製品更為

1　向井由紀子、橋本慶子《箸》，45—46頁。

2　一色八郎《箸の文化史》，11—15頁。

常見。

　　神道教在許多方面影響了日本的筷子文化，包括如何製作及使用筷子。例如，為延長木筷的壽命，可以上漆，這種做法在中國和日本都有。漆箸被日本人稱為"塗り箸"，品種多樣，其區別取決於在何地製作、使用何種塗料（漆只是其中一種）為之上光等。但是像神社裏使用的未經處理的木材，沒上漆、只稍微拋光的白木筷或"白木箸"，卻最被日本人看重。也許是因為這些沒上過漆的白木筷，可以讓使用者毫無阻礙地直接與自然或樹神交流。正因如此，用柳木或柏木製成的白木筷，通常被用在神社和寺廟的宗教儀式上。其中的觀念是，"神樣"和人在這個世界上形成了一個相互聯繫的生命體，所以他們也一起享用食物，而使用白木筷使這種聯繫達到了極致。因此，這些白木筷通常被稱為"お箸"（尊筷），據其用途也可以稱為"神箸"（神筷）或"靈箸"（靈筷）。由於人們相信日本天皇是神道教的神，日本皇室也使用白木筷。

　　佛教對塑造日本的筷子文化（包括日本人對白木筷子的偏愛），同樣十分重要。佛教教義迴避世俗的貪戀，包括肉和其他奢侈的食物。因此，在亞洲各地佛教寺廟裏，僧侶和尼姑吃的飯菜很簡單，主要是粥和蔬菜。《入唐求法巡禮行記》提到，圓仁在行旅中，在唐朝佛教寺院投宿時，受到了中國僧人素樸的招待。這種對簡單膳食的強調，逐漸擴展到簡單餐具上。事實上，筷子成為進食的專用工具，很有可能是僧人最先這麼做的。而僧人使用的最常見的筷子，是用木頭或其他便宜的材料製成的。

　　8世紀中葉，即圓仁來到中國大約一個世紀之前，在筷子剛剛被介紹到日本皇室和貴族不久的年代，唐朝高僧鑒真歷經幾次失敗之後，成功在日本登陸了。筷子私人收藏家藍翔推測，中國僧人用筷子吃飯，故而這種典型的用餐方式影響了日本人，使普通大眾改變了飲食方式。藍翔提出，雖然小野妹子教會了日本王室用餐具進餐，但有可能是中國僧侶將這種餐飲習慣傳播給日本普通民眾的。由於在東大寺出土了一批木筷，而鑒真到達日本後正是在此設壇授戒，所以這種猜測是有可能的。佛教也影響了日本的烹飪傳統。比如著名的“懷石料理”起源於佛教寺廟。雖然懷石料理現在變得既精緻又昂貴，但所需餐具仍然是一雙普通的白木筷子。順便說一句，日本人使用筷子的禮儀，即把筷子平放在桌子上，吃飯前用雙手將之禮貌地舉起，也在其他地方的佛教寺廟中發現。[1]

用來吃懷石料理的筷子也叫“利休箸”，得名於茶道宗師千利休（1522—1591）。據說千利休邀請客人飲茶吃膳之前，先取赤杉木製成的四角形筷子，用小刀將筷子的兩頭微微削尖，這樣客人使用的時候，既能聞到木料的香味，又能體會千利休的暖心。由此“利休箸”的形狀是中間粗，兩端尖。[2] 不過日本早期出土的木筷，也採用這個形狀，並與中國出土的隋唐時期的筷子相似。所以稱這一形狀的筷子為“利休箸”，或許是出於對千利休的尊重。這種兩端逐漸變細的筷子也被稱為“両口箸”，與只有一端尖的“片口箸”不同。有人相信，用“利休箸”或“両口箸”吃“懷石料理”的原因之一，是因為餐宴由好幾道菜組成，筷子的兩端可以用來夾取不同的菜式，享受每道菜獨有的味道。至於在其他正式場合如宗教或慶祝活動用的筷子（通常為普通的木筷），將在接下來的章節中討論。

用不同的筷子來取食不同的食物，並不始於“懷石料理”。前文引用的《廚事類記》建議，用銀箸吃開胃菜，用木箸吃米飯。後來，人們用“真魚箸”吃海鮮，用“菜箸”吃蔬菜。這兩種筷子有一端逐漸變細，這樣便成了“片口箸”；只是“真魚箸”比“菜箸”長一些。室町時代（1337—1573），日本的烹飪以“本膳料理”為標誌，達到了很高的水平（“本膳料理”是含有多道菜式的飯餐，儘管這個

1　藍翔《筷子，不只是筷子》，台北：麥田出版社，2011年，271—274頁。

2　一色八郎《箸の文化史》，130—131頁。

詞的字面意思是"主餐")。吃"本膳料理",要用到"真魚箸"和"菜箸"。食客用前者從魚骨上剔下魚肉或者從蚌殼內挑出蛤肉,用後者夾取蔬菜。但《日本飲食文化》的作者徐靜波認為,16世紀末,大多數日本人開始只用筷子吃飯。這種筷子一端往往尖細方便吃海鮮,像"真魚箸";但長度短,像"菜箸"。這樣的設計在今天的日本依然流行,使日本筷子與亞洲其他地區的筷子的形狀和使用有所區別。[1]

　　值得一提的是,日本森林資源的充足和神道教的影響,還導致了日本人發明和使用了"割り箸"或"割箸"。如其名稱所示,這些筷子由木頭製成,兩根連在一起,中間有一凹痕,可以讓使用者掰開。割箸因為所用的木料一般比較隨意,因此用完之後往往就扔掉了。前面已經提到,向井由紀子和橋本慶子認為,那些在平城宮和東大寺出土的木筷,也許就是施工者使用之後丟棄的。所以在今天,割箸與一次性筷子有同樣的意思,可以在祭祀、節日或日常生活中使用。據向井由紀子和橋本慶子的考證,割箸淵源於奈良的吉野郡,那裏雨量充足,盛產杉木,至今仍然是日本割箸的主要產地。14世紀那裏的人像千利休一樣,手削了一些割箸,呈給後醍醐天皇,於是就有了最早的割箸。日文中"割"的意思,是用從木材上割取下來的餘料製作筷子。後來需求量增加,也許為了製作簡便,就不再一根根地削,而是兩根一起,讓食客自己掰開使用。這些木筷,也可以稱為"利休箸"或"利久箸",後者據說是一對恩愛的夫婦討厭"休"這個字,因此改稱"利久"("休"和"久"日文訓讀一樣),希望他們的婚姻能長久、白頭偕老。由於這些割箸可以在節日和平時兩用,因此有的也製成一頭尖,與現在日常所用的一次性筷子相似。割箸的流行還有一個原因,與神道教認為木頭可以通靈的信念有關;使用者常常在用完之後,或者將其燒成灰,或者將其折斷,再埋進土裏,與神相合,因此

1　徐靜波《日本飲食文化:歷史與現實》,87,127頁;同時參見一色八郎《箸の文化史》,130—131頁。

日本人在祭祀或過節，供奉神饌的時候，都會使用割箸（常用柳木做，不上漆，稱為"素木箸"），用完即丟棄。[1]

關於日本人製作簡單的木筷，用完即丟棄的傳統，朝鮮史學家編寫的《朝鮮王朝實錄》提供了直觀的材料：

> 代官宗貞秀、宗盛弘、宗職家、宗中務少輔職續送下程。十一日，早田彥八來言："吾世受貴國之恩，凡遇貴國使臣，必邀至吾家奉待，今亦欲設朝餐，願暫臨弊廬。"臣往見之，酒數行而罷，又設飯無匙只有木筯，一用即棄。俗皆類此。（《朝鮮王朝實錄·成宗實錄七年》）

上面是 1476 年的記載，說到朝鮮官員受到日本人設宴接待，從中看出那時的日本人已經只用筷子吃飯，而且用的是木筷，用完即扔。在1809 年，《朝鮮王朝實錄》又提到日本的家用器具，基本都用木料，筷子也同樣是木筷：

> 島俗尚儉，伊豫州之山，出銅鐵，取之無竭。而切禁鍮器，日用盡是木器、木筯，饌用海魚、海菜、鹿肉、山藥、牛蒡之屬，其味甚淡。雖賤人，茶不離身。大抵財用則甚惜，而生齒日繁，島勢漸殘雲。一，公廨、私室，務極精緻，不施丹青。材木皆纖細，壁不用土，妝以薄板，四面皆障子，推移開闔，未見戶樞門環。……（《朝鮮王朝實錄·純祖實錄九年》）

筷子在朝鮮半島使用的歷史，應該比在日本的時間更長。不過，筷子並不是朝鮮人用的第一件取食工具。考古發現表明，與中

1　一色八郎《箸の文化史》，113—117 頁；向井由紀子、橋本慶子《箸》，90—95 頁。

國古代一樣，勺子才是朝鮮人使用的最早的飲食工具（所以上面提到的朝鮮人看到日本人只用筷子——"設飯無匙只有木筯"——略顯訝異）。在朝鮮發現的最早的勺子是用骨頭做的，出土於今朝鮮咸鏡北道羅津遺址，屬於公元前 700—前 600 年的物品。另一個考古遺址位於平壤附近，在這裏發現了漆木勺，年代為公元前 313—前 108 年。[1] 最早的青銅箸回溯到 6 世紀早期，是在百濟武寧王（501—523 年在位）的陵墓裏發現的。這些青銅筷子與青銅勺一起出土，說明朝鮮王室進餐時可能會同時用勺子和筷子。有證據表明，朝鮮人使用匕箸是受中國的影響，所以這些筷子的形狀與當時中國筷子一樣。這些青銅箸中部更粗更圓，兩端稍尖細，頂部直徑 0.5 厘米，底部直徑 0.3 厘米，長大約 21 厘米，與同時代的中國和日本的筷子差不多。

　　大約公元前 2 世紀，漢武帝征服了衛滿朝鮮，在朝鮮半島北部設立了"漢四郡"——樂浪、臨屯、玄菟和真番，大約存在了四個世紀。然而，幾乎沒有什麼證據可以表明，這些軍事建制影響了當地人的用餐習慣。推測漢四郡在這幾百年裏，可能與朝鮮當地人的關係，並不一定十分融洽。在魏晉南北朝時期，百濟王國通過海路與中國南方各王朝保持了多種聯繫。新羅的情況也頗為相似，只是交往不如百濟頻繁。唐王朝崛起之後，滅掉了百濟和高句麗政權。正因如此，唐代史學家筆下有對高句麗、新羅、百濟的描述，不僅記錄了他們與唐朝的交往，而且還記載了他們的地理、歷史和文化。然而，沒有提到朝鮮半島的人那時是否使用飲食工具，只是說他們"好蹲踞，食用俎机"（《北史·高麗》）。

　　百濟王國與中國南朝政權保持了較為密切的聯繫，定期納貢，那麼，國王墓葬中發現的筷子和勺子會不會是中國統治者回贈的禮物

1　向井由紀子、橋本慶子《箸》，14—20 頁。

呢?這種可能性當然是存在的,還沒有確鑿的文獻證據證明當時朝鮮人進餐時會使用餐具。金富軾的《三國史記》和一然的《三國遺事》分別出現在 12 世紀早期和 13 世紀早期。但這兩部史籍都沒有提到當時的人使用筷子。"三國時代"後期,朝鮮半島受中國的影響更大。儒家、道家和佛教都對朝鮮社會結構的形成產生了巨大的作用,當然就影響程度來說,還存在地區差異。此外,唐王朝軍隊征伐高句麗政權後,可以想象,朝鮮半島的普通居民也會接觸到中國的飲食習俗。總之,大約在 6 世紀,多數朝鮮人可能已經開始使用餐具吃飯了。

唐朝衰亡後不久,朝鮮半島出現了一個新王朝——王氏高麗(918—1392)。936 年,高麗王朝統一了朝鮮半島。高麗是朝鮮歷史上一段重要時期,甚至"Korea"這個英文名稱也源於此。朝鮮半島上發現了很多這一時期的筷子。這些出土的筷子都是由銀、銅或銅合金製成的,其形狀與早期的筷子相似,筷身呈圓柱或多面體,兩端稍細。不論在哪裏,筷子發現時總有勺子相配;後者通常是由相同的材料製成。這一切都表明,朝鮮人大都有使用餐具的習慣。像唐朝的中國人那樣,當時的朝鮮人進餐時會同時使用勺子和筷子。這種進餐習慣在今天的朝鮮半島,仍然被奉為正式規範。

朝鮮半島基本上和中國華北地區處於同一緯度,也許正因如此,這兩個地區過去和現在的飲食方式都很相似。唐代歷史文獻雖然沒有描述早期朝鮮人如何進餐,但都一致表示半島的農業與中國極為相似。例如,李延壽著於 7 世紀中葉的《北史》說新羅"田甚良沃,水陸兼種。其五穀、果菜、鳥獸、物產,略與華同"(《北史·新羅》),而其他唐代文獻也逐字引述了李延壽的描述(《隋史·東夷·新羅》)。和其他古代作家一樣,李延壽等人未能指出五穀都是什麼作物。他提到朝鮮人水陸兼種,有可能其中就有水稻。不過像在中國北方,水稻在那裏似乎不是主要作物。考古學家指出,源自中國北方的粟、黍農業自新石器時代開始就通過膠東半島往朝鮮半島延伸，而水稻也沿著相同的路線往那裏擴展，不過要遲上一千年左右。[1] 金富軾的《三國史記》中，水稻只出現了 2 次，而小米和小麥分別出現了 19 次和 11 次。有趣的是，金富軾雖然多次提到小麥，卻常常因為小麥的種植由於氣候而受損，不是 "隕霜傷麥"，就是 "大旱無麥"，可見小麥沒有小米那樣耐澇抗旱。[2] 15 世紀下半葉，朝鮮士人崔溥（1454—1504）遇到海難，漂流到了中國南方，然後沿著京杭大運河北上，最後跨過鴨綠江回國。他在中國的時候，對各類事物觀察頗為細緻。有次他向中國官員請教，能否教他 "水車之制"，對方問他有何用處，崔溥解釋說："我國多水田，屢值旱乾，若學此制以教東民，以益農務，則足以唇舌之勞可為我東人千萬世無窮之利也。"[3] 他們的對話顯示，直到崔溥的時代，也就是中國明代，朝鮮半島的水稻栽培在技術上仍然無法與中國相比。由此看來，朝鮮半島的小麥與水稻，在那時均沒有小米重要。

與金富軾寫作《三國史記》同時，北宋皇帝宋徽宗派往高麗的特使徐兢於 1123 年到了朝鮮，寫下了內容豐富的《宣和奉使高麗圖經》。此書對朝鮮半島進行了全面描述。徐兢寫道："其地宜黃粱、黑黍、寒粟、胡麻、二麥。其米有秔而無糯，粒特大而味甘。牛工農具大同小異，略而不載。"並特別指出："國中少麥，皆國人自京東道來，故麥價頗貴，非盛禮不用，在食品中亦有禁絕者，此尤可哂也。"換句話說，那時朝鮮半島雖然適宜種麥，但高麗國的人那時主要種的是小米，小麥多由中國進口。所以他在另一處又記道，高麗人當時招待來賓，"食味十餘種，而麵食為先，海錯尤為珍異"。至於

1　宮本一夫著，吳菲譯《從神話到歷史：神話時代 夏王朝》，桂林：廣西師範大學出版社，2014 年，196—209 頁。

2　金富軾著，孫文範等校勘《三國史記》，長春：吉林文史出版社，2003 年，41，133，212，282，289，312 頁。

3　崔溥著，葛振家點注《漂海錄》，北京：社會科學文獻出版社，1992 年，141 頁。

水稻，那時高麗人種粳（秔）稻，而沒有糯米。[1] 換句話說，當時水稻像小麥一樣較為少見，可能主要為了製酒，不太會被當作日常主食。徐兢注意到高麗人只種植粳稻，很可能與當時中國的情況做了比較；那時，秈稻尤其是占城稻已經開始從越南引入中國南方。占城稻的引進，使中國人更多以稻米為主食，這一變化有助提升筷子作為餐具的地位。總之，徐兢的記錄顯示，12世紀前，朝鮮半島的飲食方式與唐代中國北方相當，只是麥類穀物的食用要比宋朝的中國人少。

如同早期的文獻，徐兢的《宣和奉使高麗圖經》沒有提到朝鮮人進餐時是否會用勺子和（或）筷子，但他在多處記錄了高麗人如何進餐：

> 麗（高麗）俗重酒醴，惟王府與國官有床桌盤饌，餘官吏士民惟坐榻而已。……麗人於榻上復加小俎，器皿用銅。驪臘魚菜，雖雜然前進，而不豐腆。酒行無節，以多為勤。每榻只可容二人，若會賓多，則隨數增榻。各相向而坐。

至於高麗人就餐時所用的器皿，徐兢指出："觀其製作，古樸頗可愛。尚至於他飲食器，亦往往有尊、彝、簠、簋之狀。而燕飲陳設，又多類於莞蕈幾席。蓋染箕子美化，而彷彿三代遺風也。" 日常生活中使用的各種器具，如碗、盤、盆、瓶、罐等廚房用品，其質地有黃銅、陶瓷和木料，後者通常上漆，但工藝水平一般。不過徐兢總體上對朝鮮的金屬工藝，印象特別深刻，尤其是朝鮮人在金屬器皿上鍍金銀的方式。他寫道："器皿多以塗金或以銀，而以青銅器為最貴。"他也特別讚賞當時朝鮮製作的青瓷："陶器色之青者，麗人謂之翡色。近年已來製作工巧，色澤尤佳。酒尊之狀如瓜，上有小蓋，而為

1　徐兢《宣和奉使高麗圖經》，殷夢霞，于浩選編《使朝鮮錄》上冊，北京：北京圖書館出版社，2003年，180，186，270頁。

荷花、伏鴨之形。復能作碗、碟、杯、甌、花瓶、湯盞，皆竊仿定器制度。"[1]

雖然徐兢沒有提到高麗人是否用餐具進餐，可是我們不能輕易下結論說，當時朝鮮半島的居民，仍然用手指進食。如果換個角度來看徐兢的記載，我們可能會得出結論：他們應該是已經開始使用餐具了。因為徐兢訪問的時候，觀察得相當細緻、用心，如果高麗人沒用勺子和筷子，他極有可能會在書中指出。就此問題，我們或許可以用趙汝适的《諸蕃志》來幫助說明。《諸蕃志》比《宣和奉使高麗圖經》大約晚一百年，對宋朝周圍的國家，遠到非洲，近到越南（時稱交趾）、日本、朝鮮半島，都有描述。值得一提的是，《諸蕃志》與《宣和奉使高麗圖經》一樣，沒有提越南人和朝鮮人使用餐具，但指出他們的飲食習慣，或"略與中國同"，或"略仿中國"。但趙汝适在講到交趾的鄰國真臘，即今柬埔寨的時候，立即指出他們"以右手為淨，左手為穢。取雜肉羹與飯相和，用右手搊而食之"。然後又在描述真臘西面的鄰國登流眉國（今泰國南部）的時候，說那裏的人"飲食以葵葉為碗，不施匕箸，搊而食之"。顯然，趙汝适指出真臘及其鄰國不用餐具，是因為它們與越南鄰近，但沒有接受用餐具進食的習慣，讓他略感訝異，所以特意指出。而《諸蕃志》在描述中亞、南亞、非洲等國的時候，只是說他們如何吃飯，並未特別指出那裏的人不用匕箸。譬如他在形容波斯國的時候，說："食餅肉飯，盛以瓷器，搊而啖之。"[2] 對趙汝适而言，那些國家距離中國很遠，不用餐具並不讓他奇怪，所以不值一提，而作為與中國毗鄰而居的越南和朝鮮，這裏的人使用餐具進食，也不讓他覺得有記載的必要。

高麗王朝後期，人們似乎漸漸喜歡上了稻米。在 15 世紀中葉成書的《高麗史》中，稻米出現的頻率比以前的文獻要多。稻米還是存

1　徐兢《宣和奉使高麗圖經》，180—181，191，217，249，263，275 頁。
2　馮承鈞撰《諸蕃志校注》，1，7，10，85，74 頁。

放在政府糧倉中，以備賑濟饑民的儲備糧食。此外，朝廷還用稻米獎勵忠臣良將。這些情況表明，水稻雖珍貴，但已比從前更容易獲得。然而，書中還是小米出現的次數最多，超過當時流行的其他穀物。這表明，小米仍然是大多數朝鮮人的澱粉類主食。鑒於此，可以理解為什麼朝鮮人保持了唐代的用餐習慣，吃飯時既用勺子也用筷子。而勺子和筷子，同時出現在高麗王朝和之後的朝鮮王朝（1392—1897）墓葬中。在第二章中我們討論過，小米最好煮成粥，而吃粥用勺子比用筷子方便、優雅。

徐兢在高麗國訪問的時候，對那裏的金屬加工手藝質量之高，印象頗深。他看到的先進冶金技術是否有助於解釋這個問題：與日本相比，迄今為止朝鮮早期出土的絕大多數用具，為什麼都是用金屬而不是木材製成的？這當然有可能，毫無疑問，無論是銀還是銅，金屬器皿更耐用，故而廣受喜愛。《朝鮮王朝實錄》中，有關日本人用木器的記載，提到日本人"切禁鍮器"，而"鍮"就是銅的意思。從上下文來看，朝鮮史學家對為什麼日本人不用銅器，感到不解。當然，對於普通朝鮮人，很難想象他們都能買得起金屬製品，更別說那些銀製的。但即便是不那麼富裕的家庭，可能因其耐用，還是希望獲得金屬器具，如用黃銅或白銅製成的。也許一個原因是，朝鮮半島特別是北部，有豐富的金、銅、鐵礦資源，這使得朝鮮人比較容易用金屬製造日常用具。《諸蕃志》提供了重要的旁證，其中說新羅國"民家器皿，悉銅為之"[1]。古代朝鮮人對金屬特別是金子的喜愛之情，甚至體現在他們的姓氏中。今天，大約 25% 的朝鮮、韓國人姓"김"，意思是"金"。在東亞文化中，"金"字往往指稱所有金屬。最後，唐代中國對其持久影響也十分重要。雖然 10 世紀初，唐王朝衰亡了，但是唐代文化和風俗在中國及其鄰近地區仍然有著典範的作用和持久的

1　馮承鈞撰《諸蕃志校注》，85 頁。筆者訪問首爾國家民俗博物館的時候，看到古代朝鮮老百姓的日常用具中，就有銅製的筷子和勺子。

影響。朝鮮人對金屬器具的偏好可能正是由於受到唐朝文化的深刻影響，前面已經提到，在中國出土的唐朝文物中，金屬餐具也佔據了絕大多數。

相比之下，木筷和竹筷在朝鮮半島相對中國南方和越南，數量要少得多。朝鮮半島的木筷常常上漆，以求其耐用，而就耐用性而言，漆筷自然還是比不上金屬筷。中國南方和越南多使用竹筷，其原因主要是竹子生長極快，製作價廉。中國士人到越南，對當地竹子生長之快速、繁盛，印象十分深刻。如在元代越南人黎崱所著的《安南志略》一書中，便收有中國官員李仲賓出使越南留下的一首詠竹詩：

筍芽先自稱龍種，文彩斑爛出土新。
一日朝天便成竹，此君百倍越精神。[1]

在越南自己的語言和文化中，對竹子的稱頌，更是比比皆是。有首著名的歌謠就唱道："越南大地，萬樹同青。竹子青翠，自古如此。"成語"竹老筍生"，意思就是一脈相承、代代相傳。[2]今天越南人使用竹筷較多，其道理正因竹子在當地十分普遍。

但竹子在朝鮮半島遠不如在中國和越南那樣常見。雖然竹子可以在北方生長，但顯然更適應南方的氣候。朝鮮士人崔溥在中國的時候，一次與人閒談，對方問他是否吃筍，崔溥回答道："我國南方有筍，五月乃生。"對方聽了之後說道："此地冬春交生，正月方盛，

1　黎崱著，武尚清點校《安南志略》，北京：中華書局，2000 年，394 頁。李仲賓的生卒年代不詳，推測他與五代時的畫家李波或李撥為同一人。愛竹，也畫竹。元代學者方回曾有"題羅觀光所藏李仲賓墨竹"一首："以筆寫竹如寫字，何獨鐘王擅能事。同是蒙恬一管筆，老手變化自然異。胸中渭川有千畝，咄嗟辦此攣龍易。竹葉枝枝竹本根，方寸中藏竹天地。幼年癖好此亦頗，萬卷書右竹圖左。妄希眉山蘇謫仙，擬學湖州文與可。眉山一枝或兩枝，湖州千朵復萬朵。李侯有之以似之，袖手獨觀誰識我。"參見《桐江續集》卷二八。

2　參見梁遠〈越南竹文化研究〉，《東南亞縱橫》2010 年第 7 期，43—47 頁。

大者十餘斤。貴國與此地風土有異。"[1] 這番對話顯示，竹子雖然在朝鮮半島生長，但遠不及中國南方普遍，而如果氣溫不高，竹子的生長就會變慢，影響了人們用它來製作器物的積極性。由此而言，日本竹筷遠少於木筷，也與氣候條件有關。

在高麗時期晚期，蒙古人的崛起及其隨後的入侵，使得朝鮮半島的飲食文化發生了重大變化。對於蒙古人來說，征服朝鮮並不容易。他們同朝鮮人打了幾十年的仗，最終在 1270 年取得了勝利，將朝鮮半島變成蒙古帝國的一個省。由於佛教傳入，新羅王國就在 528 年頒發了禁止殺生令。但蒙古人的到來，意味著肉食重返朝鮮人的飲食中，並且隨著時間的推移，變成烹飪中的必備之物，至少對那些吃得起的人而言是這樣。蒙古的烹飪方法，如燒烤和用火鍋煮（燙）切成薄片的肉，也被成功引入了朝鮮半島。[2]

有關自 13 世紀起朝鮮半島的居民如何開始恢復食肉，中國人的遊記再次提供了趣味橫生、有價值的信息。徐兢在《宣和奉使高麗圖經》中記道："高麗俸祿至薄，唯給生菜、蔬茹而已。常時亦罕食肉。"而儒家特別是佛教的影響，更加讓高麗人不食肉類："夷政甚仁，好佛戒殺，故非國王相臣，不食羊豕，亦不善屠宰。"[3] 但 1488 年，董越作為明朝使臣出使朝鮮，在其《朝鮮雜錄》中描述享受的盛饌："饌有牛、羊、豕、鵝四品，皆熟之。最後一案，乃置大饅頭一盤，上以銀為蓋蓋之。一大臣操刀入，割牲畢，剖其大饅頭之皮，中皆儲小饅頭，如胡桃大，殊可口。"然後他又觀察道，羊肉為人所最

1　崔溥著，葛振家點注《漂海錄》，96 頁。
2　李盛雨〈朝鮮半島の食の文化〉，石毛直道等編《東アジアの食の文化》，東京：平凡社，1981 年，129—153 頁；金天浩著，趙榮光、姜成華譯〈韓蒙之間的肉食文化比較〉，《商業經濟與管理》2000 年第 4 期，39—44 頁。
3　徐兢《宣和奉使高麗圖經》，174，188—189 頁。有關朝鮮王朝推廣肉食，參見金天浩著，趙榮光、姜成華譯《韓蒙之間的肉食文化比較》。

愛，"官府乃有羊炙，鄉飲時或用之"。在另一處，他又說："羊背肉之上，貫羊腸三，中實以炙及諸果。"董越的描述比徐兢簡略，但信息卻十分重要。因為他筆下的朝鮮半島與兩個世紀前徐兢的觀察相比，飲食習慣已經很不相同了。在蒙古人的影響下，15世紀朝鮮半島的飲食文化，已經不但吃烤肉，而且吃羊腸，顯示出遊牧民族的飲食文化特徵。那是因為，1392年建立的朝鮮王朝以崇肉政策作為其政治理念。由此或許可以進一步推測，金屬餐具對朝鮮半島的居民具有持久的吸引力，還表現為一種飲食上的需要。就像在中國唐朝，金屬器具似乎也很普遍，吃肉類食品的需求使得人們尋求更耐用、結實的餐具。13世紀後的朝鮮半島和中國唐朝的飲食，情形十分類似，都存在著明顯的遊牧烹飪和文化影響，以羊肉、羔羊肉等動物肉食用量的增加為標誌。順便說一句，董越的《朝鮮雜錄》正式提到朝鮮半島的人，用銅來製作勺子和筷子："地產銅，最堅而赤，食器匙箸皆以此為之，即華所謂之高麗銅也。"[1]

金屬製作的食具和餐具，傳統上最受遊牧民族的青睞。蒙古族、藏族、滿族及其祖先的餐具，大多用金屬打造而成。與之相鄰的農耕文明（如生活在中國中原地區、南方地區的人，以及日本人、越南人、朝鮮人）使用刀叉主要是為了做飯而不是為了進餐。這些遊牧民族千百年來用刀叉尤其是刀來進食。使用刀更重要的原因是，肉切成小塊後就可以用手吃了。而在東南亞和南亞等地，肉類並非主要食物，只是因為氣候濕熱，人們習慣吃常溫的食物，所以養成了用手指取食的傳統。這種用手進餐（或稱手食）的習慣，成為中國人用來描述鄰人就餐習慣的標準表達。自3世紀以來，尤其到了唐代及之後的一段時期，當漢人與其他民族有了更多的接觸之後，"以手取食"或"不用匕箸"的表述多次出現在各種中文文獻中。我們可以從這些文

1　董越《朝鮮雜錄》，殷夢霞，于浩選編《使朝鮮錄》上冊，北京：北京圖書館出版社，2003年，807—808，814，820頁。

字記錄中，大致了解筷子文化圈在唐宋時期普及的地理範圍。

　　首先看一下唐代的文獻。玄奘的《大唐西域記》對西域各地區的風俗習慣和文化傳統多有記述。譬如講到印度的時候，對其餐飲習俗有這樣的描述：

　　　　夫其潔清自守，非矯其志。凡有饌食，必先盥洗，殘宿不再，食器不傳。瓦木之器，經用必棄。金、銀、銅、鐵，每加摩瑩。饌食既訖，嚼楊枝而為淨。澡漱未終，無相執觸。

　　　　食以一器，眾味相調，手指斟酌，略無匙箸，至於老病，乃用銅匙。（《大唐西域記》卷二）

印度人吃飯用手指取食，但和古代中國人一樣注意手的清潔，因此有餐前盥洗的傳統。而且由於氣候炎熱，食物難以保質，所以不吃剩菜。老人和病人也許因為牙齒不好，食物大致以流質為主，所以用了銅勺子。玄奘的觀察，可謂細緻。

　　《舊唐書》也同樣注意到鄰國的飲食風俗。如講到所謂的南蠻和西南蠻，即東南亞國家的時候，提到一個國家叫訶陵，在今天的印度尼西亞境內，該國人飲食不用餐具：

　　　　訶陵國，在南方海中洲上居，東與婆利、西與墮婆登、北與真臘接，南臨大海。豎木為城，作大屋重閣，以棕櫚皮覆之。王坐其中，悉用象牙為床。食不用匙箸，以手而撮。亦有文字，頗識星曆。俗以椰樹花為酒，其樹生花，長三尺餘，大如人膞，割之取汁以成酒，味甘，飲之亦醉。（《舊唐書·南蠻　西南蠻·訶陵》）

　　《舊唐書》描述西戎各國，提到了今天的尼泊爾，那時稱泥婆羅，指出當地人的飲食用手：

> 泥婆羅國，在吐蕃西。其俗翦髮與眉齊，穿耳，擅以竹筒牛角，綴至肩者以為姣麗。食用手，無匕箸。其器皆銅。多商賈，少田作。以銅為錢，面文為人，背文為馬牛，不穿孔。衣服以一幅蔽布身，日數盥浴。（《舊唐書·西戎·泥婆羅》）

到了宋代，史學家仍然注意鄰國飲食風俗的差異。歐陽修和宋祁在編撰《新唐書》時，對泥婆羅國做了相似的表述，言辭略有不同：

> 泥婆羅，直吐蕃之西樂陵川。土多赤銅、犛牛。俗翦髮逮眉，穿耳，擅以筒若角，緩至肩者為姣好。無匕箸，攫而食。其器皆用銅，其居版屋畫壁。俗不知牛耕，故少田作，習商賈。一幅布蔽身，日數盥浴。（《新唐書·西域上·泥婆羅》）

《新唐書》對訶陵國的描述，與《舊唐書》稍有差異，但同樣指出其飲食不用餐具：

> 訶陵，亦曰社婆，曰闍婆，在南海中。東距婆利，西墮婆登，南瀕海，北真臘。木為城，雖大屋亦覆以栟櫚。象牙為床若席。出玳瑁、黃白金、犀、象，國最富。有穴自湧鹽。以柳花、椰子為酒，飲之輒醉，宿昔壞。有文字，知星曆。食無匕筯。（《新唐書·南蠻下·訶陵》）

上述這些記述，再參考前引趙汝適《諸蕃志》等文獻，讓我們可以基本了解筷子文化圈在唐宋時期的規模。由於受到中國文化的影響，越南、朝鮮半島和日本的居民，已經養成了用餐具取食的習慣。

但在東南亞其他地方和在西域遊牧民族生活的區域，仍然以用手進食為主。[1] 如元代人周達觀編寫的《真臘風土記》，對柬埔寨人的飲食習慣有如下的描述：

> 盛飯用中國瓦盤或銅盤；羹則用樹葉造一小碗，雖盛汁亦不漏。又以茭葉製一小杓，用兜汁入口，用畢則棄之。雖祭祀神佛亦然。又以一錫器或瓦器盛水於旁，用以蘸手。蓋飯只用手拿，其粘於手者，非水不能去也。[2]

除了越南，東南亞其他地方"手食"的傳統基本保留至今。[3] 但有必要一提的是，一些北方遊牧民族與中原文化接觸之後，也學會了製作、使用筷子和勺子來做飯、取食。這一變化的原因可能與氣候、環境有關，北方民族雖然以肉食為主，刀叉比較方便，但由於氣候寒冷，也有吃熱食的習慣，所以會需要用到其他餐具如筷子和勺子。相較而言，東南亞和南亞地區臨近赤道，氣溫較高，人們習慣享用溫食甚至冷食，手指和嘴巴便足以應付了。

不過也有例外。餐具的使用除了飲食需求之外，還有文化影響的因素。《宋史》對於"琉球國"（寫作"流求國"），有這樣一段頗為有趣的記錄：

> 流求國在泉州之東，有海島曰彭湖，煙火相望。其國塹柵三重，環以流水，植棘為藩，以刀槊弓矢劍鈹為兵器，視月盈虧以紀時。無他奇貨，商賈不通，厥土沃壤，無賦斂，有事則均稅。

1　爪哇（印度尼西亞）也保留有手食的風俗，參見方回《桐江續集》卷二六。

2　周達觀原著，夏鼐校注《真臘風土記校注》，北京：中華書局，2000 年，165 頁。

3　參見張寧、何戰〈東南亞各國飲食習俗〉，《東南亞縱橫》2006 年第 12 期，52—59 頁。

旁有毗舍邪國，語言不通，袒裸盱睢，殆非人類。淳熙間，國之酋豪嘗率數百輩猝至泉之水澳、圍頭等村，肆行殺掠。喜鐵器及匙筯，人閉戶則免，但刓其門圈而去。擲以匙筯則俯拾之，見鐵騎則爭刓其甲，駢首就戮而不知悔。臨敵用標槍，系繩十餘丈為操縱，蓋惜其鐵不忍棄也。不駕舟楫，惟縛竹為筏，急則群異之泗水而遁。（《宋史·流求國》）

此段描述中的"毗舍邪國"，不知何處，估計是在琉球周圍的島上，而該國人到琉球搶掠，特別喜好鐵器和匙箸，至少表示琉球一帶的人那時已經在中國和日本的影響下，使用勺子和筷子用餐了。

　　有關琉球人用餐具進食，《朝鮮王朝實錄》也提供了相應的證據：

　　二月初二日漂到琉球國北面仇彌島。島周回可二息，島內有小石城，島主獨居之，村落皆在城外。島距其國，順風二日程，……其國地勢中央狹小，或一二息，南北廣闊不見其際，大概如長鼓之形。國無大川，國都東北距五日程，有大山，山無雜獸，只有豬耳。……其國常暖無霜雪，冬寒如四月，草木不凋落，衣不錦絮，餵馬常用青草，夏日在正北。一，節日、元日以槁左索懸於門上，又剖木為束，置於積沙之上，加餅器於其中，又以松木插於束木之間，至五日乃止。其俗謂之祈禳，且置酒相娛。……衣服、飲食，男服則如本朝直領之制，但袖廣闊，色尚黑白，女服則衣裳一如我國，君臣上下男女，皆不冠巾。徒跣而行，無靴鞋等物。凡牛馬之皮，皆納官造甲，其食無匙箸，折藘草如筯而食。（《朝鮮王朝實錄·世祖實錄八年》）

朝鮮史官寫道，琉球國居民吃飯仍然沒用匙箸，不過已經不完全用手抓食，而是用了"藘草"（蘆荻）做成筷子夾食。或許因為在朝鮮半島，勺子和筷子基本都用金屬製成，所以見到其他材料的筷子，他們便說"無匙箸"。當然，他們也有可能見到的是琉球貧窮老百姓使用的簡易筷子。無論如何，琉球人在那時應該像朝鮮半島的居民一樣，不再用手直接拿食物了。琉球與印度尼西亞等地不遠，氣候也相當溫暖。琉球人採用筷子進食，像越南人一樣，表現的是一種文化上追求、文明的向往。

的確，如同本書導言所說，歷史上從很早開始，東亞人特別是中國人，便常以使用餐具與否來區分文明程度的高下。前引唐宋及之後的文獻，比較注重鄰國人士是否用餐具進食，其實都反映了一種文化的態度。到了宋代，宋朝士人對於自身的文化傳統，更加帶有強烈的自豪感和優越感，並往往用是否使用餐桌和餐具吃飯，來衡量其他民族的文明程度。宋代理學家程顥、程頤兄弟，就在其著作中，對飲食習俗有如下的評語："不席地而倚卓（桌），不手飯而匕筯，此聖人必隨時，若未有當，且作之矣。"他們在另一處，做了更加詳細的說明："子曰：籩豆簠簋不可用於今之世，風氣然也，不席地而椅桌，不手飯而匕筯，使其宜於世而未有，聖人亦必作之矣。"[1] 這兩位理學家把怎樣吃飯，上升到禮儀的高度，提出在他們的年代，坐餐桌和用餐具進食，才符合聖人的要求。

本章一開始就提到，公元前 3 世紀，秦朝征服了越南，從而使得中國的影響遠及這一地區。大約在秦始皇派趙佗南下的同一時間裏，他還吩咐另一位將軍蒙恬帶領一支三十萬人的軍隊抗擊控制北方草原地區的強大遊牧民族 —— 匈奴。戰爭結束後，蒙恬的士兵被部署在三面為黃河大彎所圍繞的鄂爾多斯沙漠，成為邊境的駐防部隊。此外，秦始皇徵用勞工，把他們派往該地區以建造防禦性的城牆，成為現代長城較早的一部分。秦滅亡後，漢朝統治者繼續努力，期望迫使

1　程顥、程頤著，王孝魚點校《二程集》，北京：中華書局，1981 年，155，1223 頁。

匈奴退回到草原，時有功成。軍事衝突之下，也發生了文化交流。最近的考古發掘發現，匈奴人像漢代人一樣用甑蒸製主食，也製作、使用骨箸來取食。[1] 這也許是一個孤例，然而表明文化交流幾乎不可能是單向的。通過與遊牧民族接觸，漢代的中國接受了來自中亞的影響。與此同時，中原的烹飪方式和飲食習慣也向外流傳。近年來在新疆且末縣，考古發現一批扎滾魯克古墓群，其年代上限為距今 3000 年，下限則到了魏晉南北朝時期。一期、二期古墓的陪葬品，體現了當時的西域人主要從事畜牧生產；三期即東漢到魏晉時期墓葬的陪葬品，則顯現出了中原文明的因素，包括餐具中的勺子和筷子。以具體的發現而言，古墓中有 "陶罐、陶壺、木盤、木碗、木箸、木耜、漆案、銅勺"，而放在漆案上的食物則有 "油炸的菊花餅、麻花、桃皮形小油餅、薄餅、葡萄乾及連骨肉"，明顯反映出中原和西域文化之間的交互影響。[2]

眾所周知，敦煌在唐代是中原與西域來往的交通要道。根據高啟安等人的研究，唐代敦煌的飲食和餐具的使用，典型地展現出中原文化和西域文化的密切交流。僅以餐具使用而言，敦煌發現了唐代人使用過的各種各樣的盤子，大小、用途不一。"一種用來盛餅類、果蔬等乾鮮食品；另一種即木頭盤子，以方形為主，主要用來運送食品或放在桌布、食毯上，然後在裏邊放置食品；第三種是小盤子，主要用來盛菜或盛飯食用"。而在敦煌一處遺址的發掘中，還出土了餐刀和餐叉，高啟安認為是受到了遊牧民族即吐蕃民族飲食習慣的影響，反映出食用肉類的需求。同樣重要的是，唐代的敦煌人不僅使用碗、碟、盤等容器，也用匙和箸來取用食物，後者包括木制的漆筷，以及銅筷和銀筷，與那時中原地區的文化相近。[3]

---

1 賀菊蓮《天山家宴》，145—146 頁。

2 新疆維吾爾自治區博物館、巴音郭楞蒙古自治州文物管理所、且末縣文物管理所〈新疆且末扎滾魯克一號墓地發掘報告〉，《考古學報》2003 年第 1 期。

3 高啟安《唐五代敦煌飲食文化研究》，81，84，86 頁；另參見蔡秀敏《唐代敦煌飲食文化研究》，台灣中正大學碩士論文，2003 年，349—360 頁。

唐朝滅亡後，數十年間出現了多個朝代的並存、更迭。隨後，趙匡胤發動兵變取得了政權，在中原建立了宋王朝，史稱北宋。由於沒有控制北部和西北部地區的草原、山脈、沙漠，宋朝的疆土比唐朝小很多。這就是說，當時並非宋朝一統天下，而是和其他民族，如契丹、女真、蒙古等一同分治。宋代學者常常對這些遊牧民族的社會行為和文化習俗進行評論。《三朝北盟會編》是徐夢莘撰寫的歷史著作，書中指出，"滿洲"的居民那時用手指進餐，不用餐具取食：

> 其飯食則以糜釀酒，以豆為醬，以半生米為飯，漬以生狗血及蔥韭之屬，和而食之。茗以燕蕘，食器無瓢陶、無碗筋，皆以木為盤。春夏之間，止用木盤儲鮮粥，隨人多寡，盛之以長柄小木杓子，數柄回環共食。下粥肉味無多品，止以魚生獐生，間用燒肉。冬亦冷飲，卻以木碟盛飯，木碗盛羹，下飯肉味與下粥一等，飲酒無算，只用一木杓子，自上而下循環酌之，炙股烹脯，以餘肉和菜搗白中，糜爛而進，率以為常。其禮則拱手退身為喏，跪右膝，蹲左膝，著地拱手搖肘，動止於三為拜。[1]

考古發現證實了這一觀察。20 世紀 70 年代，考古學家在昭烏達（今內蒙古自治區赤峰市）地區發現了一座契丹墓。發掘出的用具有壺、罐、鍋、盆、碗、刀，就是沒有筷子。墓中有幅壁畫，描繪了一位男子（可能是廚師？）用刀切動物的一條腿，顯示肉切好之後就會放在盤子裏。這一時期的契丹、蒙古墓葬中發現的盤子比碗多。[2] 上述這些情況，體現了遊牧民族的飲食文化特徵。因為肉食較多，而且在切好之後多用手抓，因此盤子比碗更為實用，容積也較大，不但可以多放食物，也方便人們取食。

1　徐夢莘著，王德毅點校《三朝北盟會編》甲卷，台北：大化書局，1977 年，甲 23 頁。
2　項春松〈遼寧昭烏達地區發現的遼墓繪畫資料〉，《文物》1979 年第 6 期，22—32 頁。

但考古證據也顯示，隨著時間的推移，亞洲的遊牧民族開始使用筷子取食穀物、肉類和蔬菜。與蒙古人和女真人相比，契丹人接受漢族的影響相對較早。考古人員在今天內蒙古的一座契丹墓中發掘出一些用黃銅、銀、陶瓷製成的家用器物，包括壺、罐、瓶、碗、盤子、杯子和鏡子，還發現了一雙銅箸。筷子通長 23 厘米，頂端刻有用來裝飾的 15 道細凸棱。考古人員描述道：“形似近代使用的筷子。”[1] 而這並非孤例，契丹不只使用金屬筷。在華北和東北，12 世紀或之後的契丹墓葬中還發現了許多漆木筷。在內蒙古敖漢旗羊山 1 號遼墓壁畫中，有一幅烹飪圖。考古人員這樣描繪圖中的情景：

[烹飪圖] 繪於天井四壁。所畫人物分上下兩組。上組共 3 人，兩人抬一矮桌，桌後立一人，面向桌面，身著圓領長袍，禿髮。桌上放 2 個子母口黑色食盒，左側盒內盛 3 個餺，右側盒內盛 3 個饅頭。桌裏側放著箸一雙，一個刀形物，一個深腹大碗和 3 個小碗。下組左側為一高足深腹大鼎，鼎口外露獸腿和肉塊。鼎後立一人，半側躬身面向外，首低垂，雙目視鼎，挽袖，雙手握一根插入鼎內攪動。右側一人半側身向外端坐於小方凳上，左手端一黑色圓盤，右手執箸做從盤中夾食狀。蹲坐者前置一小方案，右臂袖挽起，手握一刀作切肉狀，左手為扶肉狀。其後躬立一人，雙手托一圓盤半側身捧向坐凳者，盤內盛 3 個黑色小碗，身著圓領緊袖長袍，面含恭敬之態。[2]

在其他遼代墓葬發現的壁畫和發掘的文物中，也有筷子出現。年代稍後的女真墓葬中也發現了由骨、銅、木製作的筷子，表明女真人

1 項春松〈內蒙古解放營子遼墓發掘簡報〉，《考古》1979 年第 4 期，330—334 頁。
2 引自張景明、楊晨霞〈契丹飲食文化在墓葬壁畫中的反映〉，《大連大學學報》2007 年第 2 期，76 頁。

也逐漸接受了筷子。[1]《三朝北盟會編》中有一段有趣的記載，提到女真人與宋朝合作，推翻了契丹人建立的遼之後，創建了金，其飲食風俗已經漸漸向著使用餐具的方向發展了：

> 是晚，酒五行，進飯，用粟，鈔以匕，別置粥一盂，鈔以小杓，與飯同下。好研芥子和醋拌肉食，心血臟瀹羹，芼以韭菜，穢污不可向口，虜人嗜之。器無陶埴，惟以木刓為盂，碟髹以漆，以儲食物。自此以東，每遇館頓或止宿，其供應人，並於所至處，旋於居民漢兒內選衣服鮮明者為之。每遇迎送我使，則自彼國給銀牌入，名曰"銀牌天使"。[2]

此段描述宋徽宗宣和年間，宋朝官員到金訪問、談判，在食宿方面受到的待遇。其中沒有提到用筷子，但提到了用勺子吃小米粥，與之前那裏"無瓢陶、無碗箸"的情形不同了，可見手食的傳統已經在女真人中漸漸消失。

稍晚一些，蒙古人也開始使用筷子了。內蒙古赤峰的考古工作，提供了較有說服力的證據。20 世紀 70 年代至 80 年代後期，在兩座契丹或蒙古貴族的墓葬中，發現了多幅壁畫（該地區先由契丹人後由蒙古人控制）。其中一幅描繪了飲宴場景：一張短足矩形的桌子上，放著金屬碗、盤、勺子和筷子。[3] 一座赤峰墓葬中發現的壁畫更有力地證明了人們當時用筷子取食，畫作描繪了女僕侍候主人進餐的情景。女僕左手拿著一隻大碗，右手拿著一雙筷子，好像要用筷子把碗裏的食物拌一拌再給主人。[4] 這是一座 14 世紀的墓葬，更有可能是蒙

1　劉雲主編《中國箸文化史》，280—285 頁。
2　徐夢莘著，王德毅點校《三朝北盟會編》甲卷，甲 188 頁。
3　項春松、王建國〈內蒙昭盟赤峰三眼井元代壁畫墓〉，《文物》1982 年第 1 期，54—58 頁。
4　劉冰〈內蒙古赤峰沙子山元代壁畫墓〉，《文物》1992 年第 2 期，24—27 頁。

古人的墓。這些出土文物證明，蒙古人在 13 世紀末征服中國後，逐漸習慣用筷子進餐。元朝的宮廷禮儀制度提供了確鑿的證據，在皇室的祭祀和葬禮中，都需要配有成套的食具，其中也有筷子。

《元史》對元朝的祭祀準備，提供了詳細的記載。其中有關祭器的配備，規定如下：

> 昊天上帝、皇地祇及配帝，籩豆皆十二，登三，簠二，簋二，俎八，皆有匕筋，玉幣篚二，匏爵一，有坫，沙池一，青瓷牲盤一。從祀九位，籩豆皆八，簠一，簋一，登一，俎一，匏爵一，有坫，沙池一，玉幣篚一。（《元史·祭祀·郊祀上》）

> 祭器：籩十有二，幂以青巾，巾繪彩雲。豆十有四，一實毛血，一實脾脅。登三，鉶三，有柶。簠二，簋二，有匕箸。俎七，以載牲體，皆有鼎。後以盤儲牲體，盤置俎上，鼎不用。（《元史·祭祀·宗廟上》）

《元史》在對皇室葬禮陪葬品的規定中，也指出匙箸的必要：

> 凡宮車晏駕，棺用香楠木，中分為二，刳肖人形，其廣狹長短，僅足容身而已。殮用貂皮襖、皮帽，其靴襪、繫腰、盒缽，俱用白粉皮為之。殉以金壺瓶二，盞一，碗碟匙箸各一。殮訖，用黃金為箍四條以束之。輿車用白氈青緣納失失為簾，覆棺亦以納失失為之。（《元史·祭祀·國俗舊禮》）

而在蒙古人習慣用筷的同時或者更早，滿人應該也同時採用勺子和筷子進餐了。清朝編纂的《滿文舊檔》記載了皇太極於 1635 年 8 月贈給額附班第及格格的各種物品，品種多樣，質地豪華，包括各種皮料衣服、珍貴首飾，而食具中就有金、銀、銅打製的杯碟、碗盞、匙勺，加上兩雙象牙筷子：

> 作食器用之五十兩帶腳酒海一、四十兩之有底酒海一、
> 五十兩之茶桶一、各十五兩之碗二、各十兩之碗二、各五兩之大
> 酒杯五、十五兩之柄勺一、三十兩之大盤一、各十六兩之盤子
> 二、各十兩之皿二、各五兩之醬油皿二、十兩之馬勺一、各二
> 兩之匙三、各六十兩之茶壺二、銀把骨匙二、銀把象牙筷子二
> 雙，銅馬勺一、三兩六錢之金杯一。[1]

另外，《滿洲四禮集》雖然遲至清乾隆年間才編纂成書，但對滿
人入關前後的習俗，也有詳細的描述。其中提到滿族家祭的時候，供
奉各類食品時，都必須在碗、盤旁邊放上筷子：

> 每年除春秋大祭、除夕、元旦、上元如儀家祭外，按季
> 隨時薦鮮。禮開後，二月初二，供煎餅，每龕二盤，每盤各九
> 個，箸放盤上；四月薦櫻桃、王瓜，每龕二盤，每盤櫻桃各
> 半斤，王瓜各一條；五月端陽節供粽子，每龕二盤，每盤各九
> 個，箸放盤上；六月薦西瓜、香瓜，每龕各一盤，每盤西瓜各一
> 個，香瓜各一個；八月中秋節供月餅，每龕二盤，盤各一斤，每
> 個三斤，一紅一白；十二月初八薦新米粥，每主前放一碗，箸放
> 碗上。[2]

1　關嘉錄、佟永功、關照宏《天聰九年檔》，天津：天津古籍出版社，1987年，103頁；另參
　　見李林譯《漢譯〈滿文舊檔〉》，瀋陽：遼寧大學歷史系，1979年，108頁。
2　索寧安《滿洲四禮集·四時薦鮮雜儀》（清嘉慶元年版），台北：台聯國風出版社，7頁；另
　　外該書提到滿族用筷的地方多處。有關滿族的飲食風俗和變化，參見李自然《生態文化與
　　人：滿族傳統飲食文化研究》，北京：民族出版社，2002年；宋全、李自然〈滿族飲食節令
　　性特點的表現及成因〉，《黑龍江民族叢刊》1996年第3期；黎豔平〈滿族飲食文化〉，《滿語
　　研究》1994年第2期。

上述是比較正式的場合。在普通的場合，滿族的平民百姓一般都會用匙吃穀物食品，因為他們的飯食無論是小米還是其他雜糧，基本都做成粥的形式。筷子則主要用來吃蔬菜。吳振臣著有《寧古塔紀略》一書，記錄他父親流放寧古塔（今黑龍江寧安縣），他自己早年在那裏生活的各種場景。其中寫道："大小人家做黃齏飯，每次用調羹，不用箸。調羹曰'差非'，又曰'匙子'。吃碗菜乃用箸，箸曰'叉不哈'，碗曰'麼樂'。"[1]

總之，各種資料表明，到了 14 世紀，筷子文化圈不僅在中國中原地區、越南、朝鮮半島和日本形成，也蔓延到蒙古草原和中國東北地區。然而，這一筷子文化圈的擴展並沒有使得蒙古人、契丹人和這些地區的其他民族完全拋棄自己的傳統餐具刀叉。他們更傾向於將刀叉與筷子組合起來一起使用，雖然組合可能會有變化——與筷子同組的可以是勺子和刀子、刀子和叉子，也可以是勺子和叉子。[2] 比如，清朝宮廷使用的進餐工具有刀子、叉子和筷子。《滿洲四禮集》對此提供了文獻證據，指出滿族在婚喪禮的時候，供飯儀節要求同時放上匙箸和小刀：

> 二人捧飯桌上，供於床上，去蓋單。二人捧湯飯匙、筯、小刀盒，分兩邊。上地平去蓋。床前人取湯飯碗供桌上，再以匙插於飯碗上。筯平放於湯碗上，小刀放於桌上。右邊二人捧餑餑桌，供於五供桌前，一人捧肉桌，放於飯桌右邊。一人捧蒸食桌，放於左邊。二人捧酒桌上地平，放於供桌前。[3]

1 吳振臣撰，趙江平校注《寧古塔紀略》，《龍江三紀》，哈爾濱：黑龍江人民出版社，1985 年，246 頁。

2 蒙古人、滿族人以及其他遊牧民族既用刀又用筷子，更多的例證可參見藍翔《筷子，不只是筷子》，129—135 頁。

3 索寧安《滿洲四禮集·慎終集·供飯儀節》，7—8 頁。

吳振臣在《寧古塔紀略》中，對滿族節慶時候的飲食禮俗，包括如何用小刀切肉，也有生動的描寫：

　　　凡大、小人家，庭前立木一根，以此為神。逢喜慶、疾病，則還願。擇大豬，不與人爭價，宰割列於其下。請善誦者，名"叉馬"，向之唸誦。家主跪拜畢，用零星腸肉懸於木竿頭。將豬肉、頭、足、肝收拾極淨，大腸以血灌滿，一鍋煮熟。請親友列炕上，炕上不用桌，鋪設油單，一人一盤，自用小刀片食。不留餘、不送人。

　　書中還提到，那時滿族男子腰帶上，一定佩帶著小刀匙子袋、火鏈帶和手帕等物件。[1] 滿族是一支半遊牧民族，明朝滅亡之後，乘隙入關，建立了清王朝。儘管入主中原，滿族人並沒有拋棄自己原有的飲食傳統，而是將筷子與刀、叉結合起來使用。

1　吳振臣撰，趙江平校注《寧古塔紀略》，248，246 頁。

第五章

用筷的習俗、
舉止和禮儀

自唐宋始，中國水稻種植的推廣促使人們的主食發生了改變，烹飪技術的飛躍發展特別是炒菜的普及、飲茶伴隨茶點的風尚，以及合食制的出現，都使筷子原來"箸"的位置有了質的提升。元代餃子和涮羊肉的流行亦擴展了筷子的用途。到了明代，筷子常常成為餐桌上唯一的餐具。"夫禮之初，始諸飲食"。一方面，正確使用筷子反映出一個人的教養；另一方面，分享食物、一起吃飯又是改善和維繫人際關係的有效途徑，共用餐具甚至成為表達友情和愛情的特殊方式。

兩隻筷子同時使用的另一個功能，是夾起小塊食物；而夾這個詞，太生硬、太強勢了，因為只要將之提起，食物不用承受更多不必要的壓力；用筷的動作，受其材質（木器或漆器）的影響而更為輕柔，顯得如此精確、細緻、小心，像母親抱孩子時那樣，使出的勁沒有任何按壓感。由此我們看見，對待食物需要畢恭畢敬……筷子從不用來扎、切、割，從不損傷食物，而是選取、翻動、傳送。

——羅蘭·巴特，《符號帝國》（*Empire of Signs*）

人如其食（Der Mensch ist was es isst）。

——德國諺語

古人飲食用匙箸，見於傳記者，歷歷可指。而我國之俗也然。自亂後中原大小將官征東士卒，前後出來者不知幾千萬，而凡於飲食，不揀乾濕，皆用箸，而匙則絕不用焉，未知自何時而然也。或云大明高皇帝遺訓，未平陳友諒，飲食不敢用匙。示其必取之意，因以成俗，未知然否。[1]

1 　尹國馨《甲辰漫錄》，可檢索韓國古典綜合數據庫（http://db.itkc.or.kr/itkcdb/mainIndexIframe.jsp）。

尹國馨是明代的朝鮮使者。上面的觀察出自他的《甲辰漫錄》，這是一部完成於 17 世紀早期的旅華日記。朝鮮王朝每半年或每年向明王朝派遣文化、外交使團並向中國納貢。這已經成為慣例，因為朝鮮王朝的統治者和中國人一樣，相信儒家思想是理想的治國之道。這些朝鮮使臣年輕時學習儒家經典，他們留下的遊記，為後世提供了關於明代社會各方面有價值的信息，其中便包括飲食文化和習慣。尹國馨的日記就是其中之一。有趣的是，飽讀經書的他到了儒教發祥地中國後，很驚訝地看到，中國人並沒有遵守《禮記》推崇規定的、他本人十分熟悉的就餐禮儀。他在那時所遇到的中國人，吃飯時只用筷子，並沒有同時使用勺子，這讓尹國馨吃驚不小。他不太明白這種（新的）用餐方式，也對聽來的解釋不怎麼相信。

然而，用筷子取食穀物和非穀物食品，在 17 世紀的中國其實不是什麼新鮮事了。一個多世紀前，朝鮮士人崔溥就已經在他的《漂海錄》中寫道，中國南北飲食風俗相同的地方在於，"同桌同器，輪箸以食"，筷子已成為中國人吃飯的唯一工具。[1]16 世紀有機會到達中國南方的歐洲旅行者和傳教士，也做出了同樣的觀察。1539—1547 年，經印度來到中國南方的葡萄牙僱傭兵蓋洛特‧佩雷拉（Galeote Pereira），闖到中國南海冒險，對中國人的飲食習慣做了如下評論：

> 所有的中國人，像我們一樣，習慣圍坐在桌子旁吃飯，雖然他們既不用桌布也不用餐巾，依然很乾淨衛生。飯菜端進來放在桌子上之前，已經切割好了。他們用兩根小棍進食，兩手無須碰到肉食，就像我們用叉子一樣，這樣，他們就不太需要什麼桌布了。中國人不但吃飯時講禮貌，談吐也很文雅，在這方面他們勝過了所有人。[2]

1　崔溥著，葛振家點注《漂海錄》，195 頁。崔溥還寫道，有人在飯桌上問他問題時，用筷子蘸了水在桌上寫字，也顯示那時筷子就是中國人的主要餐具，參見該書 65 頁。

2　參見 C. R. Boxer ed., *South China in the Sixteenth Century*, 14。

加斯帕·達克魯斯（Gaspar Da Cruz，1520—1570）也來自葡萄牙，他是一位傳教士。他對中國人用筷吃飯做了更為細緻的描述，確切指明那時中國人用筷子不但吃菜，而且吃飯：

> 吃了水果之後就上了食物，都放在精緻的瓷盤上，切割得利落乾淨，擺放得整整齊齊。……然後就有兩根精緻和細細的小棍，拿在手指上，用來吃飯。他們像用夾子那樣來取食，所以手指就不接觸食物了。而且，即使他們吃一碗飯，他們也用這兩根棍子，米粒不會掉下來。[1]

正如本書第一章推測的那樣，由於大米一直是中國南方人的主食，而且可以像肉片和蔬菜那樣成團夾起，也許是為了方便和經濟起見，南方人從古代起就只用筷子吃飯。但與上述這兩位歐洲人不同的是，崔溥和尹國馨去了中國北方。什麼時候北方人也開始習慣這種餐飲方式，日常飲食中不再用勺子來吃飯？換句話說，什麼時候像今天看到的這樣，筷子成為所有中國人唯一的餐具？這是一個有趣的、需要解釋的問題。正如第三章所述，直到唐代，儘管越來越多的中國人使用筷子，勺子仍然是吃飯（煮熟的穀物）的主要工具。如本書第三章所述，唐代詩歌中有很多描寫當時的人用匙和箸吃飯的場景，而"匕箸"或"匙箸"作為詞組同時並用的例子，在漢代至唐代的歷史文獻中，也曾頻繁出現。譬如白居易〈飽食閒坐〉一詩，用了"箸箸適我口，匙匙充我腸"，形象地描述他用這兩種餐具吃飯的情景：

> 紅粒陸渾稻，白鱗伊水魴。
>
> 庖童呼我食，飯熱魚鮮香。

1　同上書，141。

箸箸適我口，匙匙充我腸。

八珍與五鼎，無復心思量。

捫腹起盥漱，下階振衣裳。

繞庭行數匝，卻上簷下床。

箕踞擁裘坐，半身在日暘，

可憐飽暖味，誰肯來同嘗。

是歲太和八，兵銷時漸康。

朝廷重經術，草澤搜賢良。

堯舜求理切，夔龍啟沃忙。

懷才抱智者，無不走遑遑。

唯此不才叟，頑慵戀洛陽。

飽食不出門，閒坐不下堂。

子弟多寂寞，僮僕少精光。

衣食雖充給，神意不揚揚。

為爾謀則短，為吾謀甚長。（《全唐詩》卷四五三）

　　《魏書》中說到了楊播與他兄弟楊椿、楊津之間親密的關係，特別提到弟弟楊津一向極為尊重哥哥楊椿，兩人都已經六十開外，但恭敬的態度毫不改變。他們吃飯時一定一起吃，而且楊津會將"匙箸"遞給哥哥，讓他先用餐：

　　播家世純厚，並敦義讓，昆季相事，有如父子。播剛毅。椿、津恭謙。與人言，自稱名字。兄弟旦則聚於廳堂，終日相對，未曾入內。有一美味，不集不食。廳堂間，往往幃幔隔障，為寢息之所，時就休偃，還共談笑。椿年老，曾他處醉歸，津扶侍還室，仍假寐閤前，承候安否。椿、津年過六十，並登台鼎，而津嘗旦暮參問，子姪羅列階下，椿不命坐，津不敢

坐。椿每近出，或日斜不至，津不先飯，椿還，然後共食。食則津親授匙箸，味皆先嚐，椿命食，然後食。（《魏書·楊播》）

李百藥為唐初著名史家，他在《北齊書》中，為我們描繪了一個有趣的故事，也講到勺子、筷子並用的情形：

瞻性簡傲，以才地自矜，所與周旋，皆一時名望。在御史台，恆於宅中送食，備盡珍羞，別室獨餐，處之自若。有一河東人士姓裴，亦為御史，伺瞻食，便往造焉。瞻不與交言，又不命匕箸。裴坐觀瞻食罷而退。明日，裴自攜匕箸，恣情飲啖。瞻方謂裴云：「我初不喚君食，亦不共君語，君遂能不拘小節。昔劉毅在京口，冒請鵝炙，豈亦異於是乎？君定名士。」於是每與之同食。（《北齊書·崔瞻》）

名士魏蘭根個性驕傲，在御史台做事的時候，常常獨自享用美餐。未料遇到一個姓裴的同事，看他不請自己吃飯，第二天居然帶了一套「匕箸」到他房間，自說自話地吃了起來。魏蘭根看裴如此灑脫，兩人便成了朋友。

上述「匕箸」「匙箸」並用的例子，在漢代之後的詩文中屢見不鮮，可見當時中國人和今天朝鮮半島的人一樣，吃飯時勺子與筷子一起使用。

907年，唐王朝覆滅了，之後發生了什麼使中國人到了明代，像崔溥和尹國馨觀察的那樣，漸漸放棄了勺子，而僅使用筷子吃飯了呢？事實上，這一用餐習慣的變化不僅發生了，還有中國人自己更早的記錄。唐朝滅亡後，幾個政權在幾十年間爭霸，直到960年宋朝建立。但宋王朝保衛其北部邊疆不力。1127年，在抗金過程中遭遇重創，隨後都城開封失守，徽、欽二宗雙雙被俘，史稱「靖康之變」。

孟元老是一位撤退到南方的汴京（開封）人。在其回憶錄中，他追憶了開封曾經的繁華，留下了許多詳細的描述。他提到，在酒店和餐館吃飯時，就餐者"舊只用匙，今皆用箸也"。由於開封位於中國北方，孟元老的陳述表明，早在12世紀，只要在外吃東西，筷子已經成為北方人唯一的進食工具。而且從上下文來看，孟元老可能說汴京人不但用筷子吃麵，而且還吃羹之類的食物：

吾輩入店，則用一等琉璃淺棱碗，謂之"碧碗"，亦謂之"造羹"，菜蔬精細，謂之"造齏"，每碗十文。麵與肉相停，謂之"合羹"；又有"單羹"，乃半個也。舊只用匙，今皆用箸矣。更有插肉、撥刀、炒羊、細物料、棋子、餛飩店。及有素分茶，如寺院齋食也。又有菜麵、胡蝶齏路，及賣隨飯、荷包、白飯、旋切細料餶飿兒、瓜齏、蘿蔔之類。[1]

這一描述與唐代的飲食習俗，顯然有著很大的差別。《舊唐書》記載，唐代名將高崇文治軍嚴明，他曾發佈一道特別的軍紀，要求士兵行軍在當地旅店就餐時，不得折損那裏的勺子和筷子："軍中有折逆旅之匕箸，斬之。"（《舊唐書·列傳第一百一·高崇文》）一方面可見高崇文治軍之嚴格；另一方面也表明，在唐代，"逆旅"也就是旅店，同時提供勺子和筷子，不是像孟元老描寫的那樣，只供應筷子了。

人們對餐具的選擇往往受制於所吃食物的類型。那麼，我們需要考察一下，唐代以後北方人放棄勺子只用筷子，是不是因為吃的食物有所不同。孟元老提到，在開封，每位在餐館吃飯的食客，都會改用筷子作為進食工具；但他的描述沒有確切指出，除了麵和羹，當時的

1　孟元老《東京夢華錄》，收入《東京夢華錄（外四種）》，台北：大立出版社，1980年，27頁。

人在飯館是否還用筷子吃飯，也就是穀物做的粥，他稱之為"水飯"的主食。

為此，我們需要看一下其他宋代人留下的詩文。第三章曾指出，唐代詩人常用"滑流匙"這樣的術語來形容用匙吃飯。宋代詩人楊萬里曾有〈歸去來兮引〉，其中寫道：

> 儂家貧甚訴長饑。幼稚滿庭闈。正坐瓶無儲粟，漫求為吏東西。偶然彭澤近鄰圻。公秫滑流匙。葛巾勸我求為酒，黃菊怨、冷落東籬。五斗折腰，誰能許事，歸去來兮。
>
> 老圃半榛茨。山田欲蒺藜。念心為形役又奚悲。獨惆悵前迷。不諫後方追。覺今來是了，覺昨來非。
>
> 扁舟輕風破朝霏。風細漫吹衣。試問征夫前路，晨光小，恨熹微。乃瞻衡宇戴奔馳。迎候滿荊扉。已荒三徑存松菊，喜諸幼、入室相攜。有酒盈尊，引觴自酌，庭樹遣顏怡。（《誠齋集》卷九七）

與楊萬里同時代的詩人陸游則有〈朝中措〉一詞，其中也用類似"滑流匙"這樣的術語：

> 湘湖煙雨長蒪絲。菰米新炊滑上匙。
>
> 雲散後，月斜時。潮落舟橫醉不知。（《劍南詩稿》卷六〇）

另一位南宋詩人王千秋，有〈鷓鴣天〉一詞，用"流匙滑"來形容吃飯：

> 翠杓銀鍋饗夜遊，萬燈初上月當樓。
>
> 溶溶琥珀流匙滑，璨璨蠙珠著面浮。

香入手，暖生甌，依然京國舊風流。

翠娥且放杯行緩，甘味雖濃欲少留。（《審齋詞》）

詞人辛棄疾在老年也有〈最高樓〉一詞，形容用匙吃飯：

吾衰矣，須富貴何時。富貴是危機。

暫忘設醴抽身去，未曾得米棄官歸。

穆先生，陶縣令，是吾師。

待葺個、園兒名佚老。

更作個、亭兒名亦好。

閒飲酒，醉吟詩。

千年田換八百主，一人口插幾張匙。

休休休，更說甚，是和非。（《稼軒長短句》卷七）

這四首詞，只有楊萬里比較明確地寫明，他吃的是粟做成的飯。不過，楊萬里和陸游都是南方人，日常主食應該是大米，而不是小米，所以他們的描述，或許只沿襲了前人的習慣用法。這在中國傳統詩歌寫作中，頗為常見。當然還有另一種可能，那就是他們知書達禮、尊重傳統，即使食用大米飯，也會使用勺子，而不是用筷子將其撥進嘴裏。更重要的是，這四位詩人都比孟元老晚了大約一個世紀。如果他們仍然用匙吃飯，那麼看來漢唐以來的飲食傳統，仍然在宋代流行，即在食用穀物的時候，人們（或許至少大部分儒生）仍然傾向使用勺子。

不過，中外飲食史專家都傾向認為，唐宋之交，中國的飲食文化，經歷了一個明顯的變遷。這讓我們有理由認為，孟元老的記述並非無中生有。飲食文化變化的結果是逐漸改變了中國人使用餐具的習慣，提高了筷子作為餐具的重要性。也許是因為他們自己喜歡大米飯，日本學者們指出，從宋代之後開始，中國人大多使用筷子吃麵、吃菜，而且還吃飯，因為從那時開始大米飯變得越來越普遍了。20世紀50年代，日本漢學家青木正兒寫作了〈用匙吃飯考〉一文，指出米飯的黏度決定了人們是否用筷子吃飯。他用宋代詩人汪藻的詩"流匙已厭青精滑"和"秋來雲子滑流匙"來說明，那時的人還喜歡吃不黏的飯，達到我們上面所說的"滑流匙"的效果。青木正兒寫道："吃這樣的飯，匙是很適當的餐具，這是不言自明的道理吧。"不過他在文章的結尾指出，這一情形到了明代就改變了，因為"南人取得天下，南人勢力及於南北，用筷子吃飯之風也波及北方，終於南北都成了筷子的天下"。換句話說，中國北方人棄勺子不用、只用筷子的主要原因是稻米已經傳到北方。青木特別指出，這種稻米屬於粳稻品種，即他所說的"黏質米"，自明代開始也在中國北方種植。[1]因為這個水稻品種具有黏性（不要與糯米相混淆，糯米通常用來製作節日食品），烹飪後更相融，用筷子就能輕易地成塊夾起。

向井由紀子和橋本慶子在合著的《箸》一書中，引述了青木正兒的觀點，但又指出，這一情形或許在元代就開始了。因為蒙古人的統治，許多漢人從河南開封一帶逃亡到浙江等地。他們漸漸習慣吃大米，特別是較黏的粳米，由此形成了用筷子吃飯的風氣。另一位日本學者周達生在其《中國的食文化》一書中也指出，在華北地區，中國人只用筷子進食的習俗始於元末即14世紀之後，由此引起了勺子和筷子作為餐具地位的互換——筷子從次要的、"筯"的位置，上升到了主要的位置。[2]日本學者的研究，有很大的啟發性。他們或許從自身的飲食經驗中得出了這一結論，因為粳米是日本人最常食用的水稻品種，而日本人日常飲食中只用筷子的習慣由來已久。不過如果我們突破一國、一族的角度，從整個筷子文化圈的視角考察，那麼他們的論

1　青木正兒著，范建明譯〈用匙吃飯考〉，《中華名物考（外一種）》，284—285頁。

2　向井由紀子、橋本慶子《箸》，41—44頁；周達生《中國の食文化》，125頁。

點也有可以修正的地方：食用大米確實促進筷子單獨使用，但大米不一定非得是粳米。像日本人一樣，越南人也大多把筷子當作進食的唯一工具，一日三餐不可或缺。在東南亞地區，由於地理位置和氣候相似，秈稻很常見，尤其是在泰國，而越南人也食用不小比例的秈米。但秈米雖然黏度不及粳米，但沒有妨礙越南人用筷子。更需要指出的是，至少從宋代開始，江南和東南沿海一帶種植的稻米，並不都是青木正兒所說的"黏質米"——粳稻。

正如本書第三章所述，唐代北方地區（關中等地）的稻米種植，比我們想象的更為廣泛。毫無疑問，唐代以後，水稻作為糧食作物獲得了更重要的地位。安德森注意到："在中國的宋代，穀物的重要性發生了一個明顯的變遷，儘管無法用數據來證明。水稻變得極為重要，至少像現代中國一樣，已經成為中國人的主要口糧。"他繼續寫道："中唐以後，藉助於先進技術，小麥的種植繼續增加。而在宋朝疆域之外的西北和北方，高粱的種植也在擴展。北方地區那時有遊牧民族統治，小米仍然是主要的穀物，但也有稻米、小麥、大麥和其他穀物。但是，水稻是宋代神奇的作物。即使在占城稻被引入之前，其品種已經多樣而且優質。"[1] 水稻的優勢在於，只要氣候允許，稻田的產出比其他作物產量更高。在參與編寫《劍橋世界食物史》時，張德慈（Chang Te-tzu）寫道："在平均產量的基礎上，水稻比小麥和玉米每公頃生產更多的食物能量和蛋白質。因此，在同樣單位面積的情況下，水稻能比其他兩種主要作物養活更多的人。"[2] 水稻而且品種多樣，秈稻的成熟時間通常就比粳稻短。6 世紀以來，許多秈稻品種在東南亞便廣泛種植，其中占城稻（在今天的越南中部和南部種植）尤其以早熟、高產著名。越南人稱其為"快熟稻"，因為在亞熱帶地區

1　劉樸兵《唐宋飲食文化比較研究》，58 頁；E.N.Anderson, *The Food of China*, 65．

2　Chang Te-tzu, "Rice," *Cambridge World History of Food*, Vol.1, 132．

占城稻可以一年收穫兩至三次。[1] 1012 年，宋真宗頒令，宋朝官方將占城稻推介給東南沿海地區的農民。被稱為秈米的占城稻（及其變體）被廣泛種植在長江和珠江流域，儘管自古以來在同一地區已經有其他秈稻品種生長。總之，從宋代起，稻米的食用與前代有了明顯的增加，中國人開始種植、栽種多種水稻，而不會僅僅選用青木正兒所謂的粳稻。

再回到孟元老"今皆用箸也"的觀察。自宋代開始，除了稻米消費量增加促成筷子地位的提升之外，那時中國的烹飪技術也有了質的飛躍。這一發展的結果正如孟元老所說，許多煮好的美食都可以甚至更方便用筷子取用了。美國漢學家邁克爾・弗里曼（Michael Freeman）提出，西文中的"cooking"和"cuisine"有明顯的區別。美國食物基本只能屬於前者，也就是烹煮、做飯而已，而後者（本來就是法語）可以用來指稱法國菜，代表了一種烹調藝術——廚藝。弗里曼認為，正是在宋代，烹調或廚藝取代了以前的烹煮，成為一種藝術。其特點除了在於選用了新的食材，採用了新的技法之外，還有出現了一批能夠欣賞、評價和挑剔餐飲的顧客群體。[2]

的確，以孟元老的《東京夢華錄》為主，宋代文人留下了其他生動、豐富地描寫汴京和臨安（杭州）飲食生活和文化的作品。這些材料是弗里曼研究宋代飲食的重要依據。在對開封城市生活的追憶中，孟元老對其飲食文化之發達，讚不絕口，其得意、欣賞之情，躍然紙上。他寫道，汴京的夜市，不止一處，如"州橋夜市"便是其中之一。那裏供應飲食之豐富，讀來令人垂涎：

> 出朱雀門，直至龍津橋。自州橋南去，當街水飯、爊肉、乾脯。王樓前獾兒、野狐、肉脯、雞。梅家鹿家鵝鴨雞兔肚肺

1 Nguyen Van Huyen, *The Ancient Civilization of Vietnam*, 224．

2 Michael Freeman, "Sung," *Food in Chinese Culture*, 143-145.

鱔魚包子、雞皮、腰腎、雞碎，每個不過十五文。曹家從食。至朱雀門，旋煎羊、白腸、鮓脯、黎凍魚頭、薑豉、剝子、抹髒〔臟〕、紅絲、批切羊頭、辣腳子薑、辣蘿蔔、夏月麻腐、雞皮麻飲、細粉素簽、沙糖冰雪冷元子、水晶皂兒、生淹水木瓜、藥木瓜、雞頭穰、沙糖綠豆甘草冰雪涼水、荔枝膏、廣芥瓜兒、鹹菜、杏片、梅子薑、萵苣、筍、芥、辣瓜旋兒、細料餶飿兒、香糖果子、間道糖荔枝、越梅、鋸刀紫蘇膏、金絲黨梅、香棖元，皆用梅紅匣兒盛儲。冬月盤兔、旋炙豬皮肉、野鴨肉、滴酥水晶鱠、煎夾子、豬臟之類，直至龍津橋須腦子肉止，謂之雜嚼，直至三更。[1]

因為食客眾多，所以孟元老說："夜市直至三更盡，才五更又復開張。"除了幾處熱鬧的夜市之外，還有許多酒樓和飯店、食鋪。他對酒樓的描述，十分周到、細緻：

> 凡京師酒店，門首皆縛彩樓歡門，唯任店入其門，一直主廊約百餘步，南北天井兩廊皆小閣子，向晚燈燭熒煌，上下相照，濃妝妓女數百，聚於主廊檐面上，以待酒客呼喚，望之宛若神仙。北去楊樓，以北穿馬行街，東西兩巷，謂之大小貨行，皆工作伎巧所居。小貨行通雞兒巷妓館，大貨行通牒紙店白礬樓，後改為豐樂樓，宣和間，更修三層相高。五樓相向，各有飛橋欄檻，明暗相通，珠簾繡額，燈燭晃耀。初開數日，每先到者賞金旗，過一兩夜，則已元夜，則每一瓦隴中皆置蓮燈一盞。內西樓後來禁人登眺，以第一層下視禁中。大抵諸酒肆瓦市，不以風雨寒暑，白晝通夜，駢闐如此。州東宋門外仁和店、薑店，州

1　孟元老《東京夢華錄》，收入《東京夢華錄（外四種）》，13—14頁。

西宜城樓、藥張四店、班樓，金梁橋下劉樓，曹門蠻王家、乳酪張家，州北八仙樓，戴樓門張八家園宅正店，鄭門河王家，李七家正店，景靈宮東牆長慶樓。在京正店七十二戶，此外不能遍數，其餘皆謂之“腳店”。賣貴細下酒，迎接中貴飲食，則第一白廚，州西安州巷張秀，以次保康門李慶家，東雞兒巷郭廚，鄭皇后宅後宋廚，曹門磚筒李家，寺東骰子李家，黃胖家。九橋門街市酒店，彩樓相對，繡旆相招，掩翳天日。政和後來，景靈宮東牆下長慶樓尤盛。[1]

汴京各種飯店、食鋪供應的美食，形成了不同的烹調風格。《東京夢華錄》記道：

> 大凡食店，大者謂之“分茶”，則有頭羹、石髓羹、白肉胡餅、軟羊、大小骨、角炙𩙪腰子、石肚羹、入爐羊、罨生軟羊麵、桐皮麵、薑潑刀回刀、冷淘棋子、寄爐麵飯之類。吃全茶，饒蕾頭羹。更有川飯店，則有插肉麵、大燠麵、大小抹肉、淘剪燠肉、雜煎事件、生熟燒飯。更有南食店，魚兜子、桐皮熟膾麵、煎魚飯。又有瓠羹店，門前以枋木及花樣啟結縛如山棚，上掛成邊豬羊，相間三二十邊。[2]

也就是說，除了北方菜之外，還有四川菜和南方菜等其他菜系。

總之，孟元老記錄的店鋪，大都是汴京人常去的所在，包括廉價的麵館、嘈雜的茶坊、熱鬧的食店、高檔的酒樓，還有喧鬧夜市的小吃攤和小商販。這些地方提供的食物，做法各式各樣，從各種花樣燉煮（用傳統做法處理新食材），到新穎獨創的熱炒（顯示這種相對較

1　孟元老《東京夢華錄》，收入《東京夢華錄（外四種）》，15—16頁。
2　同上書，26—27頁。

新的烹飪技術有了明顯的改善）。可以想象，吃這些食物，加上麵條和餃子，人們很自然地把筷子當作餐具，因為既經濟又方便，而且它們可能由茶坊酒肆來提供。

開封顯然不是宋代唯一熱鬧繁華的城市。"靖康之變"以後，宋撤退到南方，以臨安（杭州）為新的都城，史稱"南宋"。根據當時的記載，臨安迅速成為各色酒樓食肆的聚集地，店家紛紛推出各種特色菜式，爭相吸引顧客。吳自牧的《夢粱錄》和孟元老的《東京夢華錄》一樣，是中國飲食史上的名著。該書對汴京和臨安兩城飲食文化的對比描寫，讓人印象深刻。書中描述臨安的夜市，絲毫不遜於汴京：

杭城大街，買賣晝夜不絕，夜交三四鼓，遊人始稀；五鼓鐘鳴，賣早市者又開店矣。大街關撲，如糖蜜糕、灌藕、時新果子、像生花果、魚鮮豬羊蹄肉，……又有蝦須賣糖，福公個背張婆賣糖，洪進唱曲兒賣糖。又有擔水斛兒，內魚龜頂傀儡面兒舞賣糖。有白鬚老兒看親箭披鬧盤賣糖。有標竿十般賣糖，效學京師古本十般糖。賞新樓前仙姑賣食藥。又有經紀人擔瑜石釘鉸金裝架兒，共十架，在孝仁坊紅杈子賣皂兒膏、澄沙團子、乳糖澆。壽安坊賣十色沙團。眾安橋賣澄沙膏、十色花花糖。市西坊賣蚫螺滴酥，觀橋大街賣豆兒糕、輕餳。太子坊賣麝香糖、蜜糕、金鋌裹蒸兒。廟巷口賣楊梅糖、杏仁膏、薄荷膏、十般膏子糖。內前杈子裏賣五色法豆，使五色紙袋兒盛之。通江橋賣雪泡豆兒水、荔枝膏。中瓦子前賣十色糖。更有瑜石車子賣糖糜乳糕澆，俱曾經宣喚，皆效京師叫聲。日市亦買賣。又有夜市物件，中瓦前車子賣香茶異湯，獅子巷口燒耍魚，罐裏燒雞絲粉，七寶科頭，中瓦子武林園前煎白腸、灌腸，灌肺、嶺賣輕餳，五間樓前賣餘甘子、新荔枝，木桓市西坊賣焦酸餡、千層兒，又有沿街頭盤叫賣薑豉、膘皮膘子、炙椒酸犯兒、羊脂韭餅、糟羊蹄、糟蟹，又有擔架子賣香辣罐肺、香辣素粉羹、臘肉細粉、科頭、薑蝦、海蜇鮓、清汁田螺羹、羊血湯、糊齏海蜇螺頭、齏餶飿兒、齏麵等，各有叫聲。……其餘橋道坊巷，亦有夜市撲賣果子糖等物，亦有賣卦人盤街叫賣，如頂盤擔架賣市食，至三更不絕。冬月雖大雨雪，亦有夜市盤賣。至三更後，方有提瓶賣茶。冬閒，擔架子賣茶，饊子、慈茶始過。蓋都人公私營幹，深夜方歸故也。[1]

事實上，由於杭州的地理位置優越，氣候相對開封溫暖，所以吳自牧注意到，有些飲食店，通宵達旦，從不關門，夜市結束之後，早市即刻登場：

最是大街一兩處麵食店及市西坊西食麵店，通宵買賣，交曉不絕。緣金吾不禁，公私營幹，夜食於此故也。御街鋪店，聞鐘而起，賣早市點心，如煎白腸、羊鵝事件、糕、粥、血臟羹、羊血、粉羹之類。冬天賣五味肉粥、七寶素粥，夏月賣義粥、饊子、豆子粥。又有浴堂門賣麵湯者，有浮鋪早賣湯藥二陳湯，及調氣降氣及石刻安腎丸者。有賣燒餅、蒸餅、糍糕、雪糕等點心者。以趕早市，直至飯前方罷。及諸行鋪席，皆往都處，侵晨行販。和寧門紅杈子前買賣細色異品菜蔬，諸般下飯，及酒醋時新果子，進納海鮮品件等物，填塞街市，吟叫百端，如汴京氣象，殊可人意。孝仁坊口，水晶紅白燒酒，曾經宣喚，其味香軟，入口便消。六部前丁香餛飩，此味精細尤佳。早市供膳諸色物件甚多，不能盡舉。自內後門至觀橋下，大街小

1　吳自牧《夢粱錄》，收入《東京夢華錄（外四種）》，242—243頁。

巷，在在有之，不論晴雨霜雪皆然也。[1]

除了吳自牧的《夢粱錄》之外，《都城紀勝》《西湖老人繁勝錄》
等也是當時描述南宋首都臨安飲食文化的作品。南宋詩人林升的〈題
臨安邸〉，最是膾炙人口：

> 山外青山樓外樓，西湖歌舞幾時休？
> 暖風熏得遊人醉，直把杭州作汴州。（《宋詩紀事》卷
> 五十六）

林升諷刺了南宋王朝偏安一隅、不思進取的狀況。可是，從飲
食文化發展的角度來看，北宋和南宋的政權更迭，推動了中國飲食文
化朝著多樣化的趨勢發展。不僅像水稻這樣的南方作物在北方地區種
植，而且在唐代努力的基礎上，小麥等北方作物繼續被推介到南方，
得以更為廣泛地被種植。其中部分原因是為了滿足跟隨宋王朝南遷的
北方人的需求。他們的飲食習慣也影響了南方居民：從那以後，甚至
更早，小麥麵粉的食品如麵條、餛飩，也成為南方人的日常主食，即
使大多數時候只是當作早餐和點心。吳自牧等人的描述，讓我們有理
由推論，飯食如此豐富、食客如此眾多，加上杭州地處江南，製作木
筷、竹筷十分容易，那裏的食鋪、飯店也會像孟元老形容的那樣，只
給顧客筷子而不是匕箸一起提供了。

法國漢學名家謝和耐（Jacques Gernet）較早從社會史、文化史的
角度研究中國歷史，著有《蒙元入侵前夜的中國日常生活》（*La Vie
quotidienne en Chine à la veille de l'invasion Mongole*）一書，其中指出筷
子在宋代已經成了人們主要的餐具了：

1　吳自牧《夢粱錄》，收入《東京夢華錄（外四種）》，241—242 頁。

菜式的花色品種要比其數量更為重要。端菜時則使用上了漆的托盤。餐桌上擺放著筷子和湯勺，這一點就和現在的習慣一樣；不過卻見不到刀叉，因為所有的食物都已切得足夠小了，只需用筷子夾起即可食用。由於僕役眾多，工錢又低，所以從沒有人想到要讓進餐者自己動手去切肉，哪怕在廉價餐館裏也是如此。[1]

謝和耐沒有指明他的觀察根據的是什麼具體史料，但他綜合使用了孟元老、吳自牧等宋人的文獻，加上西方史料，對臨安餐飲之發達及其原因，做了十分詳細的描述和分析。正如本書前幾章所說，筷子作為餐具，其地位的提升反映了飲食文化變革的需要，比如吃麵條和餃子，而自唐代開始，炒菜也漸漸進入了中國人的日常飲食，到了宋代更是如此。炒菜的一個必要條件是食物必須事先切小。在上述宋人留下的作品中，許多菜名顯示是炒菜，如"炒兔""炒雞""生炒肺""炒蛤蜊"和"炒白蝦"等，當然一定還有賈思勰《齊民要術》中提到的炒雞蛋。如此，宋人完全有可能把筷子作為主要的餐具，不僅因為它便宜、簡易，而且因為吃麵條、炒菜，勺子遠不如筷子好用。

謝和耐在書中，也提到南宋首都臨安，結合了南北的菜系：

當時杭州菜的做法如此花樣迭出、美不勝收，有多種成因。由於幅員廣大，中國有各種各樣的地方風味。一旦大量難民和短期訪問者從中國各地湧入杭州，便使該城擁有了若干種地方風味的烹飪方法。而其中最佔主流的菜系，則是浙江菜和河南菜的結合，後者在北宋時期堪稱京菜。……不過，杭州城內亦有

1 謝和耐著，劉東譯《蒙元入侵前夜的中國日常生活》，南京：江蘇人民出版社，1995 年，102 頁。

專營種種地方風味食品的餐館。四川菜館做的菜大概是以辣椒著稱；有的酒肆賣山東或河北風味的菜餚；另外還有所謂衢州（杭州以南 250 英里的一座城市）館子，"專賣家常（蝦魚、粉羹、魚麵、蝴蝶之屬）。欲求粗飽者可往，惟不宜尊貴人"。[1]

謝和耐犯了一個錯誤，辣椒要到明代才從美洲傳入中國，所以那時的四川菜裏不太可能放辣椒。但四川是稻米產區，與浙江類似，吃米飯配炒菜更為適宜，所以那時的川菜應該有不少炒菜品種。加上各種麵食館，筷子成為主要餐具勢在必行。

唐宋之間的川菜雖然沒有辣椒，但四川人的飲食習慣，卻在另外一個方面深深影響了中國的飲食文化，那就是飲茶的普及。一般認為，飲茶的習俗從四川地區起源，到了唐宋期間則普及到了整個中國，之後還在很大程度上改變了整個世界的歷史進程。譬如茶傳到歐洲之後，從 17 世紀下半葉開始漸漸成了許多西方人日常生活的必需品。1776 年發生的美國革命和 1840 年的鴉片戰爭，都直接或間接地與歐美人對茶的強烈需求相關。[2] 中國種茶、飲茶的歷史當然可以追溯到更早的年代，但到了唐代才漸漸成為人們日常生活的一部分。陸羽《茶經》的寫作，便是一個例證。作為世界歷史上第一部關於茶的專著，《茶經》詳細描述和解釋了種茶、煮茶和品茶的整個過程。在煮茶的過程中，筷子便不可或缺。首先是 "火筴"，即 "火箸"。陸羽寫道："火筴，一曰筋，若常用者，圓直一尺三寸，頂平截，無蔥台勾鎖之屬，以鐵或熟銅製之。" 其次是 "竹筴，或以桃、柳、蒲葵木為之，或以柿心木為之。長一尺，銀裹兩頭"。從陸羽的描述來看，"火筴"（火箸）應該用於撥弄木柴，所以較長；而 "竹筴" 是為了在煮

1　謝和耐著，劉東譯《蒙元入侵前夜的中國日常生活》，98 頁。

2　此類研究在西方很多，可參見其中較新而且分量很重的一本：Erika Rappaport, *A Thirst for Empire: How Tea Shaped the Modern World*, Princeton: Princeton University Press, 2017。

茶的過程中用來夾取東西，類似筷子在其他烹煮場合的用處。[1] 所以自唐宋以來中國人飲茶習慣的養成，提升了筷子的重要性。

陸羽在《茶經》中追溯了茶在中國的歷史："茶之為飲，發乎神農氏，聞於魯周公，齊有晏嬰，漢有揚雄、司馬相如，吳有韋曜，晉有劉琨、張載、遠祖納、謝安、左思之徒，皆飲焉。滂時浸俗，盛於國朝，兩都並荊渝間，以為比屋之飲。"[2] 他指出雖然遠古時代人們就開始飲茶，但直到唐代，茶才成為"比屋之飲"，也就是日常的飲料。唐代詩人劉禹錫有〈西山蘭若試茶歌〉一詩為證，形象地描述了植茶、採茶、煎茶、備水、候湯、煎茶、飲茶、品味等多種情境，品調高雅：

> 山僧後簷茶數叢，春來映竹抽新茸。
>
> 宛然為客振衣起，自傍芳叢摘鷹嘴。
>
> 斯須炒成滿室香，便酌砌下金沙水。
>
> 驟雨松聲入鼎來，白雲滿碗花徘徊。
>
> 悠揚噴鼻宿醒散，清峭徹骨煩襟開。
>
> 陽崖陰嶺各殊氣，未若竹下莓苔地。
>
> 炎帝雖嘗未解煎，桐君有籙那知味。
>
> 新芽連拳半未舒，自摘至煎俄頃餘。
>
> 木蘭沾露香微似，瑤草臨波色不如。
>
> 僧言靈味宜幽寂，采采翹英為嘉客。
>
> 不辭緘封寄郡齋，礱井銅爐損標格。
>
> 何況蒙山顧渚春，白泥赤印走風塵。
>
> 欲知花乳清泠味，須是眠雲跂石人。（《全唐詩》卷三五六）

1　陸羽著，沈冬梅編著《茶經》，北京：中華書局，2010 年，53，64 頁。

2　同上書，93 頁。

到了宋代，飲茶更為普及，成了中國人日常生活的"七件事"之一。吳自牧在《夢粱錄》中寫道："蓋人家每日不可闕者，柴米油鹽醬醋茶。"[1] 這句名言在許多詩文中不斷出現，充分表現出茶到了宋代，已經是人們生活的必需品了。孟元老的《東京夢華錄》記載，汴京的茶肆，多建於禦街過州橋、朱雀門大街、潘樓東街巷、相國寺東門街巷等街心市井處，亦可見飲茶文化之發達。而飲茶文化在宋代的新發展是，飲茶不僅為了解渴、提神，在飲茶的過程中，還一邊享受著美食。例如，今天廣東人或其他南方人講"飲茶"，往往不是喝碗茶而已，而是與此同時食用各種各樣的小吃。上引劉禹錫的詩作，對唐代人如何飲茶描寫得十分細緻，但沒有提到食物，當然這很難說唐代人只是喝茶而已。但毫無疑問，一邊飲茶、一邊吃食的風俗，在宋代更為普遍。因為在孟元老的《東京夢華錄》，特別是吳自牧的《夢粱錄》中，茶肆、分茶（煮茶、煎茶，也指宋代的茶道）之類的字眼，頻頻出現。比如在孟元老的描述中，就有"大凡食店，大者謂之'分茶'"的說法，即喝茶與吃飯，在當時已經和今天一樣，往往合為一體了。

換句話說，宋代人飲茶，與唐代人的習慣頗有區別。唐代詩人劉禹錫的詩作描寫了唐代飲茶的過程，那麼宋代詩人楊萬里的〈澹庵坐上觀顯上人分茶〉一詩，則告訴了我們宋代人如何用開水沖茶，將之"分開"，讓其呈現千姿百態的過程：

> 分茶何似煎茶好，煎茶不如分茶巧。
> 蒸雲老禪弄泉手，隆興元春新玉爪。
> 二者相遭兔甌面，怪怪奇奇真善幻。
> 紛如擘絮行太空，影落寒江能萬變。

1　吳自牧《夢粱錄》，收入《東京夢華錄（外四種）》，270 頁。

銀瓶首下仍尻高，注湯作字勢嫖姚。

不須更師屋漏法，只問此瓶當響答。

紫微仙人烏角巾，喚我起看清風生。……（《誠齋集》卷二）

但更重要的是，宋代人說的"分茶"不僅指一種沖茶的方法，更指他們在品茗的同時享受各種美食。根據孟元老的說法，食店大一點的才"謂之'分茶'"，可見那時的餐館和現在一樣，不但提供客人食物，而且一定供應茶水。這也就是說，一邊飲茶，一邊吃食在宋代社會已經頗為普遍。《東京夢華錄》還提到了汴京幾家著名的分茶店，如"李四分茶"和"薛家分茶"等。[1] 南宋耐得翁的《都城紀勝》，讓人感覺這一新的飲食習慣，或許源自川菜的北移：

> 都城食店，多是舊京師人開張，如羊飯店兼賣酒。凡點索食次，大要及時：如欲速飽，則前重後輕；如欲遲飽，則前輕後重。重者如頭羹、石髓飯、大骨飯、泡飯、軟羊、淅米飯；輕者如煎事件、托胎、奶房、肚尖、肚胘、腰子之類。南食店謂之南食，川飯分茶。[2]

從上面的引文來看，茶、食並用的傳統，有可能始自茶的起源地四川，逐漸普及其他地方。吳自牧的《夢粱錄》的一段記述，對此有所佐證：

> 向者汴京開南食麵店，川飯分茶，以備江南往來士夫，謂其不便北食故耳。南渡以來，幾二百餘年，則水土既慣，飲食混淆，無南北之分矣。大凡麵食店，亦謂之"分茶店"。若曰分

---

1 孟元老《東京夢華錄》，收入《東京夢華錄（外四種）》，12—13頁。

2 耐得翁《都城紀勝》，收入《東京夢華錄（外四種）》，93頁。

茶，則有四軟羹、石髓羹、雜彩羹、軟羊腰子、鹽酒腰子、雙脆、石肚羹、豬羊大骨、雜辣羹、諸色魚羹、大小雞羹、擪肉粉羹、三鮮大骨頭羹、飯食。更有麵食名件：豬羊生麵、絲雞麵、三鮮麵、魚桐皮麵、鹽煎麵、筍潑肉麵、炒雞麵、大麵、子料澆蝦麵、汁米子、諸色造羹、糊羹、三鮮棋子、蝦棋子、蝦魚棋子、絲雞棋子、七寶棋子、抹肉、銀絲冷淘、筍燥齏淘、絲雞淘、耍魚麵。[1]

這也就是說，原來只是川飯與分茶有密切關係，但宋朝南渡之後，麵店也稱為分茶，於是飲茶與吃飯更加合為一體了。吳自牧《夢粱錄》卷十六中，還將茶肆置於所有飲食行業之前，然後是酒肆，再是分茶酒店和麵食店等。從他對杭城茶肆的描繪中，看出那時的茶客，不但在那裏飲茶，還參與和觀賞各種娛樂活動。而分茶酒店則是他們一邊飲茶，一邊吃食的地方。有趣的是，《都城紀勝》說吃飯要根據飢飽的程度安排順序，吳自牧則說點茶食也同樣處理："凡點索茶食，大要及時。如欲速飽，先重後輕。" 茶客或曰食客需要選擇是決定先填飽肚子再細細品茗，還是以品茶為主，吃點心為輔（他在書中列出了好幾十種茶食，此處不贅）。然後 "又有托盤簷架至酒肆中，歌叫買賣者" 的小吃，加上 "葷素點心包兒" 和各種 "乾果子"。[2] 遺憾的是，孟元老、吳自牧、耐得翁所列出的食物名稱，其中許多在今天已經無法知道其食料和做法，但還是可以看出這些在茶坊、酒肆中享用的食品，大多是如今人們說的 "小菜"，而不是大魚、大肉之類，用筷子夾取想來十分便利。就像今天廣東人早中午飲茶，茶餐廳供應的大多數食品都可以用筷子夾取一樣。

除了小吃和茶食，餃子、麵食在宋代也更為普及，同樣有助於

1　吳自牧《夢粱錄》，收入《東京夢華錄（外四種）》，267 頁。
2　吳自牧《夢粱錄》，收入《東京夢華錄（外四種）》，264—266 頁。

提升筷子使用的重要性。正如第三章所述，漢代之後出現的牢丸，在宋代有時被稱為牢九，應該是用麵皮包餡的一種食品。陸游有“蟹饌牢丸美，魚煮殘殘香”，而蘇軾則有“豈唯牢九薦古味，要使真一流天漿”的詩句。不過學界對牢丸究竟類似於今天的餃子、包子還是燒麥，仍然沒有統一的意見。[1]宋代詩人雖然還用牢丸或者牢九這樣的名稱，但在一般人的生活中，牢丸這個詞那時似乎不再特別流行了；宋代人對諸麵食已經發展出了其他的名稱，與近代人的稱呼愈益接近。孟元老的《東京夢華錄》中多次提到了包子，還有饅頭、餛飩、團子和果子，然後又說有“水晶皂兒”和“煎夾子”（有些飲食史專家認為是“水晶角兒”和“煎角子”[2]）。這些都是麵皮包餡的食品。周密的《武林舊事》則在“果子”一節中有“餳角兒”（糖餡的餃子）、“蒸作從食”一節中更有“諸色包子、諸色角兒”的記載。[3]這裏的“角兒”，應該就是餃子。

包子和餃子等麵皮包餡的食品，那時大部分是“蒸作”的，顯然比較燙手，而中國人一直有喜歡吃熱食的習慣，所以使用餐具就十分必要，這個餐具看來就是筷子。宋代詩人楊萬里有〈食蒸餅作〉一詩，提供了相應的證據：

何家籠餅須十字，蕭家炊餅須四破。

老夫飢來不可那，只要鶻侖吞一個。

詩人一腹大於蟬，飢飽翻手覆手間。

須臾放筯付一哕，急喚龍團分蟹眼。（《誠齋集》卷十九）

1　邱龐同《中國麵點史》，41—42頁。

2　孟元老《東京夢華錄》，收入《東京夢華錄（外四種）》，12—14頁；另參見邱龐同《中國麵點史》，109頁。

3　周密《武林舊事》，收入《東京夢華錄（外四種）》，446，448—449頁。

詩人描繪吃飽了蒸餅之後，才放下筷子，莞爾一笑，顯出了心滿意足的樣子。

元朝建立之後，各種飲食傳統繼續保持著相互碰撞融合的趨勢。著名的《飲膳正要》一書，是中國飲食史上內容十分詳備的養生醫療食譜。以餃子而言，周密說南宋有"諸色角兒"，而這一稱呼在元代更為流行。《飲膳正要》中列有"水晶角兒""撇列角兒"和"時蘿角兒"，並提供了頗為明確的食譜。比如水晶角兒的食料是"羊肉、羊脂、羊尾子、蔥、陳皮、生薑（各切細）"，然後"入細料物、鹽、醬拌勻，用豆粉作皮包之"。而撇列角兒則是"羊肉、羊脂、羊尾子、新韭（各切細）"，然後"入料物、鹽、醬拌勻，白麵作皮，鏊上炮熟，次用酥油、蜜，或以葫蘆瓠子作餡亦可"。時蘿角兒的做法也類似前面兩種，只是放在滾水裏面煮熟。[1] 這些角兒用羊肉做餡，顯然反映了蒙古人的風俗，已經與今天人們包餃子十分類似了。人們吃餃子一般用筷子，所以元代筷子的用途，亦有擴展。更重要的是，"涮羊肉"向中原地區的傳播，使得用筷變得更為重要。這道菜起源於蒙古族，很受漢族人的青睞，尤其是北方的居民。

1368 年，朱元璋創立了明朝。在其統治初期，他將南方和西北地區的農民遷移至北方，以期恢復遭受戰爭蹂躪地區的農業生產；還出台了一系列政策，以求恢復、維持良好的灌溉系統，保證所有糧食作物（特別是水稻）的生長。這些措施使得南方食物和烹飪方式在北方地區傳播或扎根。朱元璋死後，永樂皇帝朱棣遷都北京，進一步加強了南北之間的經濟、文化聯繫。到了晚明，越來越多的官員來自江南，除了通過大運河從南方運來大量的稻米，朝廷還制定政策在北京郊區及其他地區種植水稻。[2] 宋應星在《天工開物》中寫道：

1　忽思慧撰《飲膳正要》（明景泰七年內府刻本）卷一。

2　伊永文《明清飲食研究》，台北：宏業文化事業有限公司，1997 年，5—6 頁。

凡穀無定名，百穀指成數言。五穀則麻、菽、麥、稷、黍。獨遺稻，以著者聖賢，起自西北故也。今天下育民人者，稻居十七，而來、牟、黍、稷居十三。麻、菽二者，功用已全入蔬餌膏饌之中。而猶系之穀者，從其朔也。[1]

　　安德森十分贊同宋應星的觀點，他指出，明朝的穀物種植本身一如前朝，變化最多的是它們所佔的比重："大米變得更加重要，作為中國的主食，其重要性已經達到了現代水平。與此同時，小麥種植也逐漸向南擴張，麵粉也隨之成為一種重要的食物。"[2] 這也就是說，與前朝相比，小米（黍、粟、稷等）已經逐漸不再成為中國人的主食了。明代遊歷到中國南方的葡萄牙傳教士達克魯斯也指出："中國主要出產的是稻米，足夠整個國家食用，因為有許多肥沃的稻田，每年能收二到三季。……[中國] 也有很多很好的小麥，像葡萄牙人一樣，中國人用來做出很可口的麵包。在這之前，他們用麵粉做糕點。"[3]

　　跨越近三個世紀的明朝是一個繁盛的時代，此時出現的許多小說反映出它的繁榮。這些小說提供了明確的證據，表明明朝人像來自朝鮮王朝的崔溥、尹國馨所觀察到的那樣，只用筷子進餐。馮夢龍是當時一位多產作家，他的小說記錄了很多這樣的事。他對描繪普通人的生活極感興趣，尤其是生活在中國沿海城市的小市民。《醒世恆言》中有個故事，描述了一位賣油的年輕人秦重，一天在路上見到一位美麗的嬌娘，原是一家妓院的"台柱子"。秦重打扮成書生，來到該妓院：

1　宋應星撰，董文校《校正天工開物》，台北：世界書局，1962 年，1 頁。

2　E. N. Anderson, *The Food of China*, 80.

3　參見 C. R. Boxer ed., *South China in the Sixteenth Century*, 131。

少頃之間，丫鬟掌燈過來，抬下一張八仙桌兒，六碗時新果子，一架攢盒佳餚美醞，未曾到口，香氣撲人。九媽執盞相勸道：「今日眾小女都有客，老身只得自陪，請開懷暢飲幾杯。」秦重酒量本不高，況兼正事在心，只吃半杯。吃了一會，便推不飲。九媽道：「秦小官想餓了，且用些飯再吃酒。」丫鬟捧著雪花白米飯，一吃一添，放於秦重面前，就是一盞雜和湯。鴇兒量高，不用飯，以酒相陪。秦重吃了一碗，就放箸。九媽道：「夜長哩，再請些。」秦重又添了半碗。[《醒世恆言》（天啟葉敬池刊本）卷三]

在馮夢龍的筆下，秦重用筷子吃飯，用酒盞喝酒，顯示筷子是主要的食具。

小說中另一個人物吳衙內也是個情種。有一次，他去私會情人賀小姐，在人家閨房裏躲著，餓了一整天。最後賀小姐吩咐人送飯到她房裏：

那吳衙內爬起身，把腰伸了一伸，舉目看卓上時，乃是兩碗葷菜，一碗素菜，飯只有一吃一添。原來賀小姐平日飯量不濟，額定兩碗，故此只有這些。你想吳衙內食三升米的腸子，這兩碗飯填在那處？微微笑了一笑，舉起箸兩三超，就便了賬，卻又不好說得，忍著餓原向床下躲過。秀娥開門，喚過丫鬟又教添兩碗飯來吃了。[《醒世恆言》（天啟葉敬池刊本）卷二八]

這兩段記述，都清楚地點明明朝人用筷子食用大米飯。水稻是江南的主要糧食作物，而蘇州是這一地區的重要城市，作為土生土長的蘇州人，馮夢龍用小說證實，中國的南方人已習慣用筷子吃飯了。

明代小說還透露出，北方的中國人那時也用筷子吃大米飯。典型的例子是《金瓶梅》，寫於 16 世紀末，作者真名不可考。故事大概發生在山東，因此書中的相關描述，為我們提供了當時北方人的飲食習慣和風俗。其中有這樣一個情節，西門慶的小妾李瓶兒不幸早亡，送葬之後西門慶來到她的房中。李瓶兒的丫鬟流著淚為他擺上飯菜。為了安慰她們，西門慶"舉起箸兒來：'你請些飯兒！'行如在之禮。丫鬟養娘都忍不住掩淚而哭。"（《金瓶梅》卷一三）顯然，像西門慶這樣的北方人不僅吃大米飯，還會用筷子吃。

隨著人們在北方種植水稻、食用稻米，"大米飯"一詞開始出現在明代文獻中。或許是因為從顆粒大小而言，稻穀大於小米，因此北方人開始稱呼稻米做的飯為"大米飯"，而將他們傳統吃的粟米、黍米飯稱為"小米飯"了。在今天的中國北方，這兩種說法仍然流行，因為他們仍然在日常生活中食用這兩種穀物做成的粥飯。《金瓶梅》經常提到如何做米飯，還引用這樣的格言"先下米，先吃飯"[1]。然而有趣的是，小說中描述的"飯"通常被稱為"湯飯"。這一說法表明，北方人煮稻米飯時，會像做小米那樣，可能仍然喜歡將其煲成粥。除了米飯，《金瓶梅》中的人物也吃其他穀物。為了成全自己的風流韻事，西門慶幾乎日日設宴，宴席上擺滿各種美食。用各類穀物製成的食物有饅頭、煎餅、麵條和米飯，食物品種比江南更加多樣。但是無論他們吃的是什麼飯，軟硬如何，西門慶和他邀約的客人都會用筷子來取食，再加上一個酒盞或茶杯，但不會用到勺子（《金瓶梅》卷一二）。[2] 上面提到的葡萄牙傳教士達克魯斯的描述也提供了相應的證據：

> 因為他們（中國人）吃飯非常乾淨，手絕不碰到肉，所以他們不需要桌布或餐巾。所有的食物都切好整齊地放在桌上。他

1　"先下米，先吃飯"在《金瓶梅》中出現過四次，分別在卷四、卷一五、卷一八。
2　小說中，吃喝的場景大都提到酒杯和筷子，而非勺子。

們也有一隻小的瓷杯，用來喝一口酒，為此常有一個侍者在桌旁〔添酒〕。他們這麼喝酒，因為他們的食物都切成一口大小，所以喝酒也是一口一口地喝。[1]

換句話說，除了酒杯，達克魯斯並沒有提到中國人吃飯使用勺子。

另一位 16 世紀來到中國的西班牙教士馬丁・德・拉達（Martín de Rada，1533—1578），則提到了那時的中國社會，飲茶極為普遍：

他們（中國人）互訪的時候，先相互鞠躬然後坐下，僕人便會捧上一個托盤，上面放了茶杯，有多少人在座就有多少隻茶杯，裏面是熱水。這些熱水與一種有點苦的藥草一起煮開，杯裏還有一個小小的蜜餞。他們吃蜜餞和喝這個熱水。雖然我們一開始不喜歡喝熱水，後來卻漸漸習慣了並有點喜歡上了，因為這是每次造訪的時候首先捧上的東西。[2]

德・拉達雖然不知道"茶"的名字，但他的描述是歐洲人對中國飲茶習俗的最早記錄之一。

由於喝茶、飲酒與吃飯的結合（所以中國現在討論食物，喜歡用"飲食"這個詞語），餐具的使用也有了明顯的變化。也許從宋代開始，至少到了明、清兩代，中國餐具的組合使用已經從"匕箸"的組合，轉變成了"杯箸"或"鐘箸"的組合。"杯箸""鐘箸"的稱呼，常見於明、清小說中。如馮夢龍的《醒世恆言》中講到，有位才子錢青，幫助表兄相親，到了女方家：

錢青見那先生學問平常，故意譚天說地，講古論今，驚得

1　參見 C. R. Boxer ed., *South China in the Sixteenth Century*, 142。
2　參見 C. R. Boxer ed., *South China in the Sixteenth Century*, 287。

先生一字俱無，連稱道："奇才，奇才！"把一個高贊就喜得手舞足蹈，忙喚家人，悄悄吩咐備飯要整齊些。家人聞言，即時拽開桌子，排下五色果品。高贊取杯箸安席，錢青答敬謙讓了一回，照前昭穆坐下。三湯十菜，添案小吃，頃刻間擺滿了桌子，真個咄嗟而辦。（《醒世恆言》卷七）

女方家的主人高贊，取出杯箸而不是匕箸待客。同書還講到一位劉公開的酒店，也有同樣的表述：

那老兒把身上雪片抖淨，向小廝道："兒，風雪甚大，身上寒冷，行走不動。這裏有個酒店在此，且買一壺來蕩蕩寒再走。"便走入店來，向一副座頭坐下，把包裹放在桌上，那小廝坐於旁邊。劉公去暖一壺熱酒，切一盤牛肉，兩碟小菜，兩副杯箸，做一盤兒托過來擺在桌上。（《醒世恆言》卷十）

可見，對外營業的酒店同樣為客人準備的是杯箸。

《金瓶梅》中沒有"杯箸"，但"鐘箸"出現了九次。"鐘"即"酒盅"的意思。比如該書第五十八回，說到西門慶設宴招待官府中的來客：

平安進來稟道："守備府周爺來了。"西門慶慌忙迎接。未曾相見，就先請寬盛服。周守備道："我來要與四泉把一盞。"薛內相說道："周大人不消把盞，只見禮兒罷。"於是二人交拜畢，才與眾人作揖，左首第三席安下鐘箸。下邊就是湯飯割切上來，又是馬上入兩盤點心、兩盤熟肉、兩瓶酒。周守備謝了，令左右領下去，然後坐下。一面觥籌交錯，歌舞吹彈，花攢錦簇飲酒。（《金瓶梅》卷一二）

第六十七回中，西門慶再度請客：

> 不一時，孟玉樓同他兄弟來拜見。敘禮已畢，西門慶陪他敘了回話，讓至前邊書房內與伯爵相見。吩咐小廝看菜兒，放桌兒篩酒上來，三人飲酒。西門慶教再取雙鐘箸：「對門請溫師父陪你二舅坐。」來安不一時回說：「溫師父不在，望倪師父去了。」西門慶說：「請你姐夫來坐坐。」（《金瓶梅》卷一四）

朝鮮士人在明清之際來訪中國撰寫的《燕行錄》，也清楚地表明，那時中國人吃飯只用筷子和杯子。李宜顯（1669－1745）的《庚子燕行雜識》有如下的記載：

> 朝夕之饋，或飯或粥。男女圍一卓（桌）而坐。各以小器分食。一器盡，又添一器，隨量而止。饗賓。主客共一卓，客至數人，亦不別設。但於每人前，各置一雙箸、一隻杯。從者持壺斟酒，隨飲隨斟。杯甚小，兩杯僅當我國一杯。而亦不頓飲，細細呷下。尋常飯饌，村家不過一碟沈菜，富家則盛設，而不過是炒豬肉熱鍋湯之類，無他異味。所謂熱鍋湯，以羊豬牛雞卵等雜種亂切相錯，烹熬作湯，略如我國雜湯，素稱燕中佳饌，而膻膩之甚，不堪多啜。又有所謂粉湯者，即我國水麵，而和以醬水，入雞卵，亦熱鍋湯之類，而稍淡不甚膩。凡飲食，皆用箸不用匙，然匙亦有之，以磁造而柄短斗深，箸則以木造，或牙造。[1]

明朝滅亡之後，清朝崛起，對東亞士人是不小的衝擊。李宜顯的上述描述，頗帶鄙夷的眼光，因為在他眼裏，清朝代表了一種蠻夷文

1　李宜顯《庚子燕行雜識》，可檢索韓國古典綜合數據庫（http://db.itkc.or.kr/itkcdb/mainIndexIframe.jsp）。

化。但透過他的記載，還是可以看到一些重要的信息，那就是滿族飲食對中國北方飲食的影響（如熱鍋湯之類）。而更重要的是，雖然飯匙已經不用了，但湯匙卻出現了。換句話說，明清之際，勺子又以另一種形式回到了中國人的餐桌上。

清代小說中，杯子或酒盅與筷子的組合，更為常見。如《紅樓夢》第五十回，講到榮國府的女眷加上寶玉在正月雪天飲酒作詩，賈母也來湊熱鬧：

> 賈母來至室中，先笑道："好俊梅花！你們也會樂，我來著了。"說著，李紈早命拿了一個大狼皮褥來鋪在當中。賈母坐了，因笑道："你們只管頑笑吃喝。我因為天短了，不敢睡中覺，抹了一回牌想起你們來了，我也來湊個趣兒。"李紈早又捧過手爐來，探春另拿了一副杯筯來，親自斟了暖酒，奉與賈母。賈母便飲了一口，問那個盤子裏是什麼東西。眾人忙捧了過來，回說是糟鵪鶉。[1]

探春為賈母奉上的是杯箸，供她吃喝。杯子不但是為了飲酒，也為了飲茶。當然，雖然形狀類似，酒杯與茶杯依然有所區別，特別是明清兩代。《紅樓夢》第三十八回講到賈母到藕香榭賞菊花：

> 一時進入榭中，只見欄杆外另放著兩張竹案，一個上面設著杯筯酒具，一個上頭設著茶筅茶盂各色茶具。那邊有兩三個丫頭煽風爐煮茶，這一邊另外幾個丫頭也煽風爐燙酒呢。賈母喜的忙問："這茶想的到，且是地方，東西都乾淨。"湘雲笑道："這是寶姐姐幫著我預備的。"賈母道："我說這個孩子細緻，凡事

1　曹雪芹、高鶚《紅樓夢》，北京：人民文學出版社，1972 年，620—621 頁。

想的妥當。"[1]

　　以上情節顯示，人們圍坐在桌子旁邊，使用杯子飲茶或是喝酒，然後用筷子共享桌上的菜餚，因為無論飲茶還是喝酒，中國人都習慣佐以小菜，於是"杯、箸"最符合"飲、食"的需要，成了最便利的組合。

　　這些小說還有助於說明，在那個時代，中國人已經習慣同桌共享食品。崔溥的《漂海錄》已經提到明代的中國人"同桌同器，輪箸以食"[2]。而 16 世紀來到中國的達克魯斯在這方面也提供了佐證：

> 　　中國人特別講究吃，每餐都有很多菜。人們同桌吃魚吃肉，而底層人有時將魚肉放在一起煮。菜都一起擺在桌上，每個人可以按個人的喜好取食。貴族和文雅之士吃飯、交談和衣著都很講禮節，而普通人則有些不雅的行為。[3]

這種同桌吃飯的飲食習慣，看來已經是明代的日常生活，並與早期（如漢唐時期）的飲食習俗形成了鮮明的對比。漢代的石刻和壁畫顯示，那時中國人吃飯時，不用桌椅，席地而坐；飯菜要麼放在前面的席子上，要麼放在一隻帶有矮足的托盤裏（托盤稱為"食案"，最先出現在漢代文獻《鹽鐵論》卷五中）。現代漢語中，"宴會"還被稱為"宴席"，表現了古代習俗的殘餘影響。這種飲食傳統好像在整個唐代或多或少地保持下來。不過，從一些唐代繪畫中也可以看到，人們已經開始坐在長凳上，圍著大桌子一起用餐。不過他們似乎仍然吃已經分在自己碗盤裏的食物。

1　曹雪芹、高鶚《紅樓夢》，北京：人民文學出版社，1972 年，457 頁。

2　崔溥著，葛振家點注《漂海錄》，195 頁。

3　參見 C. R. Boxer ed., *South China in the Sixteenth Century*, 141。

然而，唐代之後，隨著越來越多的人選用筷子作為飲食工具，漸漸出現了一種新的飲食習慣：進餐者坐在圍著桌子的椅子上，桌上放著供大家品嚐的菜餚。中國的食品專家稱這種新的用餐方式為"合食制"，這與早期的"分食制"相反。合食制的出現會不會也促使中國人多用筷子而不是勺子？劉雲認為確實是這樣，他引證稱，明清時期筷子的平均長度超過 25 厘米，比以前要長一些。筷子適當加長，進餐者就可以夾取桌子中間的菜品。[1]（值得一提的是，在重慶，火鍋是當地的美食。火鍋店會為食客提供更長的筷子，以便他們從鍋中夾起食物。）比較而言，在日本合食制很少見，所以日本筷子較短（18—20 厘米），正好可以佐證劉雲的觀點。日本人喜歡"銘銘膳"（一人一席），每個人的碗盤裏預先盛好飯菜。

對中國古人而言，分食比合食更實際，因為他們要坐在地板上用餐（像日本人習慣坐在榻榻米上），將食物端給他們比較合理。如果人在地板上爬著去取房間中間的食物，那就太尷尬也太麻煩了。當然，幾個人圍著一張小矮桌一起用餐也是可能的，不過如果食物種類較多，空間有限，也不是很方便。而宋代之後，中國人的餐飲文化日漸發達，一食多菜、一餐多味逐漸為人所愛，而一個人的食量有限，因此大家合坐一起，品味不同的菜餚，似乎是一個自然合理的選擇。

不過，合食制的流行有一個物質文化的前提，那就是桌椅的使用，尤其是椅子。中國古代沒有椅子，這種用具是在漢代由遊牧民族或胡人傳入中原的。漢靈帝要求一切胡化，其中包括"胡床"（或稱"胡座"）的流行。"胡床"可能是用動物皮做的，用木製的腿支撐，輕便、可摺疊，類似今天的戶外椅。椅子可能從遊牧民族騎馬用的馬鞍演變而來。據當時的文獻記載，魏晉時期胡床逐漸被中國人特別是富人所接受。（《搜神記》卷七）隨著使用者越來越多，"胡床"便被

---

1 劉雲主編《中國箸文化史》，327 頁。

改為"交床"，去掉了"胡"這個前綴；而"交床"這個詞則表現出坐在上面的人雙腿交叉的情形。但是"床"字仍然表示，這個坐具更像是一張凳子，沒有靠背。而唐代繪畫中就描繪了凳子的形象。（《貞觀政要》卷十六）李白的著名詩句"床前明月光，疑是地上霜"中的"床"，應該不是現代意義上的睡床，而是那時的坐具。

凳子加高後，再安上後背，就成了一把椅子。漢語中的"椅子"首次出現在唐代。[1]《韓熙載夜宴圖》是五代十國時期南唐畫家顧閎中等的作品，從中可以看到唐至五代十國時椅子的形制種類。椅面足夠高，人坐在上面，兩腿能夠向下伸直；有了椅背，身體可以靠著休息。也就是說，當時的椅子已經和今天的椅子一樣了。韓熙載是南唐名臣，屢拒宰相之職，其文采詩情頗受世人推崇。圖中他設宴款待賓客，數盤菜擺放在眾人面前的長方形桌子上。這張桌子比他們坐的椅子高一些，看起來更像現代的咖啡桌。桌子上還放著筷子和酒杯。這幅畫表明，韓熙載和朋友們一道宴飲，但估計並沒有實行合食制。

合食制在後來的確出現了，首先在人們的家裏被採用。河南禹縣白沙宋墓的壁畫中，一對中年夫婦相對而坐，桌上放著食物、筷子、酒杯，顯然是在一起吃飯的場景。畫上的方形桌大大高於《韓熙載夜宴圖》中的桌子。王仁湘寫道："飲食方式的改變，確實是由高桌大椅的出現而完成的。"[2] 但合食制究竟從何時開始，還是有不同的說法。趙榮光、劉樸兵認為，合食制始於宋代，因為這一時期的烹調技藝有了很大的進步。趙榮光寫道："合食制的普及是在宋代，餐桌上食品的不斷豐富，已不適應傳統的一人一份的進食方式，圍坐合食也就成了自然而然的事情。"[3] 劉樸兵則以小說作為證據，描述宋代人

1　檢索維基百科發現，有的唐代文稿提到了"椅子"。"椅子"還出現在尉遲偓寫於 10 世紀的《中朝故事》中。

2　王仁湘《飲食與中國文化》，285 頁。

3　趙榮光《中國飲食文化概論》，219 頁。

坐在一起分享食物的情景。《水滸傳》中的主角宋江是 12 世紀農民起義軍的領袖，他帶領梁山眾英雄反抗宋朝。他們經常坐在一張大桌子旁，一起大塊吃肉、大碗喝酒。[1] 但是該書寫於 14 世紀，即元明之際，因此有可能將當時的飲食方式移接到了宋代。不過如上面提到的宋墓壁畫所示，合食制起源於宋代，應該是較少疑問的，只是普及程度的問題。

即便《水滸傳》所描寫的飲食場景不能用來證明宋代的飲食文化，但它至少提供了元、明兩代的情況。像《醒世恆言》《金瓶梅》等明代小說一樣，《水滸傳》中的許多段落顯示，人們那時不但合桌吃飯，而且只用筷子。《水滸傳》第二十七回講到武松殺了潘金蓮之後，被判刑發配，路上遇到張青、孫二娘開的飯店：

> 只見那婦人（孫二娘）笑容可掬道："客官，打多少酒？"武松道："不要問多少，只顧燙來。肉便切三五斤來，一發算錢還你。"那婦人道："也有好大饅頭。"武松道："也把二三十個來做點心。"那婦人嘻嘻地笑著，入裏面托出一大桶酒來，放下三隻大碗，三雙筯，切出兩盤肉來。一連篩了四五巡酒，去灶上取一籠饅頭來放在桌子上。兩個公人拿起來便吃。[2]

武松一行三人，孫二娘給了他們三雙筷子用餐，並不見勺子。同書第三十八回講到宋江與戴宗、李逵初次見面，三人一同去酒肆中喝酒吃魚：

> 戴宗便喚酒保，教造三分加辣點紅白魚湯來。頃刻造了湯

1　劉樸兵在《唐宋飲食文化比較研究》一書中，認為合食制始於宋代，參見該書 313—322 頁。需要指出的是，《水滸傳》是一部元代小說。

2　施耐庵《水滸》，北京：人民文學出版社，1972 年，321 頁。

來，宋江看見道："美食不如美器。雖是個酒肆之中，端的好整齊器皿。"拿起筯來，相勸戴宗、李逵吃。自也吃了些魚，呷了幾口湯汁。李逵也不使筯，便把手去碗裏撈起魚來，和骨頭都嚼吃了。宋江看見忍笑不住，再呷了兩口汁，便放下筯不吃了。戴宗道："兄長，已定這魚醃了，不中仁兄吃。"宋江道："便是不才酒後，只愛口鮮魚湯吃。這個魚真是不甚好。"戴宗應道："便是小弟也吃不得，是醃的不中吃。"李逵嚼了自碗裏魚，便道："兩位哥哥都不吃，我替你們吃了。"便伸手去宋江碗裏撈將過來吃了，又去戴宗碗裏也撈過來吃了。[1]

宋江讚揚了酒肆餐具之好，而粗獷豪邁的李逵則棄筷不用，逕直用手在魚湯裏取食，讓宋江覺得既好笑又好氣，便放下筷子不吃了。

中國人接受合食制應該是一個漸進的過程。到了明代，合食制顯然已相當普遍。明朝對越南行使一定的管轄，所以當時越南人有可能也採用了合食制。第四章提到的越南史家阮文喧，這樣描述他們的飲食習俗："所有準備好的菜，都切成了小塊，供大家食用，每個人均用自己的筷子取食"。[2]為方便大家共用菜餚，從明代起，餐桌的尺寸大了很多。像《金瓶梅》這樣的明代小說提到的餐桌有兩種——炕桌和八仙桌。這兩個詞最初出現在明代文獻中。["方桌"出現在宋代，但主要不是用於就餐（陳騤《南宋館閣錄》）。]炕桌，顧名思義，是一種放在炕上的桌子。炕（滿語為"nahan"）是用磚或燒製的黏土建成的，在冬天可以利用爐灶的煙氣通過炕體煙道採暖，使房間暖和起來。炕通常佔房間的三分之二（約 2 米 × 1.8 米），不僅晚上用來睡覺，還有其他用途，比如白天在上面吃飯。換句話說，炕桌（通常是方形或者長方形的）白天放在炕中央，全家人在上面用餐，

---

1   施耐庵《水滸》，444 頁。

2   Nguyen Van Huyen, *The Ancient Civilization of Vietnam*, 212.

或招待客人；晚上睡覺時便被挪到一邊，靠牆放著。今天，有些生活在北方的漢族人、朝鮮族人和滿族人仍然使用炕和炕桌。用炕桌就餐時，大多數人盤坐桌旁，還有人則坐在炕邊的凳子上。小說《金瓶梅》中，西門慶及其妻妾們多是這樣進餐的。第八十六回中，有這樣的描述："薛嫂買將茶食酒菜來，放炕桌兒擺了，兩個做一處飲酒敘話。"第九十回則這樣寫道：

> 不一時，一丈青蓋了一錫鍋熱飯，一大碗雜熬下飯，兩碟菜蔬，說道："好呀，旺官兒在這裏。"來昭便拿出銀子與一丈青瞧，說："兄弟破費，要打壺酒咱兩口兒吃。"一丈青笑道："無功消受，怎生使得？"一面放了炕桌，讓來旺炕上坐。擺下酒菜，把酒來斟。(《金瓶梅》卷一八)

這種使用炕桌吃飯、娛樂的描繪，比比皆是。[1] 該小說還多次提到八仙桌，特別是用來大宴賓客的時候。[2] 第六十一回中，說到西門慶與眾人共度重陽節：

> 話休饒舌，又早到重陽令節。西門慶對吳月娘說："韓夥計前日請我，一個唱的申二姐，生的人材又好，又會唱。我使小廝接他來，留他兩日，教他唱與你每聽。"又吩咐廚下收拾餚饌果酒，在花園大卷棚聚景堂內，安放大八仙桌，合家宅眷，慶賞重陽。(《金瓶梅》卷一三)

第八十九回中講到寺廟的聚會，也有如下的描述：

---

1 檢索中國基本古籍庫，"炕桌"多次出現在《金瓶梅》中，如卷四、卷五、卷六、卷一五、卷一八。

2 檢索中國基本古籍庫，"八仙桌"在《金瓶梅》中出現了六次。

長老教小和尚放桌兒，擺齋上來。兩張大八仙桌子，蒸酥點心，各樣素饌菜蔬，堆滿春台，絕細春芽雀舌甜水好茶。眾人吃了，收下家活去。（《金瓶梅》卷一八）

顧名思義，八仙桌比炕桌大，長寬大約均為 1.2 米，足夠八個人舒適地圍坐下來一起吃飯。南方沒有炕，八仙桌似乎更常見。馮夢龍的《醒世恆言》就從來沒有提到過炕桌。如上所引，秦重去妓院找心上人，受到款待，品嚐、享用擺在八仙桌上的食物、水果、甜點等。實際上，這部小說只要描寫吃喝，總會提到八仙桌，這表明八仙桌在南方是十分常見的。（《醒世恆言》卷三）八仙桌能坐八個人，所以除了吃飯之外，還可以有其他用途。與馮夢龍齊名的明代小說家凌濛初，他在《二刻拍案驚奇》中描繪了幾個賭徒，有一次外出，居然發現幾個美女在賭博："窗隙中看去，見裏頭是美女七八人，環立在一張八仙桌外。桌上明晃晃點著一枝高燭，中間放下酒榼一架，一個骰盆。盆邊七八堆採物，每一美女面前一堆，是將來作注賭採的。"（《二刻拍案驚奇》卷八）到了清代，八仙桌的使用更加普遍。《兒女英雄傳》《小五義》等，便數次描繪了八仙桌的多種用途。

清代學者王鳴盛追溯了餐桌在中國的演變，特別是八仙桌的由來，描述如下：

今人所用桌，蓋與胡床同起，古人坐於地下，籍席前據几，坐席固不用椅，而几則如《書》所謂"馮玉几"、《詩》所謂"授几有緝御"之類，其制甚小，今桌甚大，俗名"八仙桌"，謂可坐八人同食，與几雖相似，實大不同。……合而考之，周、漢以前席地坐馮几，寢則有床，漢末三國坐始有胡床，几制亦大變，文作"機"，然尚無小交椅，直至唐末五代始有之。[1]

王鳴盛所言表明，在他生活的時代，八仙桌是最常見的餐桌。直到今天，在中國很多地方，人們家中基本都備有八仙桌。八仙桌長期受青睞的原因不但因為它除了能坐八個人以外，還可以擺放許多食物。從明代起一直到整個清代，中國人口穩步增長，大約從 15 世紀不到一億人上升到 18 世紀末的三億多人。1712 年，康熙皇帝取消人頭稅，無疑推動了家庭規模的擴大，八仙桌幾乎成了許多大家庭必不可少的陳設。而人口的增長在明代已經開始，部分原因是從美洲引進了"新世界作物"（玉米、番薯、土豆等），降低窮人的死亡率。廉價勞動力越來越多，而貧富差距依然存在，富人們追求奢侈品，包括高級美食和其他"奢侈之物"。這一時期出現了大量的鑒賞文獻，記錄下這種"奢靡之風"的發展。八仙桌的流行便是物證，證實了這一風尚在當時社會的影響。[2]

同樣合桌吃飯，南方人多用八仙桌，而北方人則用炕桌。《紅樓夢》中描述吃飯的場景時，多次提到炕桌。如《紅樓夢》第六回提到劉姥姥首次進榮國府，等候拜見賈母，心中志忑，有這麼一段：

劉姥姥屏聲側耳默候。只聽遠遠有人笑聲，約有一二十婦人，衣裙窸窣，漸入堂屋，往那邊屋內去了。又見兩三個婦人，都捧著大漆捧盒，進這邊來等候。聽得那邊說了聲"擺飯"，漸漸的人才散出，只有伺候端菜的幾個人。半日鴉雀不聞

1　王鳴盛《十七史商榷》卷二四，上海：上海書店出版社，2005 年，171—172 頁。
2　傑克・古迪在〈中國飲食文化起源〉一文中，指出了明代形成了"奢靡之風"，參見《第六屆中國飲食文化學術研討會論文集》，2—4 頁。同時參閱 Craig Clunas, *Superfluous Things: Material Culture and Social Status in Early Modern China*, Urbana: University of Illinois Press, 1991；Timothy Brook, *The Confusions of Pleasure: Commerce and Culture in Ming China*, Berkeley: University of California Press, 1998。

之後，忽見二人抬了一張炕桌來，放在這邊炕上，桌上碗盤森列，仍是滿滿的魚肉在內，不過略動了幾樣。板兒一見了，便吵著要肉吃，劉姥姥一巴掌打了他去。[1]

同書第六十三回提到寶玉與晴雯、襲人等一起喝酒吃飯，也用的是炕桌：

> 這裏晴雯等忙命關了門，進來笑說："這位奶奶那裏吃了一杯來了，嘮三叨四的，又排場了我們一頓去了。"麝月笑道："他也不是好意的，少不得也要常提著些兒。也提防著怕走了大褶兒的意思。"說著，一面擺上酒果。襲人道："不用圍桌，咱們把那張花梨圓炕桌子放在炕上坐，又寬綽，又便宜。"說著，大家果然抬來。麝月和四兒那邊去搬果子，用兩個大茶盤做四五次方搬運了來。兩個老婆子蹲在外面火盆上篩酒。[2]

　　總之，桌椅的使用與中國人逐漸採用合食制相關。合食制使就餐者坐在自己的位置上就能品嚐到多個菜餚。筷子的靈活性，有助於這種用餐方式，特別是當菜是炒的或燉的，食物都被切成了小塊時，人們也可以在一盤菜裏，共享多種食物。上文提到的頗受歡迎的"涮羊肉"，就是一個典型的例子。吃涮羊肉，筷子必不可少，因為需要將食物放進桌子中央的火鍋中烹煮。筷子靈活方便，可以用它夾取適量的肉片、蔬菜放進鍋中，在熱湯中涮好後，再夾起來，蘸上醬汁，最後送到嘴裏。相比之下，用勺子很難完成以上任務。

　　傳說涮羊肉的發明歸功於忽必烈，他是成吉思汗的孫子、元朝的創立者。據說，有一次作戰時他特別想吃燉羊肉（常見的蒙古族做

1　曹雪芹、高鶚《紅樓夢》，74頁。

2　同上書，804頁。

法）。廚師做這道菜的時候，忽必烈的軍隊遭到了攻擊。為了節省時間，廚師將羊肉切成薄片，將其丟入沸水中快速烹煮，然後撒上鹽和調料。忽必烈很快把羊肉全都吃掉了，並大讚味道。對許多中國人來說，涮羊肉是典型的火鍋。但是火鍋也像燉菜，數百年來是亞洲常見的菜式。南宋林洪曾寫過一部名叫《山家清供》的食譜，提到他曾在雪天去拜訪隱居武夷山的高人。隱士用兔肉做成一道叫作"拔霞供"的菜招待他：

向遊武夷六曲，訪止止師。遇雪天，得一兔，無庖人可製。師云：山間只用薄批，酒、醬、椒料沃之。以風爐安座上，用水少半銚，候湯響一杯後，各分以箸，令自夾入湯擺熟，啖之乃隨意各以汁供。因用其法。不獨易行，且有團欒熱暖之樂。

越五六年，來京師，乃復於楊泳齋（伯嵒）席上見此，恍然去武夷如隔一世。楊勳家，嗜古學而清苦者，宜此山家之趣。因詩之"浪湧晴江雪，風翻晚照霞"。末云"醉憶山中味，都忘貴客來"。

豬、羊皆可。

《本草》云：兔肉補中，益氣。不可同雞食。[1]

根據林洪的描述，這道菜的做法就像涮羊肉：先把凍兔肉切得薄薄的，再將肉片放進滾開的湯中。他還提到，當時在場的每個人得了一雙筷子，自己夾了肉片，蘸上醬料來吃。這也是現在吃涮羊肉的常見方式。林洪指出，除了兔肉，人們也會用同樣的方法烹飪豬肉、羊肉等。山頂上寒冷的天氣方便將肉處理成肉片。幾年後，他在臨安

1　林洪《山家清供》，北京：中國商業出版社，1985 年，48 頁。

（今杭州）的餐館看到了相同的烹飪方法，儘管他沒有說明用的是什麼肉。

　　無論是涮羊肉還是一般火鍋的做法，還是食物主料（羊肉）的處理方式，都表明這種做法更加受遊牧民族的歡迎。與南方人相比，北方人尤其是遊牧民族食用更多的動物肉——羊肉、豬肉或牛肉。他們也喜歡吃熱食，常吃火鍋正好應和這一點。進餐者從熱湯中夾起剛煮熟的食物，將其送入口中。煮火鍋的一個重要的步驟是先把肉冷凍起來，這樣就可以切得很薄；放入鍋中，凍肉片就會在滾開的肉湯中嘶嘶作響，並迅速捲起。在冰箱發明之前，很難在溫帶和亞熱帶地區將肉凍起來，因此這種吃法必然起源於北方或山區。清王朝建立後，正是滿族人將涮羊肉在北方推廣開來。雖然比起羊肉，滿族人更喜歡豬肉，但清朝宮廷偶爾也會換換口味，吃吃涮羊肉。隨著時間的推移，北京及周邊地區的民眾也開始接受涮羊肉。

　　除了吃涮羊肉，滿族人也研發了自己的火鍋，即用他們最喜愛的豬肉片、大白菜以及其他配菜一起燉煮，如酸菜白肉。韓國人也喜歡火鍋——"신설로""찌개"，前者更像中國的火鍋，將火鍋置於桌子中央燉煮，而後者則更像是羹，往往事先煮熟。日本人也流行吃火鍋或"鍋物"。"鍋物"也有兩種：一種是"涮涮鍋"，其做法與亞洲大陸的涮羊肉等火鍋相似；另一種是"壽喜燒"，這種似乎更具日本風味，也可能摻雜了葡萄牙或歐洲其他國家的因素。這兩種火鍋的主料是切成片的牛肉或其他動物肉，無論是"涮涮鍋"還是"壽喜燒"，都可以看到日本料理中所受的現代影響，因為18世紀前日本人很少吃動物肉。但在一口鍋裏將食物（魚、海帶、蔬菜、蘑菇、豆腐等）燉煮成一頓豐盛的湯（如"鍋物"），這種烹飪方式在日本一定歷史很悠久了，因為煮是世界各地常見的烹飪方法。

　　合食制中，特別是吃火鍋時，筷子比勺子更方便，它們在桌子上擺放的位置也有了調整。唐代壁畫中，筷子被平放在桌子上。在明代繪畫裏，筷子是垂直放置的，指向桌子中間的菜，好像準備夾取這些菜。在合食制或多或少通行的中國、韓國和越南，這種擺放形式今天極為普遍。但不同的是，保留分食習慣的日本人依然把筷子平放在桌上，就像將筷子平放在便當盒裏。在拿起筷子將面前的食物送進嘴裏時，這一動作主要是水平的，按傳統要求用右手拿筷子，是從右向左的。有趣的是，日本人吃涮涮鍋或壽喜燒時，有時也將筷子垂直地放著，這樣可以面對著桌子中央的食物。

明朝人開始把筷子垂直放在桌上，可能也是因為要遵從皇帝的要求。明清的歷史文獻記錄了這樣一件事：朱元璋建立明王朝之後，邀請了一些名士來 "侍膳"。一位來自越州山陰（今浙江紹興）名叫唐肅的儒生飯畢，"拱箸致恭為禮"。朱元璋不解其中的含義，便問道："此何禮也？" 唐肅回答道："臣少習俗禮。" 朱元璋並不賞識此禮，怒斥道："俗禮可施之天子乎？" 結果，唐肅被貶，發配到濠州守城去了。[1] 事後來看，唐肅也許並沒有錯，因為他可能遵循的是舊時推崇的傳統飲食禮儀。（第四章曾提到，此禮可能源於佛教寺廟，日本人今天依然會這麼做，只是往往在餐前，而不是餐後。）然而，明太祖為此惱怒，也許是因為他出身貧寒，承認自己不識舊禮太尷尬了。

這一事件表明，隨著合食制在中國社會中的廣泛採納，筷子使用方式和餐桌禮儀也發生了變化。但在中國以外的地方，一些傳統習俗流傳下來，直到今天保存完好。上述唐肅雙手執筷向皇帝行禮致謝，

1　引自藍翔《筷子，不只是筷子》，82 頁。此事王仁湘在《飲食與中國文化》272 頁也有記載，王引用的是清人梁章鉅的《浪跡續談》，其中有〈橫箸〉一節，書中的 "唐肅" 寫作 "俞肅"。梁引用的是徐禎卿《翦勝野聞》："太祖命俞肅伺膳，食訖橫箸致恭，帝問曰：'此何禮也？' 肅對曰：'臣少習俗禮。' 帝曰 '俗禮可施之天子乎？' 坐不敬，謫戍。" 查《明史》，有唐肅，但沒有俞肅。有關唐肅有這樣的記載："唐肅，字處敬，越州山陰人。通經史，兼習陰陽、醫卜、書數。少與上虞謝肅齊名，稱會稽二肅。至正壬寅舉鄉試。張士誠時，為杭州黃岡書院山長，遷嘉興路儒學正。士誠敗，例赴京。尋以父喪還。洪武三年用薦召修禮樂書，擢應奉翰林文字。其秋，科舉行，為分考官，免歸。六年謫佃濠梁，卒。"（《明史·文苑一》）。《明史》雖然沒有寫他面見明太祖時，由於橫箸而受斥、受貶一事，不過的確說他在任上被免任流放。

就是一個例子。唐是浙江紹興人，而江南一帶與日本相對來往較多，所以今天日本社會仍然可見雙手執筷行禮的習俗，也許起源於中國（至少那時的中國人也有類似的食禮），但在明代之後漸漸為人所忘卻了。另一個例子是，按照社會規範，現代的韓國、朝鮮人仍然使用成套的勺子和筷子進餐，遵循了中國的古禮。今天，將筷子和勺子放在一起出售，在韓國十分常見，筷子文化圈的其他亞洲人會對此感到很意外。也就是說，當年崔溥、尹國馨等人來到大明王朝，見到中國人不再用勺子進食，感到十分震驚。今天前往韓國的中國人發現在這裏買筷子必須得買勺子，可能也會像崔溥他們一樣，驚訝不已！韓國的這種匕箸合用的習俗，在今天的筷子文化圈是獨一無二的現象。

還有一個例子是，日本人吃飯時普遍沿用 "銘銘膳"。某種程度上說，今天日本社會十分普遍的便當（特別是午餐），正是日本人堅持舊時飲食習俗的象徵。在中國古代，盛放在托盤上的食物稱為 "膳"（日語讀作 "ぜん"），這個詞通常指一餐。因此，"銘銘膳" 意味著每個人都有自己的食盤。用各自的食盤必然會有各自的碗筷。在日本，一雙筷子通常被稱為 "一膳"，表示一盤飯菜配一雙筷子。隨著時間的推移，食盤變成了食盒或便當盒，方便攜帶。便當的製作反映了日本烹飪的影響。例如，便當盒中的食物放置在分隔間裏，強調了食物的視覺呈現，這是日本料理的傳統。便當是便攜式的，便當盒小到可以拿在手中，這樣，放在盒子裏的筷子也要短一些，這也是日本筷子的另一個特徵，大多數日本筷子較其他地區的筷子要短。[1] 最後，便當承繼 "銘銘膳" 的傳統，單獨包裝。從 14 世紀起，這種就

---

[1] 向井由紀子、橋本慶子《箸》，205—208 頁；原田信男著，劉洋譯《和食與日本文化（日本料理的社會史）》，香港：三聯書店（香港）有限公司，2011 年，63—68 頁；參見徐靜波《日本飲食文化》，85—88 頁。也有中國學者指出，日本人用的筷子較短是因為獨特的用餐習慣，參見呂琳〈中日筷箸歷史與文化之探討〉，《科技信息》2008 年第 10 期，115—117 頁；李慶祥〈日本的箸與文化：兼與中國筷子文化比較〉，《解放軍外國語學院學報》2009 年第 5 期，94—97 頁。

餐方式就成為日本獨有的，因為中國人、越南人和朝鮮人、韓國人都或多或少地採用了合食制。相比之下，許多日本家庭仍然為家人準備一人一席的飯菜，認為用自己的筷子在尚未分裝的公共菜盤裏挑揀食物令人生厭，這種做法在日語中被叫作“直箸”，即直接用自己的筷子在公共菜盤裏夾菜，是不可接受的，特別是在公共餐館與客人一起用餐時。日本人希望大家用“取り箸”或公筷將菜餚夾取到自己的碗盤裏。

合食制似乎導致了共用筷子的使用。除了日本之外，全家人共用餐具很常見。餐前，每個人從筷筒或抽屜裏隨機拿起一雙筷子或一把勺子。但是在日本，這更像是在餐館用餐（餐桌上的插筒裏裝有筷子供大家取用），而日本家庭裏的每個人都有自己的筷子和其他餐具（勺子、碗盞等）供日常使用。這些筷子的形狀、質量、長度明顯不同，反映了使用者在家庭中的地位和性別。例如，成年人使用的筷子往往比孩子們的質量更好一些，因為孩子們可能用起來不太小心。還有性別差異：家庭女性成員用的筷子往往較短小，因為女性的手一般比較小；比起男性家庭成員使用的筷子，女性使用筷子的顏色可能更豐富、裝飾程度更高，“夫婦箸”（夫妻筷）正是這樣。在其他國家裏，這些做法也不同程度地存在。在中國、韓國、越南，很可能家裏的年長者備有自己的碗筷。但每個家庭成員都有自己的飲食工具，這種情況在除日本之外的地區是比較罕見的。

公筷或“取り箸”最先由日本人開始使用，近來越來越受到韓國人、中國人的青睞，現在越南人在社交和正式場合也會使用公筷。不過在陶宗儀編的《說郛》一書中，有這樣的記載，說宋高宗趙構“在德壽宮，每進御膳，必置匙筯兩副，食前多品擇所愛者，別筯取置一碟中，食之必盡。飯亦用別匙減而後食。吳後嘗問其然，曰‘不欲以殘食與宮人輩吃’，其惜福如此”（《說郛·坦齋筆衡》）。明代文人田汝成的《西湖遊覽志餘》，轉錄了這段記載：“高宗在德壽，每進膳，必置匙箸兩副，食前多品擇其欲食者，以別箸取置一器，食之必盡……吳後問其故，曰'吾不欲以殘食與官人食也'。"[《西湖遊覽志餘》（文淵閣四庫全書本）卷二] 田汝成刪去了"其惜福如此"，使得寓意有了變化。前者說的是宋高宗生怕宮人分享他的食物，沾他的福氣。而田汝成刪去了最後一句，似乎顯得宋高宗顧憐宮人，不讓他們吃他剩下的"殘食"。上引文獻，距宋高宗的時代有二三百年之久，可信度較低。不過，明代合食制已經普遍流行，田汝成之所以"託古"敘事，或許反映出"公筷"的概念，已經在那時一些人的腦中形成。他們已經感覺到，大家都在一個碗盤裏取食，不是很禮貌、乾淨。但是像許多社會現象一樣，一個概念從萌生到付諸實施乃至普及應用，往往需要經過很長一段時間。合食制長期在日本之外的地區盛行，可見大多數人對共享食物，並不反感。

今天的中國人和越南人不像日本人那麼普遍地使用公筷。有時候主人若要為客人夾菜來表達好客之心，會將筷子掉個頭，用沒有碰過嘴的那端把食物遞給客人（不過這一做法對有些人來說，也是用筷的禁忌之一）。第二章討論過，得體地取食而不影響他人的胃口，古代中國人對此很講究，《禮記》中便有很多詳細的規定，一個基本的理念就是："夫禮之初，始諸飲食。"（《禮記·禮運》）古人很早就知道，一個人的吃相反映了他的教養，而教養的培養始於日常飲食習慣。在筷子文化圈，隨著筷子成為越來越重要的取食工具，形成了多個不成文卻得到公認的禮儀，主要內容如下：

（1）不要用筷子製造噪聲（特別是別把筷子含在嘴裏喫），不要用筷子召喚他人，不要拿筷子指指點點。把玩筷子被視為缺乏教養，甚至是一種下作的做法。

（2）不要用筷子在盤子裏翻騰、尋找、挑揀喜歡的食物。

（3）不要用筷子去撥、推碗盤。

（4）不要用筷子來把玩自己的食物或大家共享的菜餚。

（5）不能用筷子刺戳食物，除非萬不得已——分開大塊食物如魚、蔬菜、泡菜等。不太正式的場合，難以夾取的小塊食物如聖女果、魚丸可以戳，但這麼做可能也會讓人不悅。

（6）不能將筷子豎著插在飯菜中。亞洲人給先人上香、祭拜才會這樣做，喪葬禮儀用直立的筷子向逝者供奉食物。[1]

　　這些禁忌反映了三個方面的考慮。首要的是防止任何髒亂、令人生厭的就餐行為，這些行為弄髒了食物也破壞了他人的食慾。這些規則是跨文化的，可以與亞洲以外其他文化的餐桌禮儀相比較。其次是有關筷子的使用說明，即如何正確地用筷子取食，以免打擾和冒犯他人。在同一張桌子上用筷子（或勺子或兩者）與他人共享食物，如何做到方式正確常常比較困難。因此，有必要在下文中進一步討論。再次是與筷子相關的文化和宗教問題和意義，這一話題將在下一章討論。

　　具體地說，日語中的某些術語可以用來描述幾種常見的筷子使用禁忌，亞洲大多數使用筷子的人對這些行為都很反感，儘管他們的飲食習慣和傳統差異很大。例如，筷子上粘有米飯或其他食物殘渣，或者用筷子取食物時掉到或滴到桌子上，這些都很失禮。後者在日語中被稱為"淚箸"。此外，還有"探り箸""迷い箸""移り箸"。"探り箸"是指用筷子翻找食物，而不是迅速果斷地夾上一口。"迷い箸"的意思是手拿筷子，不知如何下手才好。"移り箸"指用筷子不停地吃菜，更合適的方法應是飯與菜交替著吃。日本人也看不慣將筷子長時間放在嘴裏發出噪聲的人，他們稱之為"ねぶり箸"——嘬箸。

　　中文也有用筷禁忌的規則，表述上有些許不同。比如在"百度"

1　此處用筷指南參見維基百科（英語）"chopsticks"（2012 年 8 月 15 日檢索）。之所以引用維基百科上的相關材料，是為現在人們檢索方便。

網稍加搜索，就能看到用筷十大禁忌："迷筷、翻筷、刺筷、拉筷、淚筷、吸筷、別筷、供筷、敲筷和指筷"。"迷筷"和"翻筷"指的是用筷夾菜的時候，不是舉棋不定，就是在菜盤裏到處翻挖；"刺筷"是指用筷子戳進食物中；"拉筷"是指用筷子撕扯、分開食物；"淚筷"就是在夾取的時候，食物湯汁滴答流下；"吸筷"指把筷子放在嘴裏吮吸；"別筷"指用筷子當牙籤；"供筷"就是講筷子直立豎在碗中；"敲筷"是用筷敲打碗盤或桌子；"指筷"是指在吃飯時，用筷子對人指指戳戳。這些術語與日文比較類似，因為日文大致吸收了中文的表述。[1]

當然，中華文化之博大精深，用筷的禁忌還有更文雅、更複雜的表述。除了上述十大忌諱之外，更有十二大禁忌：三長兩短、仙人指路、品箸留聲、擊盞敲盅、執箸巡城、迷箸刨墳、淚箸遺珠、顛倒乾坤、定海神針、當眾上香、交叉十字、落地驚神。[2] 這些禁忌，有些與"淚箸""敲箸"和"迷箸"等相似，有些則與就餐的禮節關係較小，如"仙人指路"（執筷是食指蹺起）、"交叉十字"（將筷子交叉放在桌上）、"落地驚神"（失手將筷子掉在了地上）等，更多體現了一種迷信思想。這些舉止引起了反感，是因為有些人視其為不祥的徵兆。

為避免這些不禮貌的行為，需要先學會正確、得體地拿筷子。過去幾個世紀中，人們確實想出了使用它的有效方式，整個筷子文化圈幾乎都這麼用筷子，導言已經對此作了簡要說明。不過現在的孩子在成長過程中，有時可能不能在家裏由大人教會正確的握筷方式，所以韓國的一些學校甚至設置訓練課程，教孩子們如何用筷子吃飯。為了鼓勵兒童使用筷子，1980 年日本創立了筷子節（每年 8 月 4 日，因為這一天的日語發音，與"箸"幾乎一樣），最先是由一些日本地方

1　在百度檢索"用筷十忌"。另參見李慶祥《日本的箸與文化：兼與中國筷子文化比較》。

2　在百度檢索"箸"。

政府提出來的，現在已經擴展到整個日本。[1] 日本人還為兒童設計製作了用來練習的筷子，兩根筷子的頂端相連並留有一定的間隔，上面一根有兩個小環，可以把食指和中指套進去以便正確地握住兩根筷子。

的確，正確使用筷子的方法長期以來已經約定俗成。根據以往的經驗，要想用筷子牢牢地夾住食物，最好讓兩根筷子之間保持一定的距離，只需要移動上面那一根就可以夾了。這就是為什麼日本訓練筷的上面那根有兩個環，食指和中指可以插入其中。下面那根什麼也沒有，它只需安心地握在手中。這一切都是為了熟練地迅速將食物夾起提走，儘可能避免接觸其他食物，同時避免讓食物掉到或滴落在桌子上。艾蜜麗·普斯特（Emily Post）著有暢銷書《禮儀》（*Etiquette*，1922），她寫道："所有餐桌禮儀規則的制定，均是為了避免尷尬局面，讓別人看到嘴裏的食物令人生厭，吃飯發出噪音像頭動物，將食物弄得亂糟糟則令人噁心。"[2] 也就是說，就餐禮貌行為的起源和演變，主要是為了營造並保持整潔舒適的就餐環境。這是一個在許多文明中受到普遍關注的問題。諾貝特·埃利亞斯曾寫道："當人們從'文明'這一概念追溯到'禮貌'這一概念時，立刻就會找到文明進程和西方國家所經歷過的人類行為的實際變化的蹤跡。"[3] 西方社會是這樣，其他地區的文明也有類似的演變過程，就餐禮儀的形成是人類文明進程的重要部分。

以"淚箸"為例。不論是邋遢還是因為缺乏使用筷子的技巧，這種行為在筷子文化圈極其令人厭憎，讓人感到髒亂、不潔，破壞了就餐環境，弄得大家不愉快。防止此類行為的發生，不同地方有不同做法。在中國和越南，一般鼓勵或要求進餐者像平常一樣用筷子將食物

1　〈韓國開設筷子課〉，《河北審計》1995 年第 12 期。有關日本的筷子節，參見 www.subjectknowledge.us/Wikipedia-960158-Japanese-chopsticks-Festival.html。

2　引自 Giblin, *From Hand to Mouth*, 64。

3　參見諾貝特·埃利亞斯著，王佩莉譯《文明的進程》第一卷，129—130 頁。

從公共餐盤移到自己的碗裏，然後再將其送進口中。要這麼做，有時會將自己的碗拿近菜盤。靠得越近，食物滴漏在其他菜盤或桌子上的機會就越小。不過，在韓國，人們不能接受把飯碗從桌上拿起來。為了避免"淚箸"，在吃帶有湯汁的食物時，他們不用筷子而用勺子。出於同樣的理由，他們也習慣使用勺子吃米飯。因為如果飯碗不能從桌上端起，那麼用筷子從碗中夾起米飯送進嘴裏，途中飯粒就有可能掉下來。因此，在朝鮮半島的有些家庭中，有的人會將米飯先從飯碗裏取到湯碟中，再將湯碟移至嘴邊，但不管怎樣都得用勺子進食。這種非正式的吃法，可能表示朝鮮半島的人仍然習慣吃泡飯，同時也解釋了他們選用勺子取食的原因。

朝鮮半島的人不會從桌子上將飯碗拿起來，端在手上。這種行為據說與乞討有關，因為乞丐在討要食物時會這麼做。為了防止飯粒在運送過程中落下，朝鮮半島的人能夠接受吃飯時低著頭。這麼做是為了縮短嘴與碗盤之間的距離。但中國傳統一般反對低頭進餐，因為這樣做會讓人有豬吃食的聯想。中國人會挺直地坐著，將飯碗從桌上端起，再用筷子把米飯撥入口中，越南人和日本人也一樣。不過，這兩種習俗背後的觀念是一致的，減少用筷子運送食物的距離，以免滴漏或造成"淚箸"的情形。日本人、越南人和中國人在日常生活中往往只使用筷子來夾取飯菜，所以，他們會把碗端到嘴邊以免食物滴漏，從而使就餐過程始終保持整潔。有時也會用勺子來吃東西，像吃湯麵條（如拉麵）時可以同時使用勺子和筷子。可在朝鮮半島，雖然這兩種餐具總是配套使用，但一次只允許使用其中之一。按照習俗，手裏（通常是右手）要麼拿著勺子要麼拿著筷子，但不能一手拿筷子一手拿勺子，同時吃菜又吃飯。

正如一則諺語所言："人如其食。"也許，我們也可以說"人如其吃"，吃飯的行為能反映他的教養甚至品德。餐桌禮儀是為所有坐在一起進餐的人設立的，以便大家能愉快地享受食物，不會被奇怪的、不合規矩的行為打擾，倒了胃口。對於個人來說，遵守公認的餐飲習俗通常意味著顧全自己的面子，因彬彬有禮而贏得尊重，最起碼避免被別人看低。將飯碗舉到嘴邊，正確的方法是打開手掌，用四根手指拿碗，而把拇指放在碗邊。有必要時可將拇指扣在碗上。而乞丐在討要食物時，可能是為了讓自己顯得卑微，會用五根手指握住碗底。敲碗是另一個禁忌，這是乞丐為吸引他人注意才做的。

總之，就餐應盡力避免粗魯、不雅的行為，應溫文爾雅，努力學習、採納更精緻的進餐方式。朝鮮半島的人堅持同時使用勺子和筷子、更喜好金屬餐具是這方面很好的例證。在被問及這兩種餐飲習俗的起源時，今天許多韓國人會回答，這些偏好承續了朝鮮王朝的"양반 / 兩班"（貴族）的餐飲習慣。儒家思想是當時的主導思想，朝鮮貴族沿襲古代儒家禮儀，只用筷子夾取盤中的食物，而不會用筷子來吃主食。對"양반 / 兩班"而言，用筷子將米飯塞進嘴巴很不文雅，因此是不可接受的。許多朝鮮半島的文人把中國看作朝鮮王朝的文化卓越典範，難怪尹國馨看到明代中國人經常只用筷子進食，吃驚不小。貴族階層也大多使用金屬餐具，這使這些餐具特別是銀餐具，在朝鮮半島成為身份的象徵，至今仍然有著持久的影響力。

但就餐飲禮儀的發展來說，並不總依據上層階級來設定標準。餐桌禮儀和飲食習俗的演變，常常表明社會階層之間的相互影響和交流。把筷子當作唯一進食工具這個習慣的形成，以及人們對合食制的接受，大概都可以證明這一點。至少在中國，這兩種情形似乎都遵循著自下向上的發展過程。即使今天，高檔飯店正式晚宴的桌上不僅備好勺子和筷子，食物也很有可能由服務員分送到每個人的盤中。進餐者會很小心，不把自己的餐具伸進公用的菜餚。正如本章開頭提到的那樣，12 世紀時，在飯館就餐的宋代人已經開始只用筷子進餐，但南宋文人陸游、楊萬里等人仍然形容他們像唐朝文人那樣，用勺子舀米飯。導言也提到，在今天的朝鮮半島，雖然使用勺子和筷子是社會規範，但是許多人也傾向於用筷子夾米飯，尤其是在家吃飯時。在日本，合食制是不常見的，因此如上所述，"直箸"（用自己的筷子直接到公共菜盤裏取食）是無法令人接受的。但既然日語中有這個詞，那就意味著，這種行為並不像人們想的那麼少見，因為有些日本人認為，在家裏吃飯時這是可以的，而且自己也會這麼做。[1]

毋庸置疑，雖然就餐需要遵守既定的規範，包括保持良好的衛生習慣，但有趣的是，與人分享食物又是改善人際關係的有效途徑。通常，要想保持或獲得友誼，人們常常會請客吃飯。當友誼達到一定程度，譬如兩個人成了戀人，頻繁地在一起吃喝，共用餐具就成了表達感情的一種方式。換句話說，親密關係往往勝過其他擔憂，無論是健康還是別的。今天在世界的許多地方，依然能夠看到母親用自己的勺子甚至嘴巴給孩子餵食，這種不衛生的餵養方式並不少見。難怪合食制往往先在家庭成員之間或者非正式的場合開始，久而久之習以為常，然後再延伸到其他更正式的場合。邀請客人參加家宴時，若不為客人夾菜勸飯，很多中國人和越南人會覺得很奇怪，因為這種時機正好能展現自己的熱情好客，加深雙方的友誼。同理，雖然日本人感覺分食更舒服，他們也喜歡涮涮鍋和壽喜燒（那時他們確實也從同一口鍋裏共享食物），或許他們也發現這麼吃可以有效促進相互之間的關係，如同林洪所形容的那樣，眾人在一個熱鍋裏共同取食，"且有團欒熱暖之樂"。

然而，合食制也有缺點，食用別人尤其是陌生人動過的食物，很多人會感到不舒服。上述某些筷子使用禮儀規則能夠反映出這種困擾。其中"迷箸"，即用筷子在盤子裏翻騰、尋找食物，以及另一則"嘬箸"最令人反感，因為可能會擔心有人因此將（過量的）唾液或細菌留在菜裏。不過需要指出的是，細菌理論和食品衛生的觀念只是

1　關於"直箸"以及當今日本社會對此的接受度，有許多有趣的討論。參見 http://komachi.yomiuri.co.jp/t/2008/0110/163598.htm。似乎許多人並不覺得這有什麼不妥。

近幾個世紀才出現的。南希·托姆斯（Nancy Tomes）發現，直到 19
世紀，大多數美國人仍然很少關注"水和食品的污染"，"他們共用梳
子甚至牙刷，用自己的嘴和勺子給嬰兒餵食，根本沒有意識到這樣做
有多危險"。[1] 雖然不知道食物可以傳播疾病，生活在早期社會的人也
並不是完全不知道吃某些食物或接受病人的食物會生病，他們也不會
不在乎食物是否乾淨。因此，在細菌理論和衛生觀念逐漸為人所知之
前，有些社會就已經形成了特定的餐桌禮儀和飲食禮儀，哪怕只是為
了表示客套和禮貌。這些禮儀禁止某些就餐行為，不僅因其造成的髒
亂，也因這樣的髒亂使食物看起來不潔，令其他進餐者生厭。

　　饒有趣味的是，在與他人分享食物時，要想既客氣待人，又保持
食物乾淨，用筷子比用勺子更靠譜。如果使用得小心、得當，遵循正
確的使用方法，筷子可以減少使食物沾上口水的機會。因為與勺子相
比，筷子體積小。筷子底端通常尖細，這樣不僅可以準確夾取食物，
還能避免接觸碗盤中的其他食物。朝鮮半島的餐飲習俗是一個很好的
例子。朝鮮人、韓國人吃飯時同時使用勺子和筷子，但是他們吃桌子
上的小菜（如泡菜）時，則一定用筷子。大概因為勺子用來吃米飯或
其他穀物後，上面常會粘上飯粒，看起來不潔淨。不乾淨的勺子本身
就會受到朝鮮半島居民的排斥。[2] 在中國這個合食制起源的國家，大多
數人傳統上只使用筷子來分享食物，較少的人會使用勺子。實際上，
中國人一般不能接受將入過口的勺子伸進餐桌上供所有人用的一大碗
湯中。這種情況下，通常需要一把公勺或者一把長柄勺，供大家各自
將湯舀到自己的碗裏。

　　總之，當合食制成為廣泛採用的飲食習俗，筷子進一步證明了

1　參見 *The Gospel of Germs: Men, Women, and the Microbe in American Life*, Cambridge: Harvard University Press, 1998, 3。

2　潘麗麗、姜坤〈關於中韓傳統用餐禮節的研究〉，《現代企業教育》2008 年第 10 期，158—159 頁。

自身的用途。作為一種餐具，筷子現在不僅用來夾取菜蔬，也用來夾送主食，而對大多數人來說，吃飯主要是吃主食。這樣一來，筷子成了主要飲食工具，而勺子變成次要的了。與勺子相比，筷子更通用、更靈活；運送食品時，可以讓人想吃什麼就取什麼，想取多少就夾多少。筷子在明代更顯重要，考古學家已經發現筷子和勺子不再一起埋在墓葬裏。明代墓葬出土的筷子比勺子多，這表明筷子和勺子已經分離了。這種趨勢一直延續到清代。與早期筷子相比，明清時期的筷子更精緻。不管是用木、竹或金屬製成，常有精美的裝飾和雕刻，這表明筷子作為餐具，其重要性已經顯著上升。[1]

勺子和筷子組合的分離及其作為餐具功用的逆轉，其實沒有導致勺子在亞洲的餐桌上消失，而是扮演了一個新的角色——幫助取食非穀物類食物，特別是湯（朝鮮半島是眾所周知的例外，雖然有些朝鮮人、韓國人也如上面提到的那樣吃湯飯，或者將湯舀入飯中一起吃）。吃火鍋可能是個很好的例子。在高湯中加入各種食材，取食煮好的食物，都離不開筷子。到最後，有的人還喜歡喝火鍋中的湯，因為湯吸收了所有食材的味道。為此，就需要一把長柄勺和一把普通勺子，直接從鍋裏（仍然很燙）飲用是不現實的。勺子角色的轉變也表現在設計中。正如上文所說，匕首形狀的"匕"早已廢棄不用了。從《庚子燕行雜識》中可以看出，17世紀起，中國開始使用"湯匙"，這是一種新式蛋形瓷勺，像現代的勺子，底部稍深、呈圓形，很容易用來盛湯湯水水的食物。這種勺子後來也傳到日本，稱作"散蓮華"，字面意思是"蓮花落"。這一新式湯匙在中國及其他地區的流行，完成了勺子和筷子作為用餐工具的角色轉變。

隨著勺子的樣式有所改善，筷子的稱謂也發生了改變。在中國古代，筷子被稱作"箸/櫡"或"筯"，有著竹或木的偏旁。但到了明

---

1 劉雲主編《中國箸文化史》，304—328頁。

朝，生活在中國長江下游地區的人們開始把這種餐具稱為"筷子"。
陸容在《菽園雜記》解釋說：

> 民間俗諱，各處有之，而吳中為甚。如舟行諱"住"、諱
> "翻"，以"箸"為"快兒"，"幡布"為"抹布"。諱"離散"，以
> "梨"為"圓果"，"傘"為"豎笠"。諱"狼藉"，以"榔槌"為"興
> 哥"。諱"惱躁"，以"謝灶"為"謝歡喜"。此皆俚俗可笑處，
> 今士大夫亦有犯俗稱"快兒"者。[1]

也就是說，江南一帶沿大運河航行的船家和漁民迷信，創造了"筷
子"這個新名稱來取代以前的"箸"。雖然"箸"和"助"同音，但
聽起來也和"住"一樣，而這是航行中的禁忌。所以，船家們就用
"快子"來代替"箸"，將"快"這個詞（快速）與"子"或"兒"結
合起來（快兒）。而陸容觀察道，在他那個時代，士人也開始襲用這
個俚俗之語了。後來又在"快"字上加上"竹"字頭，用以表明製作
筷子的常用材料。就像用筷子替代勺子吃煮熟的穀物一樣，這一命名
的變化也是自下而上的，隨著時間的推移才慢慢為士人階層所接受。
另一位明代學者李豫亨在《推篷寤語》中，有"訂名物之疑"一節，
指出到在他那個時代，"快（筷）子"這一稱呼已經漸漸為士大夫所
接受了：

> 有諱惡字而呼為美字者，如傘諱散，呼為聚立。箸諱滯，
> 呼為快子。灶諱躁，呼為歡喜之類。今因流傳之久，至有士大夫
> 之間亦呼箸為快子者，忘其始也。[《推篷寤語》（隆慶五年本）
> 卷七]

1　陸容《菽園雜記》，北京：中華書局，1985 年，8 頁。也有一種說法是，明代皇帝姓"朱"，
　　與"箸"同音，為避諱，所以改稱"筷子"，對此並無確實的文獻記載。

不過雖然筷子已經在明代社會流行，但在之後的很長一段時間裏，"箸"和"筷子"仍然交互使用。《紅樓夢》中，曹雪芹同時使用了"箸"和"筷子"這兩個名稱。第四十回有段十分生動的描寫，其中"箸"和"筷子"同時出現：

　　　　正說著，只見賈母等來了，各自隨便坐下。先著丫鬟端過兩盤茶來，大家吃畢。鳳姐手裏拿著西洋布手巾，裏著一把烏木三鑲銀箸，戧殺人位，按席擺下。賈母因說："把那一張小楠木桌子抬過來，讓劉親家近我這邊坐著。"眾人聽說，忙抬了過來。鳳姐一面遞眼色與鴛鴦，鴛鴦便拉了劉姥姥出去，悄悄的囑咐了劉姥姥一席話，又說："這是我們家的規矩，若錯了我們就笑話呢。"調停已畢，然後歸坐。薛姨媽是吃過飯來的，不吃，只坐在一邊吃茶。賈母帶著寶玉，湘雲，黛玉，寶釵一桌。王夫人帶著迎春姊妹三個人一桌，劉姥姥傍著賈母一桌。賈母素日吃飯，皆有小丫鬟在旁邊，拿著漱盂塵尾巾帕之物。如今鴛鴦是不當這差的了，今日鴛鴦偏接過塵尾來拂著。丫鬟們知道他要撮弄劉姥姥，便躲開讓他。鴛鴦一面侍立，一面悄向劉姥姥說道："別忘了。"劉姥姥道："姑娘放心。"那劉姥姥入了坐，拿起箸來，沉甸甸的不伏手。原是鳳姐和鴛鴦商議定了，單拿一雙老年四楞象牙鑲金的筷子與劉姥姥。劉姥姥見了，說道："這又爬子比俺那裏鐵鍁還沉，那裏強的過他。"說的眾人都笑起來。

　　　　只見一個媳婦端了一個盒子站在當地，一個丫鬟上來揭去盒蓋，裏面盛著兩碗菜。李紈端了一碗放在賈母桌上。鳳姐兒偏揀了一碗鴿子蛋放在劉姥姥桌上。賈母這邊說聲"請"，劉姥姥便站起身來，高聲說道："老劉，老劉，食量大似牛，吃一個老母豬不抬頭。"自己卻鼓著腮不語。眾人先是發怔，後來一聽，上上下下都哈哈的大笑起來。史湘雲撐不住，一口飯都噴了出來，林黛玉笑岔了氣，伏著桌子嗳喲，寶玉早滾到賈母懷裏，賈母笑的摟著寶玉叫"心肝"，王夫人笑的用手指著鳳姐兒，只說不出話來，薛姨媽也撐不住，口裏茶噴了探春一裙子，探春手裏的飯碗都合在迎春身上，惜春離了坐位，拉著他奶母叫揉一揉腸子。地下的無一個不彎腰屈背，也有躲出去蹲著笑去的，也有忍著笑上來替他姊妹換衣裳的，獨有鳳姐鴛鴦二人撐著，還只管讓劉姥姥。劉姥姥拿起箸來，只覺不聽使，又說道："這裏的雞兒也俊，下的這蛋也小巧，怪俊的。我且攮一個。"眾人方住了笑，聽見這話又笑起來。賈母笑的眼淚出來，琥珀在後捶著。賈母笑道："這定是鳳丫頭促狹鬼兒鬧的，快別信他的話了。"那劉姥姥正誇雞蛋小巧，要攮一個，鳳姐兒笑道："一兩銀子一個呢，你快嚐嚐罷，那冷了就不好吃了。"劉姥姥便伸箸子要夾，那裏夾的起來，滿碗裏鬧了一陣好的，好容易撮起一個來，才伸著脖子要吃，偏又滑下來滾在地下，忙放下箸子要親自去撿，早有地下的人撿了出去了。劉姥姥嘆道："一兩銀子，也沒聽見響聲兒就沒了。"眾人已沒心吃飯，都看著他笑。賈母又說："這會子又把那個筷子拿了出來，又不請客擺大筵席。都是鳳丫頭支使的，還不換了呢。"地下的人原不曾預備這牙箸，本是鳳姐和鴛鴦拿了來的，聽如此說，忙收了過去，也照樣換上一雙烏木鑲銀的。劉姥姥道："去了金的，又是銀的，到底不及俺們那個伏手。"鳳姐兒道："菜裏若有毒，這銀子下去了就試的出來。"劉姥姥道："這個菜裏若有毒，俺們那菜都成了砒霜了。那怕毒死了也要吃盡了。"賈母見他如此有趣，吃的又香甜，把自己的也端過來與他吃。又命一個老嬤嬤來，將各樣的菜給板兒夾在碗上。[1]

1　曹雪芹、高鶚《紅樓夢》，484—486頁。

或許鳳姐要看劉姥姥的窘狀，所以給了她一雙象牙筷子，讓她用來夾鴿子蛋，如何夾得住？而賈母看到劉姥姥醜態百出，有點同情心發作，知道劉姥姥會稱"箸"為"筷子"，就也用"筷子"這一稱呼讓下人換了一雙給劉姥姥。不過，雖然賈母這樣的貴婦也知道"筷子"一詞，但到了 19 世紀，"筷子"主要還是一個白話詞，而學者們在著述中仍然喜歡用"箸"。[1] 隨著時間的推移，"筷子"逐漸被現代中國人所接受，而"箸"成為歷史名詞。相比之下，在筷子文化圈，筷子的稱謂沒有什麼改變，在韓語中為"젓가락"，日語為"箸"，越南語為"đũa"，這些都是漢語"箸"的變體。

1　"筷子"出現在羅貫中和馮夢龍的《平妖傳》、西周生的《醒世姻緣》中，"箸"則用在清代史官編著的《明史》、紀曉嵐的《閱微草堂筆記》中。這些文字寫作年代為 17、18 世紀，即明代晚期和清代早期。

第六章

成雙成對：
作為禮物、隱喻、象徵的筷子

筷子成雙，長久以來在筷子文化圈內作為新婚夫婦互贈以及親朋饋贈的信物和禮物。中國古代還有用筷子占卜的記載，拿筷子的方式、舉起筷子、掉落筷子、折斷筷子都有一定的預兆和含義。日本人認為筷子能夠建立人與神、生與死、陰與陽之間的精神聯繫。不同質地的筷子寓意也不一樣：象箸是奢華的代表；金箸在歷史上常由皇帝用來獎賞忠誠得力的大臣，也是皇室禮物和祭祀用品；從實用角度看，銀箸更受大眾歡迎；玉箸精緻易碎，在中國古代常用來作為事業成功和生活富華的象徵，唐代詩人還用它來比喻眼淚，表達相思、愁怨等情緒；竹筷則是樸素生活的代表。由於筷子是日常生活中最常見的物品，所以人們以其長度作為其他物品的標尺，用其形狀——直——比附人的品格。

吃的樂趣在中國非常重要。幾十年以來，無論食物是貧乏還是富足的年代，人們一直對烹飪興趣十足，苦思其道，直到它發展成為一種藝術，不再普通平常。飲食通過各種藝術媒介，尤其是詩歌、文學、民俗學等，得到了充分的展現；這些故事，以及對食物的信仰，一直流傳下來，代代相傳，魅力日增。

——多琳·馮（Doreen Yen Hung Feng），
《中國烹飪的樂趣》（*The Joy of Chinese Cooking*）

少時青青老來黃，每結同心配成雙。
莫道此中滋味好，甘苦來時要共嚐。

　　這首詩傳說是司馬相如與卓文君的定情詩，隨詩還有一雙筷子作為信物。司馬遷在《史記》中記載了這一愛情故事，二人成為歷史上著名的知心愛侶。司馬相如是漢代傑出的文學家，以辭賦揚名。由於文采出眾，他聲名日隆，上門說媒的人絡繹不絕。有一次，富甲一方的卓王孫邀請司馬相如赴宴。司馬相如很不情願地去了，聚會上吟誦起新作的賦，博得眾人讚賞，他的才氣深深打動了卓王孫新寡的女兒卓文君。她一下子愛上了他。但她父親不同意，因為司馬相如一貧如洗。卓文君不顧父親的反對，和司馬相如私奔到四川成都，最終迫使父親妥協，接受了他們的結合。

這首詩心思巧妙，筷子的比喻也很動人，但很可能是後世之人的杜撰，《史記》中並沒有記載。不過，由於筷子總是成雙成對、不可分離，所以長期以來在筷子文化圈成了新婚夫婦最喜歡的禮物，也成了夫婦、情侶之間互換的愛的信物。在日本，人們去神社求財富、求祝福，也會買幾種筷子。其中兩種最受歡迎，即“緣結び箸”（結緣筷）和“夫婦箸”（夫妻筷）。就像日本家庭中使用的筷子一樣，這些特殊的筷子均用杉木製成，男人用的要比女人用的稍長一點。比如夫妻筷中，丈夫的筷子長 20—22 厘米，妻子用的長 18—21 厘米。結緣筷與之類似，男用的通常長為 21 厘米，女用的則為 20 厘米。[1] 除了神社，這些筷子在日本的其他商店裏也能買到，可以作為禮物送給戀人和夫婦。值得一提的是，一色八郎說，日本京都平安神宮的夫妻筷還附有勺子，因為勺子是主婦權力的象徵。[2] 這一習俗可見，日本人雖然通常只用筷子吃飯，但之前一定也用勺子，而勺子之所以重要，是因為根據中國的古禮，勺子是用來吃一餐的主食——“飯”或其他煮熟的穀物的。

同樣，在中國，無論漢族還是少數民族，筷子不僅是受歡迎的結婚禮物，甚至成為婚禮上常備的物件。筷子收藏家藍翔在書中描述了許多婚禮習俗，其中不少涉及使用筷子。例如，在山西西北部，新郎和接親的隊伍來到新娘家時，新娘的父親通常會準備一對裝有糧食的瓶子，用紅繩把一雙筷子綁在瓶子上，送給新娘和新郎，祝願他們白頭偕老、永不分離。在山西其他地方，新娘家人贈給新婚夫婦的筷子要在婚禮上先讓一個男孩——通常是新娘的弟弟或侄子使用，並由他在婚禮前護送新娘的嫁妝到新郎家。為了使新婚夫妻永不分離，兩根筷子必須表面光滑，儘可能一模一樣，以預示新人珠聯璧合，未來

1　一色八郎《箸の文化史》，59 頁。
2　同上書，59—60 頁。

的生活一帆風順。[1] 換句話說，這雙筷子不能像日本的 "夫妻筷" 那樣有不同的顏色、圖案或長度。

筷子的成雙成對使之成為非常適合用來求婚、宣佈新戀情的物品，日語中的 "緣結び箸" 就屬於後者。中國也有類似習俗。如貴州仡佬族的年輕人找到了愛人，他的母親就會用紅布包著一雙筷子，去姑娘家求親。她通常一句話都不需要說，因為她帶來的筷子已經明確了此行的目的。[2] 這一習俗從何時開始已經無從得知。但在中國，筷子用來求親，自古就有。宋代便有 "回魚箸" 的記載。孟元老的《東京夢華錄》中 "娶婦" 一節這樣寫道：

> 凡娶媳婦，先起草帖子。兩家允許，然後起細帖子，序三代名諱，議親人有服親田產官職之類。次簷許口酒，以絡盛酒瓶，裝以大花八朵、羅絹生色或銀勝八杖，又以花紅繳簷上，謂之 "繳簷紅"，與女家。女家以淡水二瓶，活魚三五個，筋一雙，悉送在元酒瓶內，謂之 "回魚箸"。[3]

吳自牧的《夢粱錄》對定親、婚娶的過程記載得格外詳細，其中自然也提到了 "回魚箸"：

> 婚娶之禮，先憑媒氏，以草帖子通於男家。男家以草帖問卜，或禱籤，得吉無尅，方回草帖。亦卜吉媒氏通音，然後過細帖，又謂 "定帖"。帖中序男家三代官品職位名諱，議親第幾位男，及官職年甲月日吉時生，父母或在堂、或不在堂，或書主婚何位尊長，或入贅，明開，將帶金銀、田土、財產、宅舍、房

1　藍翔《筷子，不只是筷子》，87—88 頁。
2　同上書，120 頁。
3　孟元老《東京夢華錄》，收入《東京夢華錄（外四種）》，30 頁。

廊、山園，俱列帖子內。女家回定帖，亦如前開寫，及議親第幾位娘子，年甲月日吉時生，具列房奩、首飾、金銀、珠翠、寶器、動用、帳幔等物，及隨嫁田土、屋業、山園等。其伐柯人兩家通報，擇日過帖，各以色彩襯盤、安定帖送過，方為定論。然後男家擇日備酒禮詣女家，或借園圃，或湖舫內，兩親相見，謂之"相親"。男以酒四杯，女則添備雙杯，此禮取男強女弱之意。如新人中意，即以金釵插於冠髻中，名曰"插釵"。若不如意，則送彩緞二匹，謂之"壓驚"，則姻事不諧矣。既已插釵，則伐柯人通好，議定禮，往女家報定。若豐富之家，以珠翠、首飾、金器、銷金裙褶，及緞匹茶餅，加以雙羊牽送，以金瓶酒四樽或八樽，裝以大花銀方勝，紅綠銷金酒衣簇蓋酒上，或以羅帛貼套花為酒衣，酒擔以紅彩繳之。男家用銷金色紙四幅為三啟，一禮物狀共兩封，名為"雙緘"，仍以紅綠銷金書袋盛之，或以羅帛貼套，五男二女綠，盛禮書為頭合，共轝十合或八合，用彩袱蓋上送往。女家接定禮合，於宅堂中備香燭酒果，告盟三界，然後請女親家夫婦雙全者開合，其女氏即於當日備回定禮物，以紫羅及顏色緞匹，珠翠須掠，皂羅巾緞，金玉帕，七寶巾環，篋帕鞋襪女工答之。更以元送茶餅果物，以四方回送羊酒，亦以一半回之，更以空酒樽一雙，投入清水，盛四金魚，以箸一雙、蔥兩株，安於樽內，謂之"回魚箸"。若富家官戶，多用金銀打造魚箸各一雙，並以彩帛造像生蔥雙株，掛於魚水樽外答之。自送定之後，全憑媒氏往來，朔望傳語，遇節序亦以冠花彩緞合物酒果遺送，謂之"追節"。女家以巧作女工金寶帕環答之。次後擇日則送聘，預令媒氏以鵝酒，重則羊酒，道日方行送聘之禮。[1]

1　吳自牧《夢粱錄》，收入《東京夢華錄（外四種）》，304—305 頁。

可惜的是，這雙叫作"回魚箸"的筷子，其寓意並不清楚。但這些歷史文獻表明，"回魚箸"是宋代定親的必備之物，而且一些大戶人家為了展示其富裕和對婚事的重視，選擇用金或銀來打造筷子和魚，又用絲綢製成生蔥的模樣。

還有個合理的推測，筷子之所以是定親、婚娶中重要的物品，因為它在生活中不可或缺、舉足輕重。也就是說，筷子是一種隱喻或轉喻，可以指代生活本身。婚姻表明一個人新生活的開始，所以，中國的許多婚禮習俗往往會用到筷子來標誌這種場合。這樣的例子可以說比比皆是。在中國西北部的一些地區，新娘離開父母家前往新家時，會把一雙筷子扔在地上，表示與之前的生活作別。其他一些地方，新娘在離開娘家之際，家裏的一位男子——她的兄弟或父親會往地上扔一雙筷子。到了新家後，新娘則會拿起一雙筷子，象徵著新生活的開始。拿起新筷子也意味著，作為一個妻子，她要幫助擔起責任，確保新家庭幸福。還有這樣的傳統，新郎的家人將筷子藏在新婚夫婦的新家裏，讓新娘去尋找，象徵性地測試新娘的能力。找到藏起來的筷子有些難度，這就善意地提醒新娘，新生活中可能會遇到一些挑戰。[1]

在中國一些少數民族的婚禮上，筷子的重要性更是顯露無疑。比如生活在中國東南部山區的佘族有個傳統：新娘離家之前，要同兄弟姐妹一起吃頓飯；之後她得把自己的飯筷遞給他們，向他們道別，並且囑託他們替自己照顧父母。湖南瑤族婚宴上有個習俗：司儀兩手各拿一雙筷子，同時餵新婚夫婦吃飯。處於中國東北的達斡爾族新婚夫婦，要共用一雙筷子吃完同一碗糯米飯。雖然風俗習慣不同，但筷子成了有用的工具，教導新婚夫婦一起生活時合作的重要性。在最後一個例子中，筷子象徵著"不可分離"，糯米飯則祝願新婚夫婦情深意切，"粘"在一起。[2]

1　藍翔《筷子，不只是筷子》，88—89，96—97 頁。
2　藍翔《筷子，不只是筷子》，105，109，121 頁。

明代筷子的稱謂發生了變化，這種飲食工具逐漸被稱作"筷子"而非"箸"。有趣的是，當船家和漁民們稱其為"筷子"意喻為"快速航行"時，也許沒有意識到，"快"這個詞也可以同"樂"結合，寄予"幸福""快樂"之意。因此，筷子不僅是享受豐富食物的需要，而且在喜慶場合變得更受歡迎。雖然"子"是"筷子"這個詞中的後綴，但它也有"兒子"或"孩子"的意思。所以，延伸一下想象，"筷子"可以解釋為"很快有了孩子或兒子"。這一新的意義，大大增加了人們對筷子的好感。從明清時期到今天，人們樂意把筷子當作結婚禮物。實際上，由於稱謂變化而帶來的吉祥意義，已使筷子成為婚禮上的必需品，或是作為禮物，或是作為新婚夫婦的保護符，不僅祝願他們婚姻和美，也祝福他們早生貴子。而根據諧音來選擇、準備結婚禮物，似乎是中國人婚俗的傳統。孟元老的《東京夢華錄》記載有宋代"育子"的風俗：

> 凡孕婦入月，於初一日父母家以銀盆，或麗或彩畫盆，盛粟稈一束，上以錦繡或生色帕覆蓋之，上插花朵及通草，帖羅五男二女花樣，用盤合裝，送饅頭，謂之"分痛"。並作眠羊、臥鹿羊、生果實，取其眠臥之義。並牙兒衣物繡籍等，謂之"催生"。就蓐分娩訖，人爭送粟粟炭醋之類。三日落臍灸囟。七日謂之"一臘"。至滿月則生色及繡繡錢，貴富家金銀犀玉為之，並果子，大展洗兒會。親賓盛集，煎香湯於盆中，下果子彩錢蔥蒜等，用數丈彩繞之，名曰"圍盆"。以釵子攪水，謂之"攪盆"。觀者各撒錢於水中，謂之"添盆"。盆中棗子直立者，婦人爭取食之，以為生男之徵。浴兒畢，落胎髮，遍謝坐客，抱牙兒入他人房，謂之"移窠"。生子百日，置會，謂之"百睟"。至來歲生日，謂之"周睟"，羅列盤醆於地，盛果木、飲食、官誥、筆研、筭秤等經卷針錢應用之物，觀其所先拈者，以為徵兆，謂

之"試晬"。此小兒之盛禮也。[1]

孟元老記錄的是汴梁，即中國北方的婚慶習俗，而南方也有相似
的風俗，為吳自牧的《夢粱錄》所記載：

杭城人家育子，如孕婦入月，期將屆，外舅姑家以銀盆
或彩盆，盛粟稈一束，上以錦或紙蓋之，上簇花朵、通草、貼
套、五男二女意思，及眠羊臥鹿，並以彩畫鴨蛋一百二十枚、
膳食、羊、生棗、栗果，及孩兒繡彩衣，送至婿家，名"催生
禮"。足月，既坐蓐分娩，親朋爭送細米炭醋。三朝與兒落臍
炙。七日名"一臘"，十四日謂之"二臘"，二十一日名曰"三
臘"，女家與親朋俱送膳食，如豬腰肚蹄腳之物。至滿月，則外
家以彩畫錢或金銀錢雜果，及以彩緞珠翠角兒食物等，送往其
家，大展"洗兒會"。親朋俱集，煎香湯於銀盆內，下洗兒果
彩錢等，仍用色彩繞盆，謂之"圍盆紅"。尊長以金銀釵攪水，
名曰"攪盆釵"。親賓亦以金錢銀釵撒於盆中，謂之"添盆"。
盆內有立棗兒，少年婦爭取而食之，以為生男之徵。浴兒落胎
髮畢，以髮入金銀小合，盛以色線結條絡之，抱兒遍謝諸親坐
客，及抱入姆嬭房中，謂之"移窠"。若富室宦家，則用此禮。
貧下之家，則隨其儉，法則不如式也。生子百晬，即一百日，
亦開筵作慶。至來歲得周，名曰"周"，其家羅列錦席於中堂，
燒香炳燭，頓果兒飲食，及父祖誥敕、金銀七寶玩具、文房書
籍、道釋經卷、秤尺刀翦、升斗等子、彩緞花朵、官楮錢陌、女
工針線、應用物件，並兒戲物，卻置得周小兒於中座，觀其先拈
者何物，以為佳讖，謂之"拈周試"。其日諸親饋送，開筵以待

252

1　孟元老《東京夢華錄》，收入《東京夢華錄（外四種）》，32頁。

親朋。[1]

宋代還沒有"筷子"的名稱用來比喻"快生兒子"，但孟元老、吳自牧記道，參加婚禮的婦女喜歡爭搶棗子，因為有"早生貴子"的寓意。這一風俗，今天在中國許多地方仍然流行。其他婚禮習俗，在二人的記載中，名稱略有差異，但大致相似。其中最著名的或許就是孟元老說的"周晬"而吳自牧稱之為"拈周試"的風俗，用以預測新生兒將來的志向。這一現在多被稱為"抓周"的風俗，據說起源於三國時期，今天仍然在中國許多地區及亞洲其他地方流行。

毋庸置疑，如果想預測一個孩子將來的發展，首先必須得有個孩子。浙江某地有個古老的傳統：新婚夫婦進入臥室後，客人們將一把筷子從窗戶扔進房間（過去的窗戶都貼有窗櫺紙），讓其落在地上，以祝願新人早生孩子。還有在婚宴上扔筷子的情形，有人邊唱歌（或舉杯祝酒）邊將幾雙筷子扔在地上。因為筷子預示著好運，許多客人都願意從地板上撿起這些筷子帶回家。在江蘇，也有新郎送客人筷子的風俗。在河南的一些地方，新娘和新郎的家人甚至可以"偷"婚禮上的筷子，來分享新婚夫婦的好運氣。從文化比較的角度來說，西方婚禮上女嘉賓十分希望接住新娘扔出的花束，在類似的場合中國客人則希望得到一雙筷子。[2]

在中國之外，筷子也經常出現在亞洲其他國家有關愛情、婚姻的傳說故事裏，儘管筷子的稱謂不像在中國擁有"快生孩子"的美好祝願。越南有一個"百節竹"的故事：從前，有個村民養育了一個美麗的女兒，家裏還有一個忠實、勤勉的僕人。年輕的僕人愛上了這個女孩，希望能娶她為妻，因為村民曾經承諾，要把自己的女兒嫁給一個勤勞的人。但是，這個村民後來改變了主意，打算讓女兒嫁給村裏的

1　吳自牧《夢粱錄》，收入《東京夢華錄（外四種）》，307—308 頁。

2　藍翔《筷子，不只是筷子》，87—99 頁。

首富。年輕的僕人有點傷心，但他靈機一動，向這位村民提議道，因為婚宴上需要用竹筷，誰能找到正好有一百個竹節的竹子，誰才能娶這個姑娘。村民同意了，因為要找到正好一百節的竹子顯然不易。有幸的是，藉助一些神奇的力量，這位聰明、勤勞的年輕人居然找到了一根百節竹，並把它帶了回來。女孩的父親無話可說，讓這位年輕人成功地實現了夢想，娶到了心儀的美麗女子為妻。[1]

在日本，筷子被譽為"生命の杖"，即"生命的支柱"，寓意著從呱呱墜地一直到最終離世，筷子一直伴隨著一個人生命的整個歷程。因此，日本人用筷子來紀念人生中重要的日子。例如，孩子出生後，通常在第一百天（也可以早到第七天，晚到第一百二十天）舉行慶生儀式，儀式上一位成年人會用一雙筷子餵孩子吃飯，這雙筷子通常用未上漆的楊柳木製成。在儀式上使用的筷子被稱為"お食い初め箸"，而儀式本身被命名為"お箸初め式"。[2]當然，孩子這麼小，自己無法用筷子。這一儀式的目的是將筷子介紹給他，因為筷子是"生命之棒"，由此希望孩子未來過上安逸、衣食無憂的生活。還有比較常見的風俗是，在老人重要的生日時送他們筷子，祝願他們長壽。這些筷子被稱作"延命箸"（延長壽命的筷子）、"延壽箸"（延長生命的筷子）、"長壽箸"（長壽筷子）和"福壽箸"（幸福生活的筷子），會在老人 61 歲、70 歲、77 歲、88 歲、99 歲等重大生日的場合送給他們。[3]

在日本，新年的到來十分重要，這使得一月或"正月"成為最重要的節日。1868 年明治維新之前，日本人使用農曆，所以"正月"在一月末和二月初之間。明治維新之後不久，日本政府就決定採用公

1　向井由紀子、橋本慶子《箸》，249—250 頁。這個故事也從某種程度上證實了越南的筷子和中國的一樣，通常是用竹子製成的。

2　一色八郎《箸の文化史》，58—59 頁。

3　同上書，60 頁。

曆，於是新年到來的日子與西方世界保持一致。但往昔慶祝新年的一些習俗卻保留了下來。中國人吃的年夜飯，往往是能拿出的最好的食品，而日本人過年則要吃“雜煮”（雜煮），顧名思義，就是混雜了穀物和蔬菜如蘿蔔、芋芳等做成的雜糧飯或粥，說是能夠“保臟”，讓身體的五臟康健。日本人吃年飯要用新筷子。這些新筷子通常由未上漆的楊柳木製成，稱作“祝い箸”，呈“両口箸”的形狀，筷身較粗圓，兩端較尖細。用兩頭尖的筷子，是因為這種筷子可以讓人與周圍的“神樣”或神分享食物——筷子的一端讓人取食，另一端則供“神樣”使用。[1] 這種“神人共食”（“神樣”和人共享食物）的信仰和習俗，大致認為源自神道教的信仰，但也受到其他宗教文化的影響。[2] 日本人使用“取り箸”（公筷）分發食物也起源於神道的儀式。神宮的祭司給“神樣”上供後，通常會執公筷向信徒分發食物。[3]

由於神道教和佛教的影響，“祝い箸”大多是用未上漆的白木製成的。神道教珍視人與自然之間的直接交流，而佛教的教義強調生活的儉樸，所以不上漆的白木筷最為合適。另外，日本大部分人都用木筷，它們一般由杉木製成，而大多數的“祝い箸”則由楊柳木製成。如果按農曆計算，新年始於早春，那時的柳樹已經發芽（通常比其他樹木都要早）。因此，日本人用楊柳木來慶祝生命的活力。因此柳木又被譽為靈木，日本人認為它能驅邪避魔。[4]“両口箸”（中平両細）圓

1　一色八郎《箸の文化史》，57—61 頁。徐靜波的《日本飲食文化：歷史與現實》146 頁對近代之前日本人過年的食物，提供了信息，今天日本人過年，仍保持類似的傳統。

2　韓國學者金天浩曾發表論文，比較了祭孔典禮（“釋尊祭”）在中國、朝鮮半島和日本的異同，也提到了“神人共食”的理念。〈朝鮮半島、中國和日本祭孔神饌的交流和比較〉，《第六屆中國飲食文化學術研討會論文集》，461—484 頁。祭孔典禮或“釋尊佾舞”，南朝就有記載，到了唐代則逐漸定型和系統化。考慮到隋唐時期出土的筷子也是中間粗、兩頭尖的形狀，唐代文化對朝鮮半島和日本產生有深遠的影響，所以“神人共食”的信念，或許在中國的隋唐時期發源，也為那時的中國人所信奉，只是後來逐漸失傳了。這種“禮失求諸野”的情形，在文化傳佈和交流中，堪稱一種較為普遍的現象。

3　一色八郎《箸の文化史》，134—135 頁。

4　向井由紀子、橋本慶子《箸》，193 頁。

圓的筷身則有著特殊的意義，承載著人們對新年的願望，預示並承諾富饒繁茂的一年的到來。[1] 作為用來慶祝的筷子，"祝い箸"也用在其他節假日，如成人禮和兒童節。這樣，相對於日用筷或"日の箸"，節慶場合用的筷子又被稱為"禮儀筷"或"晴の箸"。用來慶祝或紀念的筷子由裸木（日語稱"素木"）製成，通常需要為特定的場合重新購買，用後即丟棄。因為根據神道教的信仰，未上漆的木筷一旦放入口中，就會附上人的靈魂，洗也洗不掉。而扔掉這些筷子，讓其回歸自然，就會在人與"神樣"之間達成一定的溝通。[2] 相比之下，日用筷或"褻の箸"都會上漆以加強耐久性，而且只有一頭尖，日文名為"片口箸"，不會用來同"神樣"共享食物。目前，大多數日用筷已經改為用塑料製作，這種新興的化學材料在神道教中不具神聖色彩。[3]

日語中，筷子讀作"はし"，與"橋"字同形同音。在人生的許多重要關頭，筷子對日本人來說確實起到了橋的作用，讓他們能夠在人與神、生與死、陰與陽之間建立精神聯繫。若有人離家遠行，比如士兵奔赴戰場，家庭成員仍會在進餐時備上他的筷子。這種飯餐稱為"陰膳"，表達家人對遠行者的祝願，希望其平安幸福。如上文所述，由於筷子保留了他／她的靈魂，家人相信他們的願望可以通過這一"橋樑"傳遞給遠方的親人。認為使用過的筷子留有使用者的靈魂，也導致日本人對一次性筷子（割箸）的發明和使用，這一論題將留待下一章討論。

在陰與陽之間建立聯繫的方式，日語中用"橋渡し／箸渡し"（字面意思是"渡橋"）來表達。筷子是日本葬禮上的必備之物，幫助逝者完成人生最後一餐，以此完成送人去另一個世界的最後任務，這就

1　一色八郎《箸の文化史》，60—61頁。

2　Bee Wilson, *Consider the Fork*, 200. 在古代，日本人在外吃飯，吃完扔掉筷子前，會將筷子折成兩段，以免自己的靈魂附在其上，參見一色八郎《箸の文化史》，11—15頁。

3　一色八郎《箸の文化史》，67—68頁。

是日本傳統葬禮的"橋渡し/箸渡し"儀式。日本人有格言云："人生始於筷子，亦終於筷子。"[1]就像成人用筷子給新生兒餵食的儀式一樣，也得給垂死之人奉上一頓飯，用他最喜歡的碗盛上米飯，再將一雙筷子立在碗中。因為這頓飯是放在此人枕旁的，所以被稱為"枕飯"（枕頭飯），這雙立在碗中的筷子則被稱為"立て箸"（將筷子直直地插入飯碗中）。日本人相信，"立て箸"的做法，溝通了生者和死者、今世和來世、此岸和彼岸，所以筷子有著橋樑的作用。上一章也提到，筷子文化圈普遍禁止將筷子立於碗中。對日本人而言，只有給將死之人或死去之人奉上食物時，才會這麼做。但在其他場合這麼做，那就是犯了大忌了。[2]同樣，許多中國人和越南人也不喜歡將筷子直立於碗中，因為這像上香，屬於佛教中哀悼死者的儀式。

此外，受佛教影響，火葬已經普遍為日本人所接受。火葬之後，家庭成員會各執一雙筷子在灰燼中撿遺骨，並在筷子間相互傳遞。這麼做是為了建立他們與死者之間或者陰陽之間的精神紐帶。這也影響了日本的筷子禮儀。在舉行"橋渡し/箸渡し"的儀式時，人們用自己的筷子夾起遺骨，再傳給另一雙筷子，這種做法叫作"渡り箸"。因此，日本人不會在餐桌上用筷子傳遞食物。換句話說，吃飯時要麼將食物夾到盤內，要麼把食物直接送入口中，萬萬不可把食物傳給另一雙筷子。

在朝鮮半島，民間傳說反映出飲食文化，其中頻繁出現的是勺子而非筷子。例如，一則名為"神秘的蛇"的寓言講述了一個生於富裕（商人？）之家的漂亮女孩的故事。她用勺子餵養了一條蛇。這條蛇後來遭到殺害。即使蛇常被視作邪惡的動物，但女孩的善良和善待動物的姿態，讓她得到了好報——後來嫁給了一位"양반/兩班"（貴

1　一色八郎《箸の文化史》，61—65頁。

2　同上書，64頁。

族）。從此，這對夫婦過著幸福快樂的生活。[1] 然而，有趣的是，迫不得已的時候，朝鮮人、韓國人會認為，比起勺子，筷子是必需的餐具。百濟時期有一個民間傳說，稱為"一套三餐具"。故事說，父親死後，哥哥繼承了所有遺產，還把弟弟趕出了家門。一位僧人送給弟弟三件最普通的餐具，包括一塊餐席、一隻用乾葫蘆做的碗瓢和一雙筷子。弟弟走到山下，天已經黑了下來，他發現自己既無住處又沒吃的。他打開餐席，突然，眼前出現了一座宮殿，裏面有許多佈置奢華的房間。然後，他用葫蘆碗瓢舀了一下，各種各樣的美食湧了出來。最後，他用筷子敲了敲，幾位美麗的女子便來到他的身邊。換句話說，這三樣物品——餐席、碗瓢、筷子是生活在百濟時期的朝鮮人的日常必需品。[2]

越南人開始使用筷子，要早於百濟時期的朝鮮人。越南的民俗傳統也描繪了這種器物在生活中的重要性。有一個民間故事叫作"親子與養子"，也涉及家庭遺產糾紛。一個名叫鯉的人，有一個養子和一個親生兒子。他死後，妻子抱怨說，年長的養子把家裏的錢全都拿走了，什麼也沒給弟弟留下。有個官員被派去處理此事，他觀察了這兩兄弟吃飯的方式。兩人拿到飯菜之後，親生子用筷子進餐，養子沒用筷子而是用手抓取食物。吃晚飯時，官員給了他們米飯和一道用鯉魚做的菜。養子把魚和米飯吃得一乾二淨，而親生子則一點都沒有碰魚。那位官員詢問原因，他回答說："因為我父親的名字中有鯉，（出於我對父親的尊重）我不想吃鯉魚。"兄弟倆不同的行為，尤其是不同的用餐方式，使得那位官員認識到，養子道德有缺，確實薄待了他的弟弟。[3] 換句話說，對越南人而言，用不用筷子吃飯，可以看出一個

1 　向井由紀子、橋本慶子《箸》，247 頁。在儒教思想中，商在四大社會階層中處於最底層，位於士（韓語為선비）、農、工之下。所以，那個時代，出身商賈之家的女子能嫁給一位"선비"，就算是很走運了。

2 　向井由紀子、橋本慶子《箸》，246 頁。

3 　向井由紀子、橋本慶子《箸》，248 頁。

人是否有教養。

　　這個故事似乎還有一個現代版，但主角是兩位親兄弟。一天，兄弟倆一起吃飯，弟弟用筷子敲著碗，覺得好玩。哥哥制止了他，說筷子不能敲碗，只能用來吃飯。他們的父親說，你們知道嗎，筷子除了吃飯，還有其他用途。父親指著廚房中的母親說，看你們的媽媽在做什麼？兄弟倆一看母親在用筷子煮麵。父親接著又指著牆上的圖畫對他們說，你們看畫中的舞者，手裏拿著筷子，打出"嘀嗒"的拍子跳舞。最後父親讓哥哥折斷一雙筷子，哥哥很容易就做到了。父親又讓他折斷一把筷子，哥哥怎麼也折不斷了。父親對他們說道，你們看，如果你們兄弟倆像一把筷子一樣，團結一致，那麼你們就強大了。[1] 從中可見，像中國人一樣，越南人不但喜歡筷子，而且還從筷子的使用中提煉出不同的文化意義，用來教育兒童。

　　的確，由於在生活中被賦予了如此多重的意義，筷子常在人生的重要時刻出現。例如，在中國，壯族人也會用筷子來慶祝孩子的生日（比如一周歲）。這時父母會用比平時長的筷子來餵孩子吃一碗長麵條，長長的麵條和筷子寄託了父母對孩子的祝願，祝福孩子長命百歲。[2] 用長筷子傳送生日食物僅限於這種情況，但生日時吃麵條卻很常見，幾乎在中國各地以及中國周邊地區都有這樣的習俗，而且歷史悠久，《新唐書》記載，唐代時就流行生日的時候食用湯餅（麵條）：

　　　　玄宗皇后王氏，同州下邽人。梁冀州刺史神念之裔孫。帝為臨淄王，聘為妃。將清內難，預大計。先天元年，立為皇后。久無子，而武妃稍有寵，后不平，顯訕之。然撫下素有恩，終無肯譖短者。帝密欲廢后，以語姜晈。晈漏言，即死。後兄守一懼，為求厭勝，浮屠明悟教祭北斗，取霹靂木刻天地文及

1　Rosemary & Hieu Nguyen, *Chopsticks*, Barrington IL: Rigby, 2004.
2　劉雲主編《中國箸文化史》，289 頁。

帝諱合佩之，曰："后有子，與則天比。"開元十二年，事覺，帝自臨劾有狀，乃制詔有司："皇后天命不祐，華而不實，有無將之心，不可以承宗廟、母儀天下，其廢為庶人。"賜守一死。

始，后以愛弛，不自安。承間泣曰："陛下獨不念阿忠脫紫半臂易斗面，為生日湯餅邪？"帝憫然動容。阿忠，后呼其父仁皎云。繇是久乃廢。當時王諲作翠羽帳賦諷帝。未幾卒，以一品禮葬。後宮思慕之，帝亦悔。寶應元年，追復后號。（《新唐書・后妃上・王皇后》）

這個故事本身說的是宮廷中常見的后妃之爭。唐玄宗的首位皇后姓王，結婚後很久沒有生育，而后妃中一位姓武後稱武惠妃的妃子，不但生孩子，還是武則天的姪孫女。王皇后對她心存嫉妒，幾次讒言，唐玄宗不為所動，反而廢了皇后的稱號，並賜死。之後唐玄宗良心發現，恢復了王皇后的封號。他做出這一反悔的決定，是生日麵條讓他觸景生情，原諒了王皇后。順便一提，武惠妃最終未能當上皇后。在唐玄宗晚年，他喜歡的是"三千寵愛在一身"的楊貴妃。這個故事或許是我們所知中國最早有關生日吃麵的記載之一。王賽時的《唐代飲食》一書轉引清代金埴的《巾箱說》中說道："今人生朝，設湯餅宴客，在唐時已行之。"[1]自唐至金埴生活的清代，乃至今天，生日吃麵已經成為中國人的悠久傳統。

《紅樓夢》第六十二回描述，寶玉時逢生日，恰好也是另外三位姑娘的生日，所以榮國府十分熱鬧，既吃麵又喝酒。酒興方酣，寶玉又想出了點子：

寶玉便說："雅坐無趣，須要行令才好。"眾人有的說行這

1　王賽時《唐代飲食》，6頁。

個令好，那個又說行那個令好。黛玉道：「依我說，拿了筆硯將各色全都寫了，拈成鬮兒，咱們抓出那個來，就是那個。」眾人都道妙。即拿了一副筆硯花箋。香菱近日學了詩，又天天學寫字，見了筆硯便圖不得，連忙起座說：「我寫。」大家想了一回，共得了十來個，唸著，香菱一一的寫了，搓成鬮兒，擲在一個瓶中間。探春便命平兒揀，平兒向內攪了一攪，用筯拈了一個出來，打開看，上寫著「射覆」二字。寶釵笑道：「把個酒令的祖宗拈出來。『射覆』從古有的，如今失了傳，這是後人纂的，比一切的令都難。這裏頭倒有一半是不會的，不如毀了，另拈一個雅俗共賞的。」探春笑道：「既拈了出來，如何又毀。如今再拈一個，若是雅俗共賞的，便叫他們行去。咱們行這個。」說著又著襲人拈了一個，卻是「拇戰」。史湘雲笑著說：「這個簡斷爽利，合了我的脾氣。我不行這個『射覆』，沒的垂頭喪氣悶人，我只划拳去了。」探春道：「惟有他亂令，寶姐姐快罰他一鐘。」寶釵不容分說，便灌湘雲一杯。[1]

吃麵為的是長壽，長壽意味著好運。吃麵需用筷子之外，寶玉他們還用筷子占卜、行酒令。這一方法也是古已有之，根據史書記載，竟可追溯至五代十國時期。《新五代史》中有後唐代宰相盧文紀的傳略，其中記道：

　　久之，為秘書監、太常卿。奉使於蜀，過鳳翔，時廢帝（李從珂，885—936）為鳳翔節度使，文紀為人形貌魁偉、語音琅然，廢帝奇之。後廢帝入立，欲擇宰相，問於左右，左右皆言：「文紀及姚顗有人望。」廢帝因悉書清望官姓名內琉璃瓶

1　曹雪芹、高鶚《紅樓夢》，789頁。

中，夜焚香咒天，以筯挾之，首得文紀，欣然相之，乃拜中書侍郎、同中書門下平章事。(《新五代史・雜傳・盧文紀》)

換句話說，盧文紀雖然相貌偉岸、聲音洪亮，但皇帝還未能確定他是否為將相之才，所以就藉用筷子占卜，由皇帝寫了名字，置於琉璃瓶中，然後用筷子夾出一張而選定盧文紀為當朝宰相。

上述用筷的場合，當事人是否認為筷子有神秘之力，還很難確定。不過在古代中國，一些算命者很早便藉助筷子來預測未來。唐人鄭熊《番禺雜記》中稱："嶺表占卜甚多，鼠卜、箸卜、牛卜、骨卜、田螺卜、雞卵卜、篋竹卜，俗鬼故也。"[《類說》(《文淵閣四庫全書》本) 卷四] 即在古代嶺南地區，占卜的方法很多，筷子和其他物什都能作占卜工具，用筷子占卜則稱為 "箸卜"。宋初徐鉉的《稽神錄》對 "箸卜" 的方法做了詳細的描述："會正月望夜，時俗取飯箕衣之，衣服插箸為觜，使畫盤粉以卜。"[《稽神錄》(《文淵閣四庫全書》本) 卷六] 而宋代類書《太平御覽》中則引述《相書》的說法："人，三指用箸者，自如；四指用箸，貴；五指用箸，大富貴也。"(《太平御覽》卷七六〇，器物五) 這等於說，一個人執筷的方式，也能預測其命運。今天許多中國老人仍然相信，如果小孩執筷的手指離筷尖較遠，接近筷子的頂部，預示他長大之後會遠離父母，自謀生活。總之 "箸卜" 雖然屬於迷信的行為，但又持久不息，不斷受人推崇，使人們相信筷子有著神秘的力量。直至 19 世紀末，筷子仍然是一些中國人的宗教崇拜對象，他們定期 "請筷子神"，向其膜拜、祈禱，以求得好運。[1]

在日本，筷子是不是也曾用來算命，尚不清楚。但是，關於為什麼節日用筷會呈 "両口箸"——筷身較粗圓、兩端較尖細——的現

1　劉雲主編《中國箸文化史》，239 頁。

象，倒是有一個著名的傳說。這與一位短命將軍足利義勝（1434—1443）的猝死有關。1441 年，在其父足利義教被副手謀殺後，足利義勝年紀輕輕就成了將軍。幾個月後，農曆一月或五月，這位年輕的將軍舉行宴會款待大臣。在吃煎餅時，足利義勝的筷子突然折成兩半，被視為不祥的徵兆。那年秋天，他果然在出遊時從馬上摔下來，一病不起，十天後就死了。隨後，足利義勝的弟弟足利義政被立為將軍，為了防止同樣的不幸發生，他要求筷子做得粗壯一些，不會輕易折斷。[1]

折斷的筷子預示著突然死亡，在中國歷史上並沒有類似的事件發生；但用折斷筷子來表明自己的決心，這樣的事確實發生過。《新唐書》記載，唐宣宗時發生了這麼一件事："廣德公主，下嫁于琮。初，琮尚永福公主，主與帝食，怒折匕筯，帝曰：'此可為士人妻乎？'更許琮尚主。"（《新唐書·諸帝公主·宣宗十一女》）于琮為唐朝大臣，後為宰相。他起先中意永福公主，但公主很不願意，與皇帝一同吃飯時，折斷了匕箸以示抗議。唐宣宗覺得這種暴烈行為太傷皇室體面，於是改為讓廣德公主嫁給了于琮。永福公主折斷匕箸，顯示了她的決斷，寧死不屈，顯示筷子可以代表一個人的生命。筷子在實際生活中具有的象徵意義，其重要程度是因人而異的。總的來說，在亞洲，如果筷子出了什麼意外，就會被看作不吉利。如前文所述，吃飯時筷子沒拿好而掉在了地上，也被認為是不吉利的。對有些人來說，這對個人的未來可能是個不好的兆頭，倘若發生在生命中的重要時刻，就更令人心生恐慌了。在中國古代，赴京趕考的途中，如果吃飯時不小心將筷子落到地上——"落地"，就會被視為不吉利，掉落筷子的考生因此推測自己可能會落第，其他人也會這麼想。

如果掉落筷子是落第的預兆，那麼舉起筷子則會有相反的意

1　向井由紀子、橋本慶子《箸》，193 頁；一色八郎《箸の文化史》，18 頁。

思。在唐代，文人階層特別流行寫詩。唐代著名詩人劉禹錫送老友之子赴舉，寫下了一首題為〈送張盥赴舉詩〉：

爾生始懸弧，我作座上賓。引箸舉湯餅，祝詞天麒麟。
今成一丈夫，坎坷愁風塵。長裾來謁我，自號盧山人。
道舊與撫孤，悄然傷我神。依依見眉睫，嘿嘿含悲辛。
永懷同年友，追想出穀晨。三十二君子，齊飛凌煙旻。
曲江一會時，後會已凋淪。況今三十載，閱世難重陳。
盛時一已過，來者日日新。不如搖落樹，重有明年春。
火後見琮璜，霜餘識松筠。肅風乃獨秀，武部亦絕倫。
爾今持我詩，西見二重臣。成賢必念舊，保貴在安貧。
清時為丞郎，氣力侔陶鈞。乞取斗升水，因之雲漢津。

（《全唐詩》卷三五四）

　　這首詩的前幾句，說的是張盥出生時，劉禹錫曾應邀吃麵，說明唐代生日吃麵習俗之普遍。而更重要的是，劉禹錫在詩裏表達了希望，通過舉箸引湯餅，可以助年輕人一臂之力，使他通過考試，像天上的麒麟一樣，事業上大展宏圖。這位年輕人真是幸運，因為很少人有幸能得到劉禹錫的詩詞祝福。而就餐者在餐桌上舉箸，常常是一種善意的姿態，通常由主人舉箸，邀請客人品嚐食物。對日本人而言，禮貌的做法是，無論何人，在進食前，先要對其他人（家人、朋友或客人）說 "いただきます"，字面意思是 "我現在領受了" 或 "我要開始吃了"。說這句話時，通常要用雙手橫拿筷子，並微微鞠躬。這種手勢也許始於佛教寺廟，但這句話似乎更具神道的意義（這些做法確實混合了佛教和神道教）。由於傳統神道信仰中 "神"（かみ）是無所不在的，這句話意味著，就餐者從 "神" 那裏接受或領受了食物，請求神的許可開始進餐。

中國人通常會向祖先和神靈供奉食物祭品，因此也有人類應與神靈共享食物的理念。他們向神靈獻上祭品時，一定會擺上碗筷，覺得神靈也需要這些餐具來享用祭品。這種風俗在各民族中都較為普遍。例如，向祖先和神靈獻祭時，滿族人總會在碗上或碗旁放一雙筷子、一把勺子。滿族人在 17 世紀中葉進入中原之前，即廣泛接觸漢族習俗之前，這種習俗就已經存在。除了《滿洲四禮集》，清人震鈞的《天咫偶聞》一書，對滿族人祭拜神靈的傳統儀式亦有詳細的記載。該書雖然成書較晚，但所記的史實應該是可信的。《天咫偶聞》載，在祭祀開始之前幾天，準備工作就已經開始，而匙箸是祭器中的必備之物：

> 儀曰：謹蠲吉辰，先期三日，主祭者率闔族虔誠致齋。選犧牲，擇純毛淨體，牡二牝一（惟背鐙牲用牝）；江米、白米、黃豆、稗米、安春香（出關溝）、紅燭、白掛錢、新麻、白紙、赤小豆、小鯽魚、新柳枝一、三色紡綢（白色、藍色、月白色）、三色線（作索）。先期二日，主祭者率闔族，謹將神板拭淨，換新掛錢，香碟內易新灰，次將祭器洗拭潔淨。應用祭器列後：鸞刀一（柄上有鈴）、匙箸、祭桌二、肉俎三、香案一、省牲床一、盛血盆一、和麵盆一、鍋一、灶一、杓一、鏟一、勺、叉、蒸龍一、新笪籬一、控篩一、罩籬、帚、笤、帚、簸箕、蒸布、拭布、淨繩六根、秫秸（四根一束，四束，長二尺）、淨柴。

祭祀的過程中，匙箸同樣重要：

> 主祭者，未刻率闔族點香，免冠三叩首，興。和麵蒸熟作餑餑九盤，每盤九數。獻齊，奉第一盤於神板上，免冠三叩

首，興。頂冠出請牲，至牲前，用淨帚遍掃牲體，換新縛繩引牲入，至神前陳於地。牲首向上，脊向東，免冠三叩首，興。視廚役省牲、升牲於床。省牲，用左手盛血以盆，血盆供桌之左，接香。俟肉熟時撤餑餑盤。奉俎以獻，牲首向上，插鸞刀於牲首之左。盛湯一碗，加箸一雙，供於神板之上，免冠三叩首，興。息香、撤火，以布幔遮窗，閉庭戶。……

次日丑刻，設祭桌於庭中，陳三碟：一盛香，一盛稗米，一虛空留盛牲之全體。設齊，主祭者率闔族頂冠，行三叩首禮，興。請香案、祭器等出，設於神杆前，安斗，升舊頸骨於屋上，即往請牲。至牲前，以淨帚遍掃牲體，換新縛繩。引牲至祭案前，陳於地，首向上，脊向東，跪。俟讀祝者宣祝詞，並灑米三次，免冠三叩首，興。視廚役省牲、升牲於床。省牲，用左手盛血以盆，血盆供於桌之左。主祭者鸞杆尖畢立之，脫牲衣，解節，取頸骨（先下鍋），取搭枯拉（骨名），掛於桌乘。取牲之全體（每一片），供於碟中。取胸岔及肋骨，左三右二，取塞勒帶骨三節。取小肉，約十分之三，依次下鍋。將大肉，連牲衣供於俎中。接香。俟肉熟時，跪切細絲，供稗米飯二大碗，肉絲二大碗。肉絲上加塞勒並右肋二條，血腸七片，三四碗稗米飯，飯上各插匙一把，肉絲碗各插箸一雙，獻齊，頂冠跪。[1]

獻祭後，人們開始進餐，在這些場合用餐，需要遵守更為嚴格的禮節。從震鈞的記載來看，滿族人在祭祀的場合，筷子用來吃菜，勺子用來吃飯，與中國傳統古禮和朝鮮半島的風俗相近。但在其他地方，也許因為筷子已經取代勺子成為最主要的餐具，因此奉上貢品的時候也只需附上筷子。如江蘇淮安地區的新年習俗，其中第一件要

266

1　震鈞《天咫偶聞》，北京：北京古籍出版社，1982 年，23—25 頁。

事是：

> 中設桌子一張，臨空，上面放兩張椅子，桌子前面掛紅的
> 桌帷，桌上外口放香爐，蠟燭台，裏面擺放五雙筷，五隻碗，
> 五隻酒杯。在天井中央放鐵盤一個，上架木柴十數段，疊成井
> 字形，兩旁各放蘆柴兩把，木柴上面再放些松枝。"掛當"幾
> 張，紙錁幾掛，這叫作"元寶盆"。由家長主持，僕人們燃點
> 香、燭、斟滿酒，捧上熱三牲——豬頭一個，豬蹄四隻，公
> 雞一隻，鯉魚一尾。豬頭在中，蹄子在頭的兩邊，雞在左、魚
> 在右，另有蔥數棵，分兩組用紅紙條把上下頭略裹，也擺在兩
> 旁。這些盛在一個長方形的木質"捧盤"中，放在桌上。家長用
> 火剪著花皮，燃著向四周燃燎一次，再用它把元寶盆燃著，然後
> 把花皮送出大門外，這時候就是開門的時候了。[1]

中國人賦予動筷或舉箸以一定的社會含義。將筷子伸向菜盤夾
菜之前，必須先從桌上舉起筷子。這一行為，雖然看似自然，有時會
成為一種非同一般的姿態，帶來有意無意的結果。這樣的例子比比皆
是，在古今的歷史文獻、文學作品中均有發現。劉禹錫在詩中描繪自
己引箸舉麵祝友人，但他並不是這一行為的首創者。更早的例子，見
於唐代史家李延壽的著作。李延壽在講述南梁王朝的歷史時，提到了
呂僧珍的故事。呂僧珍是一位謙恭穩重的官員，雖然受到梁武帝的器
重，位居高位，但舉止十分謹慎：

> 僧珍去家久，表求拜墓，武帝欲榮以本州，乃拜南兗州刺
> 史。僧珍在任，見士大夫迎送過禮，平心率下，不私親戚。兄弟

1　引自劉雲主編《中國箸文化史》，343—344 頁。

皆在外堂，並不得坐。指客位謂曰："此兗州刺史坐，非呂僧珍床。"及別室促膝如故。從父兄子先以販蔥為業，僧珍至，乃棄業求州官。僧珍曰："吾荷國重恩，無以報効，汝等自有常分，豈可妄求叨越。當速反蔥肆耳。"僧珍舊宅在市北，前有督郵廨，鄉人咸勸徙廨以益其宅。僧珍怒曰："豈可徙官廨以益吾私宅乎。"姊適於氏，住市西小屋臨路，與列肆雜。僧珍常導從鹵簿到其宅，不以為恥。

在州百日，徵為領軍將軍，直秘書省如先。常以私車輦水灑御路。僧珍既有大勳，任總心膂，性甚恭慎。當直禁中，盛暑不敢解衣。每侍御坐，屏氣鞠躬，對果食未嘗舉箸。因醉後取一甘食，武帝笑謂曰："卿今日便是大有所進。"祿俸外，又月給錢十萬，其餘賜賚不絕於時。（《南史·呂僧珍傳》）[1]

前一段說呂僧珍為官清廉，從不以權謀私，為家人謀利。後一段則說他在梁武帝面前，大熱天也不脫衣，更從不舉箸即動筷吃宮裏擺放的食品。有一次他醉酒，吃了一塊甜點，武帝還稱讚了一句，並加以許多賞賜。呂僧珍的行為被描繪成特例，因為很少有人能抵禦食物的誘惑，特別是這些食物是由宮廷賞賜的。

　　隨著時間的推移，呂僧珍輕易不"舉箸"的表現，成了恰當的餐桌禮儀以及良好的道德品質的典範。高出是一位明代官員，因同情窮人而著名。他有次目睹饑荒肆虐，餓殍遍野，寫有〈一路哭〉一首：

　　　　山東道上行不得，風昏塵沙月將晜。
　　　　中逵骨髏白委積，蹴之以足亦無慚。
　　　　城壕厭飫犬狼餘，枯黑烏鳶且不食。

1　檢索中國基本古籍庫，唐代至清代的各種文稿中，"舉箸"出現了 561 次。

二月欲盡草未青，即逢路人無人色。

莒州沂州煙爨絕，是我所經僅茲域。

旁近或聞輿台說，誰忍舉筯長嘆息。

蒼天高高不可呼，眼風悲酸淚欲枯。

我聞天子捐賑數十萬，子遺忍飢候哺飯。

即今待命當不多，半已死亡半南販（返）。

只愁再歲復何為，土無草根樹無皮。（《鏡山庵集》）

詩人極度的悲傷使他無法舉起筷子進食——這一比喻性的描述凸顯了高出的同情和仁慈之心。

　　在現實生活中，面對食物，一個人是否動筷，甚至如何動筷，卻是一件頗為嚴肅的事情。例如，至少在中國古代，受邀赴宴時，有禮貌的客人不會第一個拿起筷子夾取食物，最好是等到主人或年長者先拿起筷子。而主人為了表示熱情好客，需要舉起筷子來勸別人、催別人吃，有時反覆這麼做，表示客氣。這一傳統在其他文化中也可見到。比如在家裏吃飯時，按慣例，應該讓老人先動筷子，先開始吃。

　　在元、明之間，陶宗儀編輯了《說郛》一書，匯集了漢魏至宋元的筆記，內容多種多樣，近似現代的百科全書。《說郛》中有"失去就"的說法，形容一個人不懂規矩、不講禮儀：

卸起帽共人言談。衩衣出門迎客。

不敲門直入人家。主人未請先上廳坐。

席局上不慎涕唾。主人未揖食先舉筯。

探手隔坐取物。眾食未了先卸筯。

開人家盤盒書啟。罵人家奴婢。鑽壁窺人家。

　　這些犯忌的行為中，有兩條牽涉用筷的習俗：在主人未動筷之

前先 "舉箸" 和在同桌的人尚未吃完飯之前，先把筷子放下——
"卸筯"。

　　明代陸楫也編輯了類似《說郛》的類書，其中也有 "失去就" 一
條，內容相似：

　　卸起帽共人言語。罵他人家奴婢。

　　鑽壁窺人家。不敲門直入人家。

　　席面上不慎涕唾。主人未請先上廳坐。

　　開人家盤合書啟。主人未揖食先舉箸。

　　眾食未了先卸箸。探手隔坐取物。（《古今說海》）

　　的確，明代的就餐禮儀是無論一個客人如何想吃一道菜，都不能
首先動筷。明代詩人李流芳的〈蓴羹歌〉，為此提供了一個顯例：

　　怪我生長居江東，不識江東蓴菜美。

　　今年四月來西湖，西湖蓴生滿湖水。

　　朝朝暮暮來採蓴，西湖城中無一人。

　　西湖蓴菜蕭山賣，千擔萬擔湘湖濱。

　　吾友數人偏好事，時呼輕舠致此味。

　　柔花嫩葉出水新，小摘輕淹雜生氣。

　　微施薑桂猶清真，未下鹽豉已高貴。

　　吾家平頭解烹煮，間出新意殊可喜。

　　一朝能作千里羹，頓使吾徒搖食指。

　　琉璃碗成碧玉光，五味紛錯生馨香。

　　出盤四座已嘆息，舉箸不敢爭先嚐。

　　淺斟細嚼意未足，指點杯盤戀餘馥。

　　但知脆滑利齒牙，不覺清虛累口腹。

血肉腥臊草木苦，此味超然離品目。

京師黃芽軟似酥，家園燕筍白於玉。

差堪與汝為執友，菁根杞苗皆臣僕。

君不見區區芋魁亦遭遇，西湖蓴生人不顧。

季鷹之後有吾徒，此物千年免沈錮。

君為我飲我作歌，得此十斗不足多。

世人耳食不貴近，更須遠挹湖湘波。（《檀園集》卷二七）

他寫到自己如何喜歡吃蓴菜，其他在座者也同樣，但“出盤四座已嘆息，舉箸不敢爭先嚐”，誰都不願第一個將筷子伸進餐盤。順便提一下，蓴菜的美味，很早就為人所熟知。在李流芳之前一千多年，西晉張翰就因為思念蓴菜羹和鱸魚膾，辭官從洛陽回到家鄉蘇州。成語“蓴鱸之思”便出自這個典故。

有趣的是，在差不多時候，歐洲社會也發展出了類似的就餐禮儀，其中一條類似“豎子知禮，無躁無急。手勿及盤，主人在先”，另一條則像是“豎子濫飲，其言誇誇。如若放肆，舉止盡失”。[1] 而在中國，因為用筷吃飯早已成為習俗，所以在餐桌上“舉箸”與否、如何“舉箸”，往往是表示禮儀、尊重他人特別是主人的表示。筷子於是成了一種人際往來是否符合社會習俗的象徵，而且歷史悠久。《資治通鑒》有這樣一段記載，顯示曾歷仕五朝、德高望重的宋璟，在晚年仍然十分受人尊重：

王毛仲有寵於上，百官附之者輻輳。毛仲嫁女，上問何須。毛仲頓首對曰：“臣萬事已備，但未得客。”上曰：“張說、源乾曜輩豈不可呼邪？”對曰：“此則得之。”上曰：“知汝所不

1　諾貝特‧埃利亞斯著，王佩莉譯《文明的進程》第一卷，167—168頁。

能致者一人耳，必宋璟也。」對曰：「然。」上笑曰：「朕明日為汝召客。」明日，上謂宰相：「朕奴毛仲有婚事，卿等宜與諸達官悉詣其第。」既而日中，眾客未敢舉筯，待璟。久之，方至，先執酒西向拜謝，飲不盡巵，遽稱腹痛而歸。璟之剛直，老而彌篤。(《資治通鑒·唐紀二十八》)

王毛仲是高句麗人，得到了唐玄宗李隆基的信賴，升為輔國大將軍，權重一時。他有一回嫁女，希望百官出席婚禮，但不知道是否能請得動宰相宋璟。唐玄宗說親自來出面邀請。當日宋璟遲遲不到，其他官員都不敢動筷吃飯。宋璟來了之後，只勉強飲了一點酒，藉口身體不適就離席了。這個故事不但顯示了宋璟受到百官的尊崇，還顯示他不喜王毛仲的為人。果然，王毛仲後來居功自傲，漸漸失去了唐玄宗的信任，最終被賜死了。

大臣可以通過在食物面前不碰筷子顯示謙遜，而皇帝也可以通過舉箸來表達謙和與恩寵。有這樣一件事，發生在 5 世紀北魏時期。傑出的軍事謀略家崔浩曾得到太武帝的高度信賴，《資治通鑒》也有記載，顯示君臣關係一度十分親近。

魏主加崔浩侍中、特進、撫軍大將軍，以賞其謀畫之功。浩善占天文，常置銅鋌於酢器中，夜有所見，即以鋌畫紙作字以記其異。魏主每如浩家，問以災異，或倉猝不及束帶；奉進疏食，不暇精美，魏主必為之舉筯，或立嘗而還。魏主嘗引浩出入臥內，從容謂浩曰：「卿才智淵博，事朕祖考，著忠三世，故朕引卿以自近。卿宜盡忠規諫，勿有所隱。朕雖或時忿恚，不從卿言，然終久深思卿言也。」嘗指浩以示新降高車渠帥曰：「汝曹視此人尪纖懦弱，不能彎弓持矛，然其胸中所懷，乃過於兵甲。朕雖有征伐之志而不能自決，前後有功，皆此人所教也。」

又敕尚書曰："凡軍國大計,汝曹所不能決者,皆當咨浩,然後施行。"(《資治通鑑·宋紀三》)

太武帝常到崔浩家中向他請教,有時恰逢飯點兒,但崔浩家裏毫無準備,只能以簡單的飯食招待。太武帝並不在意,不管崔浩家裏有什麼,一定會拿起筷子吃起來。皇帝不尋常的姿態,既表示渴望得到崔浩的建議,也表示他對崔浩的厚愛,因為在中國很少有皇帝會這樣對待自己的臣子。皇帝還對他人說,雖然崔浩是個文人,但他的重要性,勝過許多身經百戰的將軍。然而,"伴君如伴虎",與呂僧珍的謹慎形成鮮明對比的是,崔浩在接受皇帝特殊恩寵的同時,並沒有表示出足夠的謙恭,最後為此付出了沉重的代價。他後來受命領銜編纂國史,擅自將太武帝家族早年的羞恥之事公之於眾,引起了太武帝及其族人的強烈不滿,崔浩於是被處死,史稱"國史之獄"。

到了明代,隨著理學的進一步發展,修身養性成為君子的日常必修之事。明代經學家郝敬強調,君子的一舉一動,包括吃飯的時候一舉箸、一動碗,都必須按禮行事,比前代更為小心:

君子依仁存養之功,不可須臾離也,豈待富貴之交?雖飲食,亦人之欲也,飢渴當前則求飽喪志。人莫不飲食,而知味者鮮。君子存仁,雖一飯不苟,雖一舉箸不忘。不敢以口腹害心志,養生之需猶若此,而況他乎?(《論語詳解》)

除了"舉箸",即拿起筷子,文獻中也有不少放下筷子的故事,說明這種做法也有著悠久的歷史和文化象徵意義。正如第二章所提到的,筷子和勺子一起出現在陳壽的《三國志》中。劉備聽了曹操的話嚇了一跳,"失匕箸"。此後,"失匕箸"便成了現成的說法,用來描述某人驚恐、驚愕和驚訝之狀。10 世紀唐朝衰落之後,軍閥混戰,個個都想控制中原，後梁大將高季興就是其中之一。他與後唐合作，計劃入侵四川，但不確定這一舉措是否正確。猶豫之際，另外一支軍隊迅速佔領了四川。"高季興聞蜀亡，方食，失匕箸，曰：'是老夫之過也'。"（《資治通鑒・後唐紀三》）[1]高季興後悔自己過於優柔寡斷，手都握不住筷子了。最後，他只建立了一個小王國，再也沒有機會奪取四川。

在描寫某人受驚嚇或情緒失控的時候，"失匕箸"似乎是一種標準的表述。明代大臣溫體仁心機很重，很會權衡利弊。明末宦官當政，引起士人的反對，著名的東林黨人就是重要的反對派。溫處世圓滑，周旋在"閹黨"和"朋黨"之間，獲得了崇禎皇帝的信任，但他的老謀深算，卻為當時士人所不恥：

> 體仁自念排擠者眾，恐怨歸己，倡言密勿之地，不宜宣泄，凡閣揭皆不發，並不存錄閣中，冀以滅跡，以故所中傷人，廷臣不能盡知。當國既久，劾者章不勝計，而劉宗周劾其十二罪、六奸，皆有指實。宗藩如唐王聿鍵，勳臣如撫寧侯朱國弼，布衣如何儒顯、楊光先等，亦皆論之，光先至輿櫬待命。帝皆不省，愈以為孤立，每斥責言者以慰之，至有杖死者。庶吉士張溥、知縣張采等倡為復社，與東林相應和。體仁因推官周之夔及奸人陸文聲訐奏，將興大獄。嚴旨察治，以提學御史倪元珙、海道副使馮元飆不承風指，皆降謫之。最後復有張漢儒訐錢謙益、瞿式耜居鄉不法事。體仁故仇謙益，擬旨逮二人下詔獄嚴訊。謙益等危甚，求解於司禮太監曹化淳。漢儒偵知之，告體仁。體仁密奏帝，請並坐化淳罪。帝以示化淳，化淳懼，自請案治，乃盡得漢儒等奸狀及體仁密謀。獄上，帝始悟體仁有黨。

1　此事亦記載於《十國春秋》卷一。

會國弼再劾體仁，帝命漢儒等立枷死。體仁乃佯引疾，意帝必慰留。及得旨竟放歸，體仁方食，失匕箸，時十年六月也。逾年卒，帝猶惜之，贈太傅，諡文忠。（《明史·溫體仁》）

這段記載表明，溫體仁排斥異己、黨同伐異，位居"首輔"（相當於宰相）。最終陰謀敗露，他便稱病在家，希望崇禎皇帝會挽留他。未料皇帝居然讓他離職。消息傳來，溫體仁正好在吃飯，聽到之後，受到了極度的驚嚇，手裏的筷子掉在了地上，後來不久就一命嗚呼了。

人可能因受到驚嚇而失手掉落餐具，也有可能特意扔掉或放下自己的筷子來表達一定的情感——幸、不幸或兼而有之。婚禮上扔筷子的習俗，即為一例。婚禮當天新娘扔掉筷子，也許想表達的既是離開父母的悲傷，也是新生活開始的幸福。"失箸"通常被認為是不吉利的，在文學比喻中甚至預示著不祥；而"投箸"則經常被描繪成不尋常、不自然的行為，與焦慮、沮喪、擔心有關。也就是說，"投箸"意味著有人故意地放下筷子來表達強烈的情感。《宋書》是南朝梁史學家、文學家沈約的著作，書中提到了這樣一件事：劉宋皇族相互殺戮，內訌不已。476年，建平王劉景素意欲奪取帝位，代替當時喜怒無常的少年皇帝。但叛亂失敗，劉景素被殺。他死後，秀才劉璡上書新任皇帝，陳述劉景素德美：

臣聞孝悌為志者，不以犯上，曾子不逆薪而爨，知其不為暴也；秦仁獲麂，知其可為傳也。臣聞王之事獻太妃也，朝夕不違養，甘苦不見色。帳下進珍饌，太妃未食，王投箸輟飯。太妃起居有不安，王傍行蓬髮。臣聞求忠臣者於孝子之門，安有孝如王而不忠者乎？其可明一也。（《宋書·建平宣簡王宏·劉景素》）

劉璉舉了例子來說明劉景素一直對母親很孝順，如果發現母親沒吃飯，他會立刻"投箸輟飯"。然後他接著反問道："安有孝如王而不忠者乎？"換句話說，劉景素在家如此盡孝母親，在國必不會犯下忤逆朝廷之事。"投箸"在這裏起了強化論點的作用。

其後的文獻中，"投箸"不僅用來描述在家對長輩盡孝，也表達對他人的同情。《晉書》的成書時間比沈約的史書晚了大約一百年，其中介紹了為當世人所敬重的官員吳隱之的早期生活：

> 吳隱之……事母孝謹，及其執喪，哀毀過禮。……與太常韓康伯鄰居，康伯母，賢明婦人也，每聞隱之哭聲，輟餐投筯，為之悲泣。既而謂康伯曰："汝若居銓衡，當舉如此輩人。"及康伯為吏部尚書，隱之遂階清級，……累遷晉陵太守。(《晉書·良吏·吳隱之》)

這裏不僅說韓夫人不吃飯了，而且增加了"投箸"這個動作，強調她對吳隱之失恃之痛的同情何其強烈。而吳隱之所表現出的孝道，也讓她十分感動，因此告誡兒子，如果將來有可能，一定要提拔吳。吳隱之此後的輝煌仕途，可以說是緣於韓夫人的"輟餐投筯"。

元代名臣崔斌，深得開國皇帝元世祖忽必烈的信任。但他畢竟是漢人，而且性格剛毅、直言不諱，得罪了另一位重臣阿合馬。《元史》中有這樣的記載：

> 十五年，被召入覲。時阿合馬擅權日甚，廷臣莫敢誰何。斌從帝至察罕腦兒。帝問江南各省撫治如何。斌對以治安之道在得人，今所用多非其人，因極言阿合馬奸蠹。帝乃令御史大夫相威、樞密副使字羅按問之，汰其冗員，黜其親黨，檢核其不法，罷天下轉運司，海內無不稱快。適尚書留夢炎、謝昌元

言："江淮行省事至重，而省臣無一人通文墨者。" 乃命斌遷江
淮行省左丞。既至，凡前日蠹國漁民不法之政，悉厘正之，仍
條具以聞。阿合馬慮其害己，捃摭其細事，遮留使不獲上見，因
誣構以罪，竟為所害。裕宗在東宮，聞之，方食，投箸惻然，遣
使止之，已不及矣。天下冤之。年五十六。至大初，贈推忠保節
功臣、太傅、開府儀同三司，追封鄭國公，諡忠毅。(《元史·
崔斌》)

崔斌揭露阿合馬的奸行，遭後者誣陷殺害。忽必烈的兒子元裕宗
救他不及，"投箸惻然"，放下筷子表示出一種深度的傷感。

唐代大詩人李白也用"投箸"傳達和強調自己的傷感。〈行路難〉
是他最著名的詩歌之一。當時，他在唐朝都城長安短暫停留之後決定
離開，詩中抒發了向朋友道別時的傷悲：

> 金樽清酒斗十千，玉盤珍羞直萬錢。
> 停杯投箸不能食，拔劍四顧心茫然。
> 欲渡黃河冰塞川，將登太行雪滿山。
> 閒來垂釣碧溪上，忽復乘舟夢日邊。
> 行路難！行路難！多歧路，今安在？
> 長風破浪會有時，直掛雲帆濟滄海。(《李太白全集》卷三)

詩一開始就描繪了朋友為給他餞行設下的豪華宴席——"金樽清
酒斗十千，玉盤珍羞直萬錢"。接著，李白表達了自己的情感："停杯
投箸不能食，拔劍四顧心茫然。" 在這裏，"投箸"用來強調離開朋
友的悲傷。

李白用了"投箸"表達自己的離別之情，以後的詩人也多借用這
一術語表達自己的傷感。譬如宋代才子鄭獬寫有〈感秋六首〉，其中

一首如下：

落日在高木，輝輝淡秋容。

白雲起天鏡，飛去忽無蹤。

雨蘚爛漫紫，幽徑誰相從。

孤慮如有根，糾結生心胸。

良時忽已晚，撇耳過晨鐘。

事業餘濩落，撫己真何庸。

投箸不能食，卻立倚長松。

酒敵百萬兵，此憂不可攻。（《郥溪集》）

詩中用"投箸"停食表達自己懷才不遇的感慨。

　　然而，涉及筷子的這些行為，未必一定與苦惱或焦慮有關。相反，筷子也可以用來歡慶幸福時光。為此，"擊箸"這個詞就出現了，意思是"用筷子敲擊"盤子或桌子。擊箸的目的是弄出些聲響，或者敲打出音樂（若此人有這方面的訓練）。當然，這麼做超乎尋常，因為飲食禮儀禁止用筷子發出噪聲。所以，擊箸只會發生在百感交集或狂喜之時。唐代詩人白居易在詩中描繪了這樣的時刻。829 年，白居易與劉禹錫相遇，詩中是這樣描述的：

為我引杯添酒飲，與君把箸擊盤歌。

詩稱國手徒為爾，命壓人頭不奈何。

舉眼風光長寂寞，滿朝官職獨蹉跎。

亦知合被才名折，二十三年折太多。（《白氏長慶集·醉贈劉二十八使君》）

他們的聚會看起來的確很快樂。兩人可能都已微醺，手裏拿著酒杯或者筷子，邊聊邊唱，歡聚一堂。意外相聚，實在太讓他們高興了。他們作為詩人都很有成就，卻都在官場失意，橫遭貶謫，被迫離開唐朝都城，而在路上他們竟然碰見了！

白居易不由自主地用筷子敲擊著盤子，這樣的行為在其他唐詩中也有所描繪。給人留下的印象是，這種行為可能比想象的更為常見。會不會當時有這樣的習俗：在聚會上歌唱時，人們常常用筷子敲打出節奏？唐詩中“擊箸”通常出現在歌唱時，這似乎證明了確有這樣的風俗。[1] 中唐詩人吉皎，在他晚年的時候，賦詩講述自己入仕的心情，用了“擊箸謳歌”：

> 休官罷任已閒居，林苑園亭興有餘。
> 對酒最宜花藻發，邀歡不厭柳條初。
> 低腰醉舞垂緋袖，擊箸謳歌任褐裾。
> 寧用管弦來合雜，自親松竹且清虛。
> 飛觥酒到須先酌，賦詠成詩不住書。
> 借問商山賢四皓，不知此後更何如。（《全唐詩》卷四六三〈七老會詩〉）

晚唐詩人羅隱有一首〈韋公子〉，則用了“擊箸狂歌”：

> 擊箸狂歌慘別顏，百年人事夢魂間。
> 李將軍自嘉聲在，不得封侯亦自閒。（《萬首唐人絕句詩》卷五一）

宋代的詩人也沿襲了這一描述方式。祖無擇有一首七律，描寫詩

1　“擊箸”最先出現在唐代文稿中，該詞在中國基本古籍庫檢索，總共出現了 37 次。

人在潁州（今安徽阜陽）西湖的美好景色中擊箸詠唱：

> 秋晚西湖勝概多，台軒來此駐鳴珂。
>
> 沙鷗散去驚絲竹，煙柳低垂間綺羅。
>
> 亂擲金錢和露菊，狂搖鈿扇倚風荷。
>
> 下僚幸接曹尊末，率爾翻成擊箸歌。（〈九日陪舊參政蔡侍
> 郎宴潁州西湖〉，《兩宋名賢小集》卷八六）

事實上，有記錄表明，"擊箸"的情形在唐代之前就有發生。
漢代學者王充曾寫道："夫以箸撞鐘，以算擊鼓，不能鳴者，所用撞
擊之者，小也。"（《論衡》卷五）王充認為以筷子敲鐘，不發出聲
音，是由於筷子太細了，不合適，這至少說明那時或許已經有人這麼
做了。

筷子敲鐘不行，但擊琴則合適。南北朝時期，揚琴從中亞傳
入，中國音樂家用細細的竹棒或筷子進行演奏。《南史》記載，南朝
梁音樂家、詩人柳惲才藝非凡：

> 初，惲父世隆彈琴，為士流第一，惲每奏其父曲，常感
> 思。復變體備寫古曲。嘗賦詩未就，以筆捶琴，坐客過，以筋扣
> 之，惲驚其哀韻，乃制為雅音。後傳擊琴自於此。惲常以今聲轉
> 棄古法，乃著清調論，具有條流。（《南史·柳惲》）

柳惲出身音樂世家，父親過世之後想賦詩，思考之中用筆敲
琴，有一客人卻用筷子擊琴奏樂，讓他大為驚訝，由是亦視此彈奏法
為雅音。而在柳惲之前，與揚琴相似的中國古箏或古琴（弦樂器），
傳統上是用手指彈奏的。

唐代人用筷子敲碗盤來奏樂，因為那時大多數飲食器皿是用陶甚

至瓷製成的。傳說隋代的宮廷樂師萬寶常就是用這種方式在皇家晚宴上表演的：

> 萬寶常，不知何許人也。父大通，從梁將王琳歸齊，後謀還江南，事洩伏誅。由是寶常被配為樂戶，因妙達鐘律，遍工八音。與人方食，論及聲調，時無樂器，寶常因取前食器及雜物，以箸扣之，品其高下，宮商必備，諧於絲竹，大為時人所賞。然歷周、隋，俱不得調。（《北史・萬寶常》）

音樂天才萬寶常，能用筷子擊碗奏樂。有一次，有人於席間與他討論音樂，當時沒有合適的樂器，萬寶常用筷子敲擊大小碗盞，奏出優美的曲調來闡述自己的見解，給很多人留下了深刻的印象，包括皇帝。萬寶常因此受召製作宮廷音樂，但他一生卑微的地位始終沒有改變。到了 9 世紀，一位名叫郭道源的宮廷樂師，再次用一雙筷子展示了他精湛的技藝。"唐大中初，有調音律官天興縣丞郭道源，善擊甌。用越甌、邢甌共一十二旋，加減水，以箸擊之，其音妙於方響也。"（《太平御覽》卷五八四，樂部二十二）郭用大小質地不同的瓷杯十數隻，注水或多或少，然後十分嫻熟地用筷子敲擊這些容器，奏出想要的音符。

郭道源用筷子擊碗盞製樂，讓人印象十分深刻。詩人溫庭筠作〈郭處士擊甌歌〉，來稱頌郭的高超技藝：

> 佶傈金虯石潭古，勺陂瀲灩幽修語。
> 湘君寶馬上神雲，碎佩叢鈴滿煙雨。
> 吾聞三十六宮花離離，軟風吹春星斗稀。
> 玉晨冷磬破昏夢，天露未乾香著衣。
> 雲釵委墜垂雲髮，小響丁當逐回雪。

晴碧煙滋重疊山，羅屏半掩桃花月。

太平天子駐雲車，龍爐勃鬱雙蟠拏。

宮中近臣抱扇立，侍女低鬟落翠花。

亂珠觸續正跳蕩，傾頭不覺金烏斜。

我亦為君長嘆息，緘情遠寄愁無色。

莫沾香夢綠楊絲，千里春風正無力。（《溫庭筠詩集》卷一）

　　除了描述筷子在各種場合的用途，歷史學家、詩人和學者也討論了筷子的品種，賦予它們不同的價值和意義。最早的、著名的例子，當然是韓非子借用象箸批評紂王。此後幾乎所有文獻都將象箸與揮霍、奢侈的生活聯繫起來。但具有諷刺意味的是，在現實生活中，可能正是因為這種聯繫，有錢人和出身名門的人對象箸及其他象牙製品夢寐以求，以此來炫耀自己的地位、成功和財富。與其他品種的筷子相比，象箸更易碎，如果使用得不小心，很容易開裂、變色；即使平常不用，也會變色。這或許可以解釋，象箸在亞洲的飲食文化圈中，一直有著虛榮奢華、不太實用的印象。

　　金箸也很精緻。實際上，純金筷子很難做，所以極其罕見。做出來的金箸和象箸一樣，並不適合日常使用。不過，金箸的形象要比象箸好很多。上文提到的唐代名臣宋璟，得到唐代數位皇帝的信任，據史書記載，在一次宴會上，唐玄宗賜給他一雙金箸：

　　宋璟為宰相，朝野人心歸美焉。時春御宴，帝以所用金筯令內臣賜璟，雖受所賜莫知其由，未敢陳謝。帝曰："所賜之物非賜汝金，蓋賜卿之筯，表卿之直也。" 璟遂下殿拜謝。（《開元天寶遺事》上卷）

宋璟為人正直、廉潔，雖然接受了金箸，但不知皇帝意欲何為，沒有稱謝。皇帝見他有所疑惑，便說："並非贈你黃金，而是用金箸表彰你的正直。"宋璟這才謝了皇帝，接受了這雙金筷子。這是歷史記載金箸的最早實例之一，之後的文獻對此再三提及。[1] 與象箸不同的是，金箸被賦予了積極的道德內涵，這與宋璟的正直和坦率是分不開的。[2] 歷代皇室仿效唐玄宗，收藏金箸，偶爾也將它們當作禮物來獎勵和表彰忠誠、得力的大臣。嚴嵩收藏的無數鍍金鍍銀的筷子中，有兩對就是金箸。嚴嵩曾受到明朝皇帝的寵信，並因此獲得。張居正位高權重，李太后曾因其卓越的貢獻獎勵他一雙金箸。[3]

金箸作為皇室禮物或者祭祀用品，歷史悠久，這與黃金的至高地位相關。陶宗儀的《說郛》一書，有"安南行記"一章，其中提到安南（越南）送給中國的禮物中，有著各種各樣的黃金製品，其中就有金箸、金盞等物。清代皇室的宗廟和祭祀禮儀中，常用到金箸。比如《清朝文獻通考》記載：

> 將事之夕夜分，太常寺卿率屬入廟，然炬明鐙具器，陳於案，各以其序。帝、后皆同案，每案牛一、羊一、豕一、簠二、簋二、籩十有二、豆十有二、爐一、鐙二，每位篋一、鉶一、金匕一、金箸二。南設三案，一少西供祝版，一東次西向，一西次東向，分奠帝、后，每案香盤一，每位奉先制帛一、色白尊一、玉爵三。（《清朝文獻通考·宗廟考七·太廟七》）

1　此後，在中國基本古籍庫中檢索，"金箸"出現了 129 次，多數是對宋璟故事的複述。

2　在中國基本古籍庫中檢索，可見許多中國作家與詩人將金筷子與道德上的正直聯繫起來。朝鮮半島的學者在其著作中也有類似的做法，可檢索韓國古典綜合數據庫（http://db.itkc.or.kr/itkcdb/mainIndexIframe.jsp）。

3　在中國，鮮有金筷子出土。故宮博物院收藏了幾副金銀筷，皆為明清皇家器物，參見劉雲主編《中國箸文化史》，428—429 頁。劉志琴在其著作中描述了嚴嵩的收藏，見其著《晚明史論》，南昌：江西高校出版社，2004 年，270 頁。張居正的金筷子在傅維麟撰《明書》中也有所提及。

上面已經提到，筷子曾被古人用來占卜，甚至用來挑選宰相。《明實錄》中有段記載，說到明熹宗年間，朝廷用金箸夾取寫有大臣名字的紙條，來選定、任命他們的職位：

於乾清宮拜天訖卜之，遂凡諸臣，各納於金筋，筋夾之，得錢龍錫、李標、來宗道、楊景辰。閣臣以時艱求益，復得周道登、劉鴻訓。而次所夾王祚遠，為風墜覓之無跡，事訖，則凡落施鳳來身後也。於是進錢龍錫、楊景辰、來宗道、李標、周道登、劉鴻訓，並為禮部尚書，兼東閣大學士。遣官詔龍錫、標、道登、鴻訓。（《明實錄·明熹宗·天啟七年十一月》）

上述種種記載表明，金箸一直有著尊貴、高級的形象，雖然不是日常用品，但在皇室贈品、祭祀等重大儀式中，常常出現。不過在詩人筆下，金箸雖然代表了皇室生活，但也可以形容宮女的怨恨。唐代詩人劉言史有〈長門怨〉一首如下：

獨坐爐邊結夜愁，暫時恩去亦難留。
手持金箸垂紅淚，亂撥寒灰不舉頭。（《全唐詩》卷二○）

除了象牙和黃金，其他昂貴的材料也被用來製作筷子。有些確實和象牙一樣珍貴，如犀牛角、鹿角、烏木，還有一些由於是進口材料，價格自然就高了。有些木材如紅木、紫檀（馬來紅木）原產於越南、泰國和東南亞其他地區，而在東亞卻很少見。有趣的是，這些珍貴的筷子，似乎很少像象箸那樣與道德產生聯繫。這些筷子中，銀箸相對更實惠，因為銀比其他金屬更常見，更具有可塑性。實際上，歷史文獻中提到的一些金箸，更可能是由金銀合金製成的。銀箸雖然容易褪色，但結實耐用，既是有價值的收藏品，又是方便的飲食工具，因此很受歡迎。如前所述，中韓兩國的考古發掘出土了許多銀箸，這是它千百年來持續受歡迎的明證。令人驚訝的是，也許是因為比較常見，漢語文獻提及銀箸不像金箸、象箸那麼頻繁。孟元老的《東京夢華錄》中提到的會仙酒樓，用銀製食具招待客人，但沒有提到銀箸。[1] 吳自牧的《夢粱錄》多次提到在臨安的茶肆和酒肆中，店家多用"銀馬杓、銀大碗"，而在有的分茶酒店中，甚至"俱用全桌銀器皿沽賣"，估計其中一定有銀箸。[2] 有關餐館使用銀箸的明確記錄，出現在《西湖老人繁勝錄》這本寫於 13 世紀的著述中。據此書記載，南宋都城臨安的高檔酒店用銀箸備餐："大酒店用銀器，樓上用台盤洗子銀箸，薇菜糟藏甚多。三盞後換菜，有三十般（盤），支分不少。兩人入店買五十二錢酒，也用兩隻銀盞，亦有數般（盤）菜。"[3] 作者特意提到這一點，也許是此事並不多見。

不過，顯然那時有人會用銀箸進食。明代劇作家湯顯祖在〈夜泊金匙〉中說自己出席了的一場豐盛的晚宴，有此詠嘆：

凉日蕭蕭懶步灘，扁舟黃葉映秋殘。

叢祠海客饒歌舞，銀筋金匙醉不難。（《玉茗堂全集》）

銀箸配以金勺，隱喻舒適、享受的生活，但是這裏沒有直接的道德譴責。

除了上面提到的珍貴材質，還有一種筷子，所用材料也極其貴重，這就是玉。中國人（在一定程度上也包括了朝鮮半島的居民）自古以來對玉十分迷戀。考古發現證明，早在舊石器時代，（軟）玉已

1　孟元老《東京夢華錄》，收入《東京夢華錄（外四種）》，26 頁。

2　吳自牧《夢粱錄》，收入《東京夢華錄（外四種）》，262—264 頁。

3　《西湖老人繁勝錄》，收入《東京夢華錄（外四種）》，124 頁。邁克爾·弗里曼（Michael Freeman）也注意到，宋代的高級餐館備有銀筷子，供客人使用，參見 "Sung," *Food in Chinese Culture*, 153。

被製成各種物品，或是實用器，或是禮器。隨著時間的推移，玉對中國人而言成了“皇家寶石”。玉器（容器、飾品等）是古代帝王、諸侯舉行禮儀活動不可或缺的禮器。傳統上，中國人無論男女都習慣佩戴玉飾，精巧的工匠製作的玉石藝術品成為富人們的收藏。在中國，有時一塊高質量玉石的價值可以超過黃金和白銀。當然，中國人也製作玉箸。一旦成了細細的筷子，就很容易碎裂，所以考古遺址中很少有玉箸出土。

文獻中卻頻頻出現玉箸。《南齊書》中就有一個較早的例子，對玉箸做了這樣的描寫：

> 歷觀帝王，未嘗不以約素興，侈麗亡也。伏惟陛下，體唐城儉，踵虞為樸，寢殿則素木卑構，膳器則陶瓢充御。瓊簪玉筯，碎以為塵，珍裘繡服，焚之如草。斯實風高上代，民偃下世矣。然教信雖孚，氓染未革，宜加甄明，以速歸厚。詳察朝士，有柴車蓬館，高以殊等；雕牆華輪，卑其稱謂。馳禽荒色，長違清編，嗜音酣酒，守官不徙。物識義方，且懼且勸，則調風變俗，不俟終日。（《南齊書·崔祖思》）

在這裏，玉箸的易碎成了隱喻，用來向皇帝諍諫，不必追求奢華的享受，而是需要以身作則，勤儉治國，樹立示範性的道德素養。

同象箸一樣，玉箸十分精緻，不太適合在日常生活中使用。文人們大都喜歡用玉箸作比喻。從蕭子顯在書中提到玉箸起，這個詞就反覆出現在文學作品中，特別是唐代的文本。實際上，這個詞似乎比金箸或銀箸更受歡迎。[1] 文人騷客提及玉箸原因有二。其中之一是用它們象徵事業成功。杜甫的〈野人送朱櫻〉一詩很出名，其中就用了“玉

1　在中國基本古籍庫中檢索，“玉箸”出現 2284 次，而“金箸”出現 129 次，“銀箸”只出現 54 次。

箸”的比喻：

> 西蜀櫻桃也自紅，野人相贈滿筠籠。
>
> 數回細寫愁仍破，萬顆勻圓訝許同。
>
> 憶昨賜沾門下省，退朝擎出大明宮。
>
> 金盤玉箸無消息，此日嘗新任轉蓬。（《全唐詩》卷二二六）

杜甫從京城長安移居到成都後，收到了新鄰居送來的一些紅櫻桃。鄰居的友善讓他憶起以前在京城的生活，那時他收到的櫻桃為朝廷所賜。“金盤玉箸”代表杜甫在朝當官時的成功人生。

此後，玉箸作為舒適、美好生活的象徵，在詩文中頻頻出現。南宋詩人楊澤民，有〈少年遊〉一首：

> 鸞胎麟角，金盤玉箸，芳果薦香橙。
>
> 洛浦佳人，緱山仙子，高會共吹笙。
>
> 揮毫便掃千章曲，一字不須更。
>
> 絳闕瑤台，星橋雲帳，全勝少年行。（《歷代詩餘》卷二三）

南宋詩人楊萬里，則有〈宿廬山棲賢寺示如清長老〉一首：

> 清風迎衣襟，白雲捧腳底。
>
> 飄然徑上廬山頭，誰道棲賢三十里。
>
> 鄉禪引到獅子峰，旃檀噴出香霧濃。
>
> 此一瓣香為五老，一笑問我顏猶紅。
>
> 右看南嶽左東海，方丈祝融抹輕黛。
>
> 群仙遙勸九霞觴，金盤玉箸鮮魚膾。
>
> 急呼清風與白雲，送我更往會列真。

鄉禪恐我忽飛去，挽著衣襟復留住。

下視落星石一拳，長江一線湖一涓。

醉掬玉淵亭下泉，磨作墨汁灑醉篇。（《誠齋集》卷三五）

宋代人編纂的大型文集《太平廣記》中，記述了幾位豪俠，其中一位唐代的"崑崙奴"名叫磨勒，臉色黝黑，身手矯捷，可能來自南亞甚至非洲，顯示唐代中西交流之頻繁廣泛。磨勒能飛簷走壁，幫助主人崔生去歌妓院密會心儀的女子，女子向他們吐露了身世：

姬白生曰：某家本富，居在朔方。主人擁旄，逼為姬僕。不能自死，尚且偷生。臉雖鉛華，心頗鬱結。縱玉箸舉饌，金爐泛香，雲屏而每進綺羅，繡被而常眠珠翠；皆非所願，如在桎梏。賢爪牙既有神術，何妨為脫狴牢。所願既申，雖死不悔。請為僕隸，願待光容，又不知郎高意如何？生愀然不語。磨勒曰：娘子既堅確如是，此亦小事耳。姬甚喜。（《太平廣記·卷一九四·豪俠二》）

這位歌姬說自己原來出身良家，被逼為妓。在歌妓院中，雖然生活舒適（她用玉箸享用盛饌），但希望公子能為她贖身，寧願做奴婢。崔生有所遲疑，而磨勒卻認為此事不難。他將二人背在身上，越過高牆，兩位有情人由此終成眷屬了。

到了明代，詩人用"玉箸"比喻富華生活，更是司空見慣。但何景明一首〈鰣魚〉則與眾不同。與上引楊萬里的詩句相反，他用玉箸來反襯鰣魚如何成為富人的盤中餐，由此可憐鰣魚的命運：

五月鰣魚已至燕，荔枝盧橘未應先。

賜鮮遍及中璫第，薦熟誰開寢廟筵。

白日風塵馳驛騎，炎天冰雪護江船。

銀鱗細骨堪憐汝，玉筯金盤敢望傳。（《大復集》卷二六）

　　玉箸頻繁出現在詩文中的另一個重要原因是，玉通常色淺透明，做成箸後，看起來像順著臉頰流下的眼淚。因此，玉箸讓人聯想到哭的意象。文人們經常用它來描述哭泣的女子——思念亡夫的寡婦，羈留後宮鬱鬱寡歡的宮女。在南朝徐陵編選的詩集《玉台新詠》中，有一首詩描繪了一位悲傷的宮廷女子在等待王子到來時，她眼見自己的青春就這樣白白溜走：

幽閨情脈脈，漏長宵寂寂。

草螢飛夜戶，絲蟲繞秋壁。

薄笑夫為欣，微歡還成戚。

金簪鬢下垂，玉筯衣前滴。（《玉台新詠》卷七）

　　另一首詩描述了妻子因與服役的丈夫分離而哭泣：

斂色金星聚，縈悲玉箸流。

願君看海氣，憶妾上高樓。（《玉台新詠》卷七）

　　唐詩人也多用"玉箸"來形容眼淚。大詩人李白特別喜歡以"玉箸"入其詩作，如〈寄遠十二首〉中，便出現了兩次：

玉箸落清鏡，坐愁湖陽水。

且與陰麗華，風煙接鄰里。

青春已復過，白日忽相催。

但恐飛花晚，令人意已摧。

相思不惜夢，日夜向陽台。（《李太白全集》卷二五）

在另一首〈寄遠〉中，李白對離別之情的描述更為直接，詩中的女子為相思所苦，淚濕衣襟：

妾在舂陵東，君居漢江島。

日日採蘼蕪，上山成白道。

一為雲雨別，此地生秋草。

昔日攜手去，今日流淚歸。

遙知不得意，玉箸點羅衣。（《李太白全集》卷二五）

〈閨情〉一詩，句子同樣膾炙人口：

流水去絕國，浮雲辭故關。

水或戀前浦，雲猶歸舊山。

恨君流沙去，棄妾漁陽間。

玉箸夜垂流，雙雙落朱顏。

黃鳥坐相悲，綠楊誰更攀。

織錦心草草，挑燈淚斑斑。

窺鏡不自識，況乃狂夫還。（《李太白全集》卷二五）

李白最喜歡的是，形容女人的眼淚如何簌簌流下，滴落在鏡子上而不自覺，如〈代美人愁鏡二首〉：

明明金鵲鏡，了了玉台前。

拂拭交冰月，光輝何清圓。

紅顏老昨日，白髮多去年。

鉛粉坐相誤，照來空淒然。

美人贈此盤龍之寶鏡，燭我金縷之羅衣。

時將紅袖拂明月，為惜普照之餘暉。

影中金鵲飛不滅，台下青鸞思獨絕。

槁砧一別若箭弦，去有日，來無年。

狂風吹卻妾心斷，玉箸並墮菱花前。（《李太白全集》卷
二五）

李白用這個隱喻來描述一位悲傷孤獨的婦人。詩中，這位女子正在寫
情書，向情人表達團聚的渴望。女子沒有意識到自己在流淚，直到看
見鏡中，自己的眼淚已經順兩頰緩緩流下，狀如兩根玉箸。

　　唐代詩人高適寫有長詩〈燕歌行〉，慷慨悲壯，其中也用"玉箸"
來形容思婦的眼淚：

漢家煙塵在東北，漢將辭家破殘賊。

男兒本自重橫行，天子非常賜顏色。

摐金伐鼓下榆關，旌旗逶迤碣石間。

校尉羽書飛瀚海，單于獵火照狼山。

山川蕭條極邊土，胡騎憑陵雜風雨。

戰士軍前半死生，美人帳下猶歌舞。

大漠窮秋塞草腓，孤城落日鬥兵稀。

身當恩遇常輕敵，力盡關山未解圍。

鐵衣遠戍辛勤久，玉箸應啼別離後。

少婦城南欲斷腸，征人薊北空回首。

邊風飄颻那可度，絕域蒼茫無所有。

殺氣三時作陣雲，寒聲一夜傳刁斗。

相看白刃血紛紛，死節從來豈顧勳。

君不見沙場征戰苦，至今猶憶李將軍。（《高常侍集》卷五）

既然"玉箸"用來比喻女子的眼淚，那麼我們還要引用一首唐代女詩人薛濤的詩：

> 花開不同賞，花落不同悲。
> 欲問相思處，花開花落時。
> 攬草結同心，將以遺知音。
> 春愁正斷絕，春鳥復哀吟。
> 風花日將老，佳期猶渺渺。
> 不結同心人，空結同心草。
> 那堪花滿枝，翻作兩相思。
> 玉箸垂朝鏡，春風知不知。（〈春望詞四首〉，《全唐詩》卷八三〇）

薛濤的比喻，從女性的角度描述，似乎更勝一籌。她不但用"玉箸"表示相思之淚，而且還說思婦之淚，不一定為她心中人所知，更顯悲苦感受。

既然玉箸可以形容女人的眼淚，那麼至少從詩人的角度出發，或許史上最出名的怨婦，就是遠嫁異域的漢代女子王昭君。唐代有一首佚名詩，題為《詠史詩・漢宮》，用簡潔的語句表示昭君的感受，批評漢朝將士無能，讓一位弱女子為國犧牲：

> 明妃遠嫁泣西風，玉箸雙垂出漢宮。
> 何事將軍封萬戶，卻令紅粉為和戎。（《全唐詩》卷六四七）

初唐詩人駱賓王，對同樣的題材寫有〈王昭君〉一詩，其中也用了"玉箸"的比喻。詩人用豐富的想象力，細訴了昭君的苦楚：

> 斂容辭豹尾，緘恨度龍鱗。
>
> 金鈿明漢月，玉箸染胡塵。
>
> 古鏡菱花暗，愁眉柳葉顰。
>
> 唯有清笳曲，時聞芳樹春。（《駱賓王文集》卷六）

　　駱賓王詩中的"玉箸"，與"金鈿"相對，可以比喻王昭君昔日在漢宮中富足的生活，也可以指她思鄉的眼淚已經粘上了異鄉的塵土。總體而言，唐宋兩代，用"玉箸"形容女人眼淚，逐漸形成了一種風氣。婉約詞人柳永有〈鳳銜杯〉一首：

> 有美瑤卿能染翰。
>
> 千里寄、小詩長簡。
>
> 想初裂苔箋，旋揮翠管紅窗畔。
>
> 漸玉箸、銀鉤滿。
>
> 錦囊收，犀軸卷。
>
> 常珍重、小齋吟玩。
>
> 更寶若珠璣，置之懷袖時時看。
>
> 似頻見、千嬌面。（《樂章集》上卷）

　　詞作同樣纏綿動人的秦觀寫有〈詞笑令〉一首，歌詠的對象還是王昭君，說她在匈奴營中，思念漢室，偷偷拭淚：

> 漢宮選女適單于。明妃斂袂登氊車。
>
> 玉容寂寞花無主，顧影低回泣路隅。
>
> 行行漸入陰山路。目送征鴻入雲去。

獨抱琵琶恨更深，漢宮不見空回顧。

回顧。漢宮路。杆撥檀槽鸞對舞。

玉容寂寞花無主。顧影偷彈玉箸。

未央宮殿知何處。目送征鴻南去。（《淮海長短句》下卷）

　　南宋詞人汪元量目睹了大宋王朝被蒙古鐵蹄踐踏，家仇國恨，無從說起。他的〈憶秦娥‧雪霏霏〉一詞，借古喻今，百般淒楚，讀來催人淚下：

雪霏霏。

薊門冷落人行稀。

人行稀。

秦娥漸老，著破宮衣。

強將纖指按金徽。

未成曲調心先悲。

心先悲。

更無言語，玉箸雙垂。

　　宋代之後，詩詞創作已過其盛期，逐漸被雜曲、劇作、小說和散文所取代。但“玉箸”的形容，仍然富有活力。元代詞人張可久寫有〈西湖送別〉，其中寫到離別愁緒，也用了“玉箸”作比喻，形容思婦的離愁別恨：

餞東君西子湖濱，恨寫蘭心，香瘦梅魂。

玉筯偷垂，雕鞍慢整，錦帶輕分。

長亭柳短亭酒留連去人，南山雲北山雨狼藉殘春。

蝶妒鶯嗔，草怨花顰。今夜歌塵，明日啼痕。

既然玉箸可以用來比喻眼淚，那麼也可以形容其他流水形狀。明代旅行家徐霞客在《徐霞客遊記》中，曾幾次用"玉箸"來描繪瀑布：

> 山稍開，西北二十里，抵沙縣。城南臨大溪，雉堞及肩，即溪崖也。溪中多置大舟，兩旁為輪，關水以舂。西十里，南折入山間。右山石骨巉削，而左山夾處，有泉落坳隙如玉箸。又西南二十里，泊洋口。其地路通尤溪。東有山曰里豐，為一邑之望。（《徐霞客遊記》第一冊下）

徐霞客途經福建漳州一帶，看到當地的地理風貌，流水淙淙。然後他又到了江西的麻姑山，那裏同樣山勢秀麗，多有瀑布。徐霞客描寫的正是那裏最有名的景色——"玉練雙飛"：

> 出建昌南門，西行二里至麻姑山足。上山二里，半山亭，有臥瀑。又一里半，噴雪〔亭〕，雙瀑。〔麻姑以水勝，而詘於峰巒。半山亭之上，有水橫騫，如臥龍蜿蜒。上至噴雪，則懸瀑落峰間，一若疋同"匹"練下垂，一若玉箸分瀉。分瀉者，交縈石隙，珠絡縱橫，亦不止於兩，但遠眺則成兩瀑耳。既墜，仍合為一，復如臥龍斜騫出峽去。但上之懸墜止二百尺，不能與雁宕、匡廬爭勝。〕又一里，連泄五級，上有二潭甚深，舊亭新蓋。〔可名"五泄"。五泄各不相見，各自爭奇。〕〔螺轉環連，雪英指白的水花四出；此可一目而盡，為少遜耳。〕又半里，龍門峽，上有橋。〔兩崖夾立，泉搗中壑，不敢下視；架橋俯瞰於上，又變容與為雄壯觀。龍門而上，溪平山繞，自成洞天，不復知身在高山上也。〕又半里，麻姑壇、仙都觀。左有大夫松，已死；右有通海井。西上嶺十里，逾篋竹嶺，為丹霞洞。又上一里，為王仙嶺，最高。西下二里，張坊。西左坳中為華嚴庵，

宿。（《徐霞客遊記》第二冊上）

　　文人墨客如此偏好玉箸，除了它晶瑩透明之外，還有可能是因為它通常是白色的。第四章曾提到，日本人在祭祀和過節時，喜歡使用不上漆的素木筷，反映了佛教、神道教的影響。中國文化中也有提倡樸素、節儉的一面，那麼中國人是否也偏好白色的素木筷子呢？相似的理念也存在，比如中國佛教、道教的教義，以及道家的各種醫書、醫方中，基本都建議使用木筷和竹筷。但比較起來，中國人更喜歡質樸的竹筷，這是因為木筷有許多品種，比如紅木筷和烏木筷就相當昂貴。當然，日常生活中的普通木筷頗為常見，但“箸”有竹子頭，而竹又是“歲寒三友”之一，體現出它在中國傳統文化中的地位。竹筷在文獻中出現的次數，也遠大於木筷。[1] 這些詩文反映出，竹筷不但製作容易，還是儉樸生活的象徵。

　　齊明帝蕭鸞為南齊第五位皇帝，宋代人編的《太平廣記》中有一段關於他的記載：

　　　　齊明帝嘗飲食，捉竹箸，謂衛尉應昭光曰：卿解我用竹箸意否？答曰：昔夏禹衣惡，往誥流言。象箸豢腴，先哲垂誡。今睿情衝素，還風反古。太平之跡，唯竹箸而已。（《太平廣記》卷一六五廉儉）

這番對話表明，象箸和竹箸相對，前者代表驕奢淫逸，後者象徵清廉儉樸。不過史書也記載，齊明帝用了計謀篡位登基，之前之後謀害了有威脅的人，所以他用竹箸用餐，或許只是一種政治姿態而已。

　　但竹筷表現儉樸生活的寓意，卻源遠流長。唐代詩人白居易有

1　在中國基本古籍庫中檢索，“竹箸”出現了 290 次，“木箸”僅出現了 63 次。

〈過李生〉一首，其中稱頌竹箸"儉潔無膻腥"，用來襯托江南鄉村安逸恬靜的生活：

> 蘋小蒲葉短，南湖春水生。子近湖邊住，靜境稱高情。
>
> 我為郡司馬，散拙無所營。使君知性野，衙退任閒行。
>
> 行攜小榼出，逢花輒獨傾。半酣到子舍，下馬扣柴荊。
>
> 何以引我步，繞籬竹萬莖。何以醒我酒，吳音吟一聲。
>
> 須臾進野飯，飯稻茹芹英。白甌青竹箸，儉潔無膻腥。
>
> 欲去復裴回，夕鴉已飛鳴。何當重遊此，待君湖水平。
>
> （《白氏長慶集》卷七）

宋代詞人秦觀的〈田居四首〉之一，也用竹箸來表達鄉野生活的樂趣：

> 嚴冬百草枯，鄰曲富休暇。
>
> 土井時一汲，柴車久停駕。
>
> 寥寥場圃空，跕跕烏鳶下。
>
> 孤榜傍橫塘，喧春起旁舍。
>
> 田家重農隙，翁嫗相邀迓。
>
> 班坐釃酒醑，一行三四謝。
>
> 陶盤奉旨蓄，竹箸羞雞炙。
>
> 飲酣爭獻酬，語闋或悲吒。
>
> 悠悠燈火暗，剌剌風飆射。
>
> 客散靜柴門，星蟾耿寒夜。（《全宋詩》卷一〇五三）

還有例子說明，中國人在服喪期間，也會傾向於用素淨、簡單的筷子。像日本一樣，這裏佛教的因素不可忽視，因為喪事往往由佛寺的僧侶操辦，唸經為死者超度亡靈。而佛寺的僧侶，極少選用製作精美的餐具。佛教經典總集《大藏經》多次提到，僧侶用的典型餐具應該是 "竹箸瓦碗"：

石霜輝禪師僧問："佛出世先度五俱輪，和尚出世先度何人？" 師曰："總不度。" 曰："為什麼不度？" 師曰："為伊不是五俱輪。" 問："如何是和尚家風？" 師曰："竹箸瓦碗。"（《大正新修大藏經 · 五十一冊 · 史傳部三》）

另一處說道，"和尚家風" 除了用竹箸和瓦碗之外，還應該吃蔬菜拌糙米飯：

泉州西明院琛禪師。僧問："如何是和尚家風？" 師曰："竹箸瓦碗。" 僧曰："忽遇上客來時如何祇待？" 師曰："黃韭倉米飯。" 問："如何是祖師西來意？" 師曰："問取露柱看。"（《大正新修大藏經 · 五十一冊 · 史傳部三》）

由上可見，佛教僧徒應該用的是竹筷，而不是木筷。但日本木材豐富，所以寺廟多用木筷取代竹筷。

清代吳敬梓的小說《儒林外史》中范進中舉的故事，為人熟知，其中也提到了竹筷：

范進上來敘師生之禮。湯知縣再三謙讓，奉坐吃茶，同靜齋敘了些闊別的話；又把范進的文章稱讚了一番，問道："因何不去會試？" 范進方才說道："先母見背，遵制丁憂。" 湯知縣大驚，忙叫換去了吉服；拱進後堂，擺上酒來。席上燕窩、雞、鴨，此外就是廣東出的柔魚、苦瓜，也做兩碗。知縣安了席坐下，用的都是銀鑲杯箸。范進退前縮後的不舉杯箸，知縣不解其故。靜齋笑說："世先生因尊制，想是不用這個杯箸。"知縣忙叫換去，換了一個磁杯，一雙象箸來。范進又不肯舉。靜齋道："這個箸也不用。"隨即換了一雙白顏色竹子的來，方才罷了。知縣疑惑他居喪如此盡禮，倘或不用葷酒，卻是不曾備辦。

范進中舉之後，與另一人一同去拜見知縣。知縣為他設宴，但范進因為母親去世不久，不肯用為他準備的銀箸和象箸，直到知縣讓人給他換了一雙白色的竹筷，他才開始舉箸吃飯。換句話說，中國古禮也有這樣的要求：喪事期間，生活應該比平時簡單，以表示對死者的哀悼之意。除了佛教的影響之外，儒家的孝道亦有類似的要求。《論語·陽貨》中孔子便指出了父母去世、"三年之喪"的必要，喪期須過簡樸的生活：

> 宰我問："三年之喪，期已久矣！君子三年不為禮，禮必壞，三年不為樂，樂必崩，舊穀既沒，新穀既升，鑽燧改火，期可已矣。"子曰："食夫稻，衣夫錦，於女安乎？"曰："安。""女安！則為之！夫君子之居喪，食旨不甘，聞樂不樂，居處不安，故不為也。今女安，則為之！"宰我出。子曰："予之不仁也！子生三年，然後免於父母之懷。夫三年之喪，天下之通喪也。予也有三年之愛於其父母乎？"

不僅筷子的顏色和形狀可以用來做字面上或比喻性的描述，其尺寸和長度也可以用於測量。例如，杜甫曾這樣稱讚朋友送來的韭菜：

> 隱者柴門內，畦蔬繞舍秋。
>
> 盈筐承露薤，不待致書求。

束比青芻色，圓齊玉箸頭。

衰年關鬲冷，味暖並無憂。（《全唐詩》卷二二五）

比杜甫早兩百年的賈思勰，在《齊民要術》中，已經用筷子來比麵條的長度。他在描述植物的高度和形狀時，經常用筷子的長度和形狀來說明，這大概是為了讓讀者或農家更容易理解。比如，他在卷九中提到麵食，形容水引麵大致與筷子的長度相仿：

> 水引：挼如箸大，一尺一斷，盤中盛水浸，宜以手臨鐺上，挼令薄如韭葉，逐沸煮。

關於另一種切麵，賈思勰也用筷子來解說其做法：

> 切麵粥〔一名"棋子麵"〕：剛溲麵，揉令熟。大作劑；挼餅，粗細如小指大，重縈於乾麵中。更挼，如粗箸大。截斷，切作方棋。籭去勃，甑裏蒸之。氣餾勃盡；下著陰地淨席上，薄攤令冷，挼散，勿令相粘。袋盛舉置。須即湯煮，雖作臛澆，堅而不泥。冬天一作，得十日。

在賈思勰描述的植物中，與筷子長度類似的更多。如卷六提到的蓴菜，就說其莖像筷子那麼長：

> 《南越志》云："石蓴，似紫菜，色青。"《詩》云："思樂泮水，言採其茆。"《毛》云："茆，鳧葵'七'也。"《詩義疏》云："茆，與葵相似。葉大如手，亦圓，有肥，斷著手中，滑不得停也。莖大如箸。皆可生食，又可酌滑羹。江南人謂之蓴菜，或謂之水葵。"

卷十講到芭蕉，賈思勰也引用了《蜀記》來形容其根部：

> 《蜀記》曰：「扶留木，根大如箸，視之似柳根。又有蛤，名
> '古賁'，生水中，下，燒以為灰，曰'牡蠣粉'。先以檳榔著口
> 中，又取扶留藤長一寸，古賁灰少許，同嚼之，除胸中惡氣。」[1]

徐霞客在遊記中，為了便於敘述，也用筷子的長度、細度解說見
到的事物。如他到廣東西部的三里，描寫當地的枸杞：

> 風俗：正月初五起，十五止，男婦答歌曰"打跋"，或曰
> "打卜"。舉國若狂，亦淫俗也。果品南種無丹荔，北種無核
> 桃，其餘皆有之。春初，枸杞芽大如箸雲，採於樹，高二三丈而
> 不結實，瀹以湯煮物其芽實之入口，微似有苦而帶涼，旋有異
> 味，非吾土所能望。木棉樹甚高而巨，粵西隨處有之，而此中尤
> 多。（《徐霞客遊記》第四冊上）

隨著時間的推移，筷子成為日常生活中越來越常見的器物，這樣的比
較也變得越來越普遍，有時極具創造性和幽默感。《水滸傳》中有一
個例子十分有趣、奇異。施耐庵在形容一匹白色駿馬耳朵的時候，巧
妙地用了玉箸的比喻：

> 兩耳如同玉箸，雙睛凸似金鈴。色按庚辛，彷彿南山白額
> 虎；毛堆膩粉，如同北海玉麒麟。衝得陣，跳得溪，負得重，走
> 得遠，慣嘶風必是龍媒。勝如伍相梨花馬，賽過秦王白玉駒。

1　賈思勰《齊民要術》卷九，卷六，卷十。

總之，自從筷子成為中國古代的日常用具，便成了作家、詩人、學者鍾愛的主題。學者們通過對筷子特點哲學化的描述，來提出善治的政治智慧；作家們用筷子作比喻，來表現悲傷、焦慮和驚奇。筷子也出現在科技著作中，因為用它很容易說明長度、大小、形狀。最喜歡筷子的似乎是詩人。從古至今，詩人不斷地歌詠筷子，評論其功用、特點，探索其中真實或想象的文化意義。這裏再舉一些例子。

南宋著名女詩人朱淑貞（一作朱淑真），有《斷腸詩集》和《斷腸詞》等作品傳世，作品淒婉動人。但她為後人留下的一首詠箸詩，卻顯得俊俏活潑：

> 兩個娘子小身材，捏著腰兒腳便開。
> 若要嚐中滋味好，除非伸出舌頭來。（〈詠箸〉，《堅瓠集》第九集卷三）

與朱淑貞相比，明代的程良規有點名不見經傳，但他的詠箸詩亦為人所熟知：

> 殷勤問竹箸，甘苦爾先嘗。
> 滋味他人好，爾空來去忙。（〈竹箸詩〉，《淵鑒類函》卷三八五）

在這裏，詩人將筷子比作勤勞無私的勞動者——這是詠箸詩中最為流行的一個主題。

清代著名的詩人、散文家袁枚，還是一位美食家，著有《隨園食單》。在一首詩中，他對筷子描繪了類似的形象，同情中帶點幽默：

> 笑君攫取忙，送入他人口。

一世酸辣中，能知味也否？（《隨園詩話》）

　　筷子另外一個鮮明特徵——直，常被用來比附人的高尚品德，這也是詩文流行的主題。上文提到的唐代重臣宋璟獲得皇帝金箸的嘉獎，便是一例。除了金箸，其他質地的筷子也可以表示正直的品德。初唐時期，有位楊洽作〈鐵火筯賦〉：

　　　　物亦有用，人莫能捐。惟茲鐵筯，既直且堅。挺剛姿以執熱，揮勁質以凌煙。安國罷悲於灰死，莊生坐得於火傳。交莖璀璨，並影聯翩。動而必隨，殊叔出而季處。持則偕至，豈彼後而我先。有協不孤之德，無愧同心之賢。至如元冬方沍，寒夜未央。獸炭初熱，朱火未光。必資之以夾輔，終俟我而擊揚。焚如焰發，赫爾威張。解嚴凝於寒室，播溫暖於高堂。奪功綿纊，挫氣雪霜。夫如是，則筯之為用也至矣，如何不臧。銳其末而去其利，端其本而秉其剛。信執棰之莫儔，何支策之足重。專權有厷，故我獨任而無成。雙美可嘉，故我兩莖以為用。抱素冰潔，含光雪新。同舟楫之共濟，並輔車之相因。差池其道，勁挺其質。止則疊雙，用無廢一。雖炎赫之難持，終歲寒之可必。嗟象筯之宜捨，始階亂而傾社。鄙囊錐之孤挺，卒矜名於露穎。伊瑣瑣之自恃，獨錚錚而在茲。佐紅爐而罔忒，煩素手而何辭。因依獲所，用捨隨時。儻提握之不棄，甘銷鑠以為期。（《全唐文》）

楊描述了鐵箸的種種品質，藉以稱頌高尚的道德，如"不孤之德""同心之賢"等。

　　數個世紀之後，出身山東的金朝官員周馳所寫的〈箸詩〉中，也包含了深刻的道德隱喻：

矢束形何短，籌分色盡紅。

駢頭斯效力，失偶竟何功。

比數盤盂側，經營指掌中。

蒸豚挑項臠，湯餅伴油蔥。

正使遭讒口，何嘗廢直躬。

上前如許借，猶足沃淵哀。（《中川集》）

周馳在讚賞筷子的辛勞和無私的同時，將筷子的經歷與自己在官場的沉浮作比較。周馳是位清官，他的直言極有可能遭到"讒口"。但他以筷子為典範，仍希望自己能像筷子一樣保持"直躬"，避免行為和道德標準下滑。

清代乾隆時期的名臣韋謙恆，作有〈詠箸次韻〉一首，主旨與周馳的詩相類，但又結合了有關筷子的其他典故，堪稱詠箸詩中的傑作：

玉箸當寒漏，雙雙映蠟紅。

和羹欣有具，食肉詎無功。

失豈聞雷後，投疑按劍中。

兩岐符瑞麥，盈尺比春蔥。

奇耦呈全體，方圓總直躬。

妄思前席借，一得獻愚衷。（《傳經堂詩鈔》）

據說韋謙恆深得乾隆皇帝的信任，另一位士人陸繼輅則沒有他這麼幸運。陸的〈詠箸〉也用了筷子的典故，卻筆調悲愴：

勝算何人借席前，竹奴辛苦自年年。

攫來徒飽老饕腹，失去須防宰相筵。

細數九能文字貴，幾家五鼎子孫傳。

病餘我正腰圍瘦，為爾停杯一泫然。（《崇百藥齋三集》）

　　本章由一個愛情故事開始，也許用一首愛情詩來結束比較恰當。無論過去和現在，筷子的“成雙成對”成了情詩最喜愛的話題。有些詩刻在夫妻筷上，不僅記錄了夫婦的愛情，也祝願兩人共同幸福。[1] 下面這首詩是中國當代詩人博客中的作品。詩作未經潤飾，但仍然清新感人。詩人在討論了筷子的所有特徵——相同長度、同時勞作、共同品嚐和運送食物，甚至同享的“靜謐”之後，用這些來描述夫妻之愛：

心地同長短，天涯共暖寒。

一生多味道，相伴苦中甜。[2]

1　藍翔著《筷子，不只是筷子》收入了更多的詠箸詩，可以參見該書 193—246 頁。

2　參見 http://bbs.tianya.cn/M/post-no02-247463-1.shtml（2018 年 4 月 29 日檢索）。

第七章

架起世界飲食
文化之 "橋"

筷子在日語中的發音與"橋"一樣，它確實起到了連接世界各地不同飲食文化的作用。16—19世紀，從歐洲等地來中國的傳教士和旅行者都對人們使用筷子有觀察和記錄。用筷子吃飯時而被視為比用刀叉更加優雅從容的就餐方式，但是共食制又讓它被看作與現代醫療衛生觀念相悖的行為。一次性筷子的大規模出現似乎是解決在外就餐衛生問題的好辦法，它同時扮演了推廣亞洲食品的重要角色，但也造成嚴重的資源和環境問題。目前許多人開始呼籲"讓我們自己帶筷子"行動，盡量避免生產和使用一次性筷子帶來的問題。

真正的中國食物，口感細膩，味道特別。一道道佳餚種類繁多，與其大快朵頤還不如細細品嚐。無須矜持，將筷子伸向一道菜，這樣既衛生又優雅。食物的價格合理公道，除非你喜歡燕窩、皮蛋。燕窩很美味，不過，歡迎嚐嚐我的祖傳皮蛋。

——哈利·卡爾（Harry Carr），

《洛杉磯：夢想之城》（*Los Angeles: City of Dreams*）

如果沒有鼓足勇氣，揮動筷子，好好嚐嚐你能受得了的幾道真正的中國菜，那麼，就不能說你已經了解、品味了中國味道。

——喬治·麥克唐納（George McDonald），

托馬斯·庫克旅遊指南之《中國》（*China*）（Thomas Cook Guide Book）

前面提到過，筷子在日語中的發音與"橋"相同。19 世紀中葉，亞洲逐漸融入了現代世界，筷子這種飲食工具，確實起到了將這塊土地和世界各地連接起來的作用。中國食品，借用 J. A. G. 羅伯茨的書名，也是"東食西漸"（China to Chinatown，原意是"從中國到中國城"），走向了世界各地。由此緣故，筷子也走出了筷子文化圈，在亞洲以外的地區流傳。對非亞洲食客而言，用筷子吃飯，也許代表了在中國或亞洲餐廳就餐的高潮和精華。或許為了迎合和培養這種趣味，許多中餐館的老闆也用"筷子"來命名自己開在別國的餐館，"金筷子""竹筷子"之類的店名便很受歡迎。[1]當然，不僅中國餐館有筷子，日本、韓國、越南乃至泰國餐廳有時也為客人提供筷子。因此，筷子的使用增加了人們對亞洲食品的興趣。如果筷子是"橋"，那麼它們就是溝通不同飲食文化之間的橋樑，不僅連接所有的亞洲人，也連接亞洲人和非亞洲人。當代中國詩人趙愷作有〈西餐〉一首："舉得起詩情畫意，放不下離情別意。兩枝竹能架起一座橋，小橋召示歸去。"[2]他將筷子比作一座文化交流的橋樑。

在現代世界，筷子的形象舉世矚目，尤其引起去亞洲筷子文化圈旅遊的人的注意。從 16 世紀起，歐洲人開始前往亞洲，他們很快發現，使用筷子是中國及其鄰國人的一種獨特的飲食方式，便及時在日志和遊記裏記錄下來。最早在日志裏提到筷子的，也許是蓋洛特·佩雷拉。他更新了歐洲人從 13 世紀的《馬可·孛羅遊記》中獲得的有關中國社會風尚的知識，認為因為使用筷子，中國人的飲食習慣既乾淨又文明（順便說一句，馬可·孛羅不但忽略了中國人飲茶的習俗，也沒有提到中國人使用筷子進餐）。

因為用筷子進食不會用手碰觸食物，所以歐洲人發現，亞洲人甚至不需要飯前洗手。葡萄牙耶穌會傳教士路易斯·弗洛伊斯（Louis Fróis）和同去日本的洛倫索·梅赫亞（Lourenço Mexia）發現，歐洲人與亞洲人在許多方面均呈現出明顯的不同。譬如他們遇到的日本人，不吃麵包，而是吃米飯，並且習慣也大不相同："我們飯前飯後都會洗手，而日本人不用手接觸食物，並不覺得有必要把手洗一

1　在谷歌上，搜索關鍵詞"筷子"（chopsticks）結合"中國飯館"（Chinese Restaurant）得出。
2　引自〈為什麼中國人吃飯用筷子，外國用叉子〉，《人民日報海外網社區》，2017 年 5 月 9 日，http://bbs.haiwainet.cn/thread-548328-1-1.html。

洗。"[1]16 世紀後期到訪日本的意大利商人弗朗切斯科·卡萊蒂也發現："日本人可以極敏捷地用這兩根小棍將食物送進口中，不管食物有多小，都能夾起來，完全不會弄髒手。"[2]

因此，當歐洲人第一次看見筷子時，都會覺得十分好奇，完全為其吸引住了。他們發現用筷子吃飯，既方便又乾淨，不會弄髒手。這可能表明，雖然當時歐洲人已經使用刀叉，但有些場合仍得用手指進食，因此需要餐巾和桌布。在歐洲人開始走向世界的那個時代，耶穌會在中國傳教的奠基者利瑪竇（Matteo Ricci，1552—1610）對中國人使用筷子，給予最為正面的描述。與他同時代人的敘述相比，利瑪竇向歐洲人提供了有關明代飲食習慣最為詳細的介紹。其他人只是稱筷子為"兩根棍子"，而利瑪竇描述了這種飲食工具是如何製作的："筷子是用烏木或象牙或其他耐久材料製成，不容易弄髒，接觸食物的一頭通常用金或銀包頭。"他還評論說，在中國，宴會"十分頻繁，而且很講究禮儀。事實上有些人幾乎每天都有宴會，因為中國人在每次社交或宗教活動之後都伴有筵席，並且認為宴會是表示友誼的最高形式"。在宴會上，利瑪竇注意到：

> 他們吃東西不用刀、叉或匙，而是用很光滑的筷子，長約一個半手掌，他們用它很容易把任何種類的食物放入口中，而不必藉助於手指。食物在送到桌上時已切成小塊，除非是很軟的東西，例如煮雞蛋或魚等，那些是用筷子很容易夾開的。[3]

像其他歐洲人一樣，利瑪竇也指出，"中國人不用手接觸食物，

1　Donald F. Lach, *Japan in the Eyes of Europe: The Sixteenth Century*, Chicago: University of Chicago Press, 1968, 688.

2　引自 Giblin, *From Hand to Mouth*, 44。

3　利瑪竇、金尼閣著，何高濟等譯，何兆武校《利瑪竇中國札記》，北京：中華書局，1983 年，68—70 頁。

所以飯前飯後都不洗手"。他還詳細描述了明代中國人用筷的禮俗:

> 開始就餐時還有一套用筷子的簡短儀式,這時所有的人都
> 跟著主人的榜樣做。每人手上都拿著筷子,稍稍舉起又慢慢放
> 下,從而每個人都同時用筷子夾到菜餚。接著他們就挑選一箸
> 菜,用筷子夾進嘴裏。吃的時候,他們很當心不把筷子放回桌
> 上,要等到主客第一個這樣做,主客這樣做就是給僕人一個信
> 號,叫他們重新給他和大家斟酒。吃喝的儀式就這樣一次又一次
> 地重複,但是喝的時候要比吃的時間多。[1]

第六章已經提到,明代中國人對用筷的禮儀比較講究,違反者就
會被認為是"失去就"。或許是禮儀複雜,利瑪竇雖然對中國人用筷
有如此正面、深刻的印象,但他沒有提及他自己在中國的時候,是否
曾試著用筷子吃飯;如果試過的話,是否用得如同中國人一樣技巧嫻
熟。事實上,從 16 世紀到 19 世紀,歐洲傳教士和其他旅行者留下的
各類著述中,很少有人記錄他們對筷子的好奇之心,是否也會誘使他
們試著用一用筷子。這些歐洲人遠涉重洋,來到亞洲,本身就說明他
們充滿冒險的精神。但要他們學著用手指握住筷子,夾取食物,這難
度似乎讓他們望而卻步。

然而,也有一些歐洲人,雖然使用筷子的能力或許不錯,卻對
這種飲食方式了無興趣,甚至認為頗為粗俗,吃相難看。第五章已經
提到的馬丁‧德‧拉達,記錄了明代中國人飲茶的習俗。他是一位西
班牙奧斯定會的修道士,從墨西哥轉道亞洲,先在菲律賓登陸,後來
到達中國南方。他也注意到,中國人用筷子吃飯,桌布、餐巾因此變
得毫無必要。德‧拉達寫道:"他們用筷子的本領很大,可以夾起任

1　利瑪竇、金尼閣著,何高濟等譯,何兆武校《利瑪竇中國札記》,北京:中華書局,1983
　年,71 頁。

何再小的東西,送進他們的嘴裏。即使是圓的像李子之類的果品,也毫無問題。"與佩雷拉、利瑪竇不同,他對這一習俗的印象並不好。"開始吃飯時,他們只吃肉,不吃麵包,"他寫道,"然後,他們將米飯作為麵包,也用筷子像吃肉那樣,吃掉三四碗,吃相不好看,有點像豬。"[1] 德·拉達說中國人用筷子吃飯像豬,因為平民百姓常常將飯碗端起來,嘴巴湊在碗上,然後用筷子將飯團撥進口中,以免米粒掉下來。導言中提到,日本飲食史專家石毛直道指出,日本的就餐禮俗是,雖然食者可以將飯碗端起,但不主張將嘴巴湊在飯碗邊,而是要求食者用筷子夾起飯團,送入口中。

彼得·曼迪(Peter Mundy)是一位英國旅行家,17 世紀經印度到達中國南部。中國人嫻熟地使用筷子,給他留下了十分深刻的印象。然而,他對這種飲食方式的描述,卻顯示出些許不以為意,至少不為所動。曼迪著有多卷本著作,詳述了他在亞洲地區和歐洲大陸的旅行,其中一段描繪了中國人用筷子吃飯的情形——一個男子把碗舉到嘴邊,以極快的速度將食物推進口中:

> 他(大運河上的一位船夫)用手指拿起筷子(大約一英尺長),用它夾起肉,這些肉已事先切成小塊,像鹹肉、魚等等,用它們來下飯(米飯是他們常吃的主食)。我是說,他夾起一塊肉,馬上把盛有軟爛米飯的小瓷碗端到嘴邊,以極快的速度用筷子將米飯猛推狂塞進嘴裏,直到碗裏一點不剩。上層人士也以同樣的方式進食,只是和我們一樣坐在桌子旁邊吃。

文中還提到,"他們給我們端上一些切成小塊的雞肉,還有以同樣方式處理過的新鮮豬肉,遞過筷子讓我們吃,但我們不知道如何使用,

1　C. R. Boxer ed., *South China in the Sixteenth Century*, 287。

只好用手指取用了。"[1] 中國人使用筷子的熟練程度讓他十分吃驚，但他不能可能也不願去模仿。實際上，曼迪還是不太贊同這種飲食方式，所以看到中國上層人士也這麼吃飯，他就有點驚訝不解了。

　　儘管對中國人使用筷子不以為然，曼迪可能是以"chopsticks"指稱這種餐具的第一位英國人。（"chopsticks"也出現在德‧拉達的早期敘述中，不過，那是翻譯；德‧拉達的原文可能僅僅用"palillos"或"stick"，今天筷子一詞的西班牙語就是這麼說的。）那麼，曼迪真的創造了這個英文詞彙嗎？自然有可能，但也有可能是他之前的什麼人。這個詞的詞源說明"chopsticks"是一種洋涇浜英語——用"chop"（粵語中的"快"）作為"sticks"的前綴，所以有可能是一個英國人和廣東人合作的結果。從曼迪的行文來看，他在描述中國人使用筷子的時候，這個詞似乎在他那個時代已經存在了。

　　大約三十年後，另一位曾環遊世界三次的英國旅行家威廉‧丹皮爾（William Dampier），在《航行和描述》（*Voyages and Descriptions*，1699）中提到筷子："英國海員稱它們（筷子）為 chopsticks。"因此，正是在 17 世紀這一百年間，英國人漸漸接受了用"chopsticks"這個詞來指稱這種用餐工具。相比之下，歐洲其他語言一直用"sticks"。例如，筷子在法語中被稱為"baguettes"，在西班牙語中被稱為"palillos"（如德‧拉達的記述），兩者都含有"棒"之意。在德語中被稱為"Eßstäbchen"，意為"吃東西的棒"。在意大利語中被稱為"bacchette per il cibo"，在俄語中被稱為"palochki dlia edy"，兩者都有"用來進食的棒"之意。一個有趣的例外是筷子在葡萄牙語中被稱為"hashi"，和日語一樣，這讓人覺得應該與 16 世紀去日本傳教的耶穌會士有關，是他們將這個稱呼引進葡萄牙語的。

　　從 18 世紀起，受到資本主義發展的刺激，歐洲人對亞洲的整體

1　Richard Carnac Temple ed., *The Travels of Peter Mundy, in Europe and Asia, 1608–1667*, Liechtenstein: Kraus Reprint, 1967, Vol.3, 194-195. 這一描述見該書 165 頁。

興趣顯著增加，這個大陸被視為歐洲商品的潛在市場。饒有興味的是，也正是在那個時候，他們卻逐漸失去了對亞洲文明和文化的崇敬，特別是筷子習俗的興趣。英國外交使節佐治‧馬戛爾尼（George Macartney）曾率領英國使團試圖撬開中國當時關閉的大門。馬戛爾尼希望中國人能夠很快學會使用刀叉，來代替筷子。在中國，馬戛爾尼受到兩位清朝官員的歡迎。他把他們描述為"智識之士，說話坦率、從容，交流起來特別容易"。他寫道，應他的邀請：

他們坐下來和我們一起吃晚飯，雖然用起刀叉來，起初有點不自在，但很快就克服了困難，靈活自如地使用刀叉，來取用那些他們帶來的美食。他們喝了我們的幾種葡萄酒和其他各種酒類，從金酒、朗姆酒和亞力酒到果汁酒、樹莓酒和櫻桃白蘭地，這些甜酒似乎最對他們的胃口。他們離別的時候，像我們英國人一樣握手告別。[1]

如果馬戛爾尼是在讚美這兩位清朝官員，那麼他的讚美也許與這一事實相關：在他看來，英國人的飲食習慣是優越的、更加文明的，因此他希望中國人能夠效仿。與他一個世紀前的同胞曼迪相比，對於中國人特別是滿族人（他稱為韃靼人）能夠用筷子進食這事兒，馬戛爾尼幾乎沒有什麼興趣，也沒有留下什麼好印象。與以前傳教士的說法不同，馬戛爾尼對清朝時中國的飲食情形作了以下的記錄：

他們吃飯的時候，不用手巾、餐巾、桌布、平盤、玻璃杯、刀或叉子；而是用手指，或者用筷子，後者是木製的或象牙

---

1   George Macartney, *An Embassy to China: Being the Journal Kept by Lord Macartney during His Embassy to the Emperor Ch'ien-lung, 1793–1794*, ed. J. L. Cranmer-Byng, London: Longmans, republished, 1972, 71.

製的，大約六英寸長，圓潤光滑，不太乾淨。他們的食物在上桌之前，已經切小放在小碗裏，每個客人各自都有一個碗。他們很少兩人以上在一張桌子上吃飯，四人以上則絕對沒有。他們都吃家禽，也喜歡吃大蒜和味道很重的蔬菜。喝酒的時候，大家合用一個酒杯。這個酒杯有時會用水沖一下，但從不洗淨、擦乾。他們不太吃醋，不用橄欖油，不喝蘋果汁、麥芽酒、啤酒或葡萄酒。他們的主要飲料是茶、白酒或用米混合其他穀物做的黃酒，這種酒的濃度則根據個人的需要，有的還比較可以接受，有的則濃得像馬德拉酒。

由此可見，馬戛爾尼選擇用一種批評的角度來描述中國人或許是滿族人的飲食習慣，將之歸為落後、不文明的表現，有的地方顯然還不太準確。這與他的外交使命相關，因為他的目的是讓清朝接受英國的商品，包括西方的餐具。馬戛爾尼在給出以上描述之後，滿懷希望和驕傲地寫道：

　　雖然中國政府不愛新奇的東西，對一切不是必需的外國商品都持抵制態度，但我們的刀叉、勺子，以及無數給人帶來方便的小玩意兒，格外適合每個人，可能很快就會有很大的需求。對奢華的追求勝過法律的約束；如果國內沒有，從國外進口就是富人的特權。這次出使的一個好處就在於我們給了中國人一個機會，看到英國的完美無缺和高度文明以及英國人希望增進社會交往和商業往來的舉止。與俄國人的蠻橫無理不同，英國人雖然強大，但他們的大方和人道，勝於其他與中國打過交道的歐洲國家，因此更值得中國人尊敬和偏愛。[1]

1　George Macartney, *An Embassy to China*, 225-226.

不過，馬戛爾尼打開歐洲通向中國貿易大門的使命並未成功。他的要求被清朝乾隆皇帝斷然拒絕，因為皇帝持有的觀念很傳統：中國是"中央之國"，是世界文明的中心。然而，距馬戛爾尼訪問失敗僅約半個世紀之後，英國人便成功迫使清政府與他們達成協議。鴉片戰爭中戰敗的清廷被迫簽訂了《南京條約》等不平等條約，第一次允許歐洲人和美國人在中國居住並進行貿易。鴉片戰爭是一個分水嶺，歐洲文化和亞洲文化的接觸從此變得十分頻繁。

馬戛爾尼希望中國人或東亞人能像歐洲人那樣使用刀叉，卻遲遲未能實現。事實上，在 19 世紀，隨著越來越多的歐洲商人來到中國，也許是受到主人的款待和持續的影響，他們發現自己越來越適應並且欣賞亞洲的食物和就餐方式。就像曼迪曾被中國人要求學習使用筷子，19 世紀在中國行商的西方人經常有類似的經歷。鴉片戰爭爆發前，外國商人需要通過清朝設置的"公行"僱的中國商人出售商品，因此常與"公行"的商人和官員來往。美國商人威廉·亨特（William C. Hunter）回憶說，他和同行有時會受中國商人或官員之邀，參加"筷子晚宴"。顧名思義，這些宴會完全是中國式的，正如亨特所言，"其中沒有任何外國元素"：

> 主人為我們盛上精緻的菜餚，如燕窩湯、鵪鶉蛋、海參，以及特別烹製的魚翅和烤蝸牛，這些菜只是許多道菜中的幾樣而已，然後還有各種甜點。飲料有米酒、綠豆湯和其他不知名的水果製成的甜湯。我們喝葡萄酒用的是小銀杯或者小瓷杯，底下放有精巧的銀墊。
>
> 這些晚宴非常令人愉快。即使多次之後，不再那麼新奇，但酒足飯飽之後，我們的主人都會客氣地將我們送出門外，再讓

他的下人點著燈籠送回我們的住處。[1]

可以想象，亨特和其他西方商人很有可能也試著用筷子享用盛宴。

《南京條約》簽訂之後，越來越多的西方人來到中國。受主人之邀，有些愛冒險的遊客也開始嘗試著使用筷子。勞倫斯·奧利芬特（Laurence Oliphant）就是一個例子。他是英國作家、旅行家、外交家，擔任過額爾金伯爵（Earl of Elgin）的私人秘書，後者是 19 世紀中葉英國派往中國的全權代表。奧利芬特這樣記錄了他的經歷：

> 經過一番舟車勞頓，我們在一家中國餐館好好休整了一下，心滿意足。在這裏，我第一次體驗了中國烹飪。雖然從來沒用過筷子，但藉助這一餐具，我設法十分滿意地大吃了一頓。其中有在黏土中醃了一年的皮蛋、魚翅、蘿蔔削去皮煮成的濃湯、海參、蝦膏配海膽、竹筍，以及加入醬油和其他各種泡菜和調味品醃製的開胃蒜，所有這些，配上小杯溫白酒，全都吃得乾乾淨淨。這裏的碟子、盤子都非常小，還有棕色方形紙片權當餐巾。[2]

奧利芬特顯然很喜歡這家餐館具有中國風味的菜餚，而且他似乎很高興能設法用筷子進餐。所以，當他受當地一位中國官員邀請再次品嚐中國味道時，奧利芬特作了以下評論。他指出，中國人的飲食習慣"更優雅"，因為筷子"精緻"，而刀叉則"粗魯"：

1　W. C. Hunter, *The "Fan Kwae" at Canton: Before Treaty Days, 1825–1844,* London: Kegan Paul, Trench, & Co., 1882, reprinted in Taipei, 1965, 40-41.

2　Laurence Oliphant, *Elgin's Mission to China and Japan*, with an introduction by J. J. Gerson, Oxford: Oxford University Press, 1970, Vol. 1, 67-68.

很高興有機會在上海，與之前認識的上海道台再次會面。我發現他是一個相當開明、智慧的人。有一天，我們一起吃飯，不像以前在同樣的場合那麼隨便簡單，而是大吃特吃了一餐。前菜從燕窩羹開始，其次是魚翅、海參，以及其他難以形容的美味佳餚。接著是主菜，羊肉和火雞以文雅的方式在邊桌切開，再切成一口大小後分送給每個人。這樣，精緻的筷子完全取代了西方粗魯的刀叉。在這方面，我們採用中國這種更優雅的飲食習慣，當然可以更有優勢。我們已經不再在盤中將大塊肉切開，那麼，就再進一步，不要在盤子裏再將肉片切碎了。[1]

與馬戛爾尼的觀點正好相反，奧利芬特認為中國人用筷子進餐是更文明的飲食方式。他也許是最早這樣看的歐洲人。中國人將食物弄成一口大小，很容易用筷子取食，奧利芬特對這一點也留下了深刻印象。

我們有理由推測，奧利芬特應該不是當時在華的西方人中唯一接受了挑戰、嘗試用筷子吃飯的外國人。1935 年，一位名叫科琳·蘭姆（Corrinne Lamb）的美國女子，寫了一本有關中國烹飪的英文書《中國宴席》（*The Chinese Festive Board*）。該書記錄了中國菜的五十種烹飪方法。蘭姆顯然有豐富的中國旅行經歷，她對中國飲食習慣和飲食禮儀的評論，以及對有關中國食物和飲食文化的諺語的翻譯和分析，既直截了當又恰如其分。比如書中說 "穿衣吃飯不犯條律" 和 "催工不催食" 表現了中國人對飲食的看重，而 "居家不可不儉，請客不可不豐" 則描述了中國人的待客之道，然後 "魚吃新鮮米吃熟" 和 "敲碗敲筷，窮死萬代" 則關乎中國人的烹飪習慣和就餐禮儀。

上述足以證明蘭姆對中國飲食的精通，她在《中國宴席》書的開

1　Ibid., 215.

頭，還為西方讀者更正了一些廣為流傳的誤解，比如大米是中國人的唯一主食，老鼠是中國人每天必吃的食品，等等。她指出：

對於大約五分之三的中國人來說，米飯的確是他們的主食，但五億中國人中的大多數人則吃的是小麥、大麥和高粱，後者是一種中國的小米。至於說吃老鼠，這是無稽之談，不過在中國南方，人們倒是吃蛇。[1]

和奧利芬特一樣，蘭姆也不同意馬戛爾尼認為西方餐具先進的觀點。她從飲食的角度指出：

毫無疑問，西方的就餐禮儀的確有它精緻和講究的長處，但我們的許多習慣，如果做得過分，則阻礙了我們充分享受美食。那些希望啃雞骨頭、把頭埋在西瓜中間啃咬和在湯汁裏蘸麵包的人都會知道我說的意思。中國人也有許多就餐的相關習慣，但真到吃飯的時候，並不十分管用。"隨便"是中國食客吃飯時真正遵守的準則。

蘭姆進一步認為，中國人能"隨便"地享受美食，首先就是因為他們使用筷子。她指出在中國，食物上桌之前都"片、切、剁過，其大小已經到了無須再分割的地步"。這樣，用筷子取食就足夠了，而且還非常有效。蘭姆寫道：

首先，吃飯無須複雜的外國餐桌禮儀。我們所知道的筷

1　Corrinne Lamb, *The Chinese Festive Board*, Hong Kong: Oxford University Press,1985; 此書首版於1935 年 9 月。蘭姆引用的中國飲食諺語分散在書的各處。至於她說高粱是小米，應該是一個錯誤。

子，在中國其實被稱為"快子"，意譯為"快捷的小男孩"。用這個詞指代這種餐具，正因其靈活和快速。筷子一旦動起來，這個詞用的真是恰當無比。除了喝湯或其他湯湯水水的東西可能需要一把小瓷勺之外，一雙筷子便可以構成一個人的整套餐具。每人一隻碗，一餐飯就搞定了。許多疲憊不堪的美國家庭主婦，很可能會希望，需要清洗的餐具可以減少到這麼少。餐桌布是不存在的，所以，又少了一個不必要的東西。[1]

從她對中國飲食方式熱情、肯定的態度很容易看出，蘭姆自己可能已經熟練地掌握了使用筷子的技巧。正如她的著作所示，蘭姆已經掌握了多種烹飪中國菜的技法。在蘭姆寫書、介紹中餐的時候，美國的中餐館向顧客推薦使用筷子來享用中式飯菜——"這是一種乾淨、精巧的用餐方式"，一本 1935 年有關洛杉磯的旅遊小冊子如是說。[2]

有趣的是，在蘭姆熱情洋溢地推薦中國菜、描述筷子的使用方法時，中國人自己卻開始批判反思這種飲食習慣。在整個 20 世紀裏，中國人為實現社會現代化做出了不懈的努力。一些中國人對自己的國家被蔑稱為"東亞病夫"而耿耿於懷，試圖努力改善同胞們的健康。在日本，類似的嘗試始於 19 世紀末。例如，"hygiene"這個概念第一次被介紹到日本，被日本人稱為"衛生"。這個由兩個漢字組成的複合詞，直接從古漢語文獻借來，意味著"守護生命"，強調了衛生對人的重要性。中國人也用這兩個字來討論"衛生"觀念，儘管一些學者對是否使用這個名詞來翻譯英文的"hygiene"持有保留意見。[3] 不

1　Corrinne Lamb, *The Chinese Festive Board*, 14-15.

2　引自 J. A. G. Roberts, *China to Chinatown*, 151。

3　Ruth Rogaski, *Hygienic Modernity: Meanings of Health and Disease in Treaty-Port China*, Berkeley: University of California Press, 2004, 104–164; and Sean Hsianglin Lei, "Moral Community of *Weisheng*: Contesting Hygiene in Republican China," *East Asian Science, Technology and Society: An International Journal*, 3:4 (2009), 475-504.

過，當時中國人接受了日本人對“衛生”的翻譯，也許也有其原因，因為在 20 世紀 30 年代，中國發生了多次結核病危機，“守護生命”變得迫在眉睫。中西醫學專家都將這個國家疾病的迅速蔓延，部分地歸咎於中國人不良的日常生活習慣。其中一個習慣正是合食制：“食物取自同一個碗，筷子將其送進個人的嘴。”[1]

事實上，20 世紀初期，中國人不僅要抗結核病，還要對付胃腸道疾病。[2] 為了防止這些流行病的蔓延，中國醫學專家向同胞們提倡改善日常生活習慣，但這項工作相當具有挑戰性。文化傳統和社會習俗不是一夜之間就可以改變的，往往需要長時間的培養才能為大眾所接受。當然，總的來說，中國人和其他亞洲人，傳統上對食品還是比較講究的，這也是許多在亞洲遊歷的西方人的總體印象。譬如利瑪竇曾這樣描寫熱飲的好處：

> 他們（中國人）的飲料可能是酒或水或叫茶的飲料，都是熱飲，盛暑也是如此。這個習慣背後的想法似乎是它對肚子有好處，一般說來中國人比歐洲人壽命長，直到七八十歲仍然保持他們的體力。這種習慣可能說明他們為什麼從來不得膽石病，那在喜歡冷飲的西方人中是十分常見的。[3]

在中國傳統中，食療與醫療幾乎同義，人們認為食物對人體有藥用效果，因此值得高度關注。這種觀念也為朝鮮半島的人、日本人、越南人及其他亞洲人所接受。與此同時，一些西方傳教士注意到，中國人缺乏“衛生科學”知識，儘管生活方式大體還算健康。中國人確

1　Sean Hsiang-lin Lei, "Habituating Individuality: The Framing of Tuberculosis and Its Material Solutions in Republican China," *Bulletin of the History of Medicine,* 84:2 (Summer 2010), 262.

2　Yip Ka-che, *Health and National Reconstruction in Nationalist China*, Ann Arbor:Association for Asian Studies, Inc., 1995, 10.

3　利瑪竇、金尼閣著，何高濟等譯，何兆武校《利瑪竇中國札記》，69 頁。

實意識到某些疾病是可以傳染的，並採取各種措施防止其蔓延，但他們不太在意共食這個傳染源。[1]

1938 年，即蘭姆讚美中國人用筷子進食的幾年後，英國兩位名作家奧登（W. H. Auden）和克里斯多福·伊舍伍（Christopher Isherwood）來到戰時的中國，從他們豐富多彩的文字中可以看到，筷子在中國人的生活中，有多重要的地位：

> 看一眼中國人準備開飯的桌子，幾乎想不到和吃有什麼關係。看上去好像你要坐下來，準備參加水彩畫比賽。筷子並排放著，就像是畫筆。小碟醬汁代表顏料，有紅色、綠色、棕色。配有蓋子的茶碗，裏面可能就有稀釋顏料的水。甚至還有一種小小的擦畫抹布，可以用來擦筷子。[2]

這些生動的文字表明，奧登和伊舍伍對中國人使用筷子留下了相當深刻的印象。他們也寫到，他們謝絕了主人提供的刀叉，嘗試著用筷子進餐。這兩個英國作家也喜歡這樣的習俗：餐前，每個人都得到一塊熱的濕毛巾擦手、擦臉。他們建議，這種方式應該介紹給西方。

當然，他們對中國飲食做法的描述，並不像乍看那麼光鮮溢美。有一點很明顯，每個人都競相夾取食物，卻很少關心自己的筷子有可能將細菌傳到共用的餐盤裏。科琳·蘭姆也在書中評論道，在中國，一旦食物放到桌上，就成了 “所有在場的人的獵物”。她半幽默半調侃地寫道：

---

1 Ruth Rogaski, *Hygienic Modernity*, 103. Leung, Angela Ki Che, "The Evolution of the Idea of *Chuanran* Contagion in Imperial China," *Health and Hygiene in Chinese East Asia*, eds. Leung & Furth, 25-50.

2 W. H. Auden & Christopher Isherwood, *Journal to a War,* New York: Random House, 1939, 40. 在今天，中國的餐館還是會給客人提供熱的濕毛巾。

在每個人都拿到一碗飯之後，假設四到五個熱的炒菜端上了桌，這裏沒有尷尬的猶豫和等候。生命是重要的，而食物就是生命。於是幾雙筷子同時探入各種菜餚，食者將各色菜餚品嚐一番後，再集中精力轉而尋找自己想要的。沒人會不吃。當然，年長的人往往有些優先權，但之後每個人都不分先後，不願甘於人後。所有的食物基本都上齊了，所以能吃多少就看一個人的食量了。沒有人會想留一點胃口等著吃下一個菜。在中國吃一頓飯就這麼乾脆直接、毫不含糊。[1]

多虧醫療專業人員和政府干預的教育作用，當代中國人的個人和公共衛生意識變得越來越強，這種意識使人們注意到歷史悠久的共食制的弊端。語言學家王力創造了一個詞叫"津液交流"（交換唾液），用來描述中國人喜好共食、一起分享一道道美食。在一篇文章中，他這樣寫道：

中國人之所以和氣一團，也許是津液交流的關係。儘管有人主張分食，但也有人故意使它和到不能再和。譬如新上來的一碗湯，主人喜歡用自己的調羹去把裏面的東西攪勻；新上來的一盤菜，主人也喜歡用自己的筷子去拌一拌。至於勸菜，就更顧不了許多，一件山珍海錯，周遊列國之後，上面就有了五七個人的津液。將來科學更加昌明，也許有一種顯微鏡，讓咱們看見酒席上病菌由津液傳播的詳細狀況。現在只就我的肉眼所能看見的情形來說。我未坐席就留心觀察，主人是一個津液豐富的人，他說話除了噴出若干吐沫之外，上齒和下齒之間常有津液像蜘蛛網般彌縫著。入席以後，主人的一雙筷子就在這蜘蛛網裏衝進衝

1　Corrinne Lamb, *Chinese Festive Board*, 15.

出，後來他勸我吃菜，也就拿他那一雙曾在這蜘蛛網裏衝進衝出的筷子，夾了菜，恭恭敬敬地送到我的碟子裏。我幾乎不信任我的舌頭！同是一盤炒山雞片，為什麼剛才我自己夾了來是好吃的，現在主人恭恭敬敬地夾了來勸我卻是不好吃的呢？我辜負了主人的盛意了。[1]

這段充滿黑色幽默的描述，也許並不完全脫離中國現實，也許就出自他個人的親身經歷。事實上，20 世紀晚期，在使用公筷和公勺的習慣引入中國之前，從公用菜盤裏夾起食物遞給晚輩或客人，來表達自己的親情、熱情和慷慨，是十分常見且正常的事。然而，針對這種公共用餐習慣的抨擊，從 20 世紀初便已經開始。王力對中國人如何"享受"交換唾液的諷刺批評就是一個例子。許多人發表文章，批評這種流行於中國的古老卻不衛生的風俗。有些人將"共食"列在不衛生習慣名單的首位，還有人試圖改善這種飲食方式，比如要求使用公筷。[2]

可是，放棄合食制並不容易。就像在第五章中所討論的，用筷子在共有的碗或盆裏分享食物，比如吃火鍋，已經成為中國及其鄰近地區根深蒂固的飲食習慣。今天，很多中國人、越南人、朝鮮人和韓國人依然習慣共享食物。比如，在越南受邀出席家宴時，每個人都會拿一雙筷子從共有的菜盤裏取食，而用公筷仍然相當罕見，但米飯通常由女主人或主人家的其他女性用公勺盛入每個人的碗中。[3] 一位去韓國旅遊的中國遊客驚訝地發現，有些韓國人會用自己的勺子和筷子，取

1　王力〈勸菜〉，《學人談吃》，北京：中國商業出版社，1991 年，71—72 頁。

2　張一昌（譯音）〈國人不衛生的惡習〉，《新醫與社會匯刊》1934 年第 2 期，156 頁。現代教育家陶行知在 20 世紀 30 年代建立了數所學校，他要求學生學習使用公筷。藍翔《筷子，不只是筷子》，173 頁。

3　Nir Avieli, "Eating Lunch and Recreating the Universe: Food and Cosmology in Hoi An, Vietnam," *Everyday Life in Southeast Asia*, eds. Kathleen M. Adams & Kathleen A. Gillogly, Bloomington: Indiana University Press, 2011, 218.

用公共集會上公用菜盤裏的食品。他評論道，在這種情況下，中國人更可能只使用筷子從菜盤裏夾取食物，而且用起來還會十分小心。[1]

　　因此，人們應該在共享食物和講究衛生之間，想出一個折中的辦法。20 世紀初，在中國公眾受到教育以了解共食可能有害健康之前，一些醫學專家做過嘗試。從劍橋大學畢業的醫學博士伍連德（1879—1960），引進了他所稱的"衛生式餐台"，即中國人所熟悉的"轉盤餐桌"，他聲稱這是他的發明。伍連德坦言，吃飯最衛生的方式就是分食——大家只吃盛入自己盤子或碗裏的食物。但他認為，這不是享受中餐的最好方式。那麼，另一種方法，是大家自取菜盤裏的食物，但要用一雙公筷先把這些食物夾到各自的飯碗。不過這樣做可能既麻煩又混亂（有些人可能會忘了在個人筷子和公用筷子之間隨時切換），結果則會扼殺了享受美食的樂趣。伍連德認為，使用轉盤餐桌是個更好的辦法，這樣既可以滿足中國人吃飯時品嚐各種菜餚的傳統欲望，又照顧到他們剛剛學到的對飲食衛生的關注，並在兩者之間獲得一種平衡。更具體地說，根據伍連德的說明，他所提倡的做法是，在轉盤餐桌上的每道菜旁邊，各放一把勺子或一雙筷子，食客在轉盤餐桌上取用食物的時候，用它們拿取食物。這樣可以讓食客能夠分享和品嚐各種菜餚，同時阻止他們將唾液傳到共有的菜盤裏。[2]

　　1972 年，美國總統李察·尼克遜（Richard Nixon）對中國進行了歷史性訪問。這是一個劃時代的事件，西方媒體對此進行了全面報道，讓外界得以窺視 1949 年之後，中國大陸的生活狀況。有趣的是，報道範圍還包括尼克遜總統準備旅行的細節，比如練習使用筷子。[3]尼克遜總統在練習使用筷子上的付出，在他到了北京之後，似乎得到了一些回報。瑪格麗特·麥克米倫（Margaret MacMillan）對中

1　唐黎標〈韓國的食禮〉，《東方食療與保健》2006 年第 9 期，8—9 頁。

2　Sean Hsiang-lin Lei, "Habituating Individuality," 262-265.

3　Ann M. Morrison, "When Nixon Met Mao," Book Review, *Time*, December 3, 2006.

國政府為這次來訪舉行的宴會，有生動的報道：

> 樂隊演奏了中國國歌和美國國歌，宴會開始了。尼克遜及
> 美國高官與中國總理周恩來同坐一桌，此桌可容納二十人，其他
> 的都是十人一桌。每個人都有一塊鍍有金質中英文字符的象牙座
> 位卡，一雙刻有他或她名字的筷子。
>
> 美國人已簡單了解了在中國宴會上如何做到舉止得體。每
> 個人都拿到了派發的筷子，受督促提前練習。尼克遜已經相當熟
> 練，但國家安全顧問亨利·基辛格（Henry Kissinger）仍然笨拙
> 得無可救藥。哥倫比亞廣播公司（CBS）的新聞主播華特·克朗
> 凱（Walter Cronkite）則將一顆橄欖射向了天空。……
>
> 餐桌上的轉盤旋轉著，上面放滿了菠蘿鴨片、三色蛋、鯽
> 魚、雞肉、蝦、魚翅、餃子、甜年糕、炒飯，還有一點西方口味
> 的食品：麵包和黃油。[1]

伍連德提倡"衛生式餐桌"或轉盤餐桌的努力，最終沒有白費。
隨著時間的推移，中國人普遍能夠採用衛生的飲食方式。雖然除了富
有的家庭，很少有人會在家裏置辦一個帶有轉盤的餐桌，但在今天的
中國和亞洲其他各地餐館，基本都能看到這種圓形的、可轉動的餐
台。在正式宴會和國宴上，比如招待美國總統尼克遜及其隨行人員的
場合，轉盤餐桌幾乎是不可缺少的，因為它能最大限度地展示中國人
準備的供客人們品味的各種菜餚。在中國，正如 16 世紀末利瑪竇所

---

1 Margaret MacMillan, "Don't Drink the Mao-tai: Close Calls with Alcohol, Chopsticks, Panda
　Diplomacy and Other Moments from a Colorful Turning Point in History," *Washingtonian*, February 1,
　2007. 這裏麥克米倫似乎有意誇讚尼克遜總統的用筷技巧。當時在場的攝影記者德克·哈斯
　提德（Dirck Halstead）回憶："我們看到尼克遜總統吃力地用他的筷子取用他的北京鴨。"可
　見尼克遜用筷並不熟練。參見 "With Nixon in China: A Memoir," *The Digital Journalist*, January
　2005。

觀察的那樣，宴會仍然正式隆重、講究禮儀。

儘管有詳細的描述，西方媒體仍沒有特別說明，尼克遜和美國官員圍著轉盤餐桌吃飯的時候，是否有公勺或公筷能夠讓他們先把食物取到盤子裏。也許沒有，因為在這些莊重的場合，最有可能由服務員將食物放到他們的盤子裏，客人們只需要用自己的筷子從盤子裏取了食物送進嘴裏。而現今，越來越多的中國人外出就餐時，都會按照伍連德的建議，用公勺或公筷，先將食物取到自己的碗裏，再放入自己嘴裏。事實上，他們不僅外出吃飯時用公筷，有時在家招待客人也用。筷子使用者現在高度意識到需要注意飲食衛生，儘管這意味著他們必須記住筷子的不同角色（公共的和私有的）。

衛生意識不僅改善了共食傳統，也改變了人們對待餐廳筷子的態度。前文提到過，各種各樣的公共餐廳（如酒店、旅社、茶樓、餐館等）在中國已經存在了數千年，大約始於西漢時期。而太田昌子認為，中國人外出就餐的傳統，始於戰國時期。她相信，這一傳統也有助於促進筷子的使用。[1] 如果是這樣，那麼可以推想，由於製作筷子既便宜又容易，為了客人的方便，那些就餐場所都會備好筷子，方便顧客使用。然而，由於傳統社會相對來說缺乏衛生意識，這些公共餐具的衛生狀況，好壞極為不均。英國作家、旅行家伊莎貝拉・博兒（Isabella Bird）於 19 世紀末來到亞洲，去了中國成都和川西的梭磨地區。她記錄了自己對那裏衛生條件的負面印象。有次在目睹了貧窮勞工（她稱之為"苦力"）在路邊餐館吃飯的情景，她寫道：

> 在小鎮或村落的路邊，有一個烏黑、骯髒的亭子讓人駐足，裏面是泥地，光線昏暗，除了一個粗糙的灶台和一些陶器之外，空無一物。每張桌子上，一大把臭烘烘的筷子插在竹筒

1　太田昌子《箸の源流を探る》，229—246 頁。

裏。一個盛水的陶碗、一塊髒抹布放在外面供旅客使用，他們也經常用熱水漱口。為他們服務的侍者尤其邋遢，但他們呈上飯碗、米湯或粗茶的速度倒很快。苦力們早已飢不可耐，狼吞虎嚥地把東西吃完，然後拿著空碗再添。我在那天和在這之後，總是坐在亭子的外面。然後進去裏面吃一點，但實在受不了裏面刺鼻難聞的氣味，我就不想再進去第二趟了。[1]

顯然，路邊小食店裏的筷子這麼骯髒，是因為不講究衛生、沒有定期清洗的緣故。

隨著人們對食品衛生關注的增加，他們對公共餐廳筷子乾淨的要求也就更高。為了滿足需求，餐廳似乎有兩個解決方案。一是制定衛生制度，定期對放在容器裏的筷子進行消毒；二是讓顧客使用一次性的即用廉價木頭製成的筷子。在第二種情況下，客人每次來吃飯時，都會用一雙新筷子，用後即扔。直到今天，這兩種方法都很受普及，但人們似乎更青睞使用一次性筷子，因為看起來是嶄新的、從未被別人用過。一次性筷子通常包裝在紙或塑料套裏，兩根連接在一起（前文提到的割箸），使用時需要用手掰開。在漢語中，這種一次性筷子也被稱為衛生筷，表明大眾視其為衛生的。通過比較，人們總是可以對餐館筷子的衛生存疑，即使看起來很乾淨，並不像一個多世紀前伊莎貝拉·博兒認為的有"惡臭"味。

一次性筷子或割箸，是日本人發明的，而且歷史悠久。正如第四章所述，日本最早的筷子，從一些古老的宮殿和佛教寺廟地下發掘出來，都是用杉木製作的。學者們猜測，這些筷子是修築建築物的施工人員用過之後丟棄的。但原始割箸的大規模生產，在 14 世紀便開始，經過了好幾個世紀才從奈良縣出產杉木的吉野，傳佈到京都、江

1　Isabella Bird, *The Yangtze Valley and Beyond: An Account of Journeys in China, Chiefly in the Province of Sze Chuan and among the Man-tze of Somo Territory*, Boston: Beacon Press, 1985, 193-194.

戶（東京）和大阪等地。與中國宋代或可相比的是，這一流傳過程與飲茶習俗和大眾飲食在日本社會的普及有不小的關係。現在常見的一次性筷子，亦稱"割り箸"或"割箸"，出現在 18 世紀，即德川時期（1603—1868）中期的一些鰻魚屋。之後京都、江戶和大阪等城市的料理茶屋也向顧客提供，由此得以在日本廣泛流行。[1] 一次性筷子通常用木材，有時也用竹子製成，一般在長度上略短於可重複使用的筷子。與可重複使用的品種相比，一次性筷子在日本更受歡迎。幾乎所有餐館都提供這種筷子，無論是高級餐廳還是街邊食攤。第六章也討論過，扔掉用過的木筷這一行為，受到了日本神道教的影響，但當代較強的衛生意識也強化了這一做法，使之在日本社會中廣為流行。

隨著時間的推移，在餐館使用一次性筷子的趨勢，也逐漸蔓延到日本周邊國家和地區。首先是韓國和台灣地區。20 世紀 80 年代末，這一習慣傳到了中國大陸，然後傳到越南。然而，它們受歡迎的程度卻有差異。在日本，幾乎各種檔次的餐館都提供一次性筷子；而在某些其他國家和地區，一次性筷子往往只出現在小咖啡館和小餐館中，如快餐店和有外賣的餐館。今天，越南人對一次性筷子的興趣最小，他們寧願選用可以重複使用的類型如塑料筷或竹筷。朝鮮人和韓國人傳統上多使用金屬餐具，所以，比起日本人和中國人，一次性筷子的普及程度相對低一些。[2]

今天在中國，一次性筷子已經無處不在。中國是一次性筷子的主要出口國，這並不令人驚訝。因為從 20 世紀 70 年代末起，中國重新對外開放，迅速成為"世界工廠"，製造幾乎所有可以想得到的產品，並將其出口到世界各地。也是差不多從那時開始，中國人越來越

1　一色八郎《箸の文化史》，113—117 頁；向井由紀子、橋本慶子《箸》，90—95 頁。

2　這似乎是《紐約時報》記者瑞秋·努維爾（Rachel Nuwer）的經歷，她寫道："如果你想吃點越南菜，有可能你會用塑料筷子用餐，而要去韓國館子，就會用金屬筷子了。""Disposable Chopsticks Strip Asian Forest," *New York Times*, October 24, 2011.

習慣在餐館使用一次性筷子。在公司和學校的食堂、餐廳和咖啡館，一次性筷子比較常見。這種選擇上的變化，一定程度上反映了人們對飲食衛生越來越重視。為了阻止疾病的蔓延，中國政府也曾鼓勵民眾使用一次性筷子。一次性筷子的購買量因此急劇上升，而幾十年前，最常見的筷子是可重複使用的。有位評論者說道："如今在中國，除了最低廉和最高檔的餐廳，到處都在用一次性筷子。低檔餐館使用經過粗略洗滌的竹筷，高檔餐廳則選用消過毒的漆木筷子，其餘的都使用一次性木筷。"[1]

因此，一次性筷子的需求量很大，並且還在不斷增長。有人統計，"在中國，每年相當於 380 萬棵樹，要被投入約 570 億雙一次性筷子的生產中"，其中的一半由中國人使用，另一半的 77% 是日本人使用，21% 是韓國人使用，剩下的 2% 由美國消費者使用。另一個統計數字有所上漲：僅在中國，每年有 450 億雙一次性筷子被使用後丟棄。[2] 最高的也是最新的數據是 2013 年 3 月發佈的，顯示中國人每年要丟棄高達 800 億雙一次性筷子！[3]

在向外界推廣亞洲食品特別是中國食品時，一次性筷子扮演了一個重要的角色。亞洲食品向全球蔓延的趨勢，始於亞洲人向鄰近地區移民。首先是東南亞的部分地區，從 19 世紀起是澳大利亞、歐洲和美國北部、南部等遙遠的大陸。最初，只有唐人街才有亞洲食品，一些港口城市（比如擁有美國最古老唐人街的舊金山市）也可以找到，但非亞洲人對此不太感興趣。隨著時間的推移，特別是第二次世界大戰後，更多的人接受了亞洲食品。不僅是移民區的亞洲人，非亞洲人也樂於品嚐。根據羅伯茲的觀察，從 20 世紀 60 年代起，中國食品

---

1 Yang Zheng, "Chopsticks Controversy," *New Internationalist*, 311, April 1999, 4.

2 Rachel Nuwer, "Disposable Chopsticks Strip Asian Forest"; Dabin Yang, "Choptax," *Earth Island Journal*, 21:2, Summer 2006, 6.

3 Malcolm Moore, "Chinese 'Must Swap Chopsticks for Knife and Fork'," *The Telegraph*, March 13, 2013. 這個估測數字是一名人大代表在一次演講中提出來的，旨在禁止一次性筷子。

開始走向全球，歐美消費者表現出了前所未有的興趣。[1]此後，這種趨勢持續且穩步上升。在美國，地道的中國餐館在各大城市明顯增多，中餐外賣店也急速出現在全美各個城鎮，不管是在紐約、新墨西哥、康涅狄格還是科羅拉多。客人們通過電話預訂，到店裏取做好的飯菜時，食品袋裏就放有一兩雙裝在紙套裏的一次性筷子。事實上，同亞洲的情形一樣，世界各地的亞洲餐館為客人提供一次性筷子的趨勢不斷增長。中國食品的普及，也可以在電影和電視劇中看到。在一些熱播劇如《宋飛正傳》《老友記》《急診室的故事》《實習醫生格蕾》中，常常可以看到劇中人物用一次性筷子吃著中餐外賣。最新的趨勢是，日本的壽司和刺身走向了世界，愈益受到歡迎。食用壽司和刺身，必須用筷子，如果用叉子的話，容易破壞其完整性，而且也不方便蘸取芥末和醬油。[2]海外的日本餐館，也沿襲了傳統，通常給顧客提供一次性筷子。總之，如果筷子是一種連接亞洲與世界的文化之"橋"，一次性筷子也許功勞最大。

從另一個角度看，全球對一次性筷子需求的增長已經引起了關注。一開始用廢棄木材製作一次性筷子，確實是一種節儉的辦法。但現在有些人指出，這一做法破壞了環境，會在亞洲以致全世界造成森林濫伐。根據 2008 年聯合國的一份報告，每年 1.08 萬平方英里的亞洲森林正在消失。因此生產商轉向其他地區的木材資源。早在 2006 年初，日本三菱集團的子公司被報道砍伐加拿大西部古老的山楊樹，為的是每天做 800 萬雙一次性筷子。在美國，佐治亞州的一家公司利

1　1960 年美國有 6000 多家中餐館，其員工遠遠多於洗衣房的員工，而洗衣房的工作也是中國移民的傳統職業。到了 1980 年，美國和加拿大的中餐館達到了 7796 家，佔所有風味餐館近30%。參見 J.A.G. Roberts, *China to Chinatown*, 164-165。迄今為止，美國中餐館的數量估計已經超過了 4 萬家。

2　事實上，食用壽司時保持它的完整，十分重要。日本東京（江戶）地區甚至有這樣的傳統，那就是用手指拿取壽司，送入嘴中，而筷子只用來取用刺身。參見 Victoria Abbott Riccardi, *Untangling My Chopsticks*, New York: Broadway Books, 2003, 26-27。

用本土的橡膠樹，製造大量木制筷子並出口到亞洲。[1]

　　一次性筷子的主要吸引力，在於人們認為它更衛生。加拿大筷子製造有限公司的前負責人齋木先生的解釋十分簡潔：大多數日本人只是 "不想用別人用過的筷子"。這既與衛生也與宗教觀念相關。因為按照傳統的神道信仰，筷子會附上使用者的靈魂，不能通過清洗來清除。[2] 這是日本特有的傳統文化。不過，除日本之外，也很少有人願意使用未經消毒的筷子。在中國，人們對食品安全越來越關心，許多人不相信餐廳會徹底清洗用過的筷子。他們寧願選擇一次性的，認為它們更衛生。[3] 然而，一次性筷子並不總是如想象的乾淨。在生產過程中，即投入獨立包裝前，筷子當然是要消毒的。但具有諷刺意味的是，問題就往往出現在消毒的過程中。因為一旦筷子做好了，清洗、殺菌時常會使用各種化學物質，包括石蠟、過氧化氫等。為了防止筷子變黃、變黑或發黴，使它們一直保持嶄新的樣子，一些製造商甚至使用二氧化硫來增白。不用說，這些化學物質對人類健康都是有害的，特別是在沒有適當監督的情況下。中國政府現在已經設立生產標準，禁止或限制這些化學品的使用。然而，如果一次性筷子是用廉價木材做的，為了有一個像樣的外觀，需要漂白、拋光，使用化學品是最經濟的方式。另外，雖然如今的一次性筷子都是批量生產的，但這並不意味著生產廠家都是遵紀守法、管理良好的大廠。相反，它們有些的確在有環境問題的小作坊裏生產的，至少有新聞報道這麼披露過。[4]

1　Rachel Nuwer, "Disposable Chopsticks Strip Asian Forest"; "Life-Cycle Studies: Chopsticks," *World Watch*, 19:1 (January/February 2006), 2.

2　Rachel Nuwer, "Disposable Chopsticks Strip Asian Forest"; "Life-Cycle Studies:Chopsticks". 威爾遜（Bee Wilson）引用日本的一項研究寫道，日本人非常討厭可反覆使用的筷子，哪怕這些筷子是乾淨的。*Consider the Fork*, 200.

3　Jane Spencer, "Banned in Beijing: Chinese See Green Over Chopsticks," *The Wall Street Journal*, February 8, 2008.

4　Rachel Nuwer, "Disposable Chopsticks Strip Asian Forest"; "Life-Cycle Studies: Chopsticks"; 袁元〈一次性筷子挑戰中國國情〉，《瞭望週刊》2007 年 8 月 13 日，33 頁。

如何保證筷子衛生，最好的辦法就是密切監督生產商，確保生產過程安全衛生。關於一次性筷子是否加劇了森林濫伐，有不同的意見。四川有人建議，禁止使用一次性筷子。以成都為例，有大約 6 萬家餐館，每天使用一次性筷子的數量會需要 4000 立方米的木材，也就是說需要砍掉 100 棵大約 10 米高的樹。有人痛心地說道："一棵樺樹要三四十年才能成材，但一頓飯的時間內，就有幾千棵被吃掉了。"[1] 但另一方面，中國已經成為最大的一次性筷子生產地，因為一次性筷子產業有助於國家的經濟繁榮，從業人員主要在東北，超過 10 萬人。黑龍江木筷行業協會會長連廣說："筷子行業為林區貧困人口的就業做出了巨大貢獻。" 他補充說，除了經濟效益，該行業不會為了製作只使用 30 分鐘的筷子，去砍伐珍貴樹木。與此不同的是，一次性筷子通常用生長較快的樹木做成，如樺木、白楊木，還會用長勢繁茂的植物如竹子。換句話說，就像早期日本的筷子製造商一樣，今天的一次性筷子是用不適用於其他行業的剩餘木料製作成的。[2]

　　儘管如此，環境成本仍然值得關注，世界各地對筷子的需求量太大了。環保人士統計，如果中國每年消耗 450 億雙一次性筷子，那麼為滿足需求，必須砍伐 2500 萬棵樹，不僅有樺樹、白楊，也有三角葉楊、雲杉和山楊。到 2006 年為止，中國作為世界主要的筷子生產國，已向其他國家售出 18 萬噸一次性筷子，而這些產品的最佳銷售地是日本。日本森林覆蓋率居世界首位，達到 69%；與之相比，中國缺乏樹木，森林覆蓋率低於 14%。當然，中國高速的森林砍伐是由國家整體現代化造成的，不應該只歸咎於一次性筷子的製作。但是國內無所不在的一次性筷子，促使一些市民，包括一些明星都行動起來，呼籲回歸可重複使用的筷子。其他環保人士已開始 "BYOC 運動"（Bring Your Own Chopsticks，意為 "自帶筷子"），要求消費者外

1　Yang Zheng, "Chopsticks Controversy."

2　Jane Spencer, "Banned in Beijing: Chinese See Green Over Chopsticks."

出就餐時，用自己的餐具。類似的活動，"讓我們自己帶筷子"同時在日本展開。2007 年，中國政府開始對木筷子收稅。[1]

2011 年底，為了提高公眾對於製作一次性筷子造成木材浪費的認知，中國的 200 名大學生兼綠色和平組織東亞分部的成員，收集了82000 雙一次性筷子，做了一個"一次性的森林"——四棵大樹，每棵高達 16 英尺。這些"筷子樹"矗立在一個熱鬧的購物中心，學生們請求參觀者在志願書上簽名，申請在全國禁止一次性用品。一些主要城市如上海和北京，已經要求當地的餐廳，用可重複使用的筷子代替一次性筷子。在日本，許多餐館老闆已不再主動向客人提供一次性筷子，客人討要時才會提供。在店內消費時，桌上有筷筒，裏面插著可重複使用的筷子。日本企業的食堂，也逐漸用可重複使用的筷子取代一次性筷子。[2]

同時，亞洲人也在想方設法努力回收丟棄的筷子。一次性筷子是用木頭做的，一旦收集起來，就可以變成其他有用的物品。日本幾家公司就用廢筷子生產紙、面巾紙和刨花板。[3]一些科學家嘗試將一次性木製或竹製筷子氣化，產生合成氣和氫氣。還有人試圖從一次性筷子中提取葡萄糖製成乙醇，並回收其纖維製造聚乳酸（PLA，一種工業和醫學上廣泛使用的聚酯）。目前，這些想法都還沒有超出實驗性的

1　Rachel Nuwer, "Disposable Chopsticks Strip Asian Forest"; "Life-Cycle Studies: Chopsticks."

2　Jane Spencer, "Banned in Beijing: Chinese See Green Over Chopsticks"；"Chopped Chopsticks," *The Economist*, 316:7665, August 4, 1990；and Nuwer, "Disposable Chopsticks Strip Asian Forest."

3　Rachel Nuwer, "Disposable Chopsticks Strip Asian Forest."

階段。[1] 但是，這些努力具有巨大的發展潛力，肯定值得人們關注。日常生活中超過 15 億人用筷子吃飯，很多人（仍然）使用一次性筷子，因此上述科學實驗若能產業化，便可惠及亞洲乃至整個世界。果真如此的話，一旦找到有效回收利用廢筷子的方法，並加以推廣，我們的筷子故事在繞了一圈之後，似乎又可以重新回到其原點：筷子穿越了歷史，它的方便適用和經濟實惠，使其成為一種廣受歡迎的用餐工具，而在未來，筷子也將繼續發揚光大，為人類提供更好的服務。

---

1 Kung-Yuh Chiang, Kuang-Li Chien & Cheng-Han Lu, "Hydrogen Energy Production from Disposable Chopsticks by a Low Temperature Catalytic Gasification," *International Journal of Hydrogen Energy*, 37:20 (October 2012), 15672-15680; Kung-Yuh Chiang, Ya-Sing Chen, Wei-Sin Tsai, Cheng-Han Lu & Kuang-Li Chien, "Effect of Calcium Based Catalyst on Production of Synthesis Gas in Gasification of Waste Bamboo Chopsticks," *International Journal of Hydrogen Energy*, 37:18 (September 2012), 13737-13745; Cheanyeh Cheng, Kuo-Chung Chiang & Dorota G. Pijanowska, "On-line Flow Injection Analysis Using Gold Particle Modified Carbon Electrode Amperometric Detection for Real-time Determination of Glucose in Immobilized Enzyme Hydrolysate of Waste Bamboo Chopsticks," *Journal of Electroanalytical Chemistry*, 666 (February 2012), 32-41; Chikako Asada, Azusa Kita, Chizuru Sasaki & Yoshitoshi Nakamura, "Ethanol Production from Disposable Aspen Chopsticks Using Delignification Pretreatments," *Carbohydrate Polymers*, 85:1 (April 2011), 196-200; Yeng-Fong Shih, Chien-Chung Huang & Po-Wei Chen, "Biodegradable Green Composites Reinforced by the Fiber Recycling from Disposable Chopsticks," *Materials Science & Engineering: A*, 527:6 (March 2010), 1516-1521.

結語

作為本書的結尾，我想講一講自己的經歷。我母親是一位忙碌的職業女性。記得應該是我四五歲的時候，有一天下午，母親讓我坐在桌邊，要求我用正確的方式好好練習使用筷子。當然，作為在中國長大的孩子，我之前也一直用筷子和勺子吃飯。但母親認為，我已經到了該學會正確使用筷子的年齡了。她先將握筷子的正確方法展示一下，然後讓我模仿她的動作，用筷子夾起和搬動鋪在桌子上的玩具積木。現在回想起來，那個下午既漫長又累人，印象依然深刻。自那以後，我用母親教的握筷方法來進食，最初還覺得不太自然。但最終我習慣了，此後我就一直這樣使用筷子。

這樣的經歷在我這一代人中並不少見。在成長的過程中，我看到很多人握筷子的方式同我一樣。當然，我也見過有些人用自己琢磨出來的方法使用筷子。坦白地說，我認為最適合的執筷方式，還是從我母親那兒學會的，因為它既得體又有效。最近幾十年裏，作為學者，我有機會遊歷了亞洲許多地方。我見過的大多數日本人、越南人和韓國人，他們拿筷子的方式和我一樣。怎麼會這樣呢？他們有相似的童年經歷嗎？在亞洲抑或在筷子文化圈，為什麼有這麼多人要去學習用這種工具來進食？

這本書並不能回答所有這些以及讀者可能提出的其他相關問題。比如，教人如何正確使用筷子的手冊還是說明書，我至今沒能從古籍中找到一本。由此猜想，我母親教我的方式，也是她小的時候，從她的父母那兒學會的。我不知道，在筷子文化圈，這種看似普通的習慣，一個人在多大年齡時養成。我發現有多種原因可以解釋，為什麼中國人和其他亞洲人要學習使用筷子將食物送到嘴裏，儘管這麼做比用勺子、刀子和叉子需要更多時間的練習。首要的原因，也許也是最明顯的原因，是為了吃熟食。1964年，享有盛名的法國人類學家克洛德·列維—斯特勞斯（Claude Lévi-Strauss），發表了一部影響深遠的著作《生食和熟食》（*The Raw and the Cooked*）。書中分析了烹飪在連接人類與自然、文化與自然中所起的作用。對他來說，這是全球文明發展中的一個普遍階段。列維—斯特勞斯在書中舉出了不同人類文明中的例子，並總結說，烹飪，甚至象徵性的烹飪，成為改變一個人的一種方式，使他進入新的生理發育階段，即完成從“生”到“熟”的過程，由此溝通了自然和文化。“一個社會團體的成員與自然的結合，”列維—斯特勞斯觀察到，“一定要通過爐火的干預作為一種媒介。火的正常功能是將生的食物與食客結合起來，而其運作過程中則需確保自然之物同時既被‘煮熟’又‘被社會化了’。”有趣的是，這位法國學者還指出，飲食工具在自然與文化之間也起到了一種相似的“媒介作用”。[1]

“生”和“熟”是兩個概念，即現代語言學所說的“能指”，在中國古代經常用來標記已知世界文明發展的不同階段。也就是說，像古代中國人自認的文明社會，是“成熟”的；而通常處在其社會文化邊緣的社會，是野蠻的或“生澀”的。漢語中的“中國”這個詞，在英語中通常可解釋為“中央之國”。而這個詞在地理上也指與邊緣相對的中心，因為，中華文明的搖籃，傳統上被認為是在中原地區。在描述他們自身與遠離文化中心的人們的社會差異時，古代中國人用

1　Claude Lévi-Strauss, *The Raw and the Cooked: Introduction to a Science of Mythology* I, trans. John & Doreen Weightman, New York: Harper & Row, Publishers, 1969, 334-336.

"生"和"熟",即用吃生食還是熟食,來劃分文化差異,如"生番"和"熟番"。由此,"茹毛飲血"這個詞便成了標準的表達,古代中國人不加區分地用它來強調其他民族的野蠻,不論他們是來自蒙古草原的遊牧民,還是東南一帶的山地人。漢學家馮客(Frank Dikötter)研究過中國人的種族觀念,他引用了《禮記·王制》中的評論:

中國戎夷,五方之民,皆有其性也,不可推移。東方曰夷,被髮文身,有不火食者矣。南方曰蠻,雕題交趾,有不火食者矣。西方曰戎,被髮衣皮,有不粒食者矣。北方曰狄,衣羽毛穴居,有不粒食者矣。中國、夷、蠻、戎、狄,皆有安居、和味、宜服、利用、備器,五方之民,言語不通,嗜欲不同。

換句話說,從古代開始,處於亞洲大陸中央的"中國人",便從飲食習慣(火食、粒食與否)來劃分他們與其他族裔的區別。藉助斯特勞斯的研究,馮客分析道:

飲食是一個社會能指,有助於象徵性地區分社會團體和圈定文化認同。就餐習慣表示了文明程度的高下。在大多數的文明中,吃生食還是熟食用來區分文明與野蠻,而火的轉化作用(將生食轉化為熟食)則是文化的一個象徵。

"中國"有兩個描繪野蠻人的詞語:生番和熟番。前者代表野蠻和拒絕文明,而後者則溫順和願意受教。(對於"中國人"來說)吃生食是野蠻人的一個確切無疑的標誌,並且影響了野蠻人的生理狀態。[1]

1　馮客著,楊立華譯《近代中國之種族觀念》,南京:江蘇人民出版社,1999年,8—9頁。

中國人對熟食的偏好，也延伸到飲用水。很多人喜歡喝開水或溫水，而不是冷水。到了唐代，茶成了全國流行的飲品。在隨後的幾個世紀，茶也傳到了東亞的其他地區乃至整個世界。如果中國人相信，吃熟食將他們的文化與其鄰國區別開來，那麼，喝泡有茶葉的開水，而不是喝沒燒開的生水，一定會達到類似的效果。飲茶，就像本書指出的那樣，對促進筷子作為進食工具在亞洲的廣泛使用，發生過特定的作用。

根據斯特勞斯的論述，熟食和開水幫助人類實現了從自然到文化的轉變。在這個過程中，餐具的使用也起到促進作用。這是我這本書提出的第二個觀點。斯特勞斯給出的例子，是烤與煮之間的對比。當然，這兩者都是烹飪常用的方式。但對斯特勞斯而言，它們是有很大差異的：

> 那麼，什麼使得烤和煮成為對立的兩端呢？烤熟的食物是放在火上直接烤，中間沒有隔物，而煮的話則需要兩個中介物：一是食物需要浸入水中，二是水需要放在一個容器裏。因此，在兩個方面，烤是在自然的一端，而煮在文化的一端。從實際的層面看，煮食必須放在一個容器裏，而容器是文化的器物。再從象徵的意義上來看，煮熟的食品體現了人與自然的調和，而煮本身也通過水將人吃的食物和自然世界的火之間做了調和。[1]

換句話說，雖然烤和煮都使用火，但前者直接將食物置於火上，是一種自然的食物處理方式，而後者需通過一種文化媒介——如果煮食的容器是一種文化與自然之間的中介，那麼餐具自然也是。

1　Claude Lévi-Strauss, *The Origin of Table Manners: Introduction to a Science of Mythology*, trans. John & Doreen Weightman, New York: Harper & Row, Publishers, 1978, 479-480.

古代中國人認為，藉助人造的工具（匕箸等）來拿取食物是一種有文化、有教養的標誌。正如第四章所指出的那樣，在唐代，中國和外界（包括遙遠的中亞）的聯繫相當頻繁；2 世紀前進入東亞的佛教，起到了促進文化交流的作用。不僅中國佛教徒前往印度和東南亞的佛教國家朝拜，朝鮮半島和日本的佛教徒和遊客也來到大唐，一些人甚至長期居留。許多從中國外出旅行的人很快注意到，當地人仍然用手將食物送到嘴裏，他們將這樣的發現記錄下來。[1] 然後經由大唐文化的廣泛影響，中國之外許多地區的居民，也慢慢接受了用餐具進食的習慣。本書由是指出，從 7 世紀起，筷子文化圈逐漸在亞洲定型，該地區越來越多的人接受了使用餐具進食的習慣。

斯特勞斯注意到，在自然與文化之間的轉換、互動中，食器成為一種媒介，那麼除了文化因素之外，也許還有宗教成分在內。有關筷子的起源，導言和第二章都主要從飲食的角度考量，認為與中國人喜歡吃熱食的習慣有關。日本飲食史學者石毛直道還提出了另一種可能，並為中國飲食史專家趙榮光、姚偉鈞所引用，所以也值得在這裏提出作為參考。石毛直道認為，筷子最初是一種禮器，是神與人溝通的中介物：

> 殷周青銅器中佔有很大比重的是飲食用的餐具。那些青銅器不是日常飲食時使用的器具，而是在宗廟等祭祀之時，為了祭祀神或祖先神靈用於供奉禮儀的食器——禮器。在那種禮儀的場合，作為禮器之一的筷子不是已經出現了嗎？在神和人之間，不再是用手持食物相互交接的形式，這種形式因筷子的出現而有了中介物。或者正是基於對祭祀的神聖食物儘可能不用手接

---

1 用關鍵詞"匕箸"或"手食"搜索《四庫全書》、中國基本古籍庫和漢籍電子文獻資料庫等數據庫，表明唐宋時期的中國旅者，常常注意到漢文化圈之外的亞洲人吃飯不用餐具。

觸的觀念，才促使筷子的出現吧？[1]

無論上述觀點是否正確，都值得我們思考。如果中國人及其鄰居認為用餐具進食，意味著文明的一種進步，改進了人的文化與物的自然之間的關係，那麼，筷子使用的普及便是東亞和東南亞不斷演化的食物生產、配置、消費的結果。米飯是這個地區的主要穀物食品之一。成塊的飯團可以用筷子夾取，筷子因此得到了廣泛使用，用來取食穀物類和非穀物類食物。這種常見於今天東亞和東南亞的飲食習俗，可至少追溯到 11 世紀。可我認為，真正推動筷子廣泛使用的，是日益受到青睞的麵食，始於 1 世紀的中國，其他地區則稍晚一些。在這之前，勺子是主要的飲食工具。麵食尤其是麵條和餃子，讓勺子顯得不那麼好用了。換句話說，食品生產、製作的方式改變，對飲食工具的選擇有著重大影響。由於人們在該地區種植、消費的穀物，筷子成為無處不在的飲食工具。

與其他飲食工具相比，筷子的優勢很明顯：經濟實惠，易於用多種常見的材料製作。所以，筷子的普及大體遵循自下而上的路線。這種飲食工具，作為社會底層唯一的飲食工具，更容易為他們所採用；而社會階層較高的人顯然有其他工具可選。與此同時，筷子超越其他飲食工具成為首選的餐具，也緣於人們越來越注重餐桌禮儀、關注食品衛生。雖然歷史上找不到有什麼小冊子教人使用筷子，但從孔子時代即公元前 5 世紀起，有相當數量的文獻討論餐桌禮儀、習慣與風俗。這些就餐指導，大多教導人們要得體有禮。這也許間接地反映了大家對保持食物潔淨、衛生的興趣。無論是窮還是富，人們都對食品消費給予合理的關注。筷子靈活小巧，碗盤裏的食物，想要什麼，就

---

1 參見石毛直道著，趙榮光譯《飲食文明論》，黑龍江：黑龍江科學技術出版社，1992 年，89 頁；趙榮光〈箸與商周進食方式〉，《揚州大學烹飪學報》2002 年第 2 期，1—3 頁，引文見 3 頁；姚偉鈞《中國傳統飲食禮俗研究》，武漢：華中師範大學出版社，1999 年，32 頁。

能用筷子迅速地夾起來。當然，這麼做，需要筷子用得熟練，也需要遵循使用筷子的禮儀和習俗。這種禮儀，如我們已經看到的一樣，在筷子文化圈有許多相似的特徵。有一點很清楚：筷子並不像許多筷子文化圈外的人一開始想的那樣，是人們共食時"津液交流"（口水交換）的罪魁。我的觀點恰恰相反，筷子的正確使用（盡量不碰觸公共碗盤中的其他食物），對於前近代的社會而言，既經濟又方便地幫助人們緩解了由於共享食物而傳播疾病的擔憂。而在當代社會，儘管會造成森林砍伐，一次性木製筷子還是給人們帶來方便，讓大家能夠吃得更加衛生一點。而若用一次性塑料餐具（比木頭更難銷毀）作為替代，必然會對環境造成更大的破壞。[1]

　　寫完這本書，我漸漸覺得自己有點兒理解千百年來沒有人將筷子的使用說明寫下來的原因了。對用筷子的人而言，筷子已經自然而然地成為他們日常生活中最基本的一部分。在筷子文化圈，學會用筷子進食是一個兒童成長的重要經驗。而筷子既然那麼不可或缺，就更不可能是一種單純的飲食工具。日本人稱這種餐具為"人生之杖"，就是一個顯例。對亞洲國家的人而言，筷子已經是生命中的一個象徵。這些地區出現了大量有關筷子的民間故事、寓言、童話、神話和詩歌，即是明證。在他們的成長過程中，孩子們不僅學會了如何正確地用手指拿筷子，也會聽父母、祖父母講述這些與筷子相關的故事，直到把它們牢記在心，將來再向他們的孩子們講述。總之，筷子數千年來陪伴著東亞、東南亞地區的人民，已經成為連綿不絕的文化傳統。如同生命一樣，這一充滿活力的傳統，將會賡續延綿、代代相傳。

1　由於一次性筷子消耗了森林資源，馬爾科姆・摩爾（Malcolm Moore）在其〈中國人"一定要把筷子換成刀叉"〉（Chinese "Must Swap Chopsticks for Knife and Fork"）一文中指出，似乎讓中國人改用刀叉才是出路，讓我們想起 18 世紀末馬戛爾尼希望向中國人兜售刀叉的老調。其實這是西方人的偏見，因為從環境的角度來看，常見的一次性刀叉都是用塑料製作的，相對木製、竹製的一次性筷子，會對自然環境造成更大的危害。

參考資料[*]

數據庫

- 中國哲學書電子化計劃（Chinese Text Project，http://ctext.org）。這是一個網絡電子文本系統，提供各類古代漢語書籍，特別是和中國哲學相關的書籍，這些文本可以互為參照。該系統提供了一些譯文，譯者為詹姆斯·理雅各（James Legge）。
- 韓國古典綜合數據庫（http://db.itkc.or.kr/itkcdb/mainIndexIframe.jsp）。這一數據庫包括以下內容：古典翻譯書、古典原文、韓國文集叢刊、朝鮮王朝實錄、承政院日記、日省錄。
- 漢籍電子文獻資料庫（Scripta Sinica）（http://hanchi.ihp.sinica.edu.tw/ihp/hanji.htm）。1984 年開始建庫，涵蓋重要的漢語經典文獻，特別是與中國歷史相關的文獻。
- 中國基本古籍庫。這是中國最大的歷代典籍資料庫，共收錄先秦至民國（公元前 11 世紀至 20 世紀初）歷代典籍 1 萬種，全文共計 16 億字。由北京愛如生數字化技術研究中心開發製作，黃山書社（安徽合肥）出版發行。

西文資料

- Anderson, E. N. *The Food of China* (New Haven: Yale University Press, 1988).
- Auden, W. H. & Isherwood, Christopher. *Journal to a War* (New York: Random House, 1939).
- Avieli, Nir. "Eating Lunch and Recreating the Universe: Food and Cosmology in Hoi An, Vietnam," *Everyday Life in Southeast Asia*, eds. Kathleen M. Adams & Kathleen A. Gillogly (Bloomington: Indiana University Press, 2011), 218-229.
- Avieli, Nir. "Vietnamese New Year Rice Cakes: Iconic Festive Dishes and Contested National Identity," *Ethnology*, 44:2 (Spring 2005), 167-187.
- Barber, Kimiko. *The Chopsticks Diet: Japanese-Inspired Recipes for Easy Weight-Loss* (Lanham: Kyle Books, 2009).
- Barthes, Roland. *Empire of Signs*, trans. Richard Howard (New York: Hill and Wang, 1982).

---

[*]　據英文原版譯出。此中文譯本所參考的更多論著，補充在文中注釋裏。

- Bird, Isabella. *The Yangtze Valley and Beyond* (Boston: Beacon Press, 1985).

- Boxer, C. R., ed. *South China in the Sixteenth Century* (London: Hakluyt Society, 1953).

- Bray, Francesca. *Science and Civilization in China: Biology and Biological Technology. Part 2, Agriculture* (Cambridge: Cambridge University Press, 1986).

- Bray, Francesca. *The Rice Economies: Technology and Development in Asian Societies* (Berkeley: University of California Press, 1994).

- Brook, Timothy. *The Confusions of Pleasure: Commerce and Culture in Ming China* (Berkeley: University of California Press, 1998).

- Brüssow, Harald. *The Quest for Food: A Natural History of Eating* (New York: Springer, 2007).

- Ch'oe Pu, *Ch'oe Pu's Diary: A Record of Drifting across the Sea*, trans. John Meskill (Tucson: The University of Arizona Press, 1965).

- Chang, K. C., ed. *Food in Chinese Culture: Anthropological and Historical Perspectives* (New Haven: Yale University Press, 1977).

- Chang, Te-Tzu. "Rice," *Cambridge World History of Food*, eds. Kenneth F. Kiple & Kriemhild C. Ornelas (Cambridge: Cambridge University Press, 2000), Vol. 1, 149-152.

- Clunas, Craig. *Superfluous Things: Material Culture and Social Status in Early Modern China* (Urbana: University of Illinois Press, 1991).

- Confucius. *Confucian Analects, The Great Learning and The Doctrine of the Mean*, trans. James Legge (New York: Dover Publications, Inc., 1971).

- Dawson, Raymond S., ed. *The Legacy of China* (Oxford: Oxford University Press, 1971).

- Dikötter, Frank. *The Discourse of Race in Modern China* (Hong Kong: Hong Kong University Press, 1992).

- Ennin. *Ennin's Diary: The Record of a Pilgrimage to China in Search of Law*, trans. Edwin Reischauer (New York: Ronald Press, 1955).

- Fernandez-Armesto, Felipe. *Food: A History* (London: Macmillan, 2001).

- Francks, Penelope. "Consuming Rice: Food, 'Traditional' Products and the History of Consumption in Japan," *Japan Forum*, 19:2 (2007), 147-168.

- Giblin, James Cross. *From Hand to Mouth, Or How We Invented Knives, Forks, Spoons, and Chopsticks and the Table Manners to Go with Them* (New York: Thomas Y. Crowell, 1987).

- Golden, Peter B. "Chopsticks and Pasta in Medieval Turkic Cuisine," *Rocznik orientalisticzny*, 49 (1994-1995), 73-82.

- Goody, Jack. *Cooking, Cuisine, and Class: A Study in Comparative Sociology* (Cambridge: Cambridge University Press, 1982).

- Goody, Jack. *Food and Love: A Cultural History of East and West* (London: Verso, 1998).

- Han Kyung-koo. "Noodle Odyssey: East Asia and Beyond," *Korea Journal*, 66-84.

- Ho, Ping-ti. "The Loess and the Origin of Chinese Agriculture," *American Historical Review*, 75:1 (October 1969), 1-36.

- Huang, H. T. "Han Gastronomy-Chinese Cuisine in *statu nascendi*," *Interdisciplinary Science Reviews*, 15:2 (1990), 139-152.

- Hunter, W. C. *The "Fan Kwae" at Canton: Before Treaty Days, 1825-1844* (London: Kegan Paul,

Trench, & Co., 1882; reprinted in Taipei, 1965).

- Knechtges, David R. "A Literary Feast: Food in Early Chinese Literature," Journal of the American Oriental Society, 106:1 (January-March, 1986), 49-63.

- Knechtges, David R. "Gradually Entering the Realm of Delight: Food and Drink in Early Medieval China," *Journal of the American Oriental Society*, 117:2 (April-June 1997), 229-239.

- Lach, Donald F. *Japan in the Eyes of Europe: The Sixteenth Century* (Chicago: University of Chicago Press, 1968).

- Lamb, Corrinne. *The Chinese Festive Board* (Hong Kong: Oxford University Press, 1985; originally published in 1935).

- Lefferts, Leedom. "Sticky Rice, Fermented Fish, and the Course of a Kingdom: The Politics of Food in Northeast Thailand," *Asian Studies Review*, 29 (September 2005), 247-258.

- Lei, Sean Hsiang-lin. "Habituating Individuality: The Framing of Tuberculosis and Its Material Solutions in Republican China," *Bulletin of the History of Medicine*, 84:2 (Summer 2010), 248-279.

- Lei, Sean Hsiang-lin. "Moral Community of Weisheng: Contesting Hygiene in Republican China," *East Asian Science, Technology and Society: An International Journal*, 3:4 (2009), 475-504.

- Leung, Angela Ki Che. "The Evolution of the Idea of Chuanran Contagion in Imperial China," *Health and Hygiene in Chinese East Asia*, eds. Leung & Furth, 25-50.

- Leung, Angela Ki Che & Furth, Charlotte, eds. *Health and Hygiene in Chinese East Asia: Policies and Publics in the Long Twentieth Century* (Durham: Duke University Press, 2010).

- Lévi-Strauss, Claude. *The Origin of Table Manners: Introduction to a Science of Mythology*, trans. John & Doreen Weightman (New York: Harper & Row, Publishers, 1978).

- Lévi-Strauss, Claude. *The Raw and the Cooked: Introduction to a Science of Mythology*: I, trans. John & Doreen Weightman (New York: Harper & Row, Publishers, 1969).

- Macartney, George. *An Embassy to China: Being the Journal Kept by Lord Macartney during His Embassy to the Emperor Ch'ien-lung, 1793-1794*, ed. J. L. Cranmer-Byng (London: Longmans, republished, 1972).

- MacMillan, Margaret. "Don't Drink the Mao-tai: Close Calls with Alcohol, Chopsticks, Panda Diplomacy and Other Moments from a Colorful Turning Point in History," *Washingtonian*, February 1, 2007.

- Mencius. *The Works of Mencius*, trans. James Legge (New York: Dover Publications, Inc., 1970).

- Moore, Malcolm. "Chinese 'Must Swap Chopsticks for Knife and Fork'," *The Telegraph*, March 13, 2013.

- Morrison, Ann M. "When Nixon Met Mao," Book Review, *Time*, December 3, 2006.

- Mote, Frederick. "Yuan and Ming," *Food in Chinese Culture: Anthropological and Historical Perspectives*, ed. K. C. Chang (New Haven: Yale University Press, 1977).

- Mundy, Peter. *The Travels of Peter Mundy, in Europe and Asia, 1608–1667*, ed. Richard Carnac Temple (Liechtenstein: Kraus Reprint, 1967), Vol. 3.

- Nguyen, Van Huyen. *The Ancient Civilization of Vietnam* (Hanoi: The Gioi Publishers, 1995).

- Nguyen, Xuan Hien. "Rice in the Life of the Vietnamese Thay and Their Folk Literature," trans.

Tran Thi Giang Lien, Hoang Luong, *Anthropos*, Bd. 99 H. 1 (2004), 111-141.

- Nuwer, Rachel, "Disposable Chopsticks Strip Asian Forest," *New York Times*, October 24, 2011.

- Ohnuki-Tierney, Emiko. *Rice as Self: Japanese Identities through Time* (Princeton: Princeton University Press, 1993).

- Oliphant, Laurence. *Elgin's Mission to China and Japan*, with an introduction by J. J. Gerson (Oxford: Oxford University Press, 1970).

- Rebora, Giovanni. *Culture of the Fork*, trans. Albert Sonnenfeld (New York: Columbia University Press, 2001).

- Ricci, Matteo. *China in the Sixteenth Century: The Journals of Matthew Ricci: 1583-1610*, trans. Louis J. Gallagher (New York: Random House, 1953).

- Roberts, J. A. G. *China to Chinatown: Chinese Food in the West* (London: Reaktion Books, 2002).

- Rogaski, Ruth. *Hygienic Modernity: Meanings of Health and Disease in Treaty-Port China* (Berkeley: University of California Press, 2004).

- Shafer, Edward. "T'ang," *Food in Chinese Culture*, 85-140.

- Shū Tassei . *Chūgoku no Shokubunka* (Food culture in China) (Tokyo: Sōgensha, 1989).

- Song Yingxing (Sung Ying-hsing). *T'ien-kung k'ai-wu: Chinese Technology in the Seventeenth Century*, trans. E-tu Zen Sun and Shiou-chuan Sun (University Park: Pennsylvania State University Press, 1966).

- Spencer, Jane. "Banned in Beijing: Chinese See Green over Chopsticks," *The Wall Street Journal*, February 8, 2008.

- Sterckx, Roel. *Food, Sacrifice, and Sagehood in Early China* (New York: Cambridge University Press, 2011).

- Taylor, Keith Weller. *The Birth of Vietnam* (Berkeley: University of California Press, 1983).

- Tomes, Nancy. *The Gospel of Germs: Men, Women, and the Microbe in American Life* (Cambridge: Harvard University Press, 1998).

- Van Esterik, Penny. Food Culture in Southeast Asia (Westport: Greenwood Press, 2008).

- Visser, Margaret. Much Depends on Dinner: *The Extraordinary History and Mythology, Allure and Obsessions, Perils and Taboos, of an Ordinary Meal* (New York: Grove Press, 1986).

- White, Lynn. "Fingers, Chopsticks and Forks: Reflections on the Technology of Eating," *New York Times* (Late Edition-East Coast), July 17, 1983, A-22.

- Wilson, Bee. *Consider the Fork: A History of How We Cook and Eat* (New York: Basic Books, 2012).

- Yang Dabin. "Choptax," *Earth Island Journal*, 21:2 (Summer 2006), 6-6.

- Yang Zheng. "Chopsticks Controversy," *New Internationalist*, 311 (April 1999), 4.

- Yip Ka-che. *Health and National Reconstruction in Nationalist China* (Ann Arbor: Association for Asian Studies, Inc., 1995).

- Yu Ying-shih. "Han," in Chang, K. C. ed. *Food in Chinese Culture*, (New Haven: Yale University Press, 1977), 53-84.

- Yun Kuk-Hyong. *Capchin Mallok*, Korean Classics Database (http://db.itkc.or.kr/itkcdb/mainIndexIframe.jsp).

日文資料

- 石毛直道編《東アジアの食の文化：食の文化シンポジウム》，東京：平凡社，1989 年。
- 太田昌子《箸の源流を探る：中國古代における箸使用習俗の成立》，東京：汲古書院，2001 年。
- 小瀬木えりの〈‘恐ろしい味’：大眾料理における中華の受容のされ方—フィリピンと日本の例を中心に〉，《第六屆中國飲食文化學術研討會論文集》，台北：中國飲食文化基金會，1999 年，225—236 頁。
- 向井由紀子、橋本慶子《箸》，東京：法政大學出版局，2001 年。
- 一色八郎《箸の文化史：世界の箸・日本の箸》，東京：御茶の水書房，1990 年。
- 伊藤清司《かぐや姬の誕生：古代說話の起源》，東京：講談社，1973 年。
- 周達生《中國の食文化》，大阪：創元社，1989 年。

中文資料

- 陳夢家〈殷代銅器〉，《考古學報》1954 年第 7 期。
- 崔岱遠《京味兒》，北京：生活・讀書・新知三聯書店，2009 年。
- 董越《朝鮮雜錄》 殷夢霞 丁浩遷編《使朝鮮錄》 北京：北京圖書館出版社，2003。
- 賀菊蓮《天山家宴——西域飲食文化縱橫談》，蘭州：蘭州大學出版社，2011 年。
- 湖南省博物館《長沙馬王堆一號漢墓》，北京：文物出版社，1973 年。
- 胡志祥〈先秦主食烹食方法探析〉，《農業考古》1994 年第 2 期。
- 傑克・古迪〈中國飲食文化起源〉，《第六屆中國飲食文化學術研討會論文集》，台北：中國飲食文化基金會，2003 年，1—9 頁。
- 金富軾著，孫文範等校勘《三國史記》，長春：吉林文史出版社，2003 年。
- 金天浩著，趙榮光、姜成華譯〈韓蒙之間的肉食文化之比較〉，《商業經濟與管理》2000 年第 4 期。
- 藍翔《筷子，不只是筷子》，台北：麥田出版社，2011 年。
- 藍翔《筷子古今談》，北京：中國商業出版社，1993 年。
- 黎虎編《漢唐飲食文化史》，北京：北京師範大學出版社，1998 年。
- 李自然《生態文化與人：滿族傳統飲食文化研究》，北京：民族出版社，2002 年。
- 林洪撰，烏克注釋《山家清供》，北京：中國商業出版社，1985 年。
- 劉冰〈內蒙古赤峰沙子山元代壁畫墓〉，《文物》1992 年第 2 期。
- 劉樸兵《唐宋飲食文化比較研究》，北京：中國社會科學出版社，2010 年。
- 劉雲編《中國箸文化大觀》，北京：科學出版社，1996 年。
- 劉雲主編《中國箸文化史》，北京：中華書局，2006 年。
- 劉志琴《晚明史論》，南昌：江西高校出版社，2004 年。
- 龍虯莊遺址考古隊《龍虯莊——江淮東部新石器時代遺址發掘報告》，北京：科學出版社，1999 年。
- 陸容《菽園雜記》，北京：中華書局，1985 年。

- 孟元老等《東京夢華錄，都城紀勝，西湖老人繁勝錄，夢粱錄，武林舊事》，北京：中國商業出版社，1982 年。
- 石毛直道〈麵條的起源與傳播〉，《第三屆中國飲食文化學術研討會論文集》，台北：中國飲食文化基金會，1994 年，113—129 頁。
- 王充《論衡》，上海：上海人民出版社，1974 年。
- 王利華《中古華北飲食文化的變遷》，北京：中國社會科學出版社，2001 年。
- 王鳴盛撰，黃曙輝點校《十七史商榷》，上海：上海書店出版社，2005 年。
- 王仁湘〈從考古發現看中國古代的飲食文化傳統〉，《湖北經濟學院學報》2004 年第 2 期。
- 王仁湘〈勺子、叉子、筷子——中國古代進食方式的考古研究〉，《尋根》1997 年第 10 期。
- 王仁湘《往古的滋味：中國飲食的歷史與文化》，濟南：山東畫報出版社，2006 年。
- 王仁湘《飲食與中國文化》，北京：人民出版社，1994 年。
- 王賽時《唐代飲食》，濟南：齊魯出版社，2003 年。
- 吳自牧、周密《夢粱錄 武林舊事》，濟南：山東友誼出版社，2001 年。
- 《先秦烹飪史料選注》，北京：中國商業出版社，1986 年，58 頁。
- 項春松〈遼寧昭烏達地區發現的遼墓繪畫資料〉，《文物》1979 年第 6 期。
- 項春松〈內蒙古解放營子遼墓發掘簡報〉，《考古》1979 年第 4 期。
- 項春松、王建國〈內蒙昭盟赤峰三眼井元代壁畫墓〉，《文物》1982 年第 1 期。
- 篠田統著，高桂林、薛來運、孫音譯《中國食物史研究》，北京：中國商業出版社，1987 年。
- 新疆維吾爾自治區博物館〈新疆吐魯番阿斯塔納墓葬發掘簡報〉，《文物》1960 年第 6 期。
- 徐海榮主編《中國飲食史》，北京：華夏出版社，1999 年。
- 徐兢《宣和奉使高麗圖經》，殷夢霞、于浩選編《使朝鮮錄》，北京：北京圖書館出版社，2003 年。
- 徐靜波《日本飲食文化：歷史與現實》，上海：上海人民出版社，2009 年。
- 徐蘋芳〈中國飲食文化的地域性及其融合〉，《第四屆中國飲食文化學術研討會論文集》，台北：中國飲食文化基金會，1996 年。
- 姚偉鈞《長江流域的飲食文化》，武漢：湖北教育出版社，2004 年。
- 姚偉鈞〈佛教與中國飲食文化〉，《民主》1997 年第 9 期。
- 姚偉鈞《中國傳統飲食禮俗研究》，武漢：華中師範大學出版社，1999 年。
- 一然著，孫文範等校勘《三國遺事》，長春：吉林文史出版社，2003 年。
- 伊永文《明清飲食研究》，台北：紅葉文化事業有限公司，1997 年。
- 袁元〈一次性筷子挑戰中國國情〉，《瞭望週刊》2007 年 8 月 13 日。
- 尤金・N. 安德森〈中國西北飲食與中亞關係〉，《第六屆中國飲食文化學術研討會論文集》，台北：中國飲食文化基金會，1999 年，171—194 頁。
- 原田信男著，劉洋譯《和食與日本文化（日本料理的社會史）》，香港：三聯書店（香港）有限公司，2011 年。
- 張光直〈中國飲食史上的幾次突破〉，《第四屆中國飲食文化學術研討會論文集》，台北：中國飲食文化基金會，1996 年，1—4 頁。

- 張江凱、魏峻《新石器時代考古》，北京：文物出版社，2004 年。
- 張景明、王雁卿《中國飲食器具發展史》，上海：上海古籍出版社，2011 年。
- 張一昌〈國人不衛生的惡習〉，《新醫與社會匯刊》1934 年第 2 期，156 頁。
- 趙榮光《中國飲食文化概論》，北京：高等教育出版社，2003 年。
- 趙榮光《中國飲食文化史》，上海：上海人民出版社，2006 年。
- 趙榮光〈箸與中華民族飲食文化〉，《農業考古》1997 年第 2 期。
- 震鈞《天咫偶聞》，北京：北京古籍出版社，1982 年。
- 鄭麟趾《高麗史》，台北：文史哲出版社，1972。
- 中國社會科學院考古研究所《唐長安城郊隋唐墓》，北京：文物出版社，1980 年。
- 中山時子主編，徐建新譯《中國飲食文化》，北京：中國社會科學出版社，1990 年。
- 周新華《調鼎集：中國古代飲食器具文化》，杭州：杭州出版社，2005 年。

| 責任編輯 | 劉韻揚 |
| 書籍設計 | 道　轍 |

書　　名	筷子：飲食與文化
	Chopsticks: A Cultural and Culinary History
著　　者	王晴佳（Q. Edward Wang）
譯　　者	汪精玲
出　　版	三聯書店（香港）有限公司
	香港北角英皇道 499 號北角工業大廈 20 樓
	Joint Publishing (H.K.) Co., Ltd.
	20/F., North Point Industrial Building,
	499 King's Road, North Point, Hong Kong
香港發行	香港聯合書刊物流有限公司
	香港新界荃灣德士古道 220-248 號 16 樓
印　　刷	美雅印刷製本有限公司
	香港九龍觀塘榮業街 6 號 4 樓 A 室
版　　次	2022 年 1 月香港第一版第一次印刷
規　　格	16 開（170 × 240 mm）376 面
國際書號	ISBN 978-962-04-4937-6

© 2022 Joint Publishing (H.K.) Co., Ltd.

Published & Printed in Hong Kong

CHOPSTICKS: A CULTURAL AND CULINARY HISTORY by Q. EDWARD WANG

Copyright: © Q. EDWARD WANG 2015

This edition arranged with CAMBRIDGE UNIVERSITY PRESS

through BIG APPLE AGENCY, INC., LABUAN, MALAYSIA.

Traditional Chinese edition copyright:

2022 JOINT PUBLISHING (HONG KONG) COMPANY LIMITED

All rights reserved.

本書譯文由生活 · 讀書 · 新知三聯書店有限公司授權出版